U0503546

韬＼著

与回鹘时期
龟兹石窟壁画研究

文物出版社

图书在版编目（CIP）数据

唐与回鹘时期龟兹石窟壁画研究 / 刘韬著. —北京：
文物出版社，2017.8（2018.12 重印）
（考古新视野）
ISBN 978 – 7 – 5010 – 5162 – 5

Ⅰ.①唐…　Ⅱ.①刘…　Ⅲ.①龟兹 – 石窟 – 壁画 – 研
究 – 中国 – 隋唐时代　Ⅳ.①K879.414

中国版本图书馆 CIP 数据核字（2017）第 163335 号

唐与回鹘时期龟兹石窟壁画研究

著　　者：刘　韬

责任编辑：智　朴
责任印制：张　丽

出版发行：文物出版社
社　　址：北京市东直门内北小街 2 号楼
邮　　编：100007
网　　址：http：//www. wenwu. com
邮　　箱：web@ wenwu. com
经　　销：新华书店
印　　刷：北京京都六环印刷厂
开　　本：710mm×1000mm　1/16
印　　张：21
版　　次：2017 年 8 月第 1 版
印　　次：2018 年 12 月第 2 次印刷
书　　号：ISBN 978 – 7 – 5010 – 5162 – 5
定　　价：96.00 元

本书版权独家所有，非经授权，不得复制翻印

内容提要

　　本书对唐与回鹘时期龟兹石窟壁画进行了综合研究。龟兹地区唐风洞窟与回鹘风洞窟主要分布于本地延续开凿的龟兹风石窟群中，其壁画一方面不同程度地保留了龟兹特性，另一方面在题材、内容、布局与风格上呈现显著的变化，更多为汉地佛教对龟兹回传的产物。

　　上编在尽可能系统调查与全面掌握材料基础上，划分出 15 个唐风洞窟与 24 个回鹘风洞窟，并区分了局部绘制回鹘风壁画的现象，进而核对并复原了部分洞窟的壁画位置，建立起龟兹地区唐风洞窟与回鹘风洞窟相对完整的壁画布局，这是壁画研究的基础工作。

　　下编在上述洞窟壁画复原基础上，重构唐与回鹘时期龟兹石窟塑像并探索壁画的题材、布局、风格与年代。进一步辨识壁画图像内容；重构部分洞窟塑像尊格，探讨塑像与壁画表现出的佛教宗派信仰、建窟造像动机及意义；梳理并比较龟兹石窟中的"建筑和图像程序"；分析壁画风格特点、划分出龟兹回鹘风壁画三种画风并阐释壁画题材、样式与风格形成的背景；通过样式与风格的比对探索壁画的年代。

　　龟兹唐风壁画是以唐代内地佛教壁画为主体，同时在龟兹本土传统影响下改进的结果；龟兹回鹘风壁画是回鹘民族在吸收龟兹与汉地佛教艺术过程中将本民族审美风尚融入其中并逐步形成。

作者简介

　　刘韬，博士，副教授。1981 年出生于天津市，1999～2006 年就读于南开大学文学院东方艺术系美术学专业，分别获得文学学士学位和文学硕士学位。2016 年毕业于中央美术学院人文学院美术学专业，获艺术学博士学位。现于中国人民大学哲学院博士后流动站从事博士后研究工作，主要研究方向为中国宗教美术研究。2015 年应德国柏林亚洲艺术博物馆邀请赴德国考察与研究流失海外新疆佛教美术遗存。在《敦煌研究》《敦煌吐鲁番研究》《美术研究》《新美术》《南京艺术学院学报（美术与设计版）》《中国国家博物馆馆刊》等学术期刊和学术研讨会论文集发表 20 余篇学术论文。曾获得 2013 年四川美术学院"高名潞美术论文奖"，2015 年"敦煌奖学金"一等奖，2016 年中央美术学院优秀博士毕业论文奖，2017 年中国博士后科学基金第 61 批面上资助。主持教育部人文社会科学研究青年基金项目"库木吐喇石窟汉风与回鹘风壁画的调查与研究"。

专家推荐意见（一）

　　龟兹石窟寺院遗址现代学术研究的起点始自 20 世纪初年的德国学者，在百余年学术研究过程中，探索龟兹石窟的第一手资料大多数源于德国学者的调查工作，被带回德国的田野笔记、绘图、历史照片、文书残片、壁画、雕塑以及其他收集品决定了早期龟兹石窟研究的领域主要是艺术史和语言学。中国学者自 20 世纪 50 年代以后逐渐展开对龟兹石窟的调查与研究，其中最为重要的成果当为北京大学考古系将考古学地层学与类型学方法引入龟兹石窟研究，而历史学与语言学的学者也做出了大量的研究工作，反思美术史视角下对于龟兹石窟所做的工作与取得的成果相较其他学科略显不足。对于龟兹石窟壁画的基础复位工作存在问题，这些基础工作的不足直接制约了美术史视野下相关问题的探索。美术史研究需要有坚守的精神，对于龟兹石窟美术史本体的研究，前辈学者打下了良好的基础，而要开拓局面仍然需要有新生力量来接续，回到本体成为龟兹石窟美术史学研究今后的目标。

　　龟兹石窟壁画主要由两大类组成，一类是龟兹本地自身文化体系下形成的壁画，此为龟兹石窟壁画的主体；另一类是唐代设立安西都护府于龟兹至回鹘西迁龟兹后产生的壁画。第二类洞窟壁画总体上反映了外来文化落地到龟兹原有文化之后产生的互动。龟兹石窟因为塑像不存、大量壁画被切剥流失海外，洞窟原址内满目疮痍，为我们的研究工作带来了极大的困难。虽有先贤阎文儒与马世长等学者的基础研究工作，但长期以来学界对于唐与回鹘时期龟兹与中原的关系、龟兹回鹘佛教美术的面貌认知模糊不清。刘韬长期以来坚持关注龟兹石窟，他的《唐与回鹘时期龟兹石窟壁画研究》书中调查与收集的资料包括洞窟原址以及海外博物馆中的资料，特别是书中大量使用 20 世纪初年德国探险队切剥龟兹石窟壁画后保存在柏林亚洲艺术博物馆的库藏以及刘韬在柏林亚洲艺术博物馆查阅库存历史照片与档案资料后对石窟壁画的复位缀合成果显得尤为珍贵。

　　《唐与回鹘时期龟兹石窟壁画研究》做出了准确的洞窟壁画复原工作，在此基础上刘韬对图像辨识、塑像重构、信仰重构与年代判断等问题提出了自己的见解，深化了先前学界的探索，总体上填补了唐与回鹘时期龟兹石窟学术研究的空白，故此特为推荐此书的出版。

罗世平

2016 年 6 月 16 日

专家推荐意见（二）

刘韬先生《唐与回鹘时期龟兹石窟壁画研究》一书是他在罗世平教授指导下、在其博士学位论文的基础上修改而成。在充分掌握龟兹石窟百余年学术史研究成果的基础上，刘韬探索了图像、样式与风格在石窟壁画研究中的可行性与具体方法，所做的尝试与提出的观点对这一领域的研究深化有比较重要的意义。

龟兹是古印度佛教北传过程中的重镇，而唐与回鹘时期的龟兹石窟又是中原汉地佛教对龟兹回传的产物，素为学界所瞩目。龟兹石窟唐与回鹘时期壁画的研究先有德国学者格伦威德尔（Albert Grünwedel）、勒柯克（Albert Von Le Coq）与瓦尔德施密特（Ernst Waldschmidt）做出基础工作，后有阎文儒、马世长、晁华山等前贤积淀了丰厚的学术成果。而在 20 世纪 90 年代库木吐喇石窟发生水患之后，这一研究几乎停滞。《唐与回鹘时期龟兹石窟壁画研究》不仅对唐代龟兹与中原的关系有新的发现、对回鹘佛教有进一步的认识，而且对回鹘时期器物与习俗的讨论多有裨益。如果能在考古学视角下充分考虑龟兹洞窟的分布、类型与组合等问题，或许还会有新的收获。

本书第一部分关于唐与回鹘时期龟兹石窟壁画的复原工作扎实充分，作者尽可能充分掌握德国、法国、俄罗斯、日本、韩国与美国等国家的龟兹石窟壁画研究资料，并充分利用 20 世纪初年德国与法国探险队拍摄的大量反映洞窟原始风貌的历史照片以复原洞窟壁画位置，所作的壁画复原线描图成为研究龟兹石窟壁画的重要参考，纠正了德国柏林亚洲艺术博物馆部分壁画复位缀合问题，同时纠正了库木吐喇石窟与森木塞姆石窟德人洞窟编号与中国洞窟编号对照工作的部分问题。

本书第二部分对于唐与回鹘时期龟兹石窟壁画题材、图本、样式、风格与年代等问题提出了不同于以往研究成果的判断，讨论翔实充分，为我们进一步呈现出了唐代以来龟兹石窟壁画发展的面貌，揭示了龟兹石窟在地性文化主体在接受汉地佛教文化进程中的复杂演变原因，填补了唐与回鹘时期龟兹石窟壁画研究领域的学术空白。

　　本书的资料性与学术性均很强，所用的资料也相当全面与丰富，我尤其推荐这本书能够公开出版，为更多研究者所注意与使用。

魏正中

2016 年 6 月 15 日

目 录

绪　论

一、选题缘起

　　龟兹（Kucha）古国①位于丝绸之路北道，新疆天山南麓与塔里木盆地北缘②。龟兹的佛教活动从公元 3 世纪始见于汉文史料，绵延至 11 世纪当地逐渐伊斯兰化为止，是中古时期闻名遐迩的西域佛教重镇。今天散布在新疆库车、拜城与新和县一带的诸多佛教石窟寺及地面寺院遗址构成了昔日龟兹佛教文化的主要载体，龟兹石窟即是此地各处石窟群的统称③。

---

① 龟兹古国的中心即今中国新疆维吾尔自治区阿克苏地区库车县，现代维吾尔语称为 Kuča。龟兹古国在
　　我国汉文典籍中称为龟兹或丘兹、丘慈、邱兹、屈兹、屈茨、屈支、归慈、归慈、拘夷等，这些同名
　　异写均为古代龟兹语 kutsi 的不同译法。9 世纪中期回鹘西迁之后，龟兹属高昌回鹘王国，回鹘人称该
　　地区为 käsün，汉文典籍中作曲先、苦先等。

② 龟兹国的疆域包括今中国新疆维吾尔自治区库车、拜城、新和、沙雅四县和今阿克苏市、乌什、柯
　　平、阿瓦提、温宿四县，还影响到巴楚、轮台、库尔勒、尉犁县西部。如文献记载："龟兹……东去
　　长安七千五百里，户七千。南与精绝，东南与且末、西南与杆弥、北与乌孙、西与姑墨接。"参见
　　［唐］杜佑：《通典》卷一九一《边防七》，万有文库第二集乾隆刻本，上海：商务印书馆，1935 年，
　　第 1031 页。另文献记载："龟兹国，王治居延城，去长安七千四百八十里。……南与精绝、东南与且
　　末、西南与杆弥、北与乌孙，西与姑墨接。"参见［宋］王钦若等编：《册府元龟》卷九五八《外臣
　　传·国邑二》，北京：中华书局，1960 年，第 11269 页。精绝即今新疆和田民丰县，且末即今新疆和
　　田且末县，杆弥即今新疆巴州策勒县以北，姑墨即今阿克苏地区温宿县。

③ 龟兹境内分布着近二十所大小不一的石窟寺遗址，本书讨论的龟兹石窟寺院遗址是其中的九处主要石
　　窟寺遗址，包括新疆库车县内的库木吐喇（Kumtura）石窟、克孜尔尕哈（Kizilgaha）石窟、森木塞姆
　　（Kirisch，Simsim）石窟、玛扎伯哈（Atschik lläk，Mazabaha）石窟、阿艾（A'Ai）石窟；拜城县内的
　　克孜尔（Kizil）石窟、台台尔（Taitai'er）石窟、温巴什（Wenbashi）石窟；新和县内的托乎拉克艾肯
　　（Tograk-eken）石窟。

　　龟兹与月氏（Yüe-chi）[①] 有着紧密的联系，龟兹地区的居民族属或为西迁中亚途中留在塔里木盆地的月氏分支[②]，或龟兹原来的居民即为月氏人[③]，属于印欧人种[④]。龟兹人使用以婆罗谜（Brāhmī）字体书写的乙种吐火罗语（Tocharian B）[⑤]。根据汉文史料记载，龟兹王白霸（公元 91～107 年）至白环（8 世纪末在位）时期，龟兹国大多数一直处于白姓王朝的统治之下[⑥]。唐朝初年龟兹受西突厥（Türküt）控制，贞观十三年（639 年）唐朝平高昌（Kocho）。翌年，唐太宗在高昌设西州，并始于西州置安西都护府。贞观二十一年（647 年）唐军攻破龟兹，在西域建立"安西四镇"[⑦]，四镇隶属于安西都护府。贞观二十三年（649 年）唐朝将安西都护府西迁至龟兹，不久因阿史那贺鲁叛唐而将安西都护府又迁回西州。显庆三年（658 年）唐军攻灭西突厥，将安西都护府迁回龟兹。咸亨元年（670 年）吐蕃陷西域十八州，后龟兹被吐蕃占领，唐朝罢安西四镇[⑧]。至长寿元年（692 年）唐军击败吐蕃，收复安西四镇，将安西都护府迁回龟兹并派三万军队镇守。唐朝在西域建立起以安西都护府为最高行政与军事首脑，以军镇、守护系统为武力保障，保持原来各国、各部首领统治特权的比较完善的多级统治体系[⑨]。自此，龟兹进入安西都护府 60 余年的

---

① 月氏为讲粟特语的中亚民族，原居河西走廊祁连山一带，大约在公元前 177～前 176 年被匈奴击败，迁居葱岭以西。

② 黄盛璋：《试论所谓"吐火罗语"及其有关的历史地理和民族问题》，载《西域史论丛》编辑组：《西域史论丛》（第二辑），乌鲁木齐：新疆人民出版社，1985 年，第 268 页。

③ ［唐］慧琳：《一切经音义》卷八二："屈支国……古名月支，或名月氏，或曰屈茨，或名乌孙，或名乌垒，案蕃国多因所亡之王立名，或随地随城立称，即今龟兹国也。安西之地是也。如上多名并不离安西境内。"此段记述反映出龟兹居民的族属信息，参见《大正新修大藏经》第 54 册，第 837 页上。

④ 韩康信：《新疆古代居民种族人类学研究》，载韩康信：《丝绸之路古代居民种族人类学研究》，乌鲁木齐：新疆人民出版社，1993 年，第 24 页。

⑤ ［法］列维（Sylvain Lévi）：《所谓乙种吐火罗语即龟兹语考》，载［法］伯希和、列维著，冯承钧译：《吐火罗语考》，北京：中华书局，1957 年，第 11～42 页。［法］皮诺（Georges-Jean Pinault）著，耿昇译：《西域的吐火罗语写本与佛教文献》，载《法国汉学》丛书编辑委员会编：《法国汉学》（敦煌学专号第五辑），北京：中华书局，2000 年。另载新疆龟兹学会编：《龟兹学研究》（第三辑），乌鲁木齐：新疆大学出版社，2008 年，第 20～44 页。

⑥ 刘锡淦、陈良伟：《龟兹古国史》，乌鲁木齐：新疆大学出版社，1996 年，第 33～34 页。

⑦ 即龟兹（Kucha）、于阗（Khotan）、疏勒（Kashgar）与碎叶（Suyab）四镇。

⑧ 即龟兹（Kucha）、于阗（Khotan）、疏勒（Kashgar）与焉耆（Karashahr）四镇。

⑨ 吴涛：《龟兹佛教与区域文化变迁研究》，北京：中央民族大学出版社，2006 年，第 121 页。

稳定统治时期。天宝十四载（755 年）西域唐军被调入内地平"安史之乱"，但四镇
节度使仍驻守龟兹。此后吐蕃占领河西，西域与中原的联系被切断。建中年间
（780 ~ 783 年）恢复联系后，唐朝在西域的力量得到恢复，终至贞元六年（790 年）
龟兹再度被吐蕃占领。至此安西路绝，唐朝在龟兹的势力完全失去。

　　回鹘（Uyghur）是活动于中国古代北方地区的一支游牧部落、部落联盟或者民族
称谓，是今维吾尔族与裕固族的共同祖先。回鹘原居今蒙古高原北部色棱格（Seleng）
河和鄂尔浑（Orkhon）河流域，别支游牧于天山与河西走廊甘州与凉州之间，前者构
成漠北回鹘汗国（744 ~ 840 年）的主体，后者成为高昌回鹘与河西回鹘的前身①。回鹘
的族源乃是秦汉时期活动于漠北至西域的北方突厥系部落民族——丁零，后演变为铁
勒、高车等，至隋代有乌护、袁纥、回纥之谓，唐代始称回鹘②。回鹘首领骨力裴罗③
（Guli Peilo）于天宝三年（744 年）建立起雄强一时的漠北回鹘汗国（744 ~ 840 年）。
在漠北回鹘汗国时期回鹘便开始与佛教接触④。回鹘民族进入龟兹大致可以分为两个
时期，即贞元七年（791 年）之后与会昌二年（842 年）之后。漠北回鹘汗国西迁龟
兹的回鹘形成了"安西回鹘"或称"龟兹回鹘"。另一支以高昌⑤（Kocho，今吐鲁
番地区）与北庭⑥（Beshbalik，今吉木萨尔县）为中心建立了高昌回鹘王国（848 ~
1283 年）。此后"龟兹回鹘"并入高昌回鹘，龟兹与高昌的回鹘政权实现统一。至

---

① 杨富学：《回鹘之佛教》，乌鲁木齐：新疆人民出版社，1998 年，第 17 页。

② 杨富学：《回鹘与敦煌》，兰州：甘肃教育出版社，2013 年，第 4 页。唐德宗贞元四年（788 年），回纥
可汗遣使唐朝请求易名"回纥"为"回鹘"，取"捷鸷犹鹘然"之意，参见［宋］欧阳修、宋祁等撰：
《新唐书》卷二一七《回鹘上》，《新唐书》第 19 册，北京：中华书局，1975 年，第 6124 页。

③ 骨力裴罗本名逸标苾，自称骨咄禄毗伽阙可汗（QutluY bilgä kül qaɣan，? ~ 747 年），唐册封怀仁可汗。

④ "初，有特健俟斤死，有子曰菩萨，部落以为贤而立之。"参见［后晋］刘昫等撰：《旧唐书》卷一九
五《回纥传》，《旧唐书》第 16 册，北京：中华书局，1975 年，第 5195 页。

⑤ "高昌"一名源出西汉时期，《北史·西域传》称："高昌者，……地势高敞，人庶昌盛，因名高昌。"，
参见［唐］李延寿撰：《北史》卷九七，北京：中华书局，1974 年，第 3212 页。回鹘西迁之后称该地区
为"火州"或"和卓"（Qočo 或 Qotcho），据伯希和考证，此名可能是此城古汉名的突厥文对音，参见
Paul Pelliot, "Kao-tchang, Qoco, Houo-tcheou et Qarakhodja", *Journal Asiatique*, I. 1912, p. 579.

⑥ "北庭"一名见于汉文史书，初以西突厥可汗遣其叶护屯于此，故称为"可汗浮图城"。唐代称其为庭州，
"上不从，九月，以其地为西州，以可汗浮图城为庭州，各置属县。"参见［宋］司马光编著，［元］胡三省
音注，"标点资治通鉴小组"点校：《资治通鉴》卷一九五《唐纪十一》，《资治通鉴》第 13 册，北京：中华
书局，1956 年，第 6156 页。突厥语将北庭称作"别失八里"（Bišbaliq），意为"五城"之意。

10 世纪的宋代，回鹘以高昌与龟兹为中心，佛教兴盛繁荣。此后至 11 世纪 70 年代，龟兹逐渐被伊斯兰教势力所占领①。此为唐与回鹘时期龟兹石窟开凿的历史背景。

由此，龟兹石窟寺的发展可以分为前后两个阶段。以唐代安西都护府设立于龟兹为界，前期阶段以龟兹本地人开凿的龟兹风洞窟为主，后期阶段包括汉人、龟兹人与回鹘人开凿的唐风洞窟、龟兹风洞窟与回鹘风洞窟。龟兹风洞窟是指龟兹人在龟兹本地传统基础上吸收外来文化，逐渐产生并发展起来的具有龟兹本地佛教艺术风格的洞窟。在唐代将安西都护府设立于龟兹，中原汉人迁入之后可能仍然继续开凿。龟兹唐风洞窟约建凿于武则天长寿元年（692 年）重新于龟兹设置安西都护府开始有效控制西域至唐德宗贞元六年（790 年）唐朝势力退出龟兹的近百年间。龟兹回鹘风洞窟约始建于唐德宗贞元六年以后回鹘人逐渐从漠北进入龟兹，而终止开凿使用的绝对年代不明。根据实地考察，龟兹石窟中的库木吐喇（Kumtura）石窟最为集中地保存了唐代安西都护府设立在龟兹时期开凿的唐风洞窟与龟兹回鹘时期开凿的回鹘风洞窟，阿艾（A'Ai）石窟是一处单体的唐风洞窟，森木塞姆（Simsim）石窟则保存了为数不多的龟兹回鹘时期开凿的回鹘风洞窟。龟兹地区其他石窟寺遗址如克孜尔（Kizil）石窟与克孜尔尕哈（Kizilgaha）石窟中则零星存在利用前期洞窟后期绘制龟兹风与汉地因素混合壁画以及局部绘制回鹘风壁画的现象。由于建窟民族与佛教教义的影响，唐与回鹘时期龟兹石窟壁画一方面不同程度地保留了本地原有的龟兹特性，另一方面较龟兹风壁画在题材、内容、布局与风格上呈现显著的变化，是研究龟兹石窟后期阶段佛教艺术的重要遗存。

本书是作者于 2001 至 2015 年间在龟兹石窟遗址以及德国柏林亚洲艺术博物馆（Museum für Asiatische kunst Staatliche Museen zu Berlin）考察所获资料基础上对唐与回鹘时期龟兹石窟壁画的进一步解读与探索，以期更好地还原佛教艺术在古代龟兹的流行与传布。

龟兹石窟壁画分散残缺，大部分壁画早年流失海外，今散落于德国、法国、俄罗斯、日本、韩国与美国等多个国家博物馆与私人收藏家手中。龟兹石窟原址中唐风洞窟与回鹘风洞窟塑像几乎不存、壁画保存情况良莠不齐，其中库木吐喇石窟窟

---

① 详见本书第六章第二节的论述。

群区靠近木扎提（Muzart）河的一排下层洞窟饱受水淹之患，壁画在 20 世纪 90 年代被揭取、修复并保存，今洞窟内壁画已基本无存，这些客观情况给研究工作带来极大的困难。因此，系统地对龟兹地区唐风洞窟与回鹘风洞窟壁画的调查、核对、辨识与研究工作还处于起步阶段，对于壁画准确地复位缀合是研究工作的基础，在此基础上才能逐步展开对壁画题材、内容、布局、风格与年代等多方面问题的探索。

二、龟兹地区唐风与回鹘风洞窟定义及遗址分布

（一）定义

在早先的研究中学界多用"汉风洞窟"这一概念来统称龟兹唐风洞窟与龟兹回鹘风洞窟[①]。龟兹唐风洞窟与龟兹回鹘风洞窟壁画虽然在题材、样式与风格等方面表现出诸多相似之处，但从时间上来看唐风洞窟早于回鹘风洞窟，唐风洞窟的开凿年代大致是安西都护府设立在龟兹时期，即公元 692~790 年间；而回鹘风洞窟的开凿年代应为公元 790 年安西路绝以后至公元 840 年回鹘从漠北西迁之后。此外，从壁画表现出的文化风貌来看，虽然回鹘佛教艺术受到汉地佛教艺术的熏染，但龟兹回鹘风洞窟壁画明显呈现出回鹘民族的审美风尚，而且从回鹘风洞窟壁画人物形象与题记来看，表现出回鹘、汉与龟兹三个民族文化交织的现象，故而沿用"汉风洞窟"这一概念来讨论唐与回鹘时期龟兹石窟容易混淆龟兹石窟中回鹘、汉与龟兹不同民族开凿洞窟呈现的文化风貌，因此本书不采用前贤提出的"汉风洞窟"概念，而是将"汉风洞窟"细化为"唐风洞窟"与"回鹘风洞窟"两个概念分别加以讨论[②]。

[①] 马世长对龟兹石窟"汉风洞窟"定义为："在壁画的题材内容、布局构图、人物造型、装饰纹样、绘画技法诸方面，都具有鲜明的中原地区的汉传佛教艺术的风格，或受到中原佛教艺术强烈影响的洞窟。这类汉风洞窟和典型的龟兹风格洞窟有着非常明显的区别，应属于汉传佛教艺术的系统。"马世长将汉风洞窟年代分为唐朝控制龟兹阶段、吐蕃控制龟兹时期与回鹘控制龟兹阶段。参见马世长：《库木吐喇的汉风洞窟》，载新疆维吾尔自治区文物管理委员会、库车县文物保管所、北京大学考古系编：《中国石窟·库木吐喇石窟》，北京：文物出版社，1992 年，第 203、223 页。

[②] 吐蕃人攻陷龟兹后是否在龟兹开凿洞窟并绘制壁画在目前已知的文献中并无记载，而《九姓回鹘可汗碑》记载回鹘人在公元 791 年将吐蕃势力逐出天山。若此说可信，则可推测吐蕃人并未在龟兹立足。此外，从目前龟兹石窟遗址保存的壁画来看，并无吐蕃供养人图像与体现吐蕃审美风尚的壁画痕迹，故而笔者将龟兹石窟"汉风洞窟"分为唐风洞窟与回鹘风洞窟分别加以讨论。

　　本书研究的龟兹地区唐风洞窟与回鹘风洞窟是龟兹石窟寺院发展到唐代以后出现的洞窟遗址。龟兹唐风洞窟是指唐代安西都护府设立在龟兹时期开凿的洞窟，这类洞窟壁画在题材、内容、布局、样式与风格等方面均表现出鲜明的唐代汉地佛教文化风貌。龟兹回鹘风洞窟是指回鹘民族进入龟兹地区即龟兹回鹘时期开凿的洞窟，龟兹回鹘风洞窟壁画在题材、内容、布局、样式与风格等方面不仅表现出汉地佛教艺术风貌，而且表现出回鹘民族的审美风尚。

　　根据北京大学魏正中（Giuseppe Vignato）教授从考古学视角下对龟兹石窟寺院遗址分期断代的观点①，表 0.1 中较为简明地呈现出唐与回鹘时期龟兹石窟在洞窟形制与教义思想上的特点以及与龟兹风洞窟的区别与联系。

表 0.1　龟兹石窟寺院遗址分期、石窟形制与佛教教义思想一览表

分期	名称	石窟形制	教义思想
第一期	未画壁画洞窟	长条形洞窟	主要受印度与中亚西来佛教教义影响，盛行法藏部说一切有部教义，之后流行根本说一切有部教义
第二期	第一种画风洞窟	穹隆顶方形窟	
第三期	第一种和第二种画风洞窟②	中心柱窟、方形窟、大像窟	
第四期	第二种画风洞窟	方形窟、中心柱窟	
第五期	安西都护府时期唐风洞窟和龟兹风洞窟	中心柱窟、大像窟、方形窟	龟兹人在安西都护府时期行小乘法。龟兹地区唐风与回鹘风洞窟主要受汉地佛教教义影响，主要盛行大乘佛教间有密教教义
第六期	龟兹回鹘时期回鹘风洞窟和龟兹风洞窟	中心柱窟、大像窟、方形窟、罗汉窟或闭观窟	

① 2014 年北京大学考古文博学院魏正中教授在北京大学哲学系做《诸相非相——考古学视角对龟兹佛教研究的贡献》讲座发言稿与魏正中教授在 2014 年北京论坛上发言稿 "Proposal of A Chronological Framework for The Rock Monasteries of Kuča" 的观点（未刊稿）。

② 德国学者瓦尔德施密特（Ernst Waldschmidt）将柏林所藏的克孜尔石窟、库木吐喇石窟与森木塞姆石窟壁画艺术风格进行研究，称其为"印度—伊朗风格"（Indo-Iranian Style），瓦氏根据壁画颜色与形式具体论述了克孜尔石窟壁画并分为第一种风格与第二种风格，详见本书第五章第一节的论述。

由上表可知，龟兹地区唐风洞窟与回鹘风洞窟是龟兹石窟发展到唐代以后出现的两期洞窟遗址即魏氏分期的第五期与第六期。由于汉人与回鹘人将汉地佛教教义与各自民族审美风尚分别带入龟兹并与龟兹本地佛教艺术并行发展且产生互动，故而呈现出唐与回鹘时期龟兹石窟壁画的丰富面貌。

（二）遗址分布

前贤在讨论龟兹地区"汉风洞窟"的研究中涉及多处洞窟①。在参照前贤研究工作的基础上，根据实地考察以及界定的唐风洞窟与回鹘风洞窟定义，本书所记龟兹地区唐风洞窟与回鹘风洞窟遗址分布如下。

1. 龟兹唐风洞窟

龟兹唐风洞窟遗址主要分布于库木吐喇石窟与阿艾石窟。库木吐喇唐风洞窟遗址分布最为集中，均分布在库木吐喇石窟窟群区内，在库木吐喇谷口区未发现唐风洞窟遗址。阿艾石窟是一处单体的唐风洞窟。此外，库木吐喇石窟寺院中的地面佛寺遗址夏哈吐尔（Xiahetuer）佛寺曾出土过唐风壁画残片②。

2. 龟兹回鹘风洞窟

龟兹回鹘风洞窟遗址主要分布于库木吐喇石窟与森木塞姆石窟，其中库木吐喇石窟窟群区保存的回鹘风洞窟数量最为集中，而在库木吐喇谷口区没有发现回鹘风洞窟遗址；森木塞姆石窟存在少量龟兹回鹘时期开凿的回鹘风洞窟。此外，库木吐喇石窟中的夏哈吐尔佛寺遗址出土过回鹘风壁画残片③。在森木塞姆石窟、克孜尔石窟与克孜尔尕哈石窟均出现利用早期已开凿洞窟绘制龟兹风、汉地因素混合壁画或局部绘制回鹘风壁画的现象。这种局部重绘或者补绘情况不属于本书划分的龟兹回

---

① 阎文儒：《龟兹境内汉人开凿汉僧住持最多的一处石窟——库木吐拉》，《现代佛学》1962 年第 4 期，第 24～29 页。马世长：《库木吐喇的汉风洞窟》，载《中国石窟·库木吐喇石窟》，第 203～224 页。

② 法国探险队伯希和（Paul Pelliot）将夏哈吐尔佛寺称为"都尔都尔—阿乎尔"（Douldour-Âqour）佛寺，在法国探险队对夏哈吐尔佛寺发掘品中包括唐风壁画与回鹘风壁画残片，参见 Louis Hambis（et al.）（ed.），*Douldour-Âqour et Soubachi. Mission Paul Pelliot*，Tomes III. Paris：Librairie A. Maissonneuve，1967. Louis Hambis（et al.）（ed.），*Douldour-Âquour et Soubachi. Mission Paul Pelliot*，Tomes IV，Paris：Adrien-Maisonneuve，1982.

③ Louis Hambis（et al.）（ed.），*Douldour-Âqour et Soubachi. Mission Paul Pelliot*，Tomes III. Paris：Librairie A. Maissonneuve，1967. Louis Hambis（et al.）（ed.），*Douldour-Âquour et Soubachi. Mission Paul Pelliot*，Tomes IV，Paris：Adrien-Maisonneuve，1982.

鹘风洞窟范围。

　　从目前洞窟遗址的分布情况来看，除阿艾石窟为一处单体唐风洞窟之外，龟兹地区唐风洞窟与回鹘风洞窟主要分布于本地延续开凿的龟兹风石窟群中，且与龟兹风洞窟杂糅建造，是龟兹地区唐风洞窟与回鹘风洞窟的分布特点。关于龟兹风洞窟、唐风洞窟与回鹘风洞窟遗址的分布具体情况请参见图0.1。

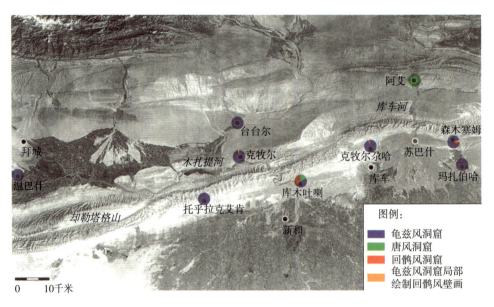

图0.1　龟兹地区主要石窟寺院遗址中龟兹风洞窟、唐风洞窟与回鹘风洞窟分布示意图
（据《区段与组合——龟兹石窟寺院遗址的考古学探索》图1修改而成）

三、龟兹地区唐风与回鹘风洞窟壁画的发现与研究

　　龟兹石窟的学术调查与研究工作自德国学者开始迄今已有百余年历史，可以概括分为前后两个阶段。第一阶段是20世纪初以国外探险队为主体的调查与研究活动；第二阶段是20世纪50年代初至今以中国学界为中心对龟兹石窟开展的调查与研究活动。本书主要针对龟兹地区唐风洞窟与回鹘风洞窟壁画研究的学术史作出梳理，即主要围绕库木吐喇石窟、阿艾石窟与森木塞姆石窟等遗址展开。

（一）文献中最早记载的库木吐喇石窟

　　关于库木吐喇石窟目前所知较早的文献资料记述出自18世纪清代谢济世的《戎幕随笔》与17世纪清代徐松的《西域水道记》等。

谢济世《戎幕随笔》曾记载库木吐喇石窟的情况：

丁谷山千佛洞白衣洞，即唐书所谓阿羯田山。山势自西而北迤逦趋东南，天山所分一大干也。白衣洞有奇篆十余，剥落不可识。洞高广如夏屋，屋隅有泉流出。洞中石壁上镌白衣大士像，相好端正，衣带当风，如吴道子笔。洞左复有一洞，如曲室，深窈不可穷，前临断崖，见西南诸峰无名而秀异者甚众，西日照之，雪光耀晃，不能久视。上下山谷，佛洞以百数，皆元人所凿。佛像亦剌麻所为，丑怪百出，不堪寓目。壁镌楷书轮回经一部，字甚拙，亦元时物，或指唐人刻者，缪也。①

徐松《西域水道记》记载库木吐喇石窟：

渭干河东流，折而南，凡四十余里，经丁谷山西，山势斗绝，上有石室五所，高丈余，深二丈许。就壁凿佛像数十铺，璎珞香花，丹青斑驳。洞门西南向，中有三石楹，方径尺，隶书梵字，镂刻回环，积久剥蚀，惟辨"建中二年"字。又有一区，是沙门题名。②

徐松长于地理，细心考察天山南北，辨识了库木吐喇石窟"建中二年"的题记。而对于龟兹石窟现代学术研究的起点是始自德国学者与探险家组成的德国吐鲁番探险队（German Turfan Expeditions）对龟兹石窟遗址的调查以及之后发表的研究成果。

（二）第一阶段：20 世纪初年以国外探险队为主体的调查与研究

对库木吐喇石窟与森木塞姆石窟进行系统地调查与研究活动始于 20 世纪初年的国外学者，在这些国外探险队调查过程中多伴有揭取壁画、盗掘塑像与文书的行为，较早来到库木吐喇石窟与森木塞姆石窟进行考察并公布考察资料与研究成果的是德国学者。

1. 德国吐鲁番探险队的考察与研究

1902～1914 年普鲁士皇家吐鲁番探险队（Royal Prussian Turfan-Expedi-

---

① ［清］俞浩：《西域考古录十八卷》（清道光二十七年刻海月堂杂著本），《四库未收书辑刊》史部第 9 辑第 7 册，北京：北京出版社，2000 年，第 692 页。

② ［清］徐松：《西域水道记》卷二，引自朱玉麟整理：《中外交通史籍丛刊·西域水道记（外二种）》，北京：中华书局，2005 年，第 96 页。

tions）四次在新疆境内考察，第一、三支探险队由阿尔伯特·格伦威德尔
（Albert Grünwedel）率领，第二、四支探险队由阿尔伯特·冯·勒柯克（Albert Von Le Coq）率领，德国探险队曾经三次来到库木吐喇石窟与森木塞姆石窟，对其进行测绘、拍照、绘制线描图并对壁画进行揭取且带回柏林。德国皇家吐鲁番探险队四次新疆考察情况请参见表0.2。

表0.2　德国皇家吐鲁番探险队四次在新疆考察情况简表①

名称	考察时间	探险队主要成员	考察主要地点与遗址②	所获文物
第一支探险队（Die Erste Expedition）	1902.10 ~ 1903.05	阿尔伯特·格伦威德尔（Albert Grünwedel，1856 ~ 1935 年）格里格·胡特（Georg Huth，1867 ~ 1906 年）瑟奥多·巴尔图斯（Theodor Bartus，1858 ~ 1941 年）	乌鲁木齐（Urumtschi，Ti-hoa 迪化）吐鲁番（Turfan）：高昌故城（Chotscho, Idikut-schari 亦都护城）、柏孜克里克（Bäzäklik）、胜金口（Sängim）、布拉伊克③（Būläräk）、桃儿沟（Kurūtķa）等库车（Kutscha）：库木吐喇④（Qumtura）等喀什（Kaschgar 喀什噶尔）	46 箱每箱重约37.5 公斤

---

① 根据 Herbert Härtel（ed.），*Along the Ancient Silk Routes. Central Asian Art from the West Berlin State Museum*，*Exhibition Catalogue*，*New York*，1982，pp. 24 – 46. Toralf Gabsch（ed.），*Auf Grünwedels Spuren*：*Restaurierung und Forschung an zentralasiatischen Wandmalereien*，Leipzig：Köhler&Amelang，2012，pp. 15 – 27. Caren Dreyer，*Abenteuer Seidenstrasse. Die Berliner Turfan-Expenditionen 1902 – 1914*，Leipzig：E. A. Seemann verlag，2015，pp. 20 – 247 制表。

② 德国探险队考察主要地点与遗址使用中国现地名与遗址称谓，括号内标注的是德国探险队当时对该地名与遗址的称谓（根据当地语言发音转写），以此相互对照。

③ 吐鲁番城北山坡前遗址。

④ 德国第一支探险队在龟兹石窟的考察活动不详，但根据格伦威德尔的记述可知，在这次考察期间德国探险队已在库木吐喇石窟揭取壁画。参见 Albert Grünwedel，*Altbuddhistische Kultstätten in Chinesisch-Turkistan*：*Bericht über archäologische Arbeiten von 1906 bis 1907 bei Kuca*，*Qarasahr und in der Oase Turfan*，Berlin：Reimer，1912，p. 30.

续表 0.2

名称	考察时间	探险队主要成员	考察主要地点与遗址	所获文物
第二支探险队 （Die Zweite Expedition）	1904.10 ~ 1905.12	阿尔伯特·冯·勒柯克（Albert von Le Coq，1860 ~ 1930 年） 瑟奥多·巴尔图斯	乌鲁木齐 吐鲁番：高昌故城、楚万克尔（Tsch-yqqan Köl）、吐峪沟（Tuyok）、柏孜克里克、胜金口、基契克·阿沙·塞利（Kitschik Assa Schähri）、布拉伊克、交河故城（Yar-choto 雅尔和屯）等 哈密（Hami）：阿拉塔姆（Āra-Tam）附近的佛教寺庙等 库车：库木吐喇、克孜尔尕哈（Qyzyl-Qarg-ha）等 喀什	103 箱 每箱重约 100 ~ 160 公斤
第三支探险队 （Die Dritte Expedition）	1905.12 ~ 1907.05	阿尔伯特·格伦威德尔 赫尔曼·波尔特（Hermann Pohrt，1877 ~ 1950 年） 阿尔伯特·冯·勒柯克 瑟奥多·巴尔图斯	喀什 库车：库木吐喇、克孜尔（Qyzyl）、森木塞姆（Kiriš 基利什）等 焉耆（Qarašahr 喀喇沙尔）：锡克沁（Šorčuq 硕尔楚克） 吐鲁番：布拉伊克、柏孜克里克、拜西哈（Murtuq, 2. Anlage 木头沟第 2 号建筑群）、胜金口（Murtuq, 3. Anlage 木头沟第 3 号建筑群）、七康湖（Ĉiqqan-Köl）、连木沁（Lämčin）、吐峪沟麻扎（Toyoq-Maz-ar）、高昌故城周边地区（Umgebung von Idyqutšähri）等 乌鲁木齐 哈密：亦力湖（Iliköl）等	128 箱 每箱重约 70 ~ 80 公斤

续表 0.2

名称	考察时间	探险队主要成员	考察主要地点与遗址	所获文物
第四支探险队（Die Vierte Expedition）	1913.05 ~ 1914.02	阿尔伯特·冯·勒柯克 瑟奥多·巴尔图斯	喀什 库车：克孜尔、苏巴什（Su-baschi）、玛扎伯哈（Atschigh-Iläk 阿赤赫—伊莱克）、森木塞姆、库姆阿里克（Kum-Aryk）、库木吐喇等 巴楚（Maralbaschi 玛喇尔巴什）：图木舒克（Tumschuk）	156 箱每箱重 70 ~ 80 公斤

在对新疆库车地区的考察中，德国人给库木吐喇石窟部分洞窟拟名并编号。德国人在介绍洞窟内容和分期断代时提到了 22 个洞窟，这 22 个洞窟的名称、编号和中国现行编号情况请参见附表 1。德国人也对森木塞姆石窟的 9 个洞窟进行编号与拟名，这些洞窟名称、编号和中国现行编号情况请参见附表 2。

在四次新疆考察探险活动完成之后，德国学者格伦威德尔先后出版了《新疆古代佛教遗迹——1906 ~ 1907 年在库车、焉耆和吐鲁番绿洲的考古工作报告》[①] 与《古代库车》[②] 等著作，勒柯克和恩斯特·瓦尔德施密特（Ernst Waldschmidt）合著七卷本《中亚古代晚期的佛教文物》[③]，瓦尔德施密特著《犍陀罗·库车·吐鲁番——中亚中世纪早期艺术导论》[④] 等专著。他们的著作比较系统地刊布了有关龟兹石窟的调查与研究成果，拉开了龟兹石窟的研究序幕，成为龟兹石窟研究史上的奠基之作。

① Albert Grünwedel, *Altbuddhistische Kultstätten in Chinesisch-Turkistan: Bericht über archäologische Arbeiten von 1906 bis 1907 bei Kuca, Qarasahr und in der Oase Turfan*, Berlin: Reimer, 1912. 中译本 [德] A. 格伦威德尔著，赵崇民、巫新华译：《新疆古佛寺——1905 ~ 1907 年考察成果》，北京：中国人民大学出版社，2001 年。

② Albert Grünwedel, *Alt-Kutscha, Archäologische und religionsgeschichtliche Forschungen an Tempera-Gemälden aus Buddhistischen Höhlen der ersten acht Jahrhunderte nach Christi Geburt*, Berlin: Elsner, 1920.

③ Albert von Le Coq und Ernst Waldschmidt, *Die Buddhhistische Spätantikein Mittelasien*, 7 vols. Berlin: Dietrich Reimer (Ernst Vohsen), 1922 – 1933. 中译本 [德] 阿尔伯特·冯·勒柯克、恩斯特·瓦尔德施密特著，管平、巫新华译：《新疆佛教艺术》（一 ~ 七卷），乌鲁木齐：新疆教育出版社，2006 年。

④ Ernst Waldschmidt, *Gandhāra, Kutscha, Turfan. Eine Einführung in die frühmittelalterliche Kunst Zentralasiens*, Leipzig: Klinkhardt & Biermann, 1925.

《新疆古代佛教遗迹——1906～1907年在库车、焉耆和吐鲁番绿洲的考古工作报告》一书完整地刊布了德国探险队第三次中国新疆探险考察的收获和详细资料。格伦威德尔在此书中记录了他深入考察的库木吐喇石窟第一号峡谷第15窟（中国编号GK17窟）；第二号峡谷第14窟（中国编号第16窟）、第18窟（中国编号第22窟）、第19窟（中国编号第23窟）、第33窟（中国编号第12窟①）、第42窟（中国编号第58窟）；第三号峡谷北部支谷中的洞窟②等洞窟的详细资料③，也详细记录了森木塞姆④石窟中国编号第1、40、41、42、44、46窟等洞窟的详细资料。对于库木吐喇石窟的考察格伦威德尔仅仅看作是为克孜尔石窟考察的准备工作，只有记录库木吐喇石窟，才能叙述库车地区石窟的结构变化以及对其风格的分类概况⑤。《新疆古代佛教遗迹》中包括文字记录与格氏绘制的大量速写、洞窟平面图与壁画线描图，为龟兹石窟的研究提供了珍贵的第一手资料，直到今天依然是研究龟兹石窟必须阅读的首要材料之一。

《中亚古代晚期的佛教文物》是目前最为全面刊布德国人揭取龟兹地区唐风洞窟与回鹘风洞窟壁画图像资料的专著。瓦尔德施密特在此书第七卷导论中就库木吐喇窟群区第16与45窟的位置、构造予以描述。在《库木吐喇的中国佛教艺术风格》⑥中从人物形象，笔法与颜色等方面谈到龟兹地区中国画风洞窟主要有库木吐喇紧那罗窟（Kinnari-Höhle⑦，中国编号第16窟）、飞天窟（Apsaras-Höhle⑧，中国编号第45窟）与涅槃窟（Nirvâna-Höhle⑨，中国编号第12窟⑩），肯定了勒柯克对这三处洞窟绘画时代产生于8～9世纪的观点。书中对于揭取壁画的原洞窟位置、壁画的风

---

① 德人编号库木吐喇第二号峡谷第33窟非晁华山判断对应库木吐喇窟群区中国编号第38窟，经笔者核对应为库木吐喇窟群区中国编号第12窟，参见本书第二章第三节内容的讨论。

② ［德］A. 格伦威德尔：《新疆古佛寺——1905～1907年考察成果》，第20页。

③ ［德］A. 格伦威德尔：《新疆古佛寺——1905～1907年考察成果》，第1～67页。

④ 格伦威德尔称森木塞姆为基利什（Kiriš）。

⑤ ［德］A. 格伦威德尔：《新疆古佛寺——1905～1907年考察成果》，第10页。

⑥ Ernst Waldschmidt, *Die Buddhhistische Spätantikein Mittelasien* Ⅶ. *Neue Blidwerke* Ⅲ, Berlin：Dietrich Reimer（Ernst Vohsen），1933，pp. 30－31.

⑦ 即梵文 kinnara（紧那罗），为诸天的音乐神之一，有美妙音声且能作歌舞。

⑧ 即梵文 apsara（阿布沙罗），指具有人的面貌，鸽子的翅膀和足或诸如此类的歌舞天仙。

⑨ 即梵文 nirvâna（涅槃），指摆脱一切痛苦和迷罔，这里特指佛陀涅槃。

⑩ 参见本书第二章第三节论述。

格、年代的解释与分析也是研究库木吐喇石窟与森木塞姆石窟最为基础的资料。但此书中关于库木吐喇唐风洞窟部分壁画的描述存在一定错误①。瓦尔德施密特《犍陀罗·库车·吐鲁番——中亚中世纪艺术导论》在讨论吐鲁番绿洲回鹘–汉风格艺术中涉及库木吐喇窟群区第13与14窟壁画②。此外，勒柯克还撰有专文《中国新疆典型的唐代绘画》对库木吐喇窟群区第16与45窟壁画进行讨论③，勒柯克在文中描述了第16窟主室正壁绘骑狮文殊菩萨（Mañjuśrī）、骑象普贤菩萨（Samantabhadra）以及飞天（Apsara）图像，提到此窟中汉文与粟特文题记，判断第16窟壁画早于回鹘风格而西突厥因素在此窟中表现明显；勒柯克详细描述了第45窟窟顶、正壁与前壁的壁画，他认为第45窟壁画主体是中国风格，但在主室左、右侧壁下部花卉栅栏壁画图像中呈现出西突厥元素，这与波斯细密画风格接近，第45窟主室前壁壁画主体呈现中国风格但其中也呈现出被印度与伊朗改造后的希腊元素。

除上述论著之外，德国探险队在库木吐喇石窟与森木塞姆石窟拍摄了大量的历史照片，今藏于柏林亚洲艺术博物馆档案室中。这些历史照片集中展现了百年前库木吐喇石窟与森木塞姆石窟的情况，尤其是大量未经德国人揭取壁画前的洞窟照片为我们今天研究壁画、塑像题材内容与布局等工作提供了珍贵的图像资料④（见附表5）。

德国皇家吐鲁番探险队四次在新疆考察所获收集品最初入藏柏林民族学博物馆（Museum für Völkerkunde）。在第二次世界大战以后几经更迭⑤，今文献材料主要归德

---

① 例如《新疆佛教艺术》第七卷，第629页，图版31，书中把双手放在涅槃佛脚上的人物形象辨识为迦叶，此人物形象是一位世俗老者而非僧人迦叶。

② Ernst Waldschmidt, *Gandhāra，Kutscha，Turfan. Eine Einführung in die frühmittelalterliche Kunst Zentralasiens*, *Leipzig*：Klinkhardt & Biermann，1925，pp. 78 – 102，Fig. 45b，46.

③ Albert von Le Coq, "Peintures Chinoises Authentiques De L'Époque T'ang Provenant Du Turkestan Chinois", *Revue des arts asiatiques*, Musée Guimet（Paris，France），Librairie des arts et voyages etc，Band 5，1928，pp. 1 – 8.

④ 2015年笔者在德国柏林亚洲艺术博物馆考察研究期间，该博物馆中亚部主任毕丽兰（Lilla Russell-Smith）女士与档案管理员卡伦·德雷尔（Caren Dreyer）女士为我展示并提供了收藏于该博物馆档案室的历史照片资料。

⑤ 第二次世界大战期间，柏林民族学博物馆部分德国皇家吐鲁番探险队收集品遭到轰炸损坏并被苏联红军运走，今保存在俄罗斯圣彼得堡国立艾尔米塔什博物馆和莫斯科普希金造型艺术博物馆等地。第二次世界大战结束之后，疏散在德国不同地方的藏品于1956～1957年重新回到柏林市西郊的达勒姆（Dahlem）。从1963年1月开始，这些幸存的文物被归入柏林印度艺术博物馆（The Indian Art Museum of Berlin）中收藏保存。

国柏林国家图书馆（Staatsbibliothek zu Berlin）和德国柏林·布兰登堡科学院（Berlin – Brandenburgische Akademie der Wissenschaften）① 收藏②。有关揭取壁画洞窟的原貌考订工作仍在进行③。

　　德国皇家吐鲁番探险队所公布的资料，是所有国外探险队中公布最早也是最为系统的龟兹石窟详细记录与研究资料，对龟兹石窟分期断代观点影响至今，尽管存在不足，但仍是关于龟兹石窟研究的奠基之作。《新疆古代佛教遗迹》与《中亚古代晚期的佛教文物》中刊布的资料为我们系统考察研究龟兹地区唐风与回鹘风洞窟壁画提供了翔实的图像资料与文字记录。

---

① 2006 年德国柏林印度艺术博物馆（The Indian Art Museum of Berlin）与德国柏林东亚艺术博物馆（The East Asian Art Museum of Berlin）合并成立德国国家博物馆亚洲艺术馆（National Museums in Berlin, Asian Art Museum），本书均称为德国柏林亚洲艺术博物馆，该博物馆已于 2017 年 1 月闭馆，馆藏品被纳入柏林市中心的洪堡论坛（Humboldt Forum）至 2019 年重新开放。

② 根据笔者调查，德国柏林亚洲艺术博物馆时期并未系统出版过馆藏图录，在柏林印度艺术博物馆时期分别于 1964、1987、2000 与 2002 年出版过馆藏图录，而较为完整公布德国吐鲁番探险队库车地区收集品中的壁画目录可参见 [德] 阿尔伯特·冯·勒柯克、恩斯特·瓦尔施密特：《新疆佛教艺术》（第七卷），第 680 ~ 720 页。第二次世界大战中德藏新疆部分文物遭到损毁或遗失，其目录可参见 Caren Dreyer（et al.），*Museuam für Indische Kunst，Dokumentation der Verluste，Band III*，Berlin：Museum für Indische Kunst，SMB，2002.

③ 德国人曾经将带回柏林的壁画残片重新复原了克孜尔第 76 与 123 窟，参见 Toralf Gabsch（ed.），*Auf Grünwedels Spuren：Restaurierung und Forschung an zentralasiatischen Wandmalereien*，Leipzig：Köhler & Amelang，2012. 涉及克孜尔石窟壁画复位的文章如，中川原育子：《キジル第 76 窟（孔雀窟）の復元の考察》，载名古屋大学文学部美学美术史学研究室编：《美学美术史研究論集》第 15 号，1997 年，第 71 ~ 94 页. Satomi Hiyama，"The Wall Paintings of the 'Painters' Cave'（Kizil Cave 207）"，Freien Universität Berlin，Doktorarbeit，2014，pp. 13 – 32. 赵莉、Lilla Russell-Smith、Caren Dreyer、Ines Buschmann、祁梅香：《德国柏林亚洲艺术博物馆藏克孜尔石窟壁画》，《文物》2015 年第 3 期，第 55 ~ 96 页. 涉及库木吐喇石窟壁画复位的文章如，贾应逸：《德国吐鲁番探险队在库木吐喇石窟的考察与窃取》，载新疆龟兹石窟研究所编：《库木吐喇石窟内容总录》，北京：文物出版社，2008 年，第 264 ~ 265 页. [匈] 毕丽兰（Lilla Russell-Smith）：《柏林亚洲艺术博物馆藏库木吐喇石窟汉风和回鹘风壁画残块》，载王赞、徐永明主编：《新丝绸之路 丝路·思路：2015 年克孜尔石窟壁画国际学术研讨会论文集》，石家庄：河北出版传媒集团、河北美术出版社，2015 年，第 112 ~ 127 页. 刘韬、罗世平：《库木吐喇石窟第 15 至 17 窟壁画与塑像的重构》，载王赞、徐永明主编：《新丝绸之路 丝路·思路：2015 年克孜尔石窟壁画国际学术研讨会论文集》，石家庄：河北出版传媒集团、河北美术出版社，2015 年，第 128 ~ 149 页. 涉及森木塞姆石窟壁画复位的文章如，贾应逸：《森木塞姆石窟概述》，载新疆龟兹石窟研究所编：《森木塞姆石窟内容总录》，北京：文物出版社，2008 年，第 11 页。

2. 日本大谷探险队的考察与研究

日本净土真宗西本愿寺第 22 代宗主大谷光瑞（Kozui Otani）于 1902 年 8 月
16 日～1912 年 6 月 5 日组织了三次以新疆为中心的中亚探险考察活动。承担大
谷探险队探险任务的主要有 8 人，各支探险队考察时间与探险队员情况请参见
表 0.3。

表 0.3　日本大谷光瑞探险队考察时间、考察成员与新疆考察日记简表

探险队及探险时间	探险队队员		大谷探险队各成员新疆考察日记
第一次 1902.08.16～ 1904.04.19	大谷光瑞（Kozui Otani，1876～1948 年）	印度队	
	井上弘圆（Hirosono Inoue，1872～1939 年）		
	本多惠隆（Eriryu Honda，1876～1944 年）		
	渡边哲信（Tesshin Watanabe，1874～1957 年）	西域队	《西域旅行日记》①
	崛贤雄（Kenyū Hori，1880～1949 年）		《崛贤雄西域纪行》②
第二次 1908.06.25～ 1909.11.13	野村荣三郎（Eizaburo Nomura，1880～1936 年）		《蒙古新疆旅行日记》③
	橘瑞超（Zuityo Tachibana，1890～1968 年）		《橘瑞超西行记》④
第三次 1910.08.16～ 1912.06.05	橘瑞超		《橘瑞超西行记》
	吉川小一郎（Koichiro Yoshikawa，1885～1978 年）		《支那纪行》⑤

① 关于渡边哲信在库木吐喇石窟考察情况参见渡邊哲信：《西域旅行日记》（卷三～卷四），载上原芳太
郎编：《新西域記》（上卷），東京：有光社，1937 年，第 330～338 页。

② 关于崛贤雄在库木吐喇石窟考察情况参见堀賢雄：《堀賢雄西域紀行（之二）》，载西域文化研究会编：
《西域文化研究》（第四卷），京都：法藏館，1961 年，第 44～49 页。

③ 关于野村荣三郎在库木吐喇石窟考察情况参见野村荣三郎：《蒙古新疆旅行日记》，载上原芳太郎编：
《新西域記》（下卷），東京：有光社，1937 年，第 520～522 页。另中译单行本［日］野村荣三郎著，
董炳月译：《蒙古新疆旅行日记》，乌鲁木齐：新疆人民出版社，2013 年，第 154～158 页。

④ 橘瑞超：《中亚探险》、《新疆通信摘抄》和《新疆探险记》，载［日］橘瑞超著，柳洪亮译：《橘瑞超
西行记》，乌鲁木齐：新疆人民出版社，2010 年。

⑤ 关于吉川小一郎在库木吐喇石窟考察情况参见吉川小一郎：《支那纪行》，载上原芳太郎编：《新西域
記》（下卷），東京：有光社，1937 年，第 650～651 页。

日本大谷探险队三次考察发掘活动中涉及库木吐喇石窟的有：1903 年 4 月 23 日渡边哲信与崛贤雄一行到达库车，在此停留 3 个月对克孜尔石窟与库木吐喇石窟等遗址进行考察与发掘。1903 年 5 月 9 日，渡边哲信来到库木吐喇石窟。根据《西域旅行日记》记载，渡边哲信清理了库木吐喇石窟的一些洞窟，掘出写本和塑像，其中有《阿弥陀经》残卷、菩萨头和手残部。渡边哲信记录并绘制了库木吐喇窟群区第 68～72 窟的平面图，还将第 69 窟壁面若干石刻文字拓印并记录下来。渡边哲信记录了第 68～72 窟下某一洞窟正壁形制、壁画题材与题记，记录了窟群区第 15～17 窟等洞窟的汉文题记①。渡边哲信还发掘了乌什吐尔（Wushituer）佛寺遗址，发现了佛龛、菩萨头塑像、汉文写本残片，认为这里曾有佛寺，是古代文献中所载的柘厥关与白马渡。渡边哲信也发掘了夏哈吐尔（Xiahetuer）佛寺遗址，其中有东北角大塔。在遗址中掘得写有“陶拓所”以及有关天宝与大历年号的文书残片。他认为这里就是唐代阿奢理贰（Āscarya）伽蓝，符合玄奘所谓“庭宇显敞”②的说法。渡边哲信于 5 月 19 日离开库木吐喇③。

1909 年 3 月 26 日野村荣三郎来到库木吐喇，他发掘过夏哈吐尔佛寺遗址、乌什吐尔佛寺遗址和库木吐喇村北端三百米处的废城，考察清理并发掘了库木吐喇的一些洞窟。根据野村荣三郎的日记，他来到库木吐喇窟群区发掘了“五联洞”（第68～72 窟），记录洞壁上有刻字；在渭干河（木扎提河，Muzart River）废寺发掘出六个小佛头和文书残片三四张，在渭干河东岸废寺发掘出文钱、写有“大历十六年三月二十日”废字纸、木偶、碗等；他登上库木吐喇谷口区沿渭干河悬崖上高 26.62 米的一处无号洞窟，洞中有烧过的人骨与无字废纸片。此外，他还在库木吐喇发掘出铜印、题有“金沙寺”的木盂、壁画、“二者横有口舌”字纸片、“韦提夫人观见水变成冰时”字纸片，野村荣三郎推断为《观无量寿经》之“水想观”，他还为洞内墙壁作拓片等。野村荣三郎也发掘了东侧考希陶拉佛塔，佛塔高约 11 米，似为方形，

---

① 渡边哲信并未对库木吐喇石窟进行编号，根据《西域旅行日记》中发表的平面图、文字记录与库木吐喇今编号洞窟内容核对，笔者对渡边哲信记录的几个洞窟的对应窟号进行了判断。

② ［唐］玄奘、辩机原著，季羡林等校注：《中外交通史籍丛刊·大唐西域记校注》，北京：中华书局，2000 年，第 62 页。

③ 关于渡边哲信在库木吐喇石窟考察情况参见渡邊哲信：《西域旅行日记》（卷三～卷四），载上原芳太郎编：《新西域记》（上卷），東京：有光社，1937 年，第 330～338 页。渡边哲信在《西域旅行日记》文中出现错误，如该书卷三第 322～323 页间的插图将库木吐喇窟群区第 14 窟照片记录为克孜尔石窟照片。

南侧破损、有安放佛像之痕迹，发掘东西两面，得莲花台，另得佛头五个。野村荣三郎于 4 月 6 日离开①。

　　1913 年 3 月 5 日吉川小一郎抵达库车，3 月 18 日，吉川小一郎来到库木吐喇，于 3 月 29 日离去。吉川小一郎《支那纪行》中对库木吐喇石窟做了简单的记录，如记录库木吐喇石窟基本被破坏，找不到完整的壁画，有的洞窟墙壁上刻着异样文字等。此外吉川小一郎发掘了北边遗址，获得了古茶碗、雕刻、锡片、五铢钱、梵文纸片与无字纸片等遗存并拍摄了照片②。

　　日本探险队考察记录与成果早先在《西域考古图谱》③ 与《新西域记》④ 中集中发表。这两部著作集中刊布了大谷探险队在库木吐喇石窟考察的经过、发掘品及研究成果。《新西域记》主要汇集大谷探险队成员的日记与调查报告，是研究大谷探险队的第一手资料。《西域考古图谱》分为上下卷，上卷分为绘画、雕刻、染织刺绣、古钱、杂品与印度雕刻；下卷分为佛典及佛典附录、史料、经籍、西域语文书与印本等 11 类，选辑文物 690 余种，其中收录了库木吐喇两幅千佛题材唐风壁画的图像资料、库木吐喇壁画题记、库木吐喇唐代绢画、木版画与雕塑，同时收录了在库木吐喇石窟与克孜尔石窟以及库车地区发掘的大量汉文经卷⑤与文书，如《唐写妙法莲华经》《隋唐间写药师经》《唐写大般涅槃经》等（见附表 9、10）。大谷探险队发掘的汉文经典为研究龟兹唐风洞窟壁画内容提供了重要的文献依据。

　　大谷收集品今主要收藏于日本龙谷大学（Ryukoku University）⑥、东京国立博物馆

①　关于野村荣三郎在库木吐喇石窟考察情况参见野村荣三郎：《蒙古新疆旅行日记》，载《新西域记》，第 520～522 页。另中译单行本 [日] 野村荣三郎：《蒙古新疆旅行日记》，第 154～158 页。

②　吉川小一郎在库木吐喇石窟考察情况参见吉川小一郎：《支那纪行》，载《新西域记》第 650～651 页。

③　香川黙識编：《西域考古圖譜》（上～下卷），東京：国華社，1915 年。

④　上原芳太郎编：《新西域記》（上～下卷），東京：有光社，1937 年。

⑤　《西域出土佛典之研究——〈西域考古图谱〉之汉文佛典》对《西域考古图谱》中所收汉文佛典进行了进一步系统地考释与校录。参见龍谷大学佛教文化研究所编，井ノ口泰淳責任编集：《龍谷大学善本叢書 1・西域出土佛典の研究——〈西域考古圖譜〉の漢文佛典》，京都：法藏館，1980 年。

⑥　日本龙谷大学于 1953 年成立西域文化研究会，1966 年设立“龙谷藏”，这部分文书合计 7733 件，涉及汉、回鹘、梵、藏、西夏、蒙、佉卢、于阗、焉耆、突厥、粟特、叙利亚与帕提亚等文种。参见小田义久撰，李龙德译：《关于龙谷大学图书馆所藏大谷文书》，《中国吐鲁番学会研究通讯》1985 年第 2 期，第 34～40 页。另龙谷大学西域文化研究会接收橘瑞超 55 件“橘文书”，吉川小一郎将自藏 161 件残经与佛画装裱成册提名《流沙残阙》捐献于龙谷大学。

（National Museum of Tokyo）①、京都国立博物馆（National Museum of Kyoto）、中国国家博物馆、中国国家图书馆、旅顺博物馆②和韩国首尔国立中央博物馆（National Museum of Korea）③ 等地。

　　大谷探险队所获汉文文书最为丰富，目前在日本国内以东京国立博物馆和龙谷大学保存最多④，汉文文书尤以龙谷大学所藏为佳。1958～1964 年，龙谷大学西域文化研究会以大谷探险队所获文物为资料，对中亚文化做了初步研究，研究成果汇编成六卷七册《西域文化研究》⑤。该书收集了数十位日本有关学者的研究论文，从各个角度对大谷探险队所获文物进行了全面地论述与研究。龙谷大学从以"西域文化资料"为名目的 6500 件文书中检出 1000 件汉文佛典，日本学者对保存状况较好的 95 件汉文佛典进行研究，成果为《龙谷大学善本丛书一》⑥。《龙谷大学善本丛书一》刊布的 95 件佛典，出自库车的有 33 件，出自克孜尔石窟的有 6 件，出自库木吐喇石窟的有 2 件。京都法藏馆从 1984 年陆续出版《大谷文书集成》，将龙谷大学的文物按照编号顺序校录出版，并刊有图版，是目前研究大谷文物的最重要资料。另外，橘瑞超将个人所获文物编成《二乐丛书》四册，也是研究大谷藏品的重要资料。

---

① 杉山二郎解説：《東京国立博物館図版目録・大谷探検队将来品篇》，東京：東京国立博物館，1971 年。

② 关于旅顺博物馆所藏大谷探险队收集品参见《關東廳博物館大谷家出品目録》，载上原芳太郎编：《新西域記》（附録二），東京：有光社，1937 年。1945 年苏联军队接管前部分文物被运回日本，后移交龙谷大学，1951 年苏联将留在旅顺博物馆的文物移交中国，1954 年文化部将 620 件敦煌汉藏文写经调拨给中国国家图书馆善本部（文物目录参阅北京图书馆善本组编《敦煌劫余录续编》内部出版，1981 年），只有 9 件敦煌写经文书及其他西域文献与文物归旅顺博物馆保管。

③ 关于韩国首尔国立中央博物馆馆藏大谷探险队收集品目录参见姜镇庆：《南朝鲜汉城博物馆藏大谷光瑞发掘品目录和旅顺博物馆藏大谷光瑞文书目录》，《中国吐鲁番学会研究通讯》1986 年第 2 期，第 20～21 页。另参见 김영민외：《〈국립중앙박물관소장〉중앙아시아 종교 회화》，서울：국립중앙박물관，2013 년．(National Museum of Korea, *Central Asian Religious Paintings In The National Museum of Korea*, Seoul, 2013.)；국립중앙박물관편：《〈국립중앙박물관소장〉중앙아시아 종교 조각》，서울：국립중앙박물관，2013 년．(National Museum of Korea, *Central Asian Religious Sculptures In The National Museum of Korea*, Seoul, 2013.)

④ 晁华山：《清末民初日本考察克孜尔石窟及新疆文物在日本的流散》，《新疆文物》1992 年第 4 期，第 105～112 页。

⑤ 西域文化研究会编：《西域文化研究》（一～六卷），京都：法藏馆，1958～1964 年。

⑥ 龍谷大學佛教文化研究所编，井ノ口泰淳责任编集：《龍谷大學善本叢書 1・西域出土佛典の研究——〈西域考古圖譜〉の漢文佛典》，京都：法藏館，1980 年。

　　除上述研究资料与研究成果之外，日本学界对库木吐喇石窟的研究成果简述如下：

　　（1）关于库木吐喇石窟壁画题材的研究

　　熊谷宣夫（Nobuo Kumagai）根据大谷探险队带回的题记残片、渡边哲信和野村荣三郎日记关于题记的记录、格伦威德尔的记录以及松本荣一（Keichi Matsumoto）《敦煌画之研究：图像篇》①，解释了库木吐喇窟群区第16窟主室左、右侧壁壁画题材。熊谷宣夫认为库木吐喇第16窟主室右侧壁中心壁画绘观经变相，右边绘序分义，左边绘十六观；主室左侧壁中心壁画是以灌顶经为经本依据绘制的药师净土变相，右边绘十二大愿，左边绘九横死②。

　　（2）关于库木吐喇石窟画风与风格分类的研究

　　熊谷宣夫曾详细讨论了大谷探险队带回的塑像头部③，他在《西域雕塑杂记》中《库木吐喇的塑像》一节认为，菩萨塑像头部7件、天女形塑像1件、鬼形头部2件、在旅顺的菩萨头部、老人像头部与马首共3件，均为取自同一石窟的文物；同时经考证他认为这些均为《新西域记》上卷第33～337页插图所示在库木吐喇一窟中所获得的文物，并根据每件作品详细论述了这些塑像的表现特征与制作工程④。尔后，熊谷宣夫撰《从库木吐喇带回的塑像菩萨头部》一文认为，塑像彩画包含汉族系统绘画因素，并推测这个菩萨头部原藏窟寺是按照回鹘－中国风格建造的⑤。

---

①　松本榮一：《燉煌畫の研究：圖像篇・附圖》，東京：東方文化學院東京研究所，1937年，第45～90页。

②　熊谷宣夫：《クムトラ・キンナラ洞将來の壁畫について》，《佛教藝術》第5辑，1949年，第58～67页。

③　杉山二郎解説：《東京国立博物館図版目録・大谷探検隊将来品篇》，图版18～23。香川黙識编：《西域考古圖譜》，图5～6。

④　[日] 熊谷宣夫：《西域雕塑杂记》，《清闲》第19册，1944年1月。转引自 [日] 中野照男：《二十世纪初德国考察队对库木吐喇石窟的考察及而后的研究》，载《中国石窟・库木吐喇石窟》，第241页。

⑤　[日] 熊谷宣夫：《从库木吐喇带回的塑像菩萨头部》，《大和文华》第12号，1953年12月。转引自 [日] 中野照男：《二十世纪初德国考察队对库木吐喇石窟的考察及而后的研究》，载《中国石窟・库木吐喇石窟》，第241页。

此后，中野照男（Teruo Nakano）在《发掘自库木吐喇石窟的泥塑头部研究》中对熊谷宣夫的观点提出异议①。他根据渡边哲信关于这些塑像的记录认为塑像是在主室或侧廊壁前设置的板凳式台座上安放的，这种安置方式在克孜尔第 60、63 窟与库木吐喇窟群区第 22 窟可见，属于第二种风格，并非属于熊谷宣夫推测的回鹘 – 中国风格。属于回鹘 – 中国风格的库木吐喇石窟如窟群区第 16 与 38 窟都不见上述塑像的安置方式。

从塑像风格上中野照男把塑像与克孜尔石窟壁画进行了仔细比对，认为和唐朝菩萨像不同，其多带有库车地区所谓的第二种风格。但取得塑像的洞窟已经开始受回鹘 – 中国风格影响，一个石窟掺杂两种风格，是过渡期的特征。中野照男据此认为这些塑像是 7 世纪后半期制作的②。

中野照男另分析了出自库木吐喇窟群区第 45 窟主室券顶右侧壁面四横排的一身结跏趺坐佛的壁画残片，从材料、位置、制作年代与样式等方面认为是库木吐喇石窟在 7 ~ 8 世纪从因缘说法题材向千佛题材转换的图像，保留佛与个别供养人配置而故事情节简化甚至消失③。

由于库木吐喇石窟资料较少，日本学界对其研究不及对克孜尔石窟的研究深入。由于日本保存了更多的关于库木吐喇及库车地区汉文文书资料，故对汉文经典的考释和研究取得了长足的进展，但关于库木吐喇石窟的洞窟结构、壁画布局与题材研究等问题仍存在较大的研究空间。

3. 法国伯希和探险队的考察与研究

1907 年 1 月 2 日，法国汉学家保罗·伯希和（Paul Pelliot，1878 ~ 1945 年）率领的法国考古探险队在发掘新疆巴楚图木舒克（Tumshuq）遗址后经阿克苏和拜城到达库车，在库车勘察发掘了 8 个月至 1907 年 9 月 3 日离开。伯希和根据《大唐西域记》

① 中野照男：《クムトラ出土の塑像頭部》，《MUSEUM》第 333 卷，東京：東京国立博物館，1978 年 12 月，第 15 ~ 23 页。
② ［日］中野照男：《二十世纪初德国考察队对库木吐喇石窟的考察及而后的研究》，载《中国石窟·库木吐喇石窟》，第 241 页。
③ ［日］中野照男：《東京国立博物館保管壁画仏坐像を通して見たクムトラ石窟第 45 窟壁画の諸問題》，载联合国教科文组织驻华代表处、新疆维吾尔自治区文物局编著：《库木吐喇千佛洞保护修复工程报告》，北京：文物出版社，2011 年，第 372 ~ 386 页。

中公元 630 年玄奘经过龟兹国记载的阿奢理贰伽蓝和昭怙厘伽蓝为指导制定了他考察发掘的地点，即考察库木吐喇石窟、发掘木扎提河西部的夏哈吐尔佛寺遗址（伯希和称为"都尔都尔—阿乎尔，Douldour-Âqour"佛寺遗址）、考察发掘库车河两岸北部的苏巴什（Soubachi）佛寺遗址等。现根据《伯希和西域探险记》中的描述①，记录伯希和及他率领的探险队在库车地区具体的活动时间及安排：

1907 年 3 月 16 日～5 月 22 日伯希和一行在库木吐喇石窟考察，在寺院图书馆里发现了 200 余件汉文文书，并首次发现了婆罗谜文写卷。

1907 年 4 月 17 日～8 月 5 日，在考察库木吐喇石窟期间伯希和一行又交叉发掘了夏哈吐尔佛寺遗址。

1907 年 6 月 10 日～7 月 25 日，伯希和一行发掘了苏巴什佛寺遗址。

此后，伯希和一行从库车北翻越天山到达裕勒都斯。探险队成员路易·瓦扬（Louis Vaillant）再次返回库车进行地理测绘及天文观察工作，夏尔·努埃特（Charles Nouette）赴克孜尔石窟进行拍摄工作。

伯希和率领的探险队发掘了夏哈吐尔佛寺遗址，清理出遗址内的佛堂、讲堂、藏经室、僧房、佛塔、院落、道路与围墙等建筑物。发掘清理出原遗址的壁画残片、彩绘木质装饰图案、佛头像、小木雕像、佛陀面具模子；汉文经卷、汉文文书、回鹘文残卷、婆罗谜文纸片、208 件用梵文在桦树皮上的写经残叶、婆罗谜文木简、佉卢文粽叶残卷；印章、玻璃、铜钱、铜板、瓷器残片等。其中涉及年代的有"开元通宝"唐代铜钱、"建中通宝"唐代铜钱、大历年间钱币、"天宝二年"汉文文书、"上元三年"汉文文书等。涉及地点的有书写"明威镇"与"凉州"的汉文文书。伯希和将夏哈吐尔佛寺发现的文物年代定为公元 750～800 年②。夏哈吐尔佛寺遗址出土的壁画风格有龟兹风、唐风与回鹘风，伯希和在此遗址也发掘出典型的汉地风格塑像③。

伯希和从夏哈吐尔佛寺和苏巴什佛寺带回法国的收集品主要有夏哈吐尔佛寺壁画、陶土塑像残片、木制品、建筑木材、金属品、陶器与杂物等。关于苏巴什佛寺

---

① ［法］伯希和等著，耿昇译：《伯希和西域探险记》，北京：人民出版社，2011 年，第 11、198～221 页。

② ［法］伯希和等：《伯希和西域探险记》，第 198～215 页。

③ ［法］伯希和等：《伯希和西域探险记》，第 214 页。

遗址的收集品则有木制品、陶器与舍利盒等，现均收藏在法国巴黎吉美博物馆（Musée national des Arts Asiatiques-Guimet）。根据巴黎吉美博物馆馆藏伯希和探险队拍摄的历史照片以及在巴黎吉美博物馆展出的作品原件，本书判断其壁画风格与库木吐喇石窟壁画风格基本一致，均显现出"印度－伊朗风格"之第一种风格与第二种风格①、龟兹唐风与龟兹回鹘风壁画风格（见附表6）。

伯希和一行调查了库木吐喇石窟，拍摄了许多洞窟内的照片，今法国巴黎吉美博物馆收藏了当时拍摄的历史照片②，其中涉及龟兹唐风洞窟与回鹘风洞窟的照片资料据统计主要是库木吐喇窟群区第12、14、15、16和45窟，照片编号与照片内容详见附表7。

伯希和探险队从西域带回的考古出土品今主要保存在法国巴黎吉美博物馆和法国国家图书馆中。伯希和生前并未出版过关于此次西域考察的专门研究论著，关于伯希和探险队的完整档案资料其弟子韩百诗（Louis Hambis，1906~1978年）曾计划整理出版，共27卷③，但韩百诗生前并未完成。有关伯希和探险队在库车夏哈吐尔佛寺及苏巴什佛寺遗址的考察成果主要发表在：

————————————

① 德国学者瓦尔德施密特（Ernst Waldschmidt）将龟兹石窟壁画风格归结为"印度－伊朗风格"（Indo-Iranian Style），详见本书第五章第一节论述。

② 法国巴黎吉美博物馆馆藏20世纪初年法国探险队拍摄库木吐喇石窟历史照片资料由佛罗伦萨马克斯·普朗克艺术史研究所与柏林亚洲艺术博物馆（Kunsthistorisches Institut in Florenz，Max-Planck-Institut and Asian Art Museum，National Museums in Berlin）桧山智美（Satomi Hiyama）博士提供。

③ ［法］韩百诗计划整理《伯希和考古档案》27卷，具体是：第1卷《图木舒克》（图版卷），1961年，法兰西学院版；第2卷《图木舒克》（文字卷），1964年，法兰西学院版；第3卷《库车建筑寺院·都尔都尔—阿乎尔和苏巴什》（图版卷），1967年，法兰西学院版；第4卷《库车建筑寺院·都尔都尔—阿乎尔和苏巴什》（文字卷），1982年，法兰西学院版；第5卷《库车·石窟寺》（图版卷），尚未出版；第6卷《库车·石窟寺》（文字卷），尚未出版；第7卷《库车·素描画与速写画》，尚未出版；第8卷《库车地区诸遗址·龟兹文题记》，1987年，法兰西学院版；第9卷《库车·壁画》，尚未出版；第10卷《从库车到敦煌之间的诸小遗址》，尚未出版；第11卷《伯希和敦煌石窟笔记》6册，1980~1992年，法兰西学院亚洲研究所中亚和高地亚洲研究中心版；第12卷《敦煌的幡画·风格与图像研究》，尚未出版；第13卷《敦煌的织物》，1970年，法兰西学院版；第14卷《敦煌的幡画》（文字卷），1974年，法兰西学院版；第15卷《敦煌的幡画》（图版卷），1976年，法兰西学院版；第16卷《敦煌的幡画·题记研究》，尚未出版；第17卷《敦煌的幡画·图像研究》，尚未出版；第18卷《敦煌的幡画·风格研究》，尚未出版；第19卷《敦煌的版画与白画》，尚未出版；第20卷《敦煌的雕塑》，尚未出版；第21~23卷《敦煌的壁画》（文字卷），尚未出版；第24~26卷《敦煌的壁画》（图版卷），尚未出版；第27卷《敦煌的织物》（图版卷），尚未出版。参见［法］伯希和等：《伯希和西域探险记》，第32~33页。

第一，《伯希和考古探险队档案》第三卷《库车建筑寺院·都尔都尔—阿乎尔和苏巴什》（图版卷）①。这本著作主要包括：伯希和在夏哈吐尔佛寺和苏巴什佛寺遗址原地拍摄的照片；由伯希和在此两处遗址搜集的考古文物（包括建筑木料、壁画残片、黏土雕塑、金器与金属器皿）及绘制的遗址平面图与建筑平面图；日本大谷探险队、格伦威德尔与勒柯克率领的德国皇家吐鲁番探险队在同一遗址拍摄的历史照片等②。关于夏哈吐尔佛寺遗址中的唐风与回鹘风壁画残片请参见此书的图 42～45。

第二，《伯希和考古探险队档案》第四卷《库车建筑寺院·都尔都尔—阿乎尔和苏巴什》（文字卷）③。此本著作主要包括：马德玲·阿拉德（Madeleine Hallade）绘制的线描图；西蒙娜·高利埃（Simone Gaulier）撰写的文献与保存在巴黎吉美博物馆的文物解说目录；利利雅娜·库尔图瓦（Liliane Courtois）对伯希和在苏巴什原地拍摄壁画照片作高度概括的风格研究，苏巴什壁画与库车其他遗址壁画以及犍陀罗、古代阿富汗艺术资料作出的比较，利利雅娜·库尔图瓦认为苏巴什壁画归于 5 世纪中叶或末叶④。

关于伯希和在库木吐喇石窟的考察研究成果至今尚未发表。在韩百诗 27 卷《伯希和探险队档案》计划中，关于库木吐喇石窟研究的著作其准备工作正在进行。《伯希和探险队档案》第五卷《库车·石窟寺》库木吐喇遗址内容包括：（1）莫尼克·玛雅尔（Monique Maillard）根据伯希和探险队的照片对库木吐喇遗址的研究。（2）介绍中国考古学家晁华山的研究成果。（3）至今尚存汉文题识的录文以及伯希和当年释读的录文。（4）伯希和探险队携归并保存在巴黎吉美博物馆的雕塑、绘画和杂物的解说目录等⑤。

---

① Louis Hambis（et al.）（ed.），*Douldour-Âquour et Soubachi. Mission Paul Pelliot*，Tomes III，Paris：Adrien-Maisonneuve，1967.

② 此部著作是马德玲·阿拉德（Madeleine Hallade）在西蒙娜·高利埃（Simone Gaulier）和利利雅娜·库尔图瓦（Liliane Courtois）的帮助下完成。参见［法］罗波尔·热拉－贝札尔（Robert Jera-Bezard）：《伯希和西域探险与法国的西域史研究》，载［法］伯希和等：《伯希和西域探险记》，第 412～413 页。

③ Louis Hambis（et al.）（ed.），*Douldour-Âquour et Soubachi. Mission Paul Pelliot*，Tomes IV，Paris：Adrien-Maisonneuve，1982.

④ ［法］罗波尔·热拉－贝札尔（Robert Jera-Bezard）：《伯希和西域探险与法国的西域史研究》，《伯希和西域探险记》，第 413～414 页。

⑤ ［法］罗波尔·热拉－贝札尔（Robert Jera-Bezard）：《伯希和西域探险与法国的西域史研究》，《伯希和西域探险记》，第 411～418 页。

　　目前关于伯希和在库车地区考察的研究成果中译本仅有《库车地区考古笔记》一文，该文章包括由马德玲·阿拉德所写介绍伯希和在夏哈吐尔佛寺遗址与苏巴什佛寺遗址的考古笔记。此文章收录于《伯希和西域探险记》一书中[①]，《库车地区考古笔记》一文就是译自 1982 年法兰西学院出版的《伯希和探险队档案》第四卷《库车建筑寺院·都尔都尔—阿乎尔和苏巴什》（文字卷）[②]。

　　4. 俄国探险队的考察与研究

　　1905 年俄国中亚与东亚研究委员会决定派米哈伊尔·米哈伊洛维奇·别列佐夫斯基（Mikhail Mikhailovich Berezovsky，1884 ~ 1912 年）。前往库车地区考察。1905 年 11 月 2 日，M. M. 别列佐夫斯基和其堂弟尼古拉·马特维耶维奇·别列佐夫斯基（Nikolay Matveyevich Berezovsky）兄弟二人从俄国圣彼得堡出发，于 1906 年 2 月 6 日到达库车，期间他们考察了库木吐喇石窟、克孜尔石窟与森木塞姆石窟等遗址，1907 年 12 月别列佐夫斯基兄弟结束考察工作。关于此次工作的具体情况，别列佐夫斯基兄弟曾以书面形式汇报给谢尔盖·费多罗维奇·奥登堡（Sergey Fyodorovich Oldenburg），其详情及考察成果于 1908 年 2 月 9 日奥登堡在俄委会会议上汇报。在苏联科学院弗拉基米尔研究所列宁格勒分所东方学档案馆中，可以找到一些 1909 年 3 月 6 日 M. M. 别列佐夫斯基在科学院会议上发表的关于新疆考察的内容。此次考察带回的大部分资料被保存在苏联科学院弗拉基米尔研究所列宁格勒分所东方学档案馆中，还有一小部分给奥登堡所做的书信汇报，保存在苏联科学院列宁格勒州档案馆里。在奥登堡 1909 ~ 1910 年关于这一地区工作报告中也提及 M. M. 别列佐夫斯基的考察材料。在库木吐喇石窟，M. M. 别列佐夫斯基曾拍摄了大量的照片，测绘了夏哈吐尔佛寺遗址，N. M. 别列佐夫斯基则临摹了壁画残片。在森木塞姆石窟，别列佐夫斯基兄弟绘制了森木塞姆峡谷总平面图，拍摄了照片并临摹了壁画[③]。

　　俄国探险家谢尔盖·费多罗维奇·奥登堡（Sergey Fyodorovich Oldenburg，1863 ~ 1934 年）于 1909 ~ 1910 年和 1914 ~ 1915 年组织过两次中国新疆探险考察。1910 年 12

① ［法］伯希和等：《伯希和西域探险记》，第 198 ~ 221 页。

② Louis Hambis（et al.）（ed.），*Douldour-Âquour et Soubachi. Mission Paul Pelliot*，Tomes IV，Paris：Adrien-Maisonneuve，1982，pp. 29 – 38.

③ ［俄］H. H. 娜齐洛娃著，林海萍等译：《C. Ф 奥登堡对中国新疆和西部地区的考察》，《新疆文物》2003 年第 3 ~ 4 期，第 114 页。

月19日奥登堡到达库车，在这里他参观了苏巴什佛寺、森木塞姆石窟、克孜尔石窟、克孜尔尕哈石窟与库木吐喇石窟等遗址，设计调查草案、详细记录遗址中壁画位置及风格特点并发现了大量壁画与题记残片①。奥登堡的方法是对考古发掘品拍摄精确清晰的照片并做详细的著录。1910年1月10日前后，奥登堡来到库木吐喇石窟，于1月12日离去。他考察过地面遗址与洞窟，曾注意到库木吐喇第50窟的横列因缘画中有多头佛的形象，认为这在东传系佛教国家中是独一无二的②。在森木塞姆石窟，奥登堡探险队拍摄了大量的照片，绘制了数幅洞窟平面示意图，并从一些洞窟中揭取了壁画③。

俄国探险队收集的文物先是于1910年被收藏在圣彼得堡俄国科学院人类学与民族学博物馆（Музей антропологии и этнографии Академии наук），并有简要编目。1931～1933年，移至圣彼得堡国立艾尔米塔什博物馆（Государственный Эрмитаж）。自1935年起开始部分展出，这些收集品主要包括壁画、绘画、陶器、约上百件写本、照片以及遗址的考古草图等。

俄国探险队对龟兹石窟考察的相关资料至今尚未系统刊布④，暂时没有条件对俄藏龟兹石窟壁画残片进行全面且深入的研究。目前可以参鉴的资料主要有奥登堡编写的《1909～1910年俄国新疆探险考察初步简报》⑤ 与俄罗斯圣彼得堡国立艾尔米塔什博物馆出版的展览图录等⑥。此外，尤·斯·胡佳科夫对勒柯克在库木吐喇石窟

---

① ［俄］H. H. 娜齐洛娃著，林海萍等译：《C. Φ 奥登堡对中国新疆和西部地区的考察》，《新疆文物》2003年第3～4期，第116页。

② С. Ф. Ольденбург, *Русская Туркестанская экспедиция*1909－1910, года, Санкт-Детербург, 1914, pp. 69－71.

③ С. Ф. Ольденбург, *Русская Туркестанская экспедиция*1909－1910, года, Санкт-Детербург, 1914, pp. 62－64.

④ 关于俄罗斯圣彼得堡国立艾尔米塔什博物馆库藏龟兹石窟壁画情况至今尚未系统公布。目前仅知，俄藏龟兹石窟壁画包括俄国探险队 "新疆收集品" 以及1945年苏联红军在攻克德国柏林时截获的一批德藏 "新疆收集品"，参见柴剑虹：《俄国艾尔米塔什博物馆库藏原德藏新疆壁画简析》，载新疆龟兹学会编：《龟兹学研究》（第五辑），乌鲁木齐：新疆人民出版社，2012年，第581～586页。

⑤ С. Ф. Ольденбург, *Русская Туркестанская экспедиция*1909－1910, года, Санкт-Детербург, 1914. (Sergey Fyodorovich Oldenburg, *Russkaja Turkestanskaja Èkspedicija 1909－1910 goda: Kratkijpredvaritel´nyj otčet'*, Sanktpetersburg: Imperatorskoj Akadademii nauk, 1914)

⑥ 俄藏 "新疆收集品" 展览图录参见 Olga P. Deshpande (ed.), *The Caves of One Thousand Buddhas-Russian Expeditions on the Silk Route, On the Occation of 190 Years of the Asiatic Museum, Exhibition Catalogue*, St. Petersburg: The State Hermitage Publishers, 2008.

发现的两块唐风壁画残片图像中的民族身份与内容做出详细的分析①。

5. 英国探险家的考察

1908 年 1 月 17 日，匈牙利裔英籍考古学家马尔克·奥莱尔·斯坦因（Marc Aurel Stein，1862～1943 年）到达库车，他曾在一周内考察了库木吐喇石窟、森木塞姆石窟、克孜尔尕哈石窟、夏哈吐尔佛寺以及苏巴什佛寺等遗址，将库木吐喇遗址分为三区②。斯坦因于 1 月 25 日离开库车，其调查活动情况较为仓促③。

6. 民国时期的考察与研究

1928 年 9 月初～11 月中旬黄文弼作为中国和瑞典联合组织的西北科学考察团成员来到新疆库车、新和、沙雅与拜城等地遗址考察，共历时 70 日。1928 年 9 月 3 日黄文弼来到库木吐喇石窟进行考察发掘，10 月 28 日抵达森木塞姆石窟。此次考察研究成果发表于《塔里木盆地考古记》④。黄文弼记录森木塞姆石窟除寺庙以外，大约有佛洞 28 处，黄氏在此发现唐代"建中通宝"钱币（708 年）一枚，推断森木塞姆石窟寺在 8～9 世纪尚在活动。黄文弼记录库木吐喇石窟 90 余洞，他称为河壩洞 A

---

① ［苏］尤·斯·胡佳科夫著，李琪译：《库木吐拉千佛洞之壁画》，《新疆文物》1990 年第 1 期，第 132～135 页。

② 斯坦因将库木吐喇遗址划分为："一、左岸山壁两组岩洞（即库木吐喇石窟）。二、一座故城，在两组岩洞西南 1.5 英里，位于河流右岸，是座中心与北端各有一窣堵波的大寺遗址。三、色乃当遗迹，在上述故城西南方约 1.25 英里，位于河流左岸。具有 55 码见方的厚实墙墩，中央有残破窣堵波，一个角落有拱拜。" 参见 1909 年 12 月 3 日斯坦因个人信函，见于 A. F. Rudolf Hoernle, *The Bower Manuscript. Reprinted, with additions, from the Introduction to the edition on Volume XXII of the new Imperial Series of the Archaeological Survey of India*, Bombay, 1914, p. 10. 转引自庆昭蓉：《库木吐喇周边诸遗址——以出土胡汉文书与早期探险队资料为中心》，载荣新江、朱玉麟主编：《西域考古·史地·语言研究新视野：黄文弼与中瑞西北科学考察团国际学术研讨会论文集》，北京：科学出版社，2014 年，第 545～546 页。

③ ［英］奥雷尔·斯坦因著，中国社会科学院考古研究所主持翻译：《西域考古图记》（第三卷），桂林：广西师范大学出版社，1998 年，第 707～708 页。［英］奥雷尔·斯坦因著，向达译：《西域考古记》，北京：商务印书馆，2013 年，第 277～290 页。

④ 关于黄文弼对库木吐喇与森木塞姆石窟的考察与研究，参见黄文弼著，中国科学院考古研究所编辑：《塔里木盆地考古记》（中国田野考古报告集·考古学专刊丁种第三号），北京：科学出版社，1958 年。其中库木吐喇石窟考察情况见该书第 13～18 页；库木吐喇千佛洞壁画残片分析见该书第 71～72 页；汉文洞壁刻辞见该书第 103 页，图 4～11；民族古文字洞壁刻辞见该书第 104 页，图 12～18；洞窟分布图见该书附图 7；库木吐喇石窟窟群区速写图见该书附图 8；库木吐喇单个石窟平面图见该书附图 9。关于黄文弼对森木塞姆石窟的考察与研究情况见该书第 27～28 页。

洞左侧巷内掘出写经残纸一条，反面书写汉文《法华经》。黄文弼在他称为河壖洞 B 洞中发现陶片，上刻"法诚"二字，他疑为汉僧之名并描述此窟壁画。黄文弼接着在大沟深处发现 C 洞，是藏罗汉骨灰的洞窟（据晁华山核对为今窟群区第 76 窟①），黄文弼记录此窟西壁、后壁南墙、东壁与北右壁汉文题记。黄氏分析题记中"大唐大顺五年"（894 年）为库木吐喇署唐朝纪元最后年号，根据题记中汉僧之名，认为是唐朝僧侣巡礼罗汉窟留名题记。根据汉文与回鹘文题记只署干支不署唐朝年号现象证明唐昭宗以后控制力在西域丧失，回鹘人进入新疆，库车已属回鹘的情况。黄文弼在河壖区南沿一窟（晁华山核对为 GK7 窟②）东壁记录"画金砂寺"题记。黄氏考察了库木吐喇"五联洞"（第 68～72 窟），拓印了第 69 窟汉文与龟兹文题记。黄文弼描述并考订河壖洞 B 洞发掘的壁画残片为 8 世纪末～9 世纪初所绘。

　　黄文弼在《塔里木盆地考古记》中发表了五幅龟兹回鹘风壁画，并记录是出自库木吐喇石窟河壖洞同一壁面的壁画残片③。黄氏从壁画画风上认为有唐人作风，壁画题材来自汉地，年代或为 8 世纪后半期～9 世纪所绘（见附表 13）。

　　黄文弼是第一位对新疆龟兹石窟进行系统科学考察与研究的中国学者，他在《塔里木盆地考古记》中披露的龟兹回鹘风壁画为此书仅见，作者注重洞窟题记的记录与文献的对应，初步判断库木吐喇石窟开凿自 3 世纪 50 年代～9 世纪末，为后人的研究做出基础性的记录考察工作。黄文弼并未对库木吐喇石窟进行整体编号，限于当时的考察条件与考察安排，黄文弼并未对库木吐喇石窟整个遗址进行系统发掘，其做出的研究与判断是初步性的。

（三）第二阶段：20 世纪 50 年代初至今以中国学界为中心对龟兹石窟开展的调查与研究

　　第二阶段是 20 世纪 50 年代初至今以中国学界为中心对龟兹石窟开展的考古学、美术史学、历史学与语言学等学科视角下的调查与研究工作。

---

① 晁华山：《库木吐喇石窟初探》，载新疆维吾尔自治区文物管理委员会、库车县文物保管所、北京大学考古系编：《中国石窟·库木吐喇石窟》，北京：文物出版社，1992 年，第 176 页。

② 晁华山：《库木吐喇石窟初探》，载《中国石窟·库木吐喇石窟》，第 176 页。

③ 黄文弼：《塔里木盆地考古记》，第 71～72 页、图版 23～25，图 28～32。黄文弼在书中记录此五幅壁画出自河壖洞同属一壁，但未具体标明这五幅壁画残片出自他命名编号的河壖洞具体洞窟编号，故无法对应今库木吐喇石窟编号，本书仍按照黄氏原说出自河壖洞。

1953 年 9 ~ 12 月，西北文化局新疆文物调查组对新疆天山南路文物进行调查，武伯纶任组长，常书鸿任副组长，调查结束后，武伯纶撰写了《新疆天山南路的文物调查》一文①。文章中简要记录了库木吐喇石窟与森木塞姆石窟的位置，将库木吐喇石窟共编号 99 个洞窟，记录库木吐喇窟群区第 12、13 窟等 7 个洞窟千佛旁有汉文题记，将"法轮常转"等汉文刻字推断是谢济世《戎幕随笔》中记录"壁镌楷书轮回经"②。1957 年常书鸿完成了《新疆石窟艺术》的初稿，1978 年整理后因诸种原因于 1996 年出版③。常书鸿《新疆石窟艺术》中认为库木吐喇石窟在 4 世纪以前开创，第二期石窟大约是 7 ~ 9 世纪所建，第三期是从 9 世纪下半叶 ~ 11 世纪。常书鸿记录了库木吐喇窟群区第 3、4、7、12、14、16、19、24、46、68 ~ 72、76 窟等洞窟的窟形、塑像、壁画与题记等内容。常书鸿记录第 16 窟主室左侧壁第一身男子供养像榜题为"威郡王郭"，并推断其为《新唐书·地理志》中记载的郭昕④。

1961 年，中国佛教协会与敦煌文物研究所组成新疆石窟调查组，阎文儒领导了这次调查组调查了新疆天山以南的各处石窟，调查结束后阎文儒撰写了一系列文章。《新疆天山以南的石窟》对龟兹石窟做了详尽的描述，从窟形、壁画题材、艺术风格、图案花纹与文字题记等各方面进行了考察，在此基础上划分了各石窟的分期，阎文儒从库木吐喇石窟选出壁画保存较好的 32 个洞窟，按照画风分为三期：

第一期：两晋时期，共 3 个洞窟，编号为第 2、46、63 窟。

第二期：南北朝至隋代时期，共 8 个洞窟，编号为第 26、28、29、31、33、34、54、58 窟。

第三期：唐代时期，共 20 个洞窟，编号为第 4、9、10、11、12、13、14、15、16、36、37、38、42、43、45、60、61、62、65、71 窟⑤。

关于龟兹地区唐风与回鹘风洞窟，阎文儒划分了第三期洞窟的类型，列举了新

① 武伯纶：《新疆天山南路的文物调查》，《文物参考资料》1954 年第 10 期，第 74 ~ 88 页。
② 武伯纶：《新疆天山南路的文物调查》，《文物参考资料》1954 年第 10 期，第 76 页。
③ 常书鸿：《新疆石窟艺术》，北京：中共中央党校出版社，1996 年，第 205 ~ 208 页。
④ 常书鸿：《新疆石窟艺术》，第 119 ~ 133 页。
⑤ 阎文儒：《新疆天山以南的石窟》，《文物》1962 年第 7、8 期合刊，第 41 ~ 59 页。

出现的壁画题材，分析了壁画风格，增补记录了窟群区第 76 与 78 窟内外的汉文题记。阎文儒根据洞窟数量判断，库木吐喇石窟在盛唐以前并不繁荣，安西都护府移置龟兹以后直至高昌回鹘时期是最为繁荣的时期，库木吐喇石窟是龟兹艺术中与中原艺术风格最接近的一处石窟寺遗址①。

阎文儒还撰写了《龟兹境内汉人开凿汉僧住持最多的一处石窟——库木吐拉》②。文中提到库木吐喇窟群区第 4~16 窟是汉人开凿的洞窟，指出了库木吐喇窟群区第 4、12、14、15 和 16 窟的部分壁画题材并进行描述。文中列举库木吐喇窟群区第 15、16、45、49、51、69 与 76 窟的汉文榜题，同时提到窟群区第 7 与 42 窟的汉文与回鹘文榜题，证明库木吐喇与金砂寺等遗址是龟兹境内汉僧住持最多的一处区域。文中就清代徐松《西域水道记》中的"丁谷山""就壁凿佛像数十辅""隶书梵字，镂刻回环"与"建中二年"的记载提出异议并分析。此文是中国学者首次从汉风角度专题系统研究库木吐喇石窟，纠正了国外学者在研究龟兹石窟时片面强调希腊文化与犍陀罗文化的影响，而忽视唐代安西都护府设立在龟兹后龟兹石窟呈现出的中原汉族文化影响的倾向，具有重要的学术价值，为后来学者研究唐与回鹘时期库木吐喇石窟乃至整个龟兹石窟与中原文化的关系奠定了扎实的研究基础。

20 世纪 70 年代末~80 年代初，北京大学考古系宿白教授带领马世长、晁华山、许宛音、丁明夷等人在新疆石窟考察，重点是克孜尔石窟与库木吐喇石窟，对这两处石窟作了大量的测绘、摄影与记录等工作，获得了丰富的第一手资料。随后，晁华山、马世长、许宛音与丁明夷等人又多次来到库木吐喇石窟与森木塞姆石窟考察。他们的研究成果在《中国石窟·库木吐喇石窟》中集中刊布，书中收录了晁华山《库木吐喇石窟初探》③，马世长《库木吐喇的汉风洞窟》④，梁志祥、丁明夷《记新发现的几处洞窟》⑤，中野照男《二十世纪初德国考察队对库木吐喇石窟的考察及而

① 阎文儒：《新疆天山以南的石窟》，《文物》1962 年第 7~8 期合刊，第 50~53 页。

② 阎文儒：《龟兹境内汉人开凿汉僧住持最多的一处石窟——库木吐拉》，《现代佛学》1962 年第 4 期，第 24~29 页。另载新疆社会科学院考古研究所编：《新疆考古三十年》，乌鲁木齐：新疆人民出版社，1983 年，第 582~588 页。

③ 晁华山：《库木吐喇石窟初探》，载《中国石窟·库木吐喇石窟》，第 170~202 页。

④ 马世长：《库木吐喇的汉风洞窟》，载《中国石窟·库木吐喇石窟》，第 203~224 页。

⑤ 梁志祥、丁明夷：《记新发现的几处洞窟》，载《中国石窟·库木吐喇石窟》，第 225~230 页。

后的研究》① 等文章。书中不仅刊布详备的图录，还专文对库木吐喇石窟的时代、洞窟类别、形制组合、壁画题材、艺术风格以及石窟研究学术史等方面作了系统的研究与论述。此外，丁明夷对森木塞姆石窟与克孜尔尕哈石窟的洞窟形制与壁画题材作了记录且分析详细②。这些研究成果代表了 20 世纪 90 年代末关于库木吐喇石窟与森木塞姆石窟研究的最高水平。

晁华山《库木吐喇石窟初探》一文涉及洞窟分布、石窟考察史、洞窟种类、洞窟族系、石窟寺院与石窟年代等方面问题，是中国学者在全面掌握石窟调查资料并掌握大量德国学界研究资料后对库木吐喇石窟作出的全方面考察与讨论。

马世长《库木吐喇的汉风洞窟》一文包括汉风洞窟分布、汉风洞窟简述、新发现的汉风洞窟、汉风洞窟特点、汉风洞窟历史背景与汉风洞窟年代等几大部分。文中首先界定了汉风洞窟定义③，确认库木吐喇汉风壁画遗存的洞窟有：窟群区中谷南区第 7～9、10～17、22、24、30、36～38、79 窟；谷北区第 41、42、45、46 附 1、74、75 窟。马世长对库木吐喇窟群区第 7～9、10～14、15～17、42、45、68～72、74、75、79 窟的洞窟形制与壁画题材作了细致客观的分析与研究。文中尤其是将经本与壁画对照进行题材辨识，解读了大多数库木吐喇汉风洞窟壁画的题材内容，作者总结了库木吐喇汉风洞窟的特点，推断了汉风洞窟的年代④。《库木吐喇的汉风洞窟》一文是目前最为全面系统研究库木吐喇汉风洞窟的专题论文，为后人继续深入探索唐与回鹘时期的龟兹石窟打下了坚实的基础。

20 世纪 90 年代中期出版的《中国新疆壁画全集 4·库木吐拉》⑤ 与《中国新疆壁画全集 5·森木塞姆·克孜尔尕哈》⑥ 收录了更为丰富的库木吐喇石窟与森木塞姆

① ［日］中野照男：《二十世纪初德国考察队对库木吐喇石窟的考察及而后的研究》，载《中国石窟·库木吐喇石窟》，第 231～242 页。

② 丁明夷：《记两处典型的龟兹石窟——森木塞姆与克孜尔尕哈石窟》，载新疆龟兹石窟研究所编：《龟兹佛教文化论集》，乌鲁木齐：新疆美术摄影出版社，1993 年，第 356～378 页。

③ 马世长：《库木吐喇的汉风洞窟》，载《中国石窟·库木吐喇石窟》，第 203 页。

④ 马世长：《库木吐喇的汉风洞窟》，载《中国石窟·库木吐喇石窟》，第 203～224 页。

⑤ 中国壁画全集编辑委员会编：《中国新疆壁画全集 4·库木吐拉》，乌鲁木齐：新疆美术摄影出版社、沈阳：辽宁美术出版社，1995 年。

⑥ 中国壁画全集编辑委员会编：《中国新疆壁画全集 5·森木塞姆·克孜尔尕哈》，乌鲁木齐：新疆美术摄影出版社、沈阳：辽宁美术出版社，1995 年。

石窟壁画图像资料，书中将库木吐喇石窟壁画按照 5 ~ 6 世纪、7 ~ 8 世纪、9 世纪及以后的时间顺序进行分类刊布；将森木塞姆石窟壁画按照早期、中期与晚期的时间顺序进行分类刊布。贾应逸等人分别为此两部画册撰写了《历史画廊——库木吐喇石窟壁画研究》与《画壁虹桥——森木塞姆等石窟壁画研究》论文①。书中概述了库木吐喇与森木塞姆石窟壁画，对德国人揭取壁画的洞窟与中国洞窟编号的比对出现错误②，对部分图像的解释存在争议。贾应逸另有专文《库木吐喇回鹘窟及其反映的历史问题》，讨论了她划分的库木吐喇回鹘时期洞窟并以早期、繁荣期与晚期讨论库木吐喇回鹘窟与历史背景并涉及龟兹回鹘、高昌回鹘与沙州回鹘的关系，作者试图以回鹘窟壁画来讨论回鹘西迁之后的历史问题③。

20 世纪 90 年代关于唐与回鹘时期库木吐喇石窟的专题研究文章还有刘松柏《库木吐拉石窟寺的净土变壁画》④，文中对库木吐喇石窟净土变壁画的概况、经变画图像经典依据、经变画艺术特点与时代进行了分析与讨论。刘松柏另有《库车古代佛教的观世音菩萨》⑤，对库木吐喇石窟观世音菩萨（Avalokiteśvara）壁画与塑像残片进行分析与讨论。吴焯的《库木吐拉石窟壁画的风格演变与古代龟兹的历史兴衰》⑥ 将库木吐喇石窟壁画

---

① 贾应逸、买买提·木沙：《历史画廊——库木吐喇石窟壁画研究》，载《中国新疆壁画全集 4·库木吐拉》，第 1 ~ 26 页。另载贾应逸：《新疆佛教壁画的历史学研究》，北京：中国人民大学出版社，2010 年，第 170 ~ 207 页。贾应逸：《画壁虹桥——森木塞姆等石窟壁画研究》，载中国壁画全集编辑委员会编：《中国新疆壁画全集 5·森木塞姆·克孜尔尕哈》，第 1 ~ 29 页。另载贾应逸：《新疆佛教壁画的历史学研究》，第 241 ~ 279 页。

② 《中国新疆壁画全集 4·库木吐拉》图 182 应为库木吐喇第 45 窟壁画，此书记录为库木吐喇第 73 窟；图 145 供养菩萨应为库木吐喇第 13 窟壁画，此书记录为库木吐喇第 11 窟；图 206、207 降魔成道中的魔军图像应为库木吐喇第 12 窟壁画，此书记录为库木吐喇第 10 窟等。

③ 贾应逸划分的库木吐喇回鹘窟有：库木吐喇 GK19 窟、窟群区第 10、12、13、22、24、38、41、42、45、62、68、75、79 窟等。贾氏按回鹘窟早期以第 79 窟为代表，中期以第 10、12、42、45 窟为代表，晚期以第 38 窟为代表讨论了库木吐喇回鹘窟反映的龟兹回鹘历史问题，为回鹘时期库木吐喇石窟的研究奠定了基础。但此文并未写明作者对库木吐喇回鹘窟划分及分期的详细依据，对于德藏原出自库木吐喇窟群区第 12 窟的降魔变与涅槃图壁画的位置核对均出现错误。参见贾应逸：《库木吐喇回鹘窟及其反映的历史问题》，载敦煌研究院编：《1994 年敦煌学国际研讨会文集·石窟考古卷》，兰州：甘肃民族出版社，2000 年。另载贾应逸：《新疆佛教壁画的历史学研究》，第 208 ~ 222 页。

④ 刘松柏：《库木吐拉石窟寺的净土变壁画》，《西域研究》1993 年第 2 期，第 81 ~ 89 页。

⑤ 刘松柏：《库车古代佛教的观世音菩萨》，《敦煌研究》1993 年第 3 期，第 35 ~ 45 页。

⑥ 吴焯：《库木吐拉石窟壁画的风格演变与古代龟兹的历史兴衰》，载《龟兹佛教文化论集》，第 332 ~ 355 页。

分为三种样式，即克孜尔样式、敦煌样式与伯孜克里克样式，并将此三种样式与龟兹历史文献相对应，观察艺术风格与龟兹历史演变的关系。这种样式分类显得过于简单，容易混淆库木吐喇石窟壁画样式自身发展的特点，也没有注意这三种样式之间自身发展的演变关系。

　　1999 年阿艾石窟被发现①，学界分别从阿艾石窟壁画题材、壁画内容、绘画风格、文字题记、历史背景、佛教思想、社会信仰、石窟年代以及与敦煌石窟的关系等方面逐步展开讨论②。

　　21 世纪以后新疆龟兹石窟研究所出版并发表了一系列龟兹石窟内容总录与文章③，为学界提供了研究库木吐喇唐风洞窟、回鹘风洞窟与森木塞姆回鹘风洞窟的基础材料。新疆龟兹研究院与北京大学、中国人民大学合作对库木吐喇石窟、森木塞姆石窟、玛扎伯哈石窟与克孜尔尕哈石窟的吐火罗语题记进行识读并公布④。2008 年

---

①　新疆龟兹石窟研究所：《库车阿艾石窟第 1 号窟清理简报》，《新疆文物》1999 年第 3 ~ 4 期合刊，第 67 ~ 74 页。

②　苗利辉：《阿艾石窟的壁画内容及历史背景》，《新疆文物》1999 年第 3 ~ 4 期合刊，第 136 ~ 142 页。霍旭初：《敦煌佛教艺术的西传——从新发现的新疆阿艾石窟谈起》，《敦煌研究》2002 年第 1 期，第 26 ~ 33、111 页。霍旭初：《阿艾石窟题记考识》，《西域研究》2004 年第 2 期，第 50 ~ 59、125 页。霍旭初：《阿艾石窟信仰探察》，载霍旭初：《龟兹石窟佛学研究》，北京：宗教文化出版社，第 266 ~ 282 页。吴涛：《龟兹佛教艺术与阿艾石窟壁画》，《中央民族大学学报（哲学社会科学版）》2001 年第 6 期，第 52 ~ 57 页。

③　新疆龟兹石窟研究所编：《库木吐喇石窟内容总录》，北京：文物出版社，2008 年。新疆龟兹石窟研究所编：《森木塞姆石窟内容总录》，北京：文物出版社，2008 年。新疆龟兹石窟研究所：《库木吐喇石窟题记、题刻和榜题的调查与初步整理》，《新疆文物》2005 年第 2 期，第 56 ~ 61 页。新疆龟兹石窟研究所：《库木吐喇石窟 79 窟调查报告》，《新疆文物》2005 年第 2 期，第 49 ~ 55 页。新疆龟兹石窟研究所：《库木吐喇石窟寺窟群区第 10 ~ 17 窟考古调查报告》，载联合国教科文组织驻华代表处、新疆维吾尔自治区文物局编著：《库木吐喇千佛洞保护修复工程报告》，北京：文物出版社，2011 年，第 208 ~ 249 页。李丽：《试论库木吐喇石窟壁画风格的演变》，《新疆文物》2005 年第 2 期，第 80 ~ 86 页等。

④　新疆龟兹研究院、北京大学中国古代史研究中心、中国人民大学国学院西域历史语言研究所：《克孜尔尕哈石窟现存龟兹语及其他婆罗谜文字题记内容简报》，载朱玉麒主编：《西域文史》（第七辑），北京：科学出版社，2012 年，第 2 ~ 4 页。新疆龟兹研究院、中国人民大学国学院西域历史语言研究所、北京大学中国古代史研究中心：《玛扎伯哈与森木塞姆石窟现存龟兹语及其他婆罗谜文字题记内容简报》，载沈卫荣主编：《西域历史语言研究所集刊》（第七辑），北京：科学出版社，2014 年，第 45 ~ 61 页。新疆龟兹研究院、北京大学中国古代史研究中心、中国人民大学国学院西域历史语言研究所：《库木吐喇窟群区第 34 窟现存龟兹语壁画榜题简报》，载朱玉麒主编：《西域文史》（第九辑），北京：科学出版社，2014 年，第 1 ~ 32 页。

李树辉撰文,根据对洞窟功德主身份考证判断库木吐喇窟群区第75与79窟壁画绘制于唐贞元十一年(795年)四月或稍后①。2009年王征的专著采用美术史风格学与考古类型学方法对龟兹石窟的壁画风格进行划分,进而讨论龟兹石窟壁画的年代问题②。作者不仅细化了德国学者对龟兹石窟壁画风格的分类,而且详细讨论了各种风格延续融合演变的复杂情况,对龟兹石窟汉地风格、回鹘风格和龟兹风格相混合的洞窟从形制与壁画内容布局上作出系统描述。2010年德国慕尼黑大学莫妮卡·茨茵(Monika Zin)教授对保存于德国柏林亚洲艺术博物馆库房内的森木塞姆第46窟窟顶壁画图像内容作出辨识③。2012年姚律通过对库木吐喇"五联洞"(窟群区第68~72窟)隧道内两方纪年题刻的释读,认为"五联洞"修建年代应在唐玄宗天宝年间④。日本学界关于库木吐喇回鹘风洞窟壁画的研究文章还有森美智代(Michiyo Mori)《一位僧人永恒的禅定:库木吐喇第75窟正壁壁画的主题》,将库木吐喇窟群区第75窟主室正壁壁画中的人物形象辨识为禅定僧,而非前贤判断的地藏菩萨(Kṣitigarbha)像,认为这是库木吐喇第75窟壁画正壁的主题⑤。任平山将库木吐喇窟群区第75窟正壁图像与编号P.2649V敦煌写本对读,提出第75窟正壁所绘图像可定名为《腹海乳注图》,表现的是僧人密修禅定进行的奇特观想之相⑥。2013年3月意大利学者魏正中(Giuseppe Vignato)出版了《区段与组合——龟兹石窟寺院遗址的考古学探索》⑦,2014年何恩之(Angela Falco Howard)与魏正中又出版了《古代龟兹寺院关于禅修的考古学与视觉来源》⑧,两部著作可互为参照。魏正中将库木吐喇石窟谷口

① 李树辉:《库木吐喇石窟第75、79窟壁画绘制年代和功德主身份研究》,《敦煌研究》2008年第4期,第36~42页。

② 王征:《龟兹佛教石窟美术风格与年代研究》,北京:中国书店出版社,2009年,第116~122页。

③ Monika Zin, "Identification of Kizil Paintings V(9. The Painted Dome from Simsim and its Narrative Programm, 10. Elapatra)", *Indo-Asiatische Zeitschrift*, 15. 2011, pp. 57–69.

④ 姚律:《库木吐喇石窟五联洞修建年代刍议》,《新疆艺术学院学报》2012年第2期,第12~17页。

⑤ 森美智代:《クムトラ石窟第七五窟の壁画主題について:ウイグル期亀兹仏教の一側面》,《美術史研究》第50巻,東京:早稲田大学,2012年,第125~146页。

⑥ 任平山:《库木吐喇第75窟——敦煌写本P.2649V的龟兹图现》,《美术研究》2015年第5期,第12~19页。

⑦ [意]魏正中:《区段与组合——龟兹石窟寺院遗址的考古学探索》,上海:上海古籍出版社,2013年。

⑧ Angela F. Howard and Giuseppe Vignato, *Archaeological and Visual Sources of Meditation in the Ancient Monasteries of Kuča*, Leiden:Brill, 2014.

区遗址与乌什吐尔、夏哈吐尔地面佛寺遗址联系起来观察，认为谷口区第一区段遗址是为居住在地面佛寺的僧团提供禅定场所，第二区段更像是礼拜区，绝大多数洞窟都有装饰①。魏正中具体论述了库木吐喇窟群区的洞窟组合与改建问题。洞窟组合有讲堂窟与中心柱窟组合、一个小型洞窟和其两侧各一个大像窟组合（窟群区第36～38、63～65 窟）。洞窟改建实例有窟群区第 22 号讲堂窟改建成方形窟且佛坛背后立有伸至窟顶的木质屏风；窟群区第 69 号讲堂窟改建成方形窟等。魏正中根据改建后建筑形式以及第 22 窟属于 C 种风格壁画②、第 69 窟三面墙上开龛设坛立像在汉地中原常见的现象推断讲堂窟改建为礼拜窟的原因是龟兹传统佛教转变为由长安资助的大乘佛教③。此外，魏正中讨论库木吐喇窟群区第 74～76 窟由禅定窟改建为罗汉窟，推断了汉人由于政治、信仰、文化等多种因素在安西都护府之后对龟兹本土佛寺的改造，从区段、组合与功能等方面讨论了库木吐喇石窟在某一时段出现了与传统龟兹佛教的断裂，本土特征虽有所保留，但大部分洞窟不再属于龟兹原初宗教与文化景观，反倒可以视为汉地佛教向西域的回流④。书中的分析建立在长期严格且准确的考古学调查资料基础上，对于库木吐喇石窟从具体的洞窟组合、打破关系到更为宏观的区段与功能的分析，为我们全面探索库木吐喇石窟寺遗址提供了考古学方面的有益思路，其研究成果对从美术史视角考察龟兹地区唐风洞窟与回鹘风洞窟壁画的年代、壁画分期以及宗派信仰等相关学术课题也提供了有益的启示。这是在宿白教授提出将考古学中地层学与类型学方法引入石窟寺研究之后对于龟兹石窟考古学视角下的进一步深入探索与研究。

　　对龟兹石窟寺院遗址的考察与研究已经进行了百余年，学界从美术史学、考古学、历史学和语言学等多学科视角进行了不断深入的探索与研究。早期德国学者、日本学者的笔记与著录提供了库木吐喇部分唐风洞窟与回鹘风洞窟的翔实记录，并就壁画题材、内容与风格问题进行探索。此后日本学者对部分唐风洞窟与回鹘风洞窟壁画、塑像

① ［意］魏正中：《区段与组合——龟兹石窟寺院遗址的考古学探索》，第 75 页。
② 魏正中用风格 A、风格 B 与风格 C 分别指代格伦威德尔将龟兹石窟壁画划分为第一种风格、第二种风格与第三种风格，但不采纳格氏三种绘画风格前后相继的观点及其年代含义。参见［意］魏正中：《区段与组合——龟兹石窟寺院遗址的考古学探索》，第 i 页。
③ ［意］魏正中：《区段与组合——龟兹石窟寺院遗址的考古学探索》，第 83～87 页。
④ ［意］魏正中：《区段与组合——龟兹石窟寺院遗址的考古学探索》，第 88 页。

与题记展开研究。中国学者则注意到龟兹石窟中汉风洞窟的重要性，从考古学与历史学视角对洞窟类型、洞窟组合、壁画内容、洞窟发展历史背景与断代等问题进行了细致的研究。在系统梳理分析龟兹石窟学术史之后，本书认为虽然学界已取得了丰厚的研究成果，但仍然存在很多问题需要解决，尤其是采用美术史学研究方法来解决库木吐喇石窟与森木塞姆石窟关于唐风与回鹘风洞窟结构、壁画题材、壁画内容、壁画布局与壁画风格等研究工作还处于起步阶段。库木吐喇石窟与森木塞姆石窟流失海外壁画的复位缀合问题是探讨龟兹唐风洞窟与回鹘风洞窟壁画的基础，只有在准确壁画复位基础上才能展开进一步解读壁画题材与讨论壁画风格的工作。对于龟兹地区唐风洞窟与回鹘风洞窟壁画的学术研究工作还有很大研究空间可以继续展开，具体为：

第一，前贤往往将龟兹地区唐风洞窟与回鹘洞窟混同为"汉风洞窟"进行讨论，这样不利于分清安西都护府时期与龟兹回鹘时期不同时期与不同民族绘制的壁画，进而不能清楚地分析壁画图本样式与风格来源，也不容易梳理龟兹石窟壁画的题材、风格、样式与宗教信仰的流变以及发展规律。因而首先要在前贤"汉风洞窟"判断的基础上尽可能全面系统地调查、核对与划分龟兹唐风洞窟与龟兹回鹘风洞窟。

第二，由于龟兹石窟壁画残片主要分散藏于多国博物馆中，尤其是国外资料并未全部被国内学界熟知，故中国学界在先前洞窟壁画复位工作上存在一定错误，导致无法确认壁画布局以及进一步讨论壁画与石窟的结构关系。因此，研究的首要工作是尽可能搜集相对全面完整的流散于国外的壁画残片资料，并准确核对与复原壁画位置。

第三，学界从考古学与历史学视角对库木吐喇石窟与森木塞姆石窟壁画已做出大量的研究工作且成果宏富，但从美术史学角度在壁画题材、内容、样式与风格等方面解读壁画、讨论壁画与塑像、塑绘与建筑空间的关系，以此考察唐风洞窟壁画对龟兹回鹘风洞窟壁画的影响，龟兹回鹘与高昌回鹘、中原艺术以及龟兹本地艺术的交流演变关系等方面的研究工作仍然非常缺乏。

第四，龟兹唐风洞窟壁画的年代分期问题依然模糊，唐风洞窟的绝对年代判断有待解决；龟兹回鹘风洞窟的起止年代问题长期以来模糊不清。对洞窟壁画年代问题的进一步探索又可以反之对艺术史视角下其他研究工作地展开提供帮助。

综上这些学术成果与存在的问题即成为本书研究的基础与继续讨论的空间。

四、研究方法与探索问题

（一）研究方法

本书采用图像学（iconology）①、风格学（stylistics）② 与样式论（stylization）③ 等研究方法对唐与回鹘时期龟兹石窟壁画进行探索与研究。以图像学方法解读龟兹唐风洞窟与回鹘风洞窟部分壁画图像内容。以样式论为线索，将龟兹唐风洞窟壁画样式与内地唐风壁画样式以及龟兹风壁画样式进行比对，根据唐代内地相似图本样式解读同一时期龟兹部分唐风洞窟壁画样式，并以此推断洞窟塑像尊格。在尽可能全面调查掌握龟兹地区唐风与回鹘风洞窟壁画资料基础上，对唐与回鹘时期龟兹石窟壁画风格展开研究，即对壁画的绘制技法和表现形式等构成壁画风格的基本元素进行分析，找出形式规律，进而对龟兹回鹘风洞窟壁画风格划分类型，试图解答龟兹回鹘风洞窟壁画特点以及形成的原因。以壁画样式与风格为中心，综合考虑石窟

① 图像学强调对美术作品的题材、象征意义和文化意义的研究，关注作品的母题、主题以及其类型的历史变迁。本书采用德裔美国学者欧文·潘诺夫斯基（Erwin Panofsky，1892~1968 年）提出的图像学方法，即图像学阐释的三个层次：前图像志描述（pre-iconographical description）、图像志分析（iconographical analysis）和图像学解释（iconographical interpretation）。但由于目前龟兹石窟材料的情况，本书更多进行的是对壁画图像志层面的解读工作。

② 艺术风格学是 19 世纪末 20 世纪初西方美术史学界从形式风格角度追溯艺术史发展的自身逻辑演变规律来研究美术史的一种重要方法，代表学者如德国艺术史家温克尔曼（Johann Joachim Winckelmann，1717~1768 年）、奥地利艺术史家阿卢瓦·李格尔（Alois Riegl，1858~1905 年）、瑞士艺术史家沃尔夫林（Heinrich Wölfflin，1864~1945 年）。从李格尔的"艺术意志"到沃尔夫林的"五对反题概念"（线描的和图绘的、平面的和纵深的、封闭的和开放的、多样统一和整体统一、清晰性和模糊性）已经形成相对完备的体系。

③ "美术样式由于与时代、地域、流派等有着深厚的关系，因此在样式的一方面来说必须保持稳定性。……美术史、考古学上的样式研究分为四个部分。即地域或国度、时代、流派、个人。……最早提出材料、技法、使用目的为确定样式三要素的是欧洲 19 世纪的德国建筑家 Gottfried Sempes。……所谓样式可以说是由社会派生的。再引佛教美术为例，在一种样式里，当推引这种样式的同时，它又以'格式'或'粉本'的方式师承和流传下来。尤其在一种样式确立之后，这个成为'样'（标准）的样式即被承袭下来。将这种时代前后的样式加以比较，同时追溯样式向其它地区传播的踪迹，研究样式的角度就扩大了，意义更加深了。"参见 ［日］长广敏雄撰，邓惠伯译：《什么是美术样式》，《美术研究》1980 年第 4 期，第 61~63 页。

形制、图像内容与题记等因素，对龟兹地区部分唐风洞窟与回鹘风洞窟壁画的绝对年代与相对年代进行探索。

（二）探索问题

本书在前人研究成果基础上进一步探索如下问题：

第一，在实地调查与参鉴前人研究成果基础上对龟兹地区唐风洞窟与回鹘风洞窟定义并重新划分唐与回鹘时期由不同民族修建的洞窟。

第二，根据德国与法国探险队相对完整的图像资料与文字记录复原库木吐喇部分唐风洞窟与回鹘风洞窟壁画的位置，复原森木塞姆回鹘风洞窟壁画的位置，纠正前贤在复原工作中的一些争议与错误，使洞窟复原后展现出相对完整的壁画布局。

第三，探讨龟兹石窟从安西都护府时期至龟兹回鹘时期洞窟壁画题材与布局的承接关系以及回鹘风洞窟壁画题材与布局变化的原因。探索龟兹唐风洞窟与回鹘风洞窟中图像结构、塑像与壁画的关系兼论及呈现的佛教思想。

第四，对龟兹地区唐风洞窟与回鹘风洞窟部分壁画的图像内容展开进一步辨识，讨论二者之间的关系。

第五，对龟兹地区唐风洞窟与回鹘风洞窟壁画样式与风格进行梳理，对龟兹回鹘风洞窟壁画风格进行定义与分类。

第六，研究龟兹地区回鹘风洞窟壁画功德主、僧人与画工的关系，进而探索龟兹回鹘风洞窟壁画中龟兹、汉地与回鹘因素交会的原因。

第七，在壁画题材、风格与样式研究的基础上，试对龟兹地区部分唐风洞窟与回鹘风洞窟壁画的形成背景与年代问题作出探索。

全书具体内容安排如下：第一章对龟兹地区唐风洞窟与回鹘风洞窟作出定义并划分出具体的唐风洞窟与回鹘风洞窟，区别在先前开凿洞窟中绘制的龟兹风、汉地因素混合壁画与局部绘制回鹘风壁画现象。第二章根据尽可能相对全面掌握的国外探险队资料，复原龟兹唐风洞窟与回鹘风洞窟壁画位置，主要是库木吐喇窟群区第12、13、15、16、17、45窟与森木塞姆第40、44、46窟。第三章对库木吐喇部分唐风洞窟与回鹘风洞窟壁画内容进行释读并作出塑像重构，主要是库木吐喇窟群区第12、14、15、16、17与45窟。第四章对龟兹风洞窟、龟兹唐风洞窟与龟兹回鹘风洞窟画塑组合与题材布局展开梳理，通过复原出的几组洞窟塑绘布局观察龟兹回鹘风洞窟对于龟兹唐风洞窟与龟兹风洞窟画塑组合与题材布局的吸收与发展。第五章对龟兹唐风洞窟与回鹘风洞窟壁画的风格特点、风格类型与形成背景进行探索。第六章以库木吐喇窟群区第12、15、16、17窟为中心对龟兹唐风洞窟与回鹘风洞窟壁画的绝对年代与相对年代进行探索。

　　希望通过本书的研究，使唐与回鹘时期龟兹石窟壁画的复位、内容、样式以及风格来源、壁画发展与演变的情况以及原因、年代等问题得到进一步的澄清与推进。

（三）资料来源

　　本书是在前贤研究成果基础之上完成的，作者已经认真研读了关于龟兹石窟的主要著作与文章，并作为调查与研究的背景知识加以使用。

　　五次龟兹石窟考察期间（2001～2015年），作者完成了对石窟记录、绘图和拍照等直接资料的系统搜集与整理工作。新疆龟兹研究院提供了笔者在龟兹石窟现场调查的机会。在德国柏林亚洲艺术博物馆考察与研究期间，笔者在博物馆库房中对库藏库木吐喇与森木塞姆石窟壁画残片做出详细的记录与核对工作，博物馆中亚部主任毕丽兰（Lilla Russell-Smith）女士提供了保存在博物馆库房中与本书研究相关的壁画图像资料，档案管理员卡伦·德雷尔（Caren Dreyer）女士提供了与本书研究相关的保存在博物馆档案室德国探险队拍摄的龟兹石窟历史照片资料，博物馆在站博士后研究员茵娜斯·孔扎克（Ines Konczak）女士提供了与本书研究相关的保存在博物馆档案室的档案卡片资料，德国马克斯·普朗克学会驻佛罗伦萨美术史研究所与柏林亚洲艺术博物馆博士后研究员桧山智美（Satomi Hiyama）女士提供了保存在法国巴黎吉美博物馆的法国探险队拍摄龟兹石窟历史照片资料，这些珍贵的图像资料与档案记录为本书壁画复原的基础研究工作提供了必要的支撑与有益的帮助。

（四）几点说明

　　本书所讨论的唐与回鹘时期龟兹石窟壁画主要源自新疆库车与拜城县一带的库木吐喇石窟、森木塞姆石窟、阿艾石窟、克孜尔尕哈石窟与克孜尔石窟等石窟寺院遗址。书中采用新疆龟兹研究院现行洞窟编号，即《库木吐喇石窟内容总录》《森木塞姆石窟内容总录》《克孜尔尕哈石窟内容总录》与《克孜尔石窟内容总录》中确定的洞窟编号。由于库木吐喇石窟分区编号，谷口区的洞窟编号均以"GK＋数字"

表示，以区别于窟群区只以数字表示的编号①。

　　书中记录的洞窟方位以窟内主尊自身所处位置称为正壁，其余壁面方位均以主尊自身的方向定位。

　　书中附有区域洞窟分布图、洞窟平面示意图及各壁面内容展开示意图，主要依据上述石窟内容总录中发表的相关图版为底本绘制而成。书中所附石窟壁画复原线描图主要依据德国柏林亚洲艺术博物馆与法国巴黎吉美博物馆馆藏 20 世纪初年德国与法国探险队拍摄的历史照片、德国柏林亚洲艺术博物馆库藏壁画残片为底本绘制而成。

---

① "GK"是"谷口"两字的汉语拼音首字母缩写。

上编　划分与复原

第一章 龟兹地区唐风与回鹘风洞窟划分

本章在参鉴前贤马世长先生对于库木吐喇汉风洞窟判断的基础之上①，对龟兹地区唐风与回鹘风洞窟进行划分，划分的范围有：

第一，划分龟兹地区唐风洞窟与回鹘风洞窟的主要地域范围是笔者勘察龟兹石窟中规模相对较大的九处石窟寺遗址，即库车县内的库木吐喇石窟、克孜尔尕哈石窟、森木塞姆石窟、玛扎伯哈石窟、阿艾石窟；拜城县内的克孜尔石窟、台台尔石窟、温巴什石窟；新和县内的托乎拉克艾肯石窟。本书没有涉及古龟兹国境内的其他中小石窟寺遗址，如库车县的苏巴什石窟；拜城县的阿克塔什石窟、玉开都维石窟、亦狭克沟石窟、喀拉苏石窟、都干石窟、红山佛寺、萨喀特喀石窟；乌什县的英阿瓦提石窟等②。

第二，划分的龟兹地区唐风洞窟与回鹘风洞窟主要时间范围是唐朝安西都护府设立在龟兹时期开凿的唐风洞窟与回鹘民族进入龟兹时期开凿的回鹘风洞窟。龟兹唐风洞窟与回鹘风洞窟应从洞窟开凿到壁画绘制基本上是同一时期完成的。

在实地调查中，龟兹石窟中存在利用早期开凿洞窟，后期未经统一规划而在局

---

① 马世长：《库木吐喇的汉风洞窟》，载《中国石窟·库木吐喇石窟》，第204页。

② 张平：《拜城等地发现的新石窟》，《西域研究》、《新疆文物》1993年第2期，第105～113页。张平：《文物普查所见新的小型石窟寺》，载张平：《龟兹文明——龟兹史地考古研究》，北京：中国人民大学出版社，2010年，第301～316页。第二届全国石窟考古专修班、新疆龟兹石窟研究所：《新疆拜城县黑英山乡、亚吐乡石窟调查简报》，《新疆文物》1997年第3期，第33～51页。李丽：《新疆龟兹地区中小型石窟调查》，载巫鸿主编：《汉唐之间的宗教艺术与考古》，北京：文物出版社，2000年，第163～182页。

部绘制壁画的现象，这一现象出现于森木塞姆第5窟，克孜尔第43、47、49窟，克孜尔尕哈第25~45窟。这些洞窟未形成一定的开凿规模且在前期洞窟基础上简单绘制壁画、多不对称统一。这一现象本书称之为在龟兹风洞窟中补绘的回鹘风壁画，因而不列入龟兹回鹘风洞窟范围讨论。

第一节　龟兹唐风洞窟划分

根据实地考察，龟兹地区唐风洞窟主要分布于库木吐喇石窟与阿艾石窟遗址。此外，从法国巴黎吉美博物馆馆藏伯希和探险队发掘的壁画残片来看，夏哈吐尔佛寺遗址也曾绘有唐风壁画①。

一、库木吐喇唐风洞窟划分

对于库木吐喇石窟的唐风洞窟划分，由于缺乏明确的开窟题记与文献记录，目前最为直接的依据是根据库木吐喇石窟中典型的唐代汉地壁画题材、壁画内容、壁画样式、壁画风格、供养人图像与汉文题记等诸要素综合判断。本书划分的库木吐喇唐风洞窟主要指唐代安西都护府设立在龟兹时期开凿、改建和重绘的洞窟，计有14个洞窟，全部位于库木吐喇窟群区内，在库木吐喇谷口区未见，具体分区与编号为：

第一，谷南区：库木吐喇石窟第11、13、14、15、16、17、30、36窟。

第二，谷北区：库木吐喇石窟第65、68、69、70、71、72窟，俗称"五联洞"。

第三，谷内区：无。

关于库木吐喇石窟14个唐风洞窟的划分、具体洞窟形制以及改建情况请参见表1.1②。

---

① 根据伯希和探险队1907年拍摄，法国巴黎吉美博物馆馆藏编号AP 7238与AP 7240照片资料判断。

② 本书对于库木吐喇唐风洞窟的划分是在前贤马世长先生对库木吐喇汉风洞窟判断的基础上根据笔者现场调查判断增补而成。

表 1.1　库木吐喇唐风洞窟情况列表

序号	窟号	洞窟形制	洞窟改建
1	窟群区第 11 窟	纵券顶方形窟	无
2	窟群区第 13 窟	纵券顶中心柱窟	无
3	窟群区第 14 窟	纵券顶方形窟	无
4	窟群区第 15 窟	纵券顶中心柱窟	无
5	窟群区第 16 窟	纵券顶中心柱窟	无
6	窟群区第 17 窟	纵券顶中心柱窟	无
7	窟群区第 30 窟	纵券顶方形窟	无
8	窟群区第 36 窟	大像窟①	无
9	窟群区第 65 窟	大像窟②	无
10	窟群区第 68 窟	纵券顶中心柱窟	无
11	窟群区第 69 窟	平顶方形窟	讲堂窟改建为礼拜窟③
12	窟群区第 70 窟	纵券顶中心柱窟	无
13	窟群区第 71 窟	纵券顶中心柱窟	无
14	窟群区第 72 窟	纵券顶中心柱窟	无

---

① 关于库木吐喇窟群区第 36 窟洞窟形制的判断，庄强华与新疆龟兹石窟研究所将其定义为纵券顶中心柱窟，参见庄强华：《库木吐喇石窟总叙》，载《中国石窟·库木吐喇石窟》，第 267 页。新疆龟兹石窟研究所编：《库木吐喇石窟内容总录》，第 152 页。魏正中对大像窟提出新的定义："在主室倚正壁有一尊立于像台上高于真人的木骨泥胎大像的洞窟，中心柱窟礼拜的主体通常是相对较小的坐像，或置于中心柱正壁龛中的高度不足 2 米的立像。"因从，从库木吐喇窟群区第 36 窟主室正壁遗存来判断原塑像是高于 2 米的立像，故魏正中将库木吐喇窟群区第 36 窟归类为大像窟。参见［意］魏正中：《区段与组合——龟兹石窟寺院遗址的考古学探索》，第 131 页。本书采用魏正中的观点将库木吐喇窟群区第 36 窟归类为大像窟。

② 根据魏正中观点将库木吐喇窟群区第 65 窟归类为大像窟。参见［意］魏正中：《区段与组合——龟兹石窟寺院遗址的考古学探索》，第 131 页。

③ 魏正中用 69［1］代表 69 窟改建前为讲堂窟，69［2］代表 69 窟改建后为礼拜窟。参见［意］魏正中：《区段与组合——龟兹石窟寺院遗址的考古学探索》，第 83～85 页。本书采用魏正中关于第 69 窟洞窟改建的观点。

二、库木吐喇唐风洞窟形制

在划分的库木吐喇唐风洞窟中，中心柱窟有 8 个，大像窟有 2 个，方形窟有 4 个。

(一) 中心柱窟

此一类型洞窟包括库木吐喇窟群区第 13、15、16、17、68、70、71 与 72 窟。

中心柱窟是龟兹石窟礼拜功能洞窟中占主导地位的洞窟形制，库木吐喇唐风洞窟依然延续了龟兹地区传统的洞窟类型，继续开凿使用中心柱窟作为礼拜洞窟为主要窟型，这与唐代内地石窟窟型表现出明显不同。唐代内地如敦煌莫高窟以覆斗顶西壁开龛的洞窟为主流，而中心柱窟则很少开凿[1]，中心柱窟已经成为龟兹地区具有地域特色且一直沿用具有代表性礼拜性质的洞窟窟型。

库木吐喇唐风洞窟中的中心柱窟也表现出与龟兹风中心柱窟的一些不同，如库木吐喇窟群区第 15～17 窟主室窟顶较龟兹风中心柱窟窟顶变得扁平，券顶与左右侧壁的连接方式变为枭混式，这些变化均表现出库木吐喇唐风洞窟对龟兹传统中心柱窟的改造，这或许有汉地风尚的影响。

(二) 大像窟

此一类型洞窟包括库木吐喇窟群区第 36 与 65 窟，洞窟形制与龟兹风大像窟洞窟形制几乎无区别。

(三) 方形窟

此一类型洞窟包括库木吐喇窟群区第 11、14、30 与 69 窟。

库木吐喇窟群区第 11 与 14 窟为中心设坛的纵券顶方形窟，在洞窟形制上与阿艾石窟一致，这种中心设坛纵券顶方形窟明显与龟兹风方形窟不同，具体表现为：第一，龟兹风方形窟有的洞窟中心不设坛，如克孜尔第 110 窟。第二，龟兹风方形窟有的洞窟在后部地面设坛，如克孜尔第 76、81、117 窟。第三，龟兹唐风纵券顶方形窟

---

① 根据《敦煌石窟内容总录》统计，唐代敦煌莫高窟中心柱窟仅为 6 个，唐代敦煌榆林窟中心柱窟仅为 3 个，敦煌石窟唐代洞窟绝大多数窟型已采用主室正壁开龛的方形窟形制。参见敦煌研究院编：《敦煌石窟内容总录》，北京：文物出版社，1996 年。

和龟兹风纵券顶方形窟相比券顶较平。由此可以看出,虽同为方形窟但龟兹唐风中心设坛方形窟的洞窟形制主要受到汉地方形窟洞窟形制的影响,而窟顶保持龟兹本地延续的纵券顶特征。

库木吐喇窟群区第 30 窟为三壁三龛式方形窟,三壁三龛上原塑有三世佛题材,此种洞窟形制在汉地北朝至隋唐时期极为常见,这也表现出安西都护府设立在龟兹时期内地信仰与洞窟形制在龟兹地区的输入与传播。

三、库木吐喇唐风洞窟组合

根据先前学者对于龟兹石窟洞窟组合的定义与讨论①,本书记述库木吐喇唐风洞窟与回鹘风洞窟组合。库木吐喇唐风洞窟存在多组洞窟组合情况,主要有库木吐喇窟群区谷南区第 15～17 窟三佛堂组合、第 13～14 窟组合,谷北区第 68～72 窟"五联洞"组合等。

第一,库木吐喇窟群区第 15～17 窟位于窟群区内谷南区靠近地面的一排石窟的中间位置。三座洞窟是经过统一设计开凿的洞窟组和,均为中心柱窟,共用一个前室呈"品"字形布局,形成一组三佛堂洞窟组合。其中 16 窟位于中间,窟体较大,16 窟前室南侧为 15 窟,前室北侧为 17 窟,15 与 17 窟较 16 窟略小,15 与 17 窟两窟主室窟门南北相对,对称开凿于 16 窟前室南北壁面。这种以三个中心柱窟组成的

---

① 从洞窟形制、洞窟组合以及洞窟改建与打破关系视角讨论克孜尔石窟类型和部分洞窟阶段划分问题始于北京大学宿白教授,参见宿白:《克孜尔部分洞窟阶段划分与年代等问题的初步探索》,载新疆维吾尔自治区文物管理委员会、拜城县克孜尔千佛洞文物保管所、北京大学考古系编:《中国石窟·克孜尔石窟 一》,北京:文物出版社、东京:平凡社,1989 年,第 10～23 页。此后,北京大学魏正中教授沿用此视角继续深入对于龟兹石窟考古学的研究,魏氏给出龟兹石窟洞窟组合的定义:"一个'洞窟组合'即是通常位于同一水平高度的一系列毗邻而建的洞窟,有时通过一些建筑结构如前室或栈道相连接,一般包括不同的洞窟类型,具有明确且不与其他组合相重叠的边界。洞窟组合是僧团开展日常生活的特定场所,是由居所和宗教活动场所构成的寺院。在一些晚期的情况中,一组洞窟组合中并没有发现住所,暗示出可能存在与崖壁上开凿的石窟相关联的地面居住场所。"魏氏进而划分出克孜尔洞窟组合类型:"第一类组合由一个或多个方形窟和一个或多个僧房窟构成。第二类组合包括至少一个中心柱窟,方形窟和僧房窟或有或无。"参见[意]魏正中:《区段与组合——龟兹石窟寺院遗址的考古学探索》,第 27～34 页。

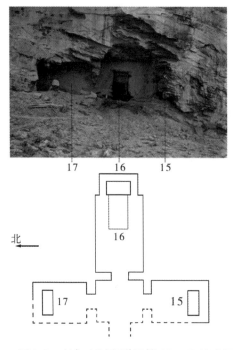

图 1.1 库木吐喇窟群区第 15～17 窟立面分布图与平面示意图（照片由柏林亚洲艺术博物馆提供，编号为 B 1095）

"品"字形三佛堂洞窟组合不仅在库木吐喇石窟乃至整个龟兹石窟寺遗址中仅见，而且在唐代内地"品"字形洞窟组合遗存中也未曾出现（图 1.1)①。

第二，库木吐喇窟群区第 13 窟为中心柱窟，第 14 窟为方形窟，二窟共用一个前室，窟内壁画均为唐代风格，是为一个洞窟组合②。

第三，库木吐喇窟群区第 68～72 窟位于窟群区内谷北区最北端，五座洞窟的前室南北贯通，故称为"五联洞"。库木吐喇窟群区第 68～72 窟组合开凿于前后两个阶段，库木吐喇第 68 窟为中心柱窟，69 窟前期为讲堂窟后期被改建为方形窟，第 70～72 窟为

① 库木吐喇窟群区第 15～17 窟三个中心柱窟呈"品"字形的洞窟组合在唐代汉地石窟遗存中未曾发现，但以"品"字形组成的洞窟组合在唐代莫高窟遗存中有所保留，这为我们观察此一时期汉地佛教美术对龟兹石窟的影响提供了可资比较的线索。根据石璋如《莫高窟型》统计，唐代敦煌莫高窟保存以"品"字形三佛堂洞窟组合有两例：（1）敦煌莫高窟第 306、307 与 308 窟均为隋代开凿，三座洞窟窟型均为前部人字披顶，后部平顶的方形窟。307 窟正壁开一龛，306 与 308 窟不开龛。307 窟居中，窟体较大，306 与 308 窟窟体相同均小于 307 窟，且对称开凿于 307 窟前室的南北侧壁，三座洞窟共用一个前室。（2）敦煌莫高窟第 133、134 与 135 窟均为中唐时期开凿，三座洞窟窟型均为覆斗形顶方形窟，每窟正壁均开一龛。133 窟居中，窟体较大，135 与 134 窟窟体相同均小于 133 窟，且对称开凿于 133 窟前室的南北侧壁，三座洞窟共用一个前室。从以上实例中可以看出，莫高窟虽存有多例"品"字形布局的三佛堂洞窟组合，但均未出现三个中心柱窟"品"字形组合，这与库木吐喇窟群区第 15～17 窟不同。究其原因主要是新疆库车地区不甚坚固的崖体地貌特征适宜更为稳固的中心柱窟开凿，这从龟兹本地早期石窟开凿就一直沿用，自唐以后汉地佛教进入龟兹，但库木吐喇石窟依然沿用了中心柱窟作为礼拜窟的主要窟型，而少用内地流行的方形窟窟型，这与龟兹本地地貌特点以及石窟开凿传统密不可分，甚至可以推测在库木吐喇唐风洞中心柱窟开凿中龟兹工匠参与其中。

② 关于库木吐喇窟群区第 13、14 窟洞窟组合的讨论，详见本书第六章第一节内容的论述。

中心柱窟。"五联洞"是经过多次改造修建而成，壁画重绘特征明显①。库木吐喇窟群区第68、69窟与70~72窟共用一个前室组合类型，这在整个龟兹石窟组合中独有，应是汉人进入龟兹地区后在库木吐喇石窟修造、改建而成的（图1.2）。

由于库木吐喇石窟近几十年来的修缮加固工程使石窟崖体表面变化较大，对于库木吐喇其他唐风洞窟组合的判断仍有待进一步研究。

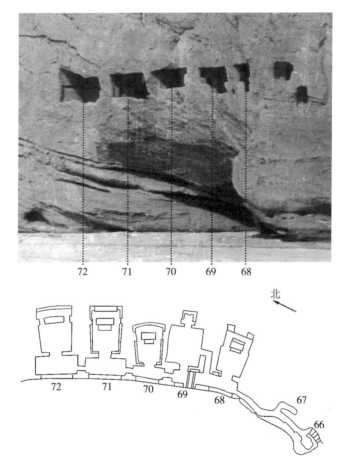

图1.2　库木吐喇窟群区第68~72窟立面分布图与平面示意图（照片由柏林亚洲艺术博物馆提供，编号为T 118，平面示意图据《区段与组合——龟兹石窟寺院遗址的考古学探索》图52绘制）

① 关于库木吐喇窟群区第68~72窟洞窟组合分析，参见［意］魏正中：《区段与组合——龟兹石窟寺院遗址的考古学探索》，第81~85页。

第二节　龟兹回鹘风洞窟划分

龟兹地区回鹘风洞窟划分由于缺乏明确的开窟题记与文献记录，壁画在题材、风格上与唐风洞窟壁画题材、风格有诸多相似之处，目前最为直接的依据是洞窟中回鹘装供养人图像与回鹘文题记，再根据壁画风格与呈现回鹘元素壁画图像等诸要素综合判断龟兹回鹘风洞窟。划分的龟兹地区回鹘风洞窟确指回鹘民族在进入龟兹地区后开凿、改建和重绘的洞窟，洞窟壁画中已经明确呈现出龟兹回鹘民族的审美风尚，这些洞窟主要分布于库木吐喇石窟与森木塞姆石窟。另根据实地考察，在森木塞姆石窟、克孜尔尕哈石窟与克孜尔石窟中存在利用早期洞窟后期局部绘制回鹘风格壁画的情况，本书将此现象称为龟兹风洞窟中补绘的回鹘风壁画，而不称为回鹘风洞窟。此外，从法国巴黎吉美博物馆馆藏伯希和探险队发掘的壁画残片来看，夏哈吐尔佛寺遗址也曾绘有回鹘风格壁画①。

一、库木吐喇回鹘风洞窟划分

本书划分的库木吐喇回鹘风洞窟计有 21 个，全部分布在库木吐喇窟群区，在库木吐喇谷口区并未发现②，按照库木吐喇窟群区的分区具体编号为：

---

① 根据伯希和探险队 1907 年拍摄，法国巴黎吉美博物馆馆藏编号 AP 7239 历史照片判断。

② 前贤贾应逸将库木吐喇 GK19 窟划分为回鹘窟，参见贾应逸：《库木吐喇回鹘窟及其反应的历史问题》，载《1994 年敦煌学国际研讨会文集·石窟考古卷》。另载贾应逸：《新疆佛教壁画的历史学研究》，第 208 页。贾应逸在文中并未提及将库木吐喇 GK19 窟划分为回鹘窟的依据。经笔者实地考察，库木吐喇 GK19 窟为纵券顶长方形窟，在主室正壁与窟顶处残存壁画。券顶中脊绘窄团花纹带，中脊两侧绘拱形山峦，中脊西侧山峦内可辨识出绘禅定僧、动物、树木等图像，笔者判断此与瓦尔德施密特划分的龟兹石窟"印度—伊朗风格"之第一种风格壁画题材接近（如克孜尔第 77 窟甬道券顶、第 92 与 118 窟窟顶壁画题材），均表现以禅定为主题展开的内容。库木吐喇 GK19 窟壁画颜色以棕红、赭石、黑、白以及灰蓝色为主，动物绘制技法从残存壁画来看是以白色作底以土红色勾线来表现，从残存壁画的题材与风格中笔者认为库木吐喇 GK19 窟壁画未表现出典型的龟兹回鹘风格而与龟兹石窟"印度—伊朗风格"之第一种风格接近，属于龟兹风壁画，故本书未将库木吐喇 GK19 窟列入龟兹回鹘风洞窟。

第一，谷南区：库木吐喇石窟第 9、10、12、22、24、37、38、79 窟。

第二，谷北区：库木吐喇石窟第 53、55、56、60、61、62、62A 窟。

第三，谷内区：库木吐喇石窟第 41、42、43、45、46 附 1、75 窟。

关于库木吐喇回鹘风洞窟的划分、洞窟形制以及改建情况请参见表 1.2①。

表 1.2　库木吐喇回鹘风洞窟情况列表

序号	窟号	洞窟形制	洞窟改建与备注
1	窟群区第 9 窟	纵券顶中心柱窟	无改建
2	窟群区第 10 窟	纵券顶中心柱窟	无改建
3	窟群区第 12 窟	纵券顶中心柱窟	无改建
4	窟群区第 22 窟	横券顶方形窟	讲堂窟改建为方形窟②
5	窟群区第 24 窟	纵券顶方形窟	无改建
6	窟群区第 37 窟	纵券顶方形窟	无改建
7	窟群区第 38 窟	大像窟③	无改建
8	窟群区第 41 窟	纵券顶方形窟	无改建
9	窟群区第 42 窟	纵券顶中心柱窟	无改建
10	窟群区第 43 窟	纵券顶中心柱窟	无改建
11	窟群区第 45 窟	纵券顶中心柱窟	无改建
12	窟群区第 46 附 1 窟	纵券顶中心柱窟	无改建

① 对于库木吐喇回鹘风洞窟的划分，本书在前贤马世长先生汉风洞窟判断的基础上将回鹘风洞窟从马世长先生划分的汉风洞窟中分离出来单独分类，再根据现场调查判断并增补而成。

② 关于库木吐喇窟群区第 22 窟从讲堂窟改建成方形窟的情况，参见 [意] 魏正中：《区段与组合——龟兹石窟寺院遗址的考古学探索》，第 85～86 页。

③ 关于库木吐喇窟群区第 38 窟洞窟形制的判断，庄强华与新疆龟兹石窟研究所将其定义为纵券顶中心柱窟，参见庄强华：《库木吐喇石窟总叙》，载《中国石窟·库木吐喇石窟》，第 267 页。新疆龟兹石窟研究所编：《库木吐喇石窟内容总录》，第 155 页。魏正中则对大像窟提出新的的定义："在主室倚正壁有一尊立于像台上高于真人的木骨泥胎大像的洞窟，中心柱窟礼拜的主体通常是相对较小的坐像，或置于中心柱正壁龛中的高度不足 2 米的立像。"因从，从库木吐喇窟群区第 38 窟主室正壁遗存来判断原塑像是高于 2 米的立像，故魏正中将库木吐喇第 38 窟归类为大像窟。参见 [意] 魏正中：《区段与组合——龟兹石窟寺院遗址的考古学探索》，第 131 页。本书采用魏正中的观点将库木吐喇窟群区第 38 窟归类为大像窟。

序号	窟号	洞窟形制	洞窟改建与备注
13	窟群区第 53 窟	纵券顶中心柱窟	无改建
14	窟群区第 55 窟	纵券顶中心柱窟	无改建
15	窟群区第 56 窟	纵券顶中心柱窟	无改建
16	窟群区第 60 窟	纵券顶方形窟	无改建
17	窟群区第 61 窟	纵券顶中心柱窟	无改建
18	窟群区第 62 窟	中心柱窟	主室已塌毁
19	窟群区第 62A 窟	中心柱窟	主室已塌毁
20	窟群区第 75 窟	纵券顶长方形窟	罗汉窟或闭关窟
21	窟群区第 79 窟	穹隆顶方形窟	多层壁画绘制情况

此外，库木吐喇石窟一些洞窟壁画明显呈现出受汉地佛教美术影响但因残破过于严重或者笔者无法登临进入实地勘察，故无法具体归类于唐风洞窟或回鹘风洞窟。本书把这些洞窟单独列出，他们是库木吐喇窟群区内谷南区第 7 窟[①]、第 8 窟[②]、谷北区第 64A 窟[③]以及谷内区的一组罗汉窟，即第 74、76、77 和 78 窟[④]（表 1.3）。

[①] 库木吐喇窟群区第 7 窟被马世长先生判断为汉风洞窟，他记录并判断："此窟内后甬道后壁（按：外侧壁）应有塑像五身，塑像中至少有一尊千手千眼观音菩萨像"，对第 7 窟是"龟兹风洞窟或汉风与龟兹风混合洞窟尚难作出结论。"参见马世长：《库木吐喇的汉风洞窟》，载《中国石窟·库木吐喇石窟》，第 214 页。根据现场调查，库木吐喇窟群区第 7 窟主室部分今已塌毁，壁画塑像今已无存，故笔者无法判断第 7 窟是唐风洞窟或回鹘风洞窟。

[②] 库木吐喇窟群区第 8 窟为纵券顶中心柱窟，马世长先生判断为汉风洞窟，他记录："甬道内侧壁保留千佛壁画痕迹。后甬道前壁（按：内侧壁）壁画保存较多。千佛为汉式，著双领下垂式袈裟，作结跏趺坐式，坐于莲座上。"参见马世长：《库木吐喇的汉风洞窟》，载《中国石窟·库木吐喇石窟》，第 214 页。库木吐喇第 8 窟今残毁严重，笔者未能实地登临并考察此窟，不能判断其为唐风洞窟或回鹘风洞窟。

[③] 根据实地调查，库木吐喇窟群区第 64A 窟仅在壁龛正壁保留一身坐佛痕迹，有头光、身光，头光绘绿色，身体颜色皆已变黑，从坐佛造型到画法上只能初步判断为是受汉地画风影响的壁画，故本书不能明确划分库木吐喇窟群区第 64A 窟是唐风洞窟或回鹘风洞窟。

[④] 前贤晁华山判断库木吐喇窟群区第 74、75、76、77 和 78 窟均为罗汉窟相当于地面寺院中的影堂，参见晁华山：《库木吐喇石窟初探》，载《中国石窟·库木吐喇石窟》，第 183～184 页。魏正中判断库木吐喇第 74 窟为瘗窟，75、76、78 窟原为闭关窟后改造为瘗窟。参见［意］魏正中：《区段与组合——龟兹石窟寺院遗址的考古学探索》，第 167～168 页。

表 1.3　库木吐喇未知唐风洞窟或回鹘风洞窟情况列表

序号	窟号	洞窟形制	备注
1	窟群区第 7 窟	纵券顶中心柱窟	主室塌毁
2	窟群区第 8 窟	纵券顶中心柱窟	主室塌毁
3	窟群区第 64A 窟	拱形壁龛	
4	窟群区第 74 窟	不规则壁窟龛	罗汉窟
5	窟群区第 76 窟	纵券顶方形窟	罗汉窟
6	窟群区第 77 窟	纵券顶长方形窟	罗汉窟
7	窟群区第 78 窟	纵券顶方形窟	罗汉窟

二、库木吐喇回鹘风洞窟形制

在划分的库木吐喇回鹘风洞窟中，中心柱窟有 13 个，大像窟有 1 个，方形窟有 6 个，罗汉窟或闭关窟有 1 个。

（一）中心柱窟

此一类型洞窟包括库木吐喇窟群区第 9、10、12、42、43、45、46 附 1、53、55、56、61、62、62A 窟。

中心柱窟是龟兹石窟礼拜功能洞窟中占主导地位的窟形，库木吐喇回鹘风洞窟依然延续了库木吐喇龟兹风洞窟与唐风洞窟采用的主要洞窟形制，继续开凿使用中心柱窟作为礼拜洞窟的主要窟形。

库木吐喇回鹘风洞窟采用中心柱窟洞窟形制与高昌回鹘时期的柏孜克里克石窟以及沙洲回鹘时期的敦煌石窟洞窟形制表现出明显的不同。吐鲁番柏孜克里克高昌回鹘时期洞窟多采用方形窟为主流窟形[1]，而敦煌沙洲回鹘时期壁画多在前代开凿的洞窟上重绘覆盖。从对比中可见，中心柱窟已经成为龟兹本土具有地域特色且一直沿用具有代表性的礼拜洞窟形制。

---

[1]　高昌回鹘时期柏孜克里克（Bezeklik）石窟以凿窟与土坯垒砌相结合的方式来扩建洞窟，或者用土坯堵塞以前使用的洞窟来改建洞窟。洞窟形制分为五种，即中心柱窟、中心殿堂窟、纵券顶长方形窟、横券顶长方形窟以及穹隆顶正方形窟。参见贾应逸、祁小山：《印度到中国新疆的佛教艺术》，兰州：甘肃教育出版社，2002 年，第 437～439 页。

此外，库木吐喇回鹘风中心柱窟也表现出与龟兹风中心柱窟的某些不同，如库木吐喇窟群区第 53 窟窟顶变为尖顶，这种特征是龟兹石窟发展到龟兹回鹘时期出现的新情况。

（二）大像窟

库木吐喇窟群区第 38 窟为大像窟，其洞窟形制与龟兹风洞窟大像窟形制几乎无变化。

（三）方形窟

此一类型洞窟包括库木吐喇窟群区第 22、24、37、41、60、79 窟。其中第 22、37 与 79 窟为中心设坛的方形礼拜窟。第 41 窟北壁地坪后部设有倒"凹"字形台面。第 79 窟回鹘时期壁画为利用前期洞窟进行重绘。

（四）罗汉窟或闭关窟

库木吐喇窟群区第 75 窟开凿在谷内区的隐蔽位置，主室为纵券顶方形窟，券顶中脊有一凹槽，是一座罗汉窟或闭关窟①。

根据以上论述，库木吐喇窟群区谷南区与谷北区唐风洞窟与回鹘风洞窟分布最为集中，谷内区有回鹘风洞窟零星分布，这些洞窟立面分布图与联合平面图请参见图 1.3、1.4。库木吐喇窟群区中龟兹风洞窟、唐风洞窟与回鹘风洞窟分布示意图请参见图 1.13。可以看出，库木吐喇唐风洞窟与回鹘风洞窟是杂入龟兹风洞窟开凿的。

三、库木吐喇回鹘风洞窟组合

根据先前学者的研究与判断，库木吐喇回鹘风洞窟存在多组洞窟组合情况，主要有库木吐喇窟群区谷南区第 7～9 窟组合、第 19～24 窟组合、第 36～38 窟组合与谷内区第 41～43 窟组合等。

第一，库木吐喇窟群区第 7、8、9 窟均为中心柱窟，三窟窟内壁画与洞窟组合的

---

① 晁华山判断库木吐喇窟群区第 75 窟为罗汉窟相当于地面寺院中的影堂，参见晁华山：《库木吐喇石窟初探》，载《中国石窟·库木吐喇石窟》，第 184 页。魏正中提出异议，判断库木吐喇窟群区第 75 窟为闭关窟或称为禅定窟，参见〔意〕魏正中：《区段与组合——龟兹石窟寺院遗址的考古学探索》，第 167 页。

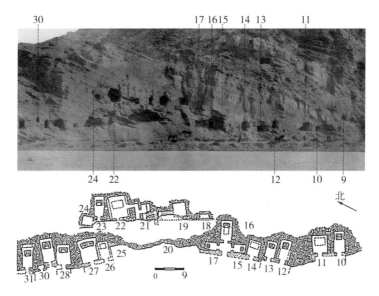

图1.3　库木吐喇窟群区谷南区唐风洞窟与回鹘风洞窟立面分布图与联合平面图（照片由柏林亚洲艺术博物馆提供，编号为 B 1553；联合平面图采自《区段与组合——龟兹石窟寺院遗址的考古学探索》，第 79 页，图 48。唐风洞窟编号在照片之上，回鹘风洞窟编号在照片之下）

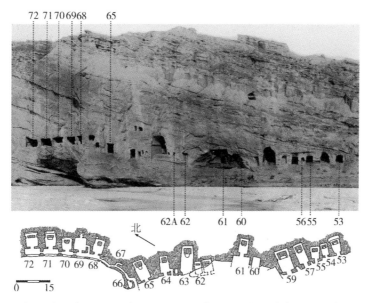

图1.4　库木吐喇窟群区谷北区唐风洞窟与回鹘风洞窟立面分布图与联合平面图（照片由柏林亚洲艺术博物馆提供，编号为 T 118；联合平面图采自《区段与组合——龟兹石窟寺院遗址的考古学探索》，第 80 页，图 50。唐风洞窟编号在照片之上，回鹘风洞窟编号在照片之下）

图 1.5　库木吐喇窟群区第 18～24 窟立面分布图与联合平面图（采自 *Archaelogical and Visual Sources of Meditation in the Ancient Monasteries of Kuča*，p. 52，Fig. 64）

关系尚难作出判断①。

第二，库木吐喇窟群区第 19 窟为僧房窟，第 20 窟为方形窟，第 21 窟为僧房窟，第 22 窟原为讲堂窟后改建为方形窟，第 23 窟为中心柱窟，第 24 窟为方形窟。在这一洞窟组合中第 22 与 23 窟是开端，经过长期发展最终包括了第 19～24 窟的所有洞窟②。在这个组合中，改建后的第 22 窟绘制回鹘风壁画，第 24 窟绘制回鹘风壁画，第 23 窟绘制龟兹风壁画。虽为一个洞窟组合，但可以看出龟兹回鹘时期改建了第 22 窟并绘制回鹘风壁画。从第 24 窟相较这一组合中其他洞窟边缘的开窟位置，或许为龟兹回鹘时期开凿并绘制了回鹘风壁画（图 1.5）。

第三，库木吐喇窟群区第 36、38 窟大像窟开凿于第 37 窟方形窟两侧，三窟布局对称以及共用同一木质前室表明三窟构成一个组合，三窟窟内壁画与洞窟组合的关系有待进一步探索③（图 1.6）。

---

① 关于库木吐喇窟群区第 7~9 窟洞窟组合的判断，参见［意］魏正中：《区段与组合——龟兹石窟寺院遗址的考古学探索》，第 78 页。如前所述，库木吐喇窟群区第 7、8 窟根据目前遗存笔者不能判断其为唐风洞窟或回鹘风洞窟，根据第 9 窟内壁画风格判断为回鹘风洞窟。三窟是否为龟兹回鹘时期统一开凿并绘制壁画有待进一步研究。

② 关于库木吐喇窟群区第 19～24 窟洞窟组合的讨论，参见［意］魏正中：《区段与组合——龟兹石窟寺院遗址的考古学探索》，第 78～79 页。Angela F. Howard and Giuseppe Vignato, *Archaelogical and Visual Sources of Meditation in the Ancient Monasteries of Kuča*, Leiden：Brill，2014，p. 52.

③ 关于库木吐喇窟群区第 36～38 窟洞窟组合的判断，参见［意］魏正中：《区段与组合——龟兹石窟寺院遗址的考古学探索》，第 81 页。Angela F. Howard and Giuseppe Vignato, *Archaelogical and Visual Sources of Meditation in the Ancient Monasteries of Kuča*, Leiden：Brill，2014，pp. 52、54. 在笔者的判断中，库木吐喇第 36 窟是唐风洞窟，判断的依据是窟顶壁画为典型的唐代中原画风，而库木吐喇第 37 与 38 窟却是回鹘风洞窟。魏正中从三窟共用一个木质前室的痕迹判断三窟为一个洞窟组合，则回鹘风洞窟组合与笔者唐风洞窟的划分存在矛盾。解读此矛盾的关键是库木吐喇第 36 窟其余壁面壁画由于被熏黑无法判断是唐或回鹘时期画风，因而库木吐喇第 36～38 窟的组合关系与开凿使用沿革问题仍有待进一步研究。

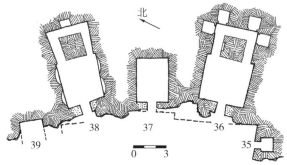

图 1.6　库木吐喇窟群区第 35 ~ 39 窟立面分布图与联合平面图（采自 *Archaelogical and Visual Sources of Meditation in the Ancient Monasteries of Kuča*, p. 52, Fig. 65）

　　第四，库木吐喇窟群区第 41 窟为方形窟，第 42 与 43 窟均为中心柱窟，三窟毗邻而建，共用一个前廊由东侧登临，窟内壁画均为龟兹回鹘风格，第 41 窟内还存有较多龟兹回鹘时期泥塑与壁画残块[1]，三窟构成双中心柱窟与方形窟组合[2]（图 1.7）。

　　由于库木吐喇石窟近几十年来的修缮加固工程使石窟崖体表面变化较大，对于库木吐喇其他回鹘风洞窟组合的判断仍有待进一步研究。

　　龟兹地区唐风洞窟与回鹘风洞窟组合较龟兹风洞窟组合较少，库木吐喇唐风洞窟与回鹘风洞窟杂入龟兹风洞窟开凿，洞窟组合以中心柱窟组合和中心柱

①　1984 年在维修库木吐喇第 41 窟前廊时发现大量佛教造像文物残块，记录编号 57 类，大小可辨形状之物 200 余件，这些文物大部分经整理固定后仍存放于第 41 窟内。如第 41 窟内发现汉文题记"乙酉年四月廿十日"，乃是公元 790 年之后安西与中原阻隔不知袭用大唐年号而用的干支纪年遗存。此外，第 41 窟内土坯上的一块壁画残片中存有一身男性回鹘供养人像的头部，旁书汉字"磨勒"。参见刘松柏：《库车古代佛教的观世音菩萨》，《敦煌研究》1993 年第 3 期，第 41 ~ 42 页。

②　库木吐喇第 41 ~ 43 窟组合大致经历两个时期，先是在东侧位置较好的崖面开凿第 43 和 42 窟，后在北侧崖面开凿第 41 窟。参见彭杰、殷弘承、王卫东、泰莱提·乌布力：《关于库木吐喇 41、42 和 43 号窟的特点及其年代》，《吐鲁番学研究》2004 年第 2 期，第 99 ~ 100 页。

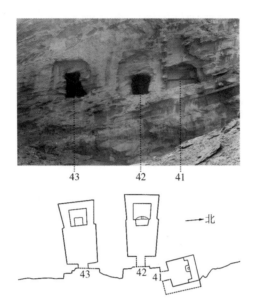

图1.7　库木吐喇窟群区第41～43窟立面分布图与联合平面图（照片由柏林亚洲艺术博物馆提供，编号为 B 1120）

窟、方形窟组合为主，克孜尔石窟洞窟组合中的僧房窟不见。出现上述现象的原因比较复杂，首先，唐与回鹘时期龟兹地区流行的大乘佛教信仰与之前龟兹本地流行的小乘佛教信仰不同，这或许影响了石窟功能的组合布局，而唐与回鹘时期库木吐喇石窟功能与地面佛寺（如乌什吐尔与夏哈吐尔佛寺）功能的关系仍有待进一步考察与讨论。其次，库木吐喇龟兹风洞窟较唐风与回鹘风洞窟之前已开凿在崖壁较好位置，则唐与回鹘时期洞窟选择间入先前洞窟开凿则是其合乎常识的推测。

四、森木塞姆回鹘风洞窟划分

森木塞姆石窟位于库车县东北约40公里的雀儿达格山谷，山谷中间的高地上有一处地面寺院遗址，沟谷东、西两岸崖壁上分布着约57个洞窟。根据实地考察，除库木吐喇石窟集中保存有大量回鹘风洞窟以外，龟兹石窟中只有森木塞姆石窟遗址保存有三处回鹘风洞窟且全部位于沟东崖壁之上，划分的回鹘风洞窟具体为森木塞姆第40、44与46窟。

森木塞姆第 40 窟位于沟东崖壁以北，为纵券穹隆顶中心柱窟（图1.8），第 44 与 46 窟分别位于南侧两条小沟内，第 44 窟为纵券顶大像窟①，第 46 窟为穹隆顶方形窟（表1.4），森木塞姆三个回鹘风洞窟位置分布分散，似在当时未形成大规模开凿局面。

39　　　　　　　40

图 1.8　森木塞姆第 40 窟外景

表 1.4　森木塞姆回鹘风洞窟情况列表

序号	窟号	洞窟形制	洞窟改建与备注
1	第 40 窟	纵券穹隆顶中心柱窟	无
2	第 44 窟	纵券顶大像窟	无
3	第 46 窟	穹隆顶方形窟	无

森木塞姆第 40 与 44 窟壁画中明确绘有回鹘装供养人像且壁画无重绘现象，洞窟与壁画应为同时期，故判断为回鹘风洞窟。森木塞姆第 46 窟穹隆顶壁画与主室前壁壁画大部分被揭取并流失德国，根据在洞窟原址与柏林亚洲艺术博物馆库房中对第46 窟壁画题材与风格的辨识②，笔者判断森木塞姆第 46 窟为龟兹回鹘风洞窟。

第三节　洞窟中局部绘制现象

龟兹地区唐风洞窟与回鹘风洞窟一般为统一开凿与统一布局塑绘，而龟兹石窟中存在少量利用早期开凿洞窟后期绘制龟兹风、汉地因素混合壁画与回鹘风壁画的现象。这些壁画未经统一规划而在洞窟局部绘制或并未画完且多不对称统一，属于龟兹石窟壁画发展的后期现象。本书将这一现象称之为在龟兹风洞窟中局部绘制龟

① 本书使用魏正中对龟兹石窟大像窟的定义及划分，参见［意］魏正中：《区段与组合——龟兹石窟寺院遗址的考古学探索》，第 131 页。

② 参见本书第二章第七节论述。

兹风、汉地因素混合壁画与回鹘风壁画。这一现象与前述统一规划开凿洞窟并绘制壁画的龟兹唐风洞窟与龟兹回鹘风洞窟不同，故而在本节中列出讨论。

一、汉地因素与龟兹风因素混合壁画

根据实地考察，在龟兹石窟壁画中出现汉地因素与龟兹风因素混合壁画的是在克孜尔后山区第229窟。克孜尔第229窟的洞窟形制为纵券顶方形窟。根据魏正中的判断，229窟原是一处禅定窟，窟内壁画为后期所绘，壁画绘制与洞窟开凿非同一时期。

克孜尔第229窟窟内壁画遗存有：北壁下部绘一列立佛和菩萨，中上部绘四栏因缘故事，上部绘16列六身小坐佛。东西壁至券顶各绘八栏因缘故事。南壁门楣内绘莲花，门楣西侧绘一身飞行比丘，上部绘一列六身小坐佛和一栏因缘故事。券顶中脊绘四列佛像和四身供养天人像，中间绘有云气纹。券顶坐佛头光与身光外绘制汉式云气纹，但佛像为龟兹风格，表现出汉地因素图式与龟兹风混合的特点。克孜尔第229窟窟顶壁画绘制有汉式云头纹与龟兹风造型坐佛混合的壁画，壁画风格均体现出龟兹风与汉地因素相混合的特征（图1.9）。

图1.9　克孜尔第229窟龟兹风与汉地因素混合壁画（采自《中国新疆壁画全集·克孜尔3》第158页，图187）

二、回鹘风壁画

（一）森木塞姆龟兹风洞窟中局部绘制回鹘风壁画

根据实地考察，森木塞姆第5窟出现了利用早期开凿龟兹风洞窟后期局部绘制回鹘风壁画的现象，回鹘风壁画绘制在主室左、右、后甬道中。

森木塞姆第 5 窟洞窟形制为纵券顶大像窟，主室平面呈方形。壁画遗存及风格为：森木塞姆第 5 窟主室券顶绘菱格图案，菱格内绘坐佛，画风为龟兹第一风格。后室绘立佛，左、右甬道外侧壁各绘两身立佛。右甬道外侧壁原为两身立佛，现残存前端一身立佛头部，立佛头光中绘火焰纹，头上方有华盖，右甬道外

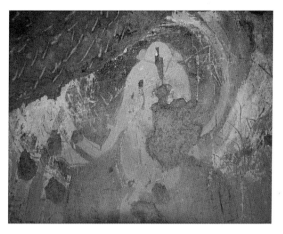

图 1.10 森木塞姆第 5 窟后甬道外侧壁立佛局部

侧壁立佛背光出现白底赭石线与黑色晕染画法。右甬道内侧壁似绘帷帐，顶部绘圆圈装饰纹。后甬道外侧壁绘四身立佛，两两相对，左侧一身立佛残存头光与背光，其中绘云气纹，左二、右一与右二位置存立佛头光、身光绘火焰纹（图 1.10）。后甬道内侧壁中部似为涅槃图，涅槃佛上方绘四身天人。后甬道顶部绘团花纹。左甬道外侧壁绘两身立佛，两两相对。前端立佛头光与身光中绘有云气纹，后端立佛头光与身光中绘火焰纹。左甬道内侧壁绘两身坐佛，坐佛上残存三座佛塔。立佛以白底土红线勾勒，头光内为黑色，后甬道外侧壁第一身佛衣为黑色，后甬道外侧壁右一、右二与左二佛像虽为汉式勾线与火焰图案，但佛像面部存有浓重的土红色晕染痕迹。左甬道内侧壁为两身坐佛且泥皮层出现多重画层，坐佛位置比例不对称。后甬道外侧壁右起第三身佛像线条为典型汉式用笔，出现毛笔的提按笔意，右起第二身佛像为龟兹风用线，但鼻梁是单线勾勒，立佛为龟兹回鹘画风。

上述种种迹象表明森木塞姆第 5 窟主室与后室壁画从题材到画法上截然不同，并非为同一时期绘制，在回鹘风格中掺杂有龟兹本地画风重晕染的画法。森木塞姆第 5 窟后甬道壁画也呈现出龟兹本土与回鹘民族混合的画风，整个洞窟壁画表现出不同时期的多种民族画风。可以判断，森木塞姆第 5 窟主室内残留壁画为龟兹风，而左、右、后甬道壁画为回鹘风。

森木塞姆第 5 窟后甬道左、右内侧壁壁画绘制不对称，题材不统一，显然不是经过统一规划完成，似为随意而作，后甬道右起第一身立佛与左甬道左起第一身立

佛不是同一时期的画风，后甬道右起第一身立佛为龟兹风后加火焰纹线且重晕染画法；左甬道左起第一身像绘汉式流云纹。可以判断出森木塞姆第5窟洞窟为早先龟兹本地工匠开凿，而后甬道回鹘因素壁画为龟兹回鹘时期重新绘制。

综上，森木塞姆石窟中回鹘风洞窟与利用龟兹风洞窟局部绘制回鹘风壁画洞窟分布情况请参见图1.14。

（二）克孜尔龟兹风洞窟中局部绘制回鹘风壁画

根据实地考察，克孜尔石窟第43与49窟中出现利用早期废置的洞窟绘制回鹘风壁画现象。

1. 克孜尔第43窟

克孜尔第43窟洞窟形制为纵券顶中心柱窟。壁画遗存有：主室正壁开龛且改建加高。主室左、右侧壁各绘三身立佛，立佛漶漫不清，但从勾线风格与韵律判断为回鹘时期绘制。右侧壁绘三身立佛，残留衣褶用刻线方式密集刻出并着土红、绿与黑色，中间一身似为袒右袈裟立佛。左侧壁绘三身立佛，最右侧立佛绘土红色，身光绘绿色与黑色，无刻线。右甬道券顶未绘制完成，右甬道内侧壁绘有塔中坐佛，黑色分栏线，外侧壁仅绘一身立像，佛像右部为白墙底、回鹘因素的头光与身光。后甬道顶部泥皮无画，未刷白粉，后甬道内侧壁只有粗泥皮，无细泥皮，有白粉层。左甬道顶部刷白粉未绘，内侧壁无画，外侧壁有泥皮未绘。克孜尔第43窟纵券顶泥皮刷白色未绘，前壁泥皮刷白色未绘，前壁左右两侧各开两个小龛。

克孜尔第42与43窟是一组僧房窟与中心柱窟组合，第42窟为僧房窟，第43窟为中心柱窟，两窟均遭废弃，后绘制的壁画也无统一规划且未绘制完成。综上判断克孜尔第43窟为利用早先开凿洞窟后在龟兹回鹘时期局部绘制壁画。

2. 克孜尔第47窟

克孜尔第47窟洞窟形制为大像窟。在第47窟主室窟顶、左右甬道与后室中均绘有典型的龟兹风壁画。

克孜尔第47窟主室左、右甬道内侧壁及后室涅槃台前壁均有多层重绘现象。其中第47窟左甬道内侧壁至少绘有四层颜料层，在表层颜料层上绘有回鹘风格壁画，为一身跪姿供养人像。此外，在常书鸿发表的克孜尔第47窟壁画中绘有回鹘供养人像（图1.11）。这些少量的回鹘风壁画在克孜尔第47窟中只是局部绘制，未形成统一规划。

3. 克孜尔第49窟

克孜尔第49窟洞窟形制为方形纵券顶窟。壁画遗存有：主室左、右侧壁凿三阶叠涩并刷白粉。正壁绘制坐佛，上有华盖，白底上绘黑线。窟内壁画无统一规划，也未绘制完成。

根据目前克孜尔石窟已清理出的洞窟判断，克孜尔石窟并无唐风洞窟与回鹘风洞窟遗址，留存的回鹘风壁画均为利用早期龟兹

图1.11 克孜尔第47窟回鹘供养人像（采自《新疆石窟艺术》，附图39）

风洞窟进行绘制、无统一规划安排且多未绘制完成。

综上，克孜尔石窟中利用龟兹风洞窟绘制龟兹风、汉地因素混合壁画与局部绘制回鹘风壁画洞窟分布情况请参见图1.15。

（三）克孜尔尕哈石窟中局部绘制回鹘风壁画

克孜尔尕哈石窟第25与45窟中出现利用早期废弃洞窟局部绘制回鹘风壁画现象。

1. 克孜尔尕哈第25窟

克孜尔尕哈第25窟洞窟形制为纵券顶中心柱窟。壁画遗存有：主室正壁中部开一拱券顶龛，龛内正壁泥皮上涂白色，其上用土红线绘一身结跏趺坐佛像，佛残存身光与腿部，佛上方绘华盖，身光两侧绘装饰纹样，龛外沿涂土红色带。

克孜尔尕哈第25窟主室左、右侧壁存有以婆罗谜字母书写的吐火罗语题记。右侧壁吐火罗语题记根据法国学者乔治-让·皮诺（Georges-Jean Pinault）的释读与庆昭蓉、荻原裕敏（Hirotoshi Ogihara）的修订，内容为："苏伐叠王十九年闰六月八

日，虎年，要走的（?）从事织业的织师们和……的 Caitike 来到了这里。用香华礼敬……，他们对 Kikaris（?）等等的佛陀表示了尊敬。愿我等成佛。希望同样地最后（?）……他不会跟……一起来"，这是一则谒佛祈愿文[1]。左侧壁吐火罗语题记经庆昭蓉释读，题记内容为："Yase 王二十二年龙年，众沙门于夏安居之时，在此……"[2]经皮诺与庆昭蓉考订苏伐叠王（Suvarṇadeve）于公元 624 ~ 646 年在位[3]，Yase 王于公元 719 ~ 751 年在位[4]，两位国王均为唐代时期的龟兹王，显示出克孜尔尕哈第 25 窟在唐代时期已经废弃而由后人在其上题记的情况。

从克孜尔尕哈石窟整个遗址分布来看，第 25 窟接近核心位置的第 23 窟大像窟，但第 25 窟开凿后窟顶出现较大裂缝，因此遭到废弃。本书判断克孜尔尕哈第 25 窟回鹘风壁画应该是在两侧壁的吐火罗语题记以后所绘，壁画未形成统一布局，因而未能和龟兹地区完整的回鹘风洞窟一样发挥完整的宗教礼拜功能。

2. 克孜尔尕哈第 45 窟

克孜尔尕哈第 45 窟洞窟形制为纵券顶中心柱窟。壁画遗存有：主室左、右侧壁各绘四身立佛。右甬道外侧壁绘三身立像，像有头光、身光，内有火焰、云纹，券顶未绘。后甬道外侧壁绘四身立佛，立佛头光和身光内绘火焰纹和云气纹（图 1.12），后甬道内侧壁未绘。左甬道内侧壁绘两身立佛，立佛头光和身光绘火焰纹和云气纹。外侧壁绘三身立佛，画面大部分脱落，窟顶及叠涩泥皮上刷白色后未再绘制。克孜尔尕哈第 45 窟开凿后便遭到废弃，根据壁画中的

---

① Georges – Jean Pinault, "Épigraphie Koutchéenne, I. Laissez – passer de caravans, Ⅱ. Graffites et inscriptions", *Sites divers de al Région de Koutcha*, ed. H. Chao (et al.), Paris: Collège de France, Instituts d'Asie, 1987, pp. 61 – 186. 庆昭蓉：《龟兹石窟现存题记中的龟兹国王》，载饶宗颐主编：《敦煌吐鲁番研究》（第十三卷），上海：上海古籍出版社，2013 年，第 408 页。

② 新疆龟兹研究院、北京大学中国古代史研究中心、中国人民大学国学院西域历史语言研究所：《克孜尔尕哈石窟现存龟兹语及其他婆罗谜文字题记内容简报》，载朱玉麒主编：《西域文史》（第七辑），北京：科学出版社，2012 年，第 1 ~ 17 页。庆昭蓉：《龟兹石窟现存题记中的龟兹国王》，载饶宗颐主编：《敦煌吐鲁番研究》（第十三卷），上海：上海古籍出版社，2013 年，第 405 ~ 406 页。

③ 皮诺考订龟兹苏伐叠王在位年代参见 Georges – Jean Pinault, "Épigraphie Koutchéenne, I. Laissez – passer de caravans, Ⅱ. Graffites et inscriptions", *Sites divers de al Région de Koutcha*, ed. H. Chao (et al.), Paris: Collège de France, Instituts d'Asie, 1987, pp. 61 – 186.

④ 庆昭蓉考订 Yase 王在位年代参见庆昭蓉：《龟兹石窟现存题记中的龟兹国王》，载饶宗颐主编：《敦煌吐鲁番研究》（第十三卷），上海：上海古籍出版社，2013 年，第 387 ~ 418 页。

画风判断为回鹘风格，推测回鹘人曾在此窟作
画，但又未绘制完成。

克孜尔尕哈石窟仅发现第 25 与 45 窟壁画残存
有回鹘风格，两窟均为在早先废弃洞窟中绘制回鹘
因素壁画、均未绘制完成且画风粗糙。两处石窟位
置分散且未形成组合，两窟壁画表现出绘制前未进
行统一的组织安排，当为后期选用早先废弃洞窟临
时绘制。因此，克孜尔尕哈第 25 与 45 窟与龟兹石
窟完整的回鹘风洞窟功能不相一致，未列入龟兹回
鹘风洞窟范围。

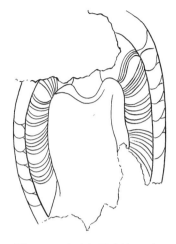

图 1.12　克孜尔尕哈第 45 窟
后甬道外侧壁立佛
线描图（刘韬绘图）

综上，克孜尔尕哈石窟利用早期废弃洞窟局部
绘制回鹘风壁画情况请参见图 1.16。

小　结

龟兹地区唐风洞窟以库木吐喇石窟与阿艾石窟最为典型且集中开凿，龟兹回鹘
风洞窟以库木吐喇石窟最为典型且集中开凿。除阿艾石窟之外，龟兹地区其他唐风
洞窟与回鹘风洞窟均分布于龟兹本地延续开凿的龟兹风石窟群中且与龟兹风洞窟杂
糅建造。本书划分的龟兹唐风洞窟有 15 个，龟兹回鹘风洞窟有 24 个。唐风与回鹘风
洞窟的数量在龟兹石窟已编号洞窟中只占有很少一部分。而在森木塞姆、克孜尔尕
哈与克孜尔石窟中均出现在前期开凿过的洞窟上后期局部绘制回鹘风壁画情况，壁
画内容多不对称、无统一规划且未绘制完成。总体上来看，龟兹地区唐风洞窟与回
鹘风洞窟在库木吐喇石窟持续开凿，而森木塞姆石窟的回鹘风洞窟并未持续有规模、
有系统地开凿与绘制。上述回鹘因素壁画与洞窟形制缺乏有机的联系，应为龟兹石
窟衰落期的表现。根据上述现象推测在当时这类回鹘因素壁画的礼拜功能与库木吐
喇石窟集中开凿的回鹘风洞窟壁画的礼拜功能不尽相同，因而未列入龟兹回鹘风洞
窟进行讨论。下一章针对划分后的龟兹唐风洞窟与龟兹回鹘风洞窟壁画复位问题进
行系统研究。

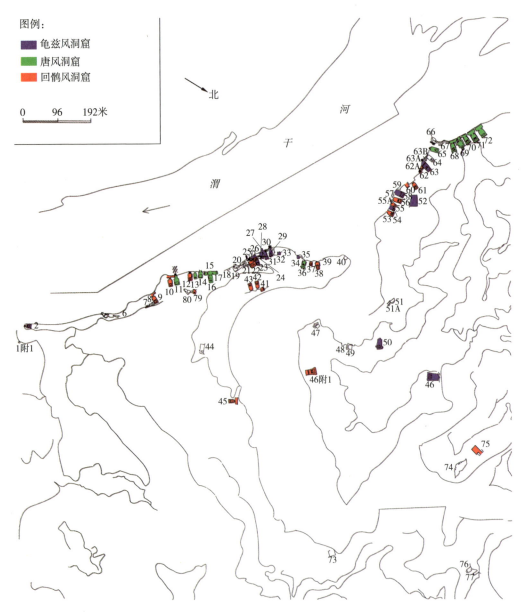

图1.13　库木吐喇石窟窟群区龟兹风洞窟、唐风洞窟与回鹘风洞窟分布示意图（据《库木
　　　　吐喇石窟内容总录》图三修改而成。图中未标颜色洞窟或为已塌毁洞窟、或为未
　　　　绘壁画洞窟、或为因过于残破无法判断壁画画风洞窟、或为作者未能登临而无法
　　　　判断壁画画风洞窟）

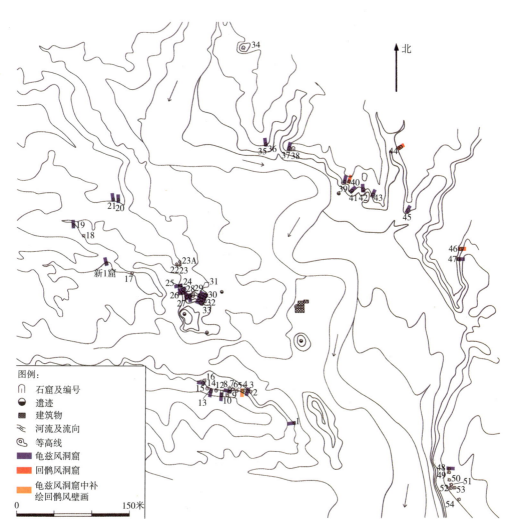

图 1.14 森木塞姆石窟龟兹风洞窟、回鹘风洞窟与利用龟兹风洞窟绘制回鹘风壁画洞窟分布
示意图（据《森木塞姆石窟内容总录》插页"森木塞姆石窟分布示意图"修改而
成。图中未标颜色洞窟或为未绘壁画洞窟、或为因过于残破无法判断壁画画风洞
窟，或为作者未能登临而无法判断壁画画风洞窟）

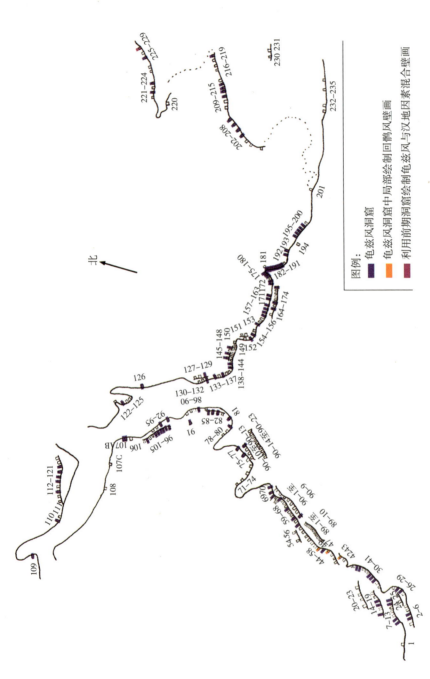

图1.15 克孜尔石窟龟兹风洞窟、利用龟兹风洞窟绘制龟兹风、汉地因素混合壁画与局部绘制龟兹风、汉地因素混合洞窟分布示意图（据《克孜尔石窟内容总录》"克孜尔石窟洞窟分布示意图"修改而成。图中未标颜色洞窟或为未绘壁画洞窟，或为因过于残破而无法判断壁画画风洞窟，或为作者未能登临而无法判断壁画画风洞窟）

图例：
龟兹风洞窟
龟兹风洞窟中局部绘制回鹘风壁画
利用前期洞窟绘制龟兹风与汉地因素混合壁画

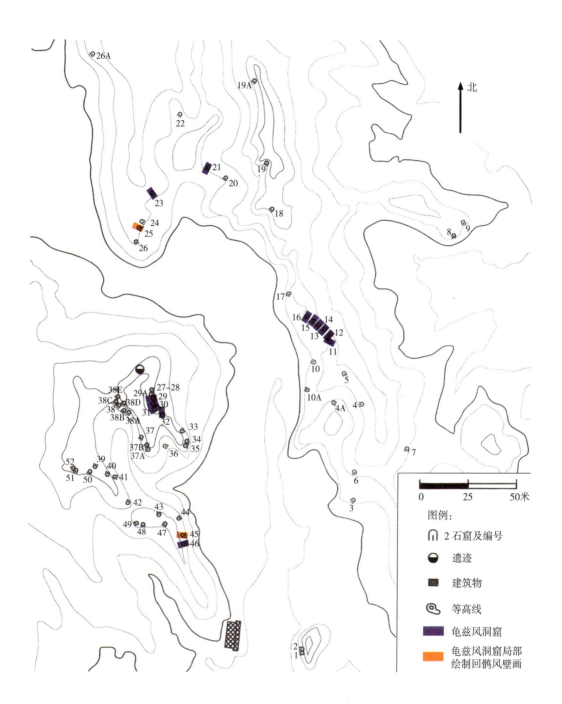

图 1.16　克孜尔尕哈石窟龟兹风洞窟与利用废弃洞窟局部绘制回鹘风壁画洞窟分布示意图（据《克孜尔尕哈石窟内容总录》"克孜尔尕哈石窟洞窟分布示意图"修改而成。图中未标颜色洞窟或为未绘壁画洞窟、或为因过于残破而无法判断壁画画风洞窟、或为作者未能登临而无法判断壁画画风洞窟）

第二章 龟兹地区唐风与回鹘风洞窟壁画复原

　　龟兹石窟由于岁月的流逝、自然环境的影响、宗教的兴衰、20 世纪初年国外探险队揭取壁画加之 20 世纪 70 年代与 90 年代库木吐喇石窟发生水患等一系列因素，今库木吐喇唐风洞窟与回鹘风洞窟内壁画大部分无存[①]，森木塞姆回鹘风洞窟内壁画保存情况亦不良好。洞窟内壁画分散残缺，流散且被收藏于多个国家的博物馆与私人收藏家手中，故对龟兹地区唐风洞窟与回鹘风洞窟壁画研究的基础工作首先是复原库木吐喇与森木塞姆唐风洞窟与回鹘风洞窟内壁画的位置，使龟兹地区唐风与回鹘风洞窟呈现出相对完整的壁画布局。

　　德国皇家吐鲁番探险队在库木吐喇石窟揭取的唐风洞窟与回鹘风洞窟壁画主要有德国人编号并命名的库木吐喇第 12 窟（Höhle 12，中国编号第 13 窟）、第 14 号紧那罗窟（Kinnari-Höhle，中国编号第 16 窟）、第 33 号涅槃窟（Nirvâna-Höhle，中国编

---

① 库木吐喇石窟的唐风洞窟、回鹘风洞窟与森木塞姆石窟的回鹘风洞窟壁画主要由 20 世纪初年日本探险队、德国探险队、法国探险队与俄国探险队等国外探险队揭取并保存，以德国公布的资料最为集中与全面。另外由于库木吐喇石窟壁画受水淹破坏严重，新疆龟兹石窟研究所揭取、修复并保存了一部分洞窟内壁画，就笔者 2014 年实地考察所知，新疆龟兹石窟研究所揭取并已修复的库木吐喇唐风洞窟与回鹘风洞窟壁画出自库木吐喇窟群区第 10、11、12、14、15、16、38 与 61 窟。关于库木吐喇石窟壁画揭取情况参见孙洪才：《新疆库车库木吐拉石窟壁画揭取保护技术》，《敦煌研究》2000 年第 1 期，第 150～152 页。另参见吾机·艾合买提：《库木吐喇石窟揭取壁画原因及保存情况》，载联合国教科文组织驻华代表处、新疆维吾尔自治区文物局编著：《库木吐喇千佛洞保护修复工程报告》，北京：文物出版社，2011 年，第 457～458 页。关于揭取壁画的详细资料参见附表 14。

号第 12 窟①）与飞天窟（Apsaras-Höhle，中国编号第45窟）等②；在森木塞姆石窟揭取的回鹘风洞窟壁画主要有德国人编号并命名的第 1 窟骑士洞（Ritter Höhle，中国编号第40窟）、第 4 窟衔环鸽子洞（Höhle mit den kranztragenden Tauben，中国编号第 44 窟）和第 5 窟饿鬼洞（Höhle mit dem Preta，中国编号第 46 窟）等③。

　　本章根据德国柏林亚洲艺术博物馆库藏库木吐喇石窟与森木塞姆石窟壁画残片、档案卡片、德国探险队的文字记录、德国柏林亚洲艺术博物馆与法国巴黎吉美博物馆馆藏德、法探险队揭取库木吐喇与森木塞姆石窟壁画前拍摄的照片资料、日本东京国立博物馆馆藏资料④与韩国首尔国立中央博物馆馆藏资料，结合前贤马世长、晁华山与庄强华的文字记录以及笔者实地考察，对库木吐喇窟群区第 13、15、16、17、

---

① 北京大学晁华山教授曾在德国柏林亚洲艺术博物馆的前身即柏林印度艺术博物馆（The Indian Art Museum of Berlin）工作两年，他曾对德国藏克孜尔石窟与库木吐喇石窟壁画的出处进行了调查与核对，翻译了德文窟名并作出德人洞窟拟名与石窟中国现行编号的对照工作。克孜尔石窟窟号对应内容参见晁华山：《二十世纪初德人对克孜尔石窟的考察及而后的研究》，载新疆维吾尔自治区文物管理委员会、拜城县克孜尔千佛洞文物保管所、北京大学考古系：《中国石窟·克孜尔石窟 三》，北京：文物出版社，1997 年，第 210～212 页。库木吐喇石窟窟号对应内容参见晁华山：《库木吐喇石窟初探》，载《中国石窟·库木吐喇石窟》，第 175 页。晁华山将德人编号并拟名的库木吐喇第 33 号涅槃窟对应中国编号库木吐喇窟群区第 38 窟，本书认为此判断出现错误，第 33 号涅槃窟应对应库木吐喇窟群区第 12 窟，详见本章第三节论述。

② 关于德国人编号库木吐喇第 14 号紧那罗窟与第 33 号涅槃窟壁画被揭取情况，参见［德］A. 格伦威德尔：《新疆古佛寺——1905～1907 年考察成果》，第 32～37 页、第 50～56 页。另参见［德］阿尔伯特·冯·勒柯克、恩斯特·瓦尔德施密特：《新疆佛教艺术》（第七卷），第 571、581～582、624、626～629 页。关于德国人命名库木吐喇飞天窟壁画被揭取情况，参见［德］勒柯克著，齐树仁译：《中国新疆的土地和人民》，北京：中华书局，2008 年，第 116～119 页。另参见［德］阿尔伯特·冯·勒柯克、恩斯特·瓦尔德施密特：《新疆佛教艺术》（第七卷），乌鲁木齐：新疆教育出版社，2006 年，第 572、581～582、622～623、625、627 页。

③ 关于德国探险队揭取森木塞姆第 40、44 与 46 窟壁画情况，参见［德］A. 格伦威德尔：《新疆古佛寺——1905～1907 年考察成果》，第 323～325、330～337 页。另参见［德］勒柯克：《中国新疆的土地和人民》，第 92～96 页。［德］阿尔伯特·冯·勒柯克、恩斯特·瓦尔德施密特：《新疆佛教艺术》（第六卷），第 487～490 页。

④ 日本东京国立博物馆藏有多件出自库木吐喇石窟的塑像，其中的多件菩萨头部塑像按照熊谷宣夫的判断呈现回鹘—中国风格，但无法对应出自库木吐喇的具体洞窟编号。这些塑像图像可参见杉山二郎解说：《東京国立博物館図版目録·大谷探検隊将来品篇》，图版 18～21、23。

45 窟与森木塞姆第 40、44、46 窟壁画进行复位缀和，并以此为标型窟展开对龟兹地区唐风洞窟与回鹘风洞窟壁画的讨论。

第一节 库木吐喇窟群区第 13 窟壁画复原

由库木吐喇谷口区沿宽阔的木扎提河一路向北行进约 2 公里，当发现东岸崖壁上集中开凿的洞窟时便进入了库木吐喇窟群区。库木吐喇窟群区以大峡谷为中心分为谷南区与谷北区，大峡谷以东为谷内区。库木吐喇窟群区第 12、13、15～17 窟位于谷南区东岸崖壁下层中部面向木扎提河开凿的一排洞窟中。第 15～17 窟位于第 13 窟以北，第 12 窟位于第 13、15～17 窟以南，这几处洞窟均开凿在崖壁较为适宜的位置（图 2.1）。

图 2.1 库木吐喇窟群区第 12～17 窟外景（照片由柏林亚洲艺术博物馆提供，编号为 B 1236）

一、洞窟形制

库木吐喇窟群区第 13 窟为纵券顶中心柱窟，主室正壁开龛，左、右侧壁与窟顶之间存一阶叠涩。

二、洞窟现状

根据实地考察，库木吐喇窟群区第 13 窟主室正壁中部开莲瓣形浅龛，龛内残存浮塑头光与身光遗迹。身光内圈绘圆形光，外圈绘莲花瓣纹，在白色底上以土红线勾勒并以青、绿二色填涂绘制。身光向外残存三圈纹样，内圈是花叶纹，花纹间存一身小坐佛，之外残绘有五瓣形团花纹，再向外纹样残损不清。纵券顶右侧壁绘三列坐佛，每列坐佛两侧各绘一身面向佛的菩萨，形成一佛二菩萨组合，每列佛与菩萨间以云气纹分隔，每列坐佛上方绘有乐器如筚篥、鼓、排箫、箜篌和笙等，乐器束以长巾以示在空中悬浮。主室左、右侧壁壁画无存。左、右甬道与后甬道顶部平缓，壁画未存。

三、壁画复原

根据柏林亚洲艺术博物馆编号 B 1223 与 B 1236 历史照片，笔者对库木吐喇窟群区第 13 窟壁画位置及内容进行复原。

库木吐喇第 13 窟主室中心柱正壁中心上部偏右侧绘华盖、华盖上方为宝树树冠，树冠旁绘有一身有头光的菩萨或天人。半圆形壁面在左甬道口上方残绘一位右手举锡杖人物。

主室右侧叠涩绘装饰花纹带。主室左、右侧壁靠近叠涩部分以及左、右侧壁的最上端残存两排千佛图像。

主室券顶中脊绘较窄的团花纹带，花纹带宽度近似华盖顶端宽度，花纹带内以半圆形团花对称构成。券顶两侧各绘三列一佛二菩萨组合。

此外，柏林亚洲艺术博物馆编号Ⅲ 8377 菩萨礼佛图壁画残片（图2.2）根据前贤马世长与晁华山

图 2.2　库木吐喇窟群区第 13 窟主室前壁入口北侧菩萨礼佛图（照片由柏林亚洲艺术博物馆提供，编号为Ⅲ 8377，Jürgen Liepe 摄影）

判断出自库木吐喇第 13 窟主室入口前壁北侧①。

通过综上记录与辨识，复原后库木吐喇第 13 窟各壁面题材、内容与位置分布情况请参见图 2.3。

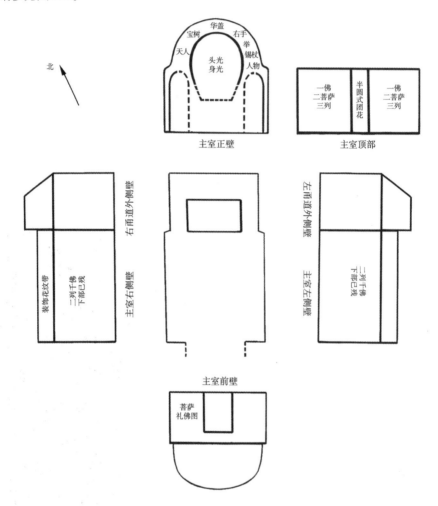

图 2.3　库木吐喇窟群区第 13 窟洞窟平面示意图及各壁面内容展开示意图（刘韬制图）

---

① 勒柯克记载此幅菩萨礼佛图壁画残片（目录号 IB 8377）出自库木吐喇第 12 窟紧靠门墙右侧差不多一人高的地方，参见［德］阿尔伯特·冯·勒柯克、恩斯特·瓦尔德施密特：《新疆佛教艺术》（第三卷），第 220、249 页，图版 11。马世长与晁华山辨识柏林亚洲艺术博物馆编号 Ⅲ 8377 菩萨礼佛图壁画出自库木吐喇第 13 窟前壁北侧。参见新疆维吾尔自治区文物管理委员会、库车县文物保管所、北京大学考古编：《中国石窟·库木吐喇石窟》，第 253 页，图 192。本书认同马世长与晁华山先生关于此幅菩萨礼佛图壁画出自库木吐喇第 13 窟的判断，因库木吐喇第 12 窟前壁入口北侧绘有回鹘供养人像，则此幅壁画不可能出自第 12 窟同一位置，参见本章第三节关于库木吐喇第 12 窟壁画复原的论述。

第二节　库木吐喇窟群区第 15～17 窟壁画复原

库木吐喇窟群区第 15～17 窟是经过统一设计开凿的一组洞窟，均为中心柱窟，共用一个前室，平面呈"品"字形布局。

库木吐喇第 15～17 窟部分壁画在 20 世纪初年被日本探险队与德国探险队揭取，今分散藏于德国柏林亚洲艺术博物馆与韩国首尔国立中央博物馆中，龟兹石窟研究所在 20 世纪末对第 15 与 16 窟受潮严重的壁画进行切剥、修复并保存。

一、第 15～17 窟前室

根据实地考察，库木吐喇窟群区第 15～17 窟的前室为横长方形，平顶（见图 1.1），顶上绘有大朵莲花纹残迹，残存 10 朵。前室正壁中部开门道进入第 16 窟的主室，门道北侧上方隐约存一方竖条榜题框，框内榜题文字漫漶不清。另据马世长记录，前室窟门两侧正壁绘两身大立像，门北侧一身尚可见到背部项光上的火焰纹，似是天王（Maharāja-devas）像，窟门上方有一横长方形发愿文，均漫漶不清[1]。

二、第 15 窟主室

（一）洞窟形制

库木吐喇窟群区第 15 窟为纵券顶中心柱窟，中心柱前有像台残迹[2]。

（二）洞窟现状

根据实地考察，库木吐喇窟群区第 15 窟主室正壁今已无存壁画，右甬道内侧壁残存一身立姿菩萨头部与头光，外侧壁壁画无存。后甬道内侧壁残存一身立佛与一身立姿菩萨的半个头部，佛与菩萨间为榜题，榜题文字均漫漶不清。

---

[1]　马世长：《库木吐喇的汉风洞窟》，载《中国石窟·库木吐喇石窟》，第 206 页。
[2]　庄强华：《库木吐喇石窟总叙》，载《中国石窟·库木吐喇石窟》，第 265 页。

(三)壁画复原

庄强华曾记录库木吐喇第 15 窟主室后甬道内侧壁可见"定光佛"字样。甬道顶部残存两朵团花。后甬道外侧壁残存四身立像,为一佛一菩萨立像组合,立像右侧存榜题,题记磨灭。左甬道内侧壁绘一身立姿菩萨,外侧壁绘一身立姿菩萨,一身无法识别[1]。阎文儒记录在库木吐喇第 15 窟甬道、隧道壁上菩萨立像榜题上还有"日耀菩萨"和残余的"萨"字[2],但并未提及题记在甬道的具体位置。根据阎文儒与庄强华的记录可以推测在库木吐喇第 15 窟主室左、右与后甬道绘制的立佛与立菩萨像中应绘有"东方三圣"即日曜菩萨(Sūrya-prabhāsana)、药师佛(Bhaiṣajya-guru-vaiḍūrya-prabhāsa)与月净菩萨(The Moonlight Bodhisattva),以及燃灯佛(Dīpaṃ-kara)立像。

根据法国巴黎吉美博物馆编号 AP 7055 历史照片,库木吐喇第 15 窟主室正壁所塑坐佛像无存,仅残留佛像的头光与身光,头光与身光内以团花纹装饰。圆拱部头光与身光上绘华盖,华盖两侧对称绘面向华盖飞行的两身飞天,每身飞天下各绘两朵云纹。在佛身光与左、右两甬道口空白处对称绘两株宝树,树冠承托飞天,其余空白处绘花瓣。左、右甬道口沿均绘一圈拱形装饰花纹。主室顶部为纵券顶,但拱形顶部弧面平缓接近平顶。券顶中脊绘团花带,团花四周绘云纹。以团花带为中轴对称,中脊两侧绘成排的坐姿千佛,千佛与团花带间再绘一排云气纹带分隔。根据法国巴黎吉美博物馆编号 AP 7055 历史照片,笔者复原库木吐喇第 15 窟主室正壁壁画并绘制线描图(图 2.4)。

另据格伦威德尔记录,库木吐喇第 15 窟两侧壁以及入口内壁靠上一半均绘千佛,主室前壁入口右壁下半部分绘观世音菩萨(Avalokiteśvara),入口左壁绘一身佛像[3]。

通过综上记录与辨识,复原后库木吐喇窟群区第 15 窟主室各壁面题材、内容与位置分布情况请参见图 2.5。

---

① 庄强华:《库木吐喇石窟总叙》,载《中国石窟·库木吐喇石窟》,第 265 页。

② 阎文儒:《龟兹境内汉人开凿汉僧住持最多的一处石窟——库木吐拉——考察西北石窟工作散记之二》,《现代佛学》1962 年第 4 期。另载新疆社会科学院考古研究所编:《新疆考古三十年》,第 584 页。

③ 〔德〕A. 格伦威德尔:《新疆古佛寺——1905～1907 年考察成果》,第 32～33 页。

图 2.4　库木吐喇窟群区第 15 窟主室正壁复原线描图（刘韬绘图）

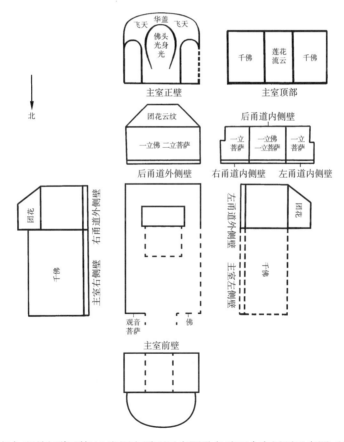

图 2.5　库木吐喇窟群区第 15 窟洞窟平面示意图及各壁面内容展开示意图（刘韬制图）

三、第16窟主室

（一）洞窟形制

库木吐喇窟群区第 16 窟为纵券顶中心柱窟，主室正壁开一圆拱形龛，龛下有塑像安装孔，龛上方开一小拱形龛，正壁下方的地坪上存留一座纵长形岩体像台，左、右侧壁与顶部间有枭混线。左、右甬道与后甬道等高，甬道顶为券形。

（二）洞窟现状

根据实地考察，库木吐喇窟群区第 16 窟现残存壁画有：主室中心柱正壁上部小龛正壁绘宝树与花朵，小龛券顶左部绘一身持排箫飞天、云纹与花朵。主室纵券顶中脊绘卷草、朵云与团花纹；券顶两侧各绘 17 列千佛，每列 34 身，每列坐佛身光以绿色与白色相间，千佛中绿色身光旁绘土红色线的三条云纹，白色身光旁绘石绿色线的三条云纹，千佛每列以三条云纹线连接，形成斜向云纹连接的排列规律。右侧壁与窟顶连接处的枭混线凸棱处绘石榴卷草纹边饰。

（三）壁画复原

根据柏林亚洲艺术博物馆编号 B 1220、B 0086 历史照片[①]与巴黎吉美博物馆编号 AP 7050 历史照片记录，库木吐喇第 16 窟主室正壁开圆形拱龛，龛内绘制佛身光图

[①]　编号 B 1220 与 B 0086 历史照片发表于 Albert von Le Coq，"Peintures Chinoises Authentiques De L'Époque T'ang Provenant Du Turkestan Chinois"，*Revue des arts asiatiques*，Musée Guimet（Paris，France），Librairie des arts et voyages etc，Band 5，1928，Planche Ⅳ. Caren Dreyer（et al.），*Musueum für Indische Kunst*，*Dokumentation der Verluste*，Band Ⅲ，Berlin：Museum für Indische Kunst，SMB，2002，p. 195，IB 9150. 根据格伦威德尔《新疆古佛寺》第 34 页文字记录与巴黎吉美博物馆编号 AP 7050 历史照片以及笔者在库木吐喇第 16 窟现场调查的笔记核对，无论是柏林亚洲艺术博物馆编号 B 1220 和 B 0086 历史照片，还是勒柯克最先发表的此历史照片至柏林印度艺术博物馆发表（注：柏林印度艺术博物馆是柏林亚洲艺术博物馆的前身）编号 IB 9150 照片，均错误地将照片中的图像反向倒置。2015 年 9 月笔者在柏林亚洲艺术博物馆考察期间见到了编号 B 1220 历史照片的玻璃底版即为反向图像，就此问题与该博物馆中亚部主任毕丽兰（Lilla Russell-Smith）女士、档案管理员卡伦·德雷尔（Caren Dreyer）女士和博士后研究员茵娜斯·孔扎克（Ines Konczak）女士说明我的判断，柏林亚洲艺术博物馆的工作人员认为我对于编号 B 1220 和 B 0086 历史照片中的图像为反向倒置图像的判断是正确的，可能是从玻璃底版到制成照片过程中出现了问题。本书现将图片反向倒置回来以此复原洞窟原貌。

案。正壁龛上方开小龛，龛内正壁左侧残存贴塑佛身光，身光后左、右两侧绘双树，双树的树冠相接。小龛内顶部中央绘团花，龛顶左侧从内至外绘一身吹排箫飞天，飞天下绘云气纹，飞天外侧绘一只展翅飞翔的仙鹤。龛沿处绘一圈装饰花纹。小龛外左、右侧对称绘制文殊菩萨（Mañjuśrī）与普贤菩萨（Samantabhadra）及胁侍人物。小龛左侧绘骑狮文殊菩萨及胁侍，文殊菩萨项饰璎珞，臂腕配钏，右臂平伸，右手掌心朝上，左手抚于左腿上，右足屈置，左足下垂，踏莲花，半结跏趺

图 2.6　库木吐喇窟群区第 16 窟主室正壁左侧局部（据柏林亚洲艺术博物馆编号 B 1220 和 B 0086 历史照片反向倒置）

坐于狮子上。文殊菩萨顶有头光，上绘华盖，周围绘制三身胁侍菩萨，左侧胁侍菩萨中前面一身供养菩萨为托盘供养，后面一身供养菩萨双手合十。文殊菩萨及周围胁侍菩萨均丰腴华美，表现出典型的唐代造型特点。文殊菩萨左下方绘制一身牵狮昆仑奴，昆仑奴背向观者面向文殊菩萨，昆仑奴及狮子均踏莲花。整组形象周围饰以云纹及飞天（图 2.6）。小龛右侧绘制骑象普贤菩萨，白象跣足踏莲花，普贤菩萨头部、头光与华盖已残，普贤菩萨周围也绘制三身胁侍菩萨，整组形象周围饰以云纹及飞天。第 16 窟主室中心柱正壁左、右两侧甬道上方均各为两组形象，两组形象

间即在正壁大龛与小龛之间对称绘制两身相对飞行的飞天及云纹。主室正壁大龛左侧即左甬道口上方绘一组五身坐佛像[①]，主室正壁大龛右侧即右甬道口上方亦绘一组五身坐佛像，两组坐佛均有头光，有的坐佛坐于仰莲座之上，五身坐佛四周绘云纹及花朵。两组五身坐佛像下方均绘云纹与飞天。在左、右甬道口沿均绘一圈拱形装饰花纹。

　　根据巴黎吉美博物馆编号 AP 7050 历史照片，参考翻转后柏林亚洲艺术博物馆编号 B 1220 和 B 0086 历史照片，本书复原库木吐喇第 16 窟主室正壁壁画并绘制线描图（图2.7）。

图 2.7　库木吐喇窟群区第 16 窟主室正壁复原线描图（刘韬绘图）

---

① 此一位置图像马世长与晁华山判断为听法比丘像。参见新疆维吾尔自治区文物管理委员会、库车县文物保管所、北京大学考古系编：《中国石窟·库木吐喇石窟》，第 245 页。本书识读此位置人物头上绘有肉髻，手印也为佛的多种手印不全是听法手印且五身坐像均有头光，故判断其应不是比丘像。另外从装束上五身坐像均披袈裟，无佩戴璎珞，故排除菩萨像可能，故而本书判断此左右各五身坐像均为胁侍坐佛像。

第 16 窟主室枭混线上的石榴卷草纹以土红色勾线，线条提按流动如生，富有韵律。根据格伦威德尔的记录，花卉中间有紧那罗（Kinnara）形象①，格伦威德尔将此紧那罗形象以及左、右侧壁枭混线部分装饰花纹带作了线描图②，德国探险队揭取紧那罗壁画以及左侧壁部分花纹带壁画并带回柏林③。德国柏林亚洲艺术博物馆今编号 Ⅲ 4444 壁

图 2.8　库木吐喇窟群区第 16 窟主室侧壁枭混线上迦陵频伽（照片由柏林亚洲艺术博物馆提供，编号为 Ⅲ 4444，Jürgen Liepe 摄影）

画残片（图 2.8）就是此紧那罗形象。紧那罗上身为人身，下身为鸟身形象，笔者判断应为迦陵频伽（Kalaviṅka）像。

第 16 窟主室左、右侧壁壁画今已无存，根据马世长先生早先的记录，主室右侧壁绘药师净土变，由西向东为十二大愿、净土庄严相与九横死内容。主室左侧壁绘观无量寿经变，由西向东为十六观、净土庄严相与未生怨内容。左、右侧壁经变画构图相同，中间为横长方形中堂式，两侧配以立轴式条幅④。

第 16 窟甬道壁画今已无存，根据格伦威德尔与马世长早先的记录，第 16 窟右甬道外侧壁绘立姿一佛二菩萨三身像，内侧壁绘两身立姿菩萨。后甬道外侧壁绘五身像，中间为一身佛，两边各为两身菩萨，后甬道内侧壁绘坐姿说法佛，四周为胁侍人物。左甬道外侧壁绘立姿一佛二菩萨三身像，内侧壁绘两身立姿菩萨像。像为汉

---

① ［德］A. 格伦威德尔：《新疆古佛寺——1905～1907 年考察成果》，第 34～35 页，图 30。

② ［德］A. 格伦威德尔：《新疆古佛寺——1905～1907 年考察成果》，第 35 页，图 33a、33b。

③ ［德］阿尔伯特·冯·勒柯克、恩斯特·瓦尔德施密特：《新疆佛教艺术》（第七卷），第 661 页，图版 26b、26c。

④ 马世长：《库木吐喇的汉风洞窟》，载《中国石窟·库木吐喇石窟》，第 207～209 页。

式，原有榜题，多残损①。南甬道券顶绘飞鸟、莲花与云头纹饰，后甬道绘飞天②。阁文儒记录在第16窟右甬道外侧壁上的榜题有"南无□□□佛"，后甬道北端题记有"□□□□□佛"③。

　　根据格伦威德尔记录，库木吐喇第16窟主室前壁入口墙上方半圆形壁面绘涅槃图，入口南侧绘观世音菩萨，北侧绘本洞窟供养人，其后绘一小男孩，供养人像旁有墨书汉文题记，条块旁边有一行回鹘文④。

　　此外，日本人渡边哲信曾详细记录了库木吐喇第16窟内的汉文题记，摘录如下："韦提夫人观见水变成冰时"、"佛从岐阇屈山中没王宫中见韦提夫人自武时"、"王者□□刽贼之剥脱"、"四者□□□为鬼神"、"三者□□□"、"二者横有口舌"、"一者横病"、"第一愿者使我来世□□□自身□□□□三十二相八十种□□□□令一切众生知我"、"次观首宝地"、"黄金岩刚"、"天"、"回向"等⑤。

图2.9　库木吐喇窟群区第16窟主室左侧壁观无量寿经变之韦提夫人请佛图（照片由柏林亚洲艺术博物馆提供，编号为Ⅲ 9374，Jürgen Liepe 摄影）

今藏德国柏林亚洲艺术博物馆编号Ⅲ 9374壁画残片（图2.9）笔者识读其上题记为"佛从岐阇屈山中没王宫中见韦提夫人自武时"，这与渡边哲信记录的文字内容完全一致，再根据巴黎吉美博物馆

---

①　[德] A. 格伦威德尔：《新疆古佛寺——1905～1907 年考察成果》，第 37 页。马世长：《库木吐喇的汉风洞窟》，载《中国石窟·库木吐喇石窟》，第 207 页。

②　庄强华：《库木吐喇石窟总叙》，载《中国石窟·库木吐喇石窟》，第 265 页。

③　阎文儒：《龟兹境内汉人开凿汉僧住持最多的一处石窟——库木吐拉——考察西北石窟工作散记之二》，载《新疆考古三十年》，第 584 页。

④　[德] A. 格伦威德尔：《新疆古佛寺——1905～1907 年考察成果》，第 33 页。涅槃图目录号为 IB 8912，图片可参见 [德] 阿尔伯特·冯·勒柯克、恩斯特·瓦尔德施密特：《新疆佛教艺术》（第七卷），第 568 页，图版 D，第 665～666 页，图版 30～31。

⑤　渡邊哲信：《西域旅行日記》（卷四），载《新西域记》（上卷），第 336 页。

编号 AP 7052 历史照片，本书判断编号 Ⅲ 9374 壁画残片原绘在第 16 窟主室左壁北侧观无量寿经变中未生怨立轴部分。

今藏德国柏林亚洲艺术博物馆编号 Ⅲ 8843 壁画残片题材已由学界辨识为日想观①（见图 3.8），根据巴黎吉美博物馆编号 AP 7053 历史照片，本书判断编号 Ⅲ 8843 壁画残片原位置应在第 16 窟主室左壁南侧观无量寿经变中十六观立轴部分。

此外，德国柏林亚洲艺术博物馆今藏有多幅库木吐喇第 16 窟壁画残片，根据格伦威德尔记录结合巴黎吉美博物馆与柏林亚洲艺术博物馆馆藏法国与德国探险队 20 世纪初年拍摄的历史照片资料，本书将柏林亚洲艺术博物馆馆藏库木吐喇第 16 窟壁画残片的位置复原并列表（表 2.1）。

表 2.1 德国柏林亚洲艺术博物馆今藏库木吐喇第 16 窟壁画复位表②

序号	柏林亚洲艺术博物馆编号	壁画内容	尺寸（宽×高）cm	壁画原位置
1	Ⅲ 4444	迦陵频伽	28×21	主室左壁或右壁枭混线处花卉中间某部
2	Ⅲ 8843	日想观	54×49	主室左壁南侧观无量寿经变中十六观部分
3	Ⅲ 8913a	供养天人	68×41	主室正壁接近顶部右上方③
4	Ⅲ 8913b	飞天	58×39	主室正壁小龛右上方
5	Ⅲ 9374	韦提夫人请佛	42×39	主室左壁北侧观无量寿经变中未生怨立轴部分
6	Ⅲ 9104	千佛与云纹	66×51	拱顶
7	Ⅲ 9104c	千佛与云纹	71×44.5	拱顶

① 新疆维吾尔自治区文物管理委员会、库车县文物保管所、北京大学考古系编：《中国石窟·库木吐喇石窟》，图 193，第 253 页。

② 此表是根据柏林亚洲艺术博物馆提供的馆藏壁画资料整理而成并重新核对确定了壁画原位置。

③ 根据巴黎吉美博物馆编号 AP 7050 历史照片，本书认为马世长与晁华山对此壁画位置的判断出现错误，二位前贤认为此壁画原在库木吐喇第 16 窟主室正壁左上方即左甬道始段入口的上方。参见新疆维吾尔自治区文物管理委员会、库车县文物保管所、北京大学考古系编：《中国石窟·库木吐喇石窟》，第 253 页。本书判断此壁画位置原在第 16 窟主室正壁接近顶部的右上方即普贤菩萨的上方位置。

　　德国探险队还揭取了库木吐喇第16窟的其他壁画，根据核对柏林亚洲艺术博物馆的档案卡片可知这些壁画残片已在第二次世界大战中损毁或丢失，今不存于柏林亚洲艺术博物馆。根据德国人早年发表的资料，笔者将这些壁画残片复位并列表（表2.2）。

表2.2　德国探险队揭取库木吐喇第16窟其他壁画复位表^①

序号	德藏目录号	壁画内容	尺寸 （宽×高）cm	壁画原位置	资料来源
1	IB 8715	石榴卷草纹边饰带	52×12.5	主室左壁枭混线	《新疆佛教艺术》第七卷，第624、661页，图版26c
2	IB 8912	涅槃图	354×228	主室前壁上方半圆形壁面	《新疆佛教艺术》第七卷，第568页，图版Da
		涅槃佛与举哀者（涅槃图局部）	212×145		《新疆佛教艺术》第七卷，第627~629、665页：图版30、第666页：图版31
3	IB 9104b	千佛与云纹	74×55	拱顶	*Musueum für Indische Kunst, Dokumentation der Verluste,* p.187.
4	IB 9105	千佛与云纹	52×78	拱顶	*Musueum für Indische Kunst, Dokumentation der Verluste,* p.188.

　　德国探险队另揭取了一些源自库木吐喇第16窟壁画，其中大部分未曾发表。根据柏林亚洲艺术博物馆提供的资料，这些壁画残片在第二次世界大战中被苏联红军截获并带回，今藏于俄罗斯圣彼得堡国立艾尔米塔什博物馆，笔者核对这些壁画残片信息并列表（表2.3）。

---

① 根据勒柯克与瓦尔德施密特著《新疆佛教艺术》与 Caren Dreyer（et al.），*Musueum für Indische Kunst, Dokumentation der Verluste, Band III, Berlin*：Museum für Indische Kunst, SMB, 2002 中发表的资料信息整理而成。

表 2.3　俄罗斯艾尔米塔什博物馆藏德国探险队揭取库木吐喇第 16 窟壁画列表

序号	俄藏编号	德藏编号	壁画内容	尺寸（宽×高）cm	位置
1	ВД 634	IB 9095	绿色背景上三只套在一起的圆环	20×19	不详
2	ВД 635	IB 9165	水想观	15×19	主室左壁南侧观无量寿经变中十六观部分
3	ВД 636	IB 9073	钵	不详	甬道侧壁
4	ВД 637	IB 9091	左手托钵	不详	甬道侧壁
5	ВД 638	IB 9225	双手上举人物	15×20	不详
6	ВД 640	IB 9245	六瓣花纹装饰带	20×12	不详
7	ВД 726	IB 8715	石榴卷草花纹边饰带	52×12.5	主室左壁枭混线

　　此外，韩国国立中央博物馆藏有早年日本大谷探险队在库木吐喇第 16 窟内收集的壁画残片，主要包括第 16 窟主室左、右侧壁壁画残片与窟顶千佛图壁画残片，其中编号 bon 4089 的两块壁画残片中有墨书汉文题记[1]，题记内容与渡边哲信的记录[2]完全一致。根据以上核对，韩国国立中央博物馆编号 bon 4089 题记"韦提夫人观见水变成冰时"壁画残片原在第 16 窟主室左壁西侧；编号 bon 4089 题记"二者横有口舌"壁画残片原在第 16 窟主室右壁东侧。韩国国立中央博物馆馆藏库木吐喇第 16 窟壁画残片复位信息情况请参见附表 8。

　　通过综上记录、辨识与核对，复原后库木吐喇窟群区第 16 窟主室各壁面题材、内容与位置分布情况请参见图 2.10。

四、第 17 窟主室

（一）洞窟形制

　　库木吐喇窟群区第 17 窟为纵券顶中心柱窟，仅保存后甬道外侧壁和顶部。

---

[1] National Museum of Korea，*Central Asian Religious Paintings In The National Museum of Korea*，*Seoul*，2013，p. 56，Fig. 04.

[2] 渡邊哲信：《西域旅行日記》（卷四），载《新西域記》（上卷），第 336 页。

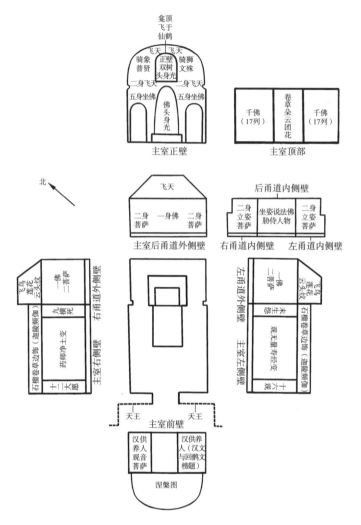

图 2.10   库木吐喇窟群区第 16 窟洞窟平面示意图及各壁面内
容展开示意图（刘韬制图）

（二）洞窟现状

根据实地考察，库木吐喇第 17 窟窟顶左侧残存千佛，共存 8 列每列 7 身，千佛间以三条云纹斜线连接，第 17 窟正壁存云纹与团花图像。另庄强华记录第 17 窟后甬道外侧壁绘立佛像，甬道顶绘莲花图像①。

综上所述，复原后库木吐喇窟群区第 17 窟主室各壁面内容请参见图 2.11。

———————————

① 庄强华：《库木吐喇石窟总叙》，载《中国石窟·库木吐喇石窟》，第 265 页。

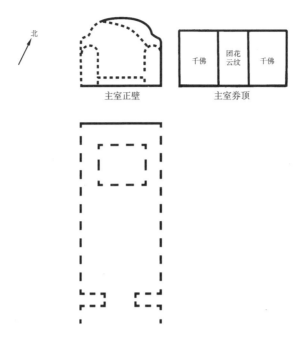

图 2.11　库木吐喇窟群区第 17 窟洞窟平面示意图
及各壁面内容展开示意图（刘韬制图）

第三节　库木吐喇窟群区第 12 窟壁画复原

一、洞窟形制与内容现状

　　根据现场考察，库木吐喇窟群区第 12 窟今保存主室与后室，洞窟形制为纵券顶中心柱窟，主室正壁上有莲瓣形浅龛，正壁下部存一低台，主室两侧壁与窟顶有一阶叠涩，右侧壁东侧靠近右甬道处残存凿龛痕迹，右侧壁东端与地坪间存有低像台，现窟内壁画已基本无存，仅在右甬道顶部残存一块泥皮，上残留有土红色线条。

二、格氏编号第 33 窟与中国编号对照勘正
——库木吐喇窟群区第 12 窟对应德国人编号并命名第 33 号涅槃窟

　　1912 年德国人格伦威德尔在《新疆古代佛教遗迹——1906～1907 年在库车、焉耆

和吐鲁番绿洲的考古工作报告》中详细记录了德国探险队编号库木吐喇石窟第二号峡谷的一处洞窟,格氏对其编号并命名为临河主区第33号涅槃洞(Hauptgruppe am Fluß,Höhle 33,Nirvâṇa-Höhle)①。1992年晁华山在《库木吐喇石窟初探》和日本人中野照男在《二十世纪初德国考察队对库木吐喇石窟的考察及而后的研究》两篇文章中作了中国洞窟编号与德国人洞窟拟名对照研究,二文均判断德国人编号第33窟对应中国编号第38窟②。此后学界一直采用这一洞窟现行编号与德人拟名对照结果。

经过对库木吐喇窟群区第38窟实地考察并与德国人命名库木吐喇第33号涅槃窟记录进行比对,笔者发现库木吐喇中国编号第38窟与德人编号第33号涅槃窟从洞窟形制到壁画内容并不相符合。根据实地考察与参照前人记录③,本书绘制库木吐喇今编号第38窟洞窟平面图,以此与格氏编号并命名的第33号涅槃窟平面图与文字记录④进行比对(图2.12、2.13)。

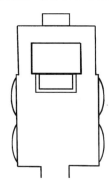 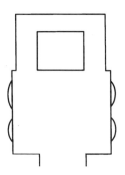

图2.12 库木吐喇窟群区中国编号第38窟平面示意图(刘韬制图)

图2.13 德国探险队编号与拟名库木吐喇第33号涅槃窟平面示意图(据 *Altbuddhistische Kultstätten in Chinesisch-Turkistan*,p.29,Fig.54绘制)

---

① Albert Grünwedel, *Altbuddhistische Kultstätten in Chinesisch-Turkistan*, *Königlich Preussische Turfan Expeditionen*,Berlin:Reimer,1912,pp.28–31.中译本[德]A.格伦威德尔:《新疆古佛寺——1905~1907年考察成果》,第50~56页。

② 晁华山:《库木吐喇石窟初探》,载《中国石窟·库木吐喇石窟》,第175页。[日]中野照男:《二十世纪初德国考察队对库木吐喇石窟的考察及而后的研究》,载《中国石窟·库木吐喇石窟》,第233页。

③ 庄强华:《库木吐喇石窟总叙》,载《中国石窟·库木吐喇石窟》,第267~268页。新疆龟兹石窟研究所编:《库木吐喇石窟内容总录》,第155~157页。

④ Albert Grünwedel, *Altbuddhistische Kultstätten in Chinesisch-Turkistan*, *Königlich Preussische Turfan Expeditionen*,Berlin:Reimer,1912,pp.28–31.[德]A.格伦威德尔:《新疆古佛寺——1905~1907年考察成果》,第50~60页。

第一，库木吐喇中国编号第 38 窟在中心柱窟主室左右侧壁各开两龛与格伦威德尔绘制的第 33 号涅槃窟相似，但中国编号第 38 窟后甬道外侧壁中部开龛，格伦威德尔绘制的第 33 号涅槃窟洞窟平面图后甬道外侧壁不开龛。

第二，格伦威德尔记录的德国编号并拟名第 33 号涅槃窟主室正壁的顶部弧度比中国编号第 38 窟主室正壁顶部弧度要扁平很多。

第三，格伦威德尔记录第 33 号涅槃窟主室正壁龛外绘魔军袭佛题材，而中国编号第 38 窟主室正壁今保存有佛身光左侧中的小坐佛像，佛身光外还残留有一身供养菩萨像，二者图像内容不同。

从以上比对中可以看出，德国人编号 33 窟与中国编号 38 窟在洞窟形制与壁画题材内容上不能对应，故笔者判断库木吐喇中国编号第 38 窟不是格伦威德尔编号并命名的第 33 号涅槃窟，德国人编号 33 号涅槃窟另有其窟。

本书的这一判断前贤贾应逸已经指出①，但贾应逸将德国编号第 33 号涅槃窟主室正壁魔军袭佛壁画核对出自库木吐喇窟群区第 10 窟主室正壁②。经过资料核对与现场考察，笔者认为贾应逸的这一比对结果出现错误。本书判断格伦威德尔记录的德国编号第 33 号涅槃窟主室正壁及甬道壁画均出自库木吐喇窟群区中国编号第 12 窟。

本书利用中国与德国学者的文献记录与图像资料进行核对，文献资料主要是上文述及的格伦威德尔《新疆古佛寺》③ 以及庄强华《库木吐喇石窟总叙》④；图像资料主要根据法国巴黎吉美博物馆馆藏法国探险队 1907 年拍摄编号 AP 7044 照片资料⑤与德国探险队拍摄德国柏林亚洲艺术博物馆编号 B 0236、B 1183、B 1236、

---

① 贾应逸：《德国吐鲁番探险队窃取库木吐喇石窟壁画的位置核对》，载新疆龟兹学会编：《龟兹学研究》（第二辑），第 217～235 页；另载新疆龟兹石窟研究所编：《库木吐喇石窟内容总录》，第 259～272 页；贾应逸：《新疆佛教壁画的历史学研究》，第 223～240 页。

② 贾应逸：《德国吐鲁番探险队窃取库木吐喇石窟壁画的位置核对》，载《龟兹学研究》（第二辑），第 232 页；另载新疆龟兹石窟研究所编：《库木吐喇石窟内容总录》，第 270 页；贾应逸：《新疆佛教壁画的历史学研究》，第 237～239 页。

③ ［德］A. 格伦威德尔：《新疆古佛寺——1905～1907 年考察成果》，第 50～56 页。

④ 庄强华：《库木吐喇石窟总叙》，载《中国石窟·库木吐喇石窟》，第 264 页。

⑤ 法国巴黎吉美博物馆馆藏 20 世纪初年法国探险队拍摄库木吐喇石窟照片资料由德国马克斯·普朗克学会驻佛罗伦萨美术史研究所与柏林亚洲艺术博物馆博士后研究员桧山智美女士提供。

B 1852、B 1992 与 B 1993 照片资料①，中国已出版《中国石窟·库木吐喇石窟》、《中国新疆壁画全集 4·库木吐拉》书中的图像内容、20 世纪末库木吐喇石窟壁画被揭取前龟兹研究所美术室工作人员对库木吐喇第 12 窟后甬道外侧壁的临摹品图像资料，以及笔者于 2014 年在库木吐喇石窟工作站见到的已被新疆龟兹研究院揭取并正在修复的库木吐喇第 12 窟后甬道壁画进行核对②。本书判断柏林亚洲艺术博物馆与巴黎吉美博物馆上述编号照片资料所拍摄内容对应格氏编号并命名的第 33 号涅槃窟的内容记录且均出自库木吐喇中国编号第 12 窟，具体比对如下：

第一，巴黎吉美博物馆编号 AP 7044 照片内容是中心柱窟主室正壁、左右甬道以及部分窟顶。通过识读，照片中窟顶右侧壁画残存三列一佛二菩萨图像，每列佛与菩萨像间有云气纹分隔，佛与菩萨均朝向正壁③，右侧窟顶在接近主室正壁处绘一圈魔军图像与主室正壁魔军图像衔接。而库木吐喇窟群区第 10 窟窟顶右侧壁画今保存完好，为三列坐佛，坐佛左侧下方绘供养人，这一图像与巴黎吉美博物馆编号 AP 7044 照片资料不相符合，故可以判断格氏记录的德国编号第 33 号涅槃窟正壁降魔图像不是出自贾应逸判断的库木吐喇窟群区中国编号第 10 窟。

第二，巴黎吉美博物馆编号 AP 7044 历史照片与柏林亚洲艺术博物馆编号 B 1183 历史照片拍摄了中心柱窟后甬道外侧壁北侧第一身菩萨像。此菩萨右手持莲花，这与格氏的记录完全对应④。经过比对，照片中这一位置菩萨从造型姿态到残破位置均与库木吐喇第 12 窟后甬道外侧壁壁画完全一致⑤。

---

① 柏林亚洲艺术博物馆编号 B 0236、B 1183、B 1236、B 1852、B 1992 与 B 1993 照片资料由德国柏林亚洲艺术博物馆提供。

② 库木吐喇窟群区第 12 窟后甬道壁画曾经被龟兹石窟研究所王建林在 1989～1991 年间临摹，临摹品今藏于新疆龟兹研究院，笔者在考察期间曾见到这一临摹品。此位置壁画今已被新疆龟兹研究院揭取、修复并保存，笔者在 2014 年考察期间在库木吐喇石窟工作站见到了库木吐喇第 12 窟被揭取的壁画残片，并以此相互核对。

③ 窟顶部分图像参见 ［德］阿尔伯特·冯·勒柯克、恩斯特·瓦尔德施密特：《新疆佛教艺术》（第六卷），第 550 页，图版 28c。

④ 这一身菩萨位于格伦威德尔绘制平面图的位置编号 8 处，参见 ［德］A. 格伦威德尔：《新疆古佛寺——1905～1907 年考察成果》，第 50、55 页。

⑤ 库木吐喇窟群区第 12 窟后甬道外侧壁壁画已经由新疆龟兹研究院揭取并保存，根据《中国石窟·库木吐喇石窟》发表的照片以及揭取前王建林壁画临摹品比对，这一位置菩萨图像是一致的。

第三，柏林亚洲艺术博物馆编号 B 1852 历史照片拍摄了中心柱窟右甬道外侧壁的图像，从内至外为一佛、一菩萨和一佛。格氏在其编号并命名的第 33 号涅槃窟的平面图中记录位置编号 9、10、11 处也是编号 9 为佛、编号 10 为菩萨、编号 11 为佛[①]。经核对比较，柏林亚洲艺术博物馆编号 B 1852 历史照片拍摄的就是库木吐喇窟群区中国编号第 12 窟右甬道外侧壁图像。

第四，柏林亚洲艺术博物馆编号 B 0236 历史照片拍摄了中心柱窟左甬道外侧壁的图像，从内至外为一佛、一菩萨与一佛。格氏在《新疆古佛寺》的平面图中记录位置编号 3、2、1 处也是编号 3 为佛、编号 2 为菩萨、编号 1 为佛，并绘有编号 2 的菩萨线描图[②]。经核对比较上述资料，柏林亚洲艺术博物馆编号 B 1852 历史照片拍摄的就是库木吐喇窟群区中国编号第 12 窟左甬道外侧壁图像。

第五，柏林亚洲艺术博物馆编号 B 1993 历史照片拍摄了主室前壁北侧的供养人图像，格氏在《新疆古佛寺》一书中不仅描述、分析了这位回鹘装供养人像，而且绘制了线描图。这一图像原作已经发表[③]，通过比对图像的位置与内容均是出自库木吐喇窟群区第 12 窟。

第六，柏林亚洲艺术博物馆编号 B 1236 历史照片内容为库木吐喇窟群区第 12 ~ 17 窟外景（见图 2.1），照片中记录了库木吐喇第 12 窟主室正壁龛左侧及左甬道内容，壁画题材为魔军袭佛，这与格氏《新疆古佛寺》记录的德国编号第 33 号涅槃窟主室正壁图像完全一致。

综合比较上述德、法探险队拍摄的历史照片，拍摄内容均出自库木吐喇窟群区第 12 窟，这与格伦威德尔记录的德国编号第 33 号涅槃窟图像位置与内容完全吻合，编号 B 1236 历史照片清晰地反映了库木吐喇第 12 窟的外景以及与库木吐喇第 13 ~ 17 窟的位置关系，故从壁画内容、洞窟形制到洞窟间的关系均可判断出德国人编号并命名的库木吐喇第 33 号涅槃窟对应中国编号库木吐喇窟群区第 12 窟。

---

① 此一位置图像已经发表，参见中国壁画全集编辑委员会编：《中国新疆壁画全集 4·库木吐拉》，第 195 页，图 197。

② 此菩萨图像已经发表，参见［德］阿尔伯特·冯·勒柯克、恩斯特·瓦尔德施密特：《新疆佛教艺术》（第六卷），第 546 页，图版 24。

③ 中国壁画全集编辑委员会编：《中国新疆壁画全集 4·库木吐拉》，第 201 页，图 203。

三、壁画复原

经过以上核对与分析，本书确定了格伦威德尔编号并命名的库木吐喇第 33 号涅槃窟对应中国编号库木吐喇第 12 窟而非前贤判断的第 38 或 10 窟。根据德国与法国探险队图像资料与文字记录，本书复原库木吐喇窟群区第 12 窟壁画位置。

（一）第 12 窟主室正壁

根据巴黎吉美博物馆编号 AP 7044 历史照片以及《新疆佛教艺术》发表的材料[1]，库木吐喇第 12 窟主室正壁中部开莲瓣形龛，塑像不存，正壁下部有台。龛内绘头光和身光，头光内绘漩涡纹，外绘三圈同心圆花卉簇叶状图案，身光绘漩涡纹，再向外绘有两圈花卉簇叶状纹样。正壁佛龛上方与窟顶之间绘树叶表现菩提树（Bodhidruma），树冠左侧绘一身双手礼佛天人，佛龛外周围绘魔军攻击释迦牟尼（Śākyamuni）图像，魔军画面延续至纵券形窟顶，整辅壁面以塑绘结合方式表现释迦降魔成道题材。德国探险队将库木吐喇第 12 窟主室正壁壁画全部揭取后重新拼合，今藏柏林亚洲艺术博物馆并编号为 Ⅲ 8834（图 2.14），其中部分魔军题材壁画分别编号 Ⅲ 8835a 与 Ⅲ 8835b，目录号 IB 8835c[2]。

根据巴黎吉美博物馆编号 AP 7044 历史照片结合柏林亚洲艺术博物馆编号 Ⅲ 8834、Ⅲ 8835a、Ⅲ 8835b 与 Ⅲ 8835c 壁画残片图像资料，本书复原库木吐喇第 12 窟主室正壁壁画并绘制线描图（图 2.15）。

（二）第 12 窟主室窟顶

库木吐喇第 12 窟主室顶部根据巴黎吉美博物馆编号 AP 7044 历史照片，纵券顶右侧残存三列壁画，内容为一佛二菩萨单元组合，每列壁画间以祥云纹分隔，顶部绘画题材以及风格与库木吐喇窟群区第 13 窟窟顶壁画相似。

---

[1] ［德］阿尔伯特·冯·勒柯克、恩斯特·瓦尔德施密特：《新疆佛教艺术》（第六卷），第 545 页，图版 23。

[2] 根据柏林亚洲艺术博物馆提供的档案卡片记录，目录号 IB 8835c 壁画残片已在第二次世界大战中损毁或丢失。

图 2.14　库木吐喇窟群区第 12 窟主室正壁降魔成道图（照片由柏林亚洲艺术博物馆提供，
　　　　编号为Ⅲ 8834，Jürgen Liepe 摄影）

图 2.15　库木吐喇窟群区第 12 窟主室正壁复原线描图（刘韬绘图）

（三）第 12 窟主室右侧壁

库木吐喇第 12 窟主室右侧壁开两小龛，龛前有一底座，长度与侧壁相等。龛周围壁画绘胁侍人物，根据柏林亚洲艺术博物馆编号 B 1852 照片资料，东侧龛内头光内圈绘漩涡纹、外圈绘簇叶状纹。身光分三圈，由内向外绘表现光芒的放射状波浪条纹、半团花纹以及簇叶状纹样，每圈以直线条纹分隔，龛上绘华盖，龛外周围壁画绘供养菩萨。格伦威德尔曾记录入口左侧第二佛龛画黑色放射线，并推测黑色佛龛前曾有一身坐姿不动明王（Acala）塑像①。

（四）第 12 窟右甬道

库木吐喇第 12 窟右甬道内侧壁壁画根据格伦威德尔《新疆古佛寺》记录绘骑象普贤菩萨及眷属，其图像已经发表②。外侧壁根据格伦威德尔记录由外向内分别绘一身立佛、一身立姿菩萨与一身立佛，东端立佛两侧有小菩萨像各一身，三个榜题框均在佛与菩萨西侧。根据庄强华记录，西端立佛榜题为"南无□□藏……"③。右甬道顶部根据柏林亚洲艺术博物馆编号 B 1183 历史照片，顶部绘大团花，团花周围绘云纹，拱顶与平面墙壁相交处绘装饰花纹边，装饰边与团花云纹间绘一排坐佛，其图像资料已经发表④。

（五）第 12 窟后甬道

库木吐喇第 12 窟后甬道外侧壁绘五身相间排列的立姿菩萨与佛陀尊像。从北向南依次为左手持莲花菩萨⑤、正面佛陀⑥、三头八臂立姿菩萨⑦，正面佛陀⑧与左手持如意宝珠菩萨⑨，五身立像上部有一排茶花纹装饰带（图 2.16）。后甬道内侧壁根据

---

① ［德］A. 格伦威德尔：《新疆古佛寺——1905～1907 年考察成果》，第 51 页。

② ［德］阿尔伯特·冯·勒柯克、恩斯特·瓦尔德施密特：《新疆佛教艺术》（第六卷），第 549 页，图版 27。

③ 庄强华：《库木吐喇石窟总叙》，载《中国石窟·库木吐喇石窟》，第 264 页。

④ ［德］阿尔伯特·冯·勒柯克、恩斯特·瓦尔德施密特：《新疆佛教艺术》（第六卷），第 547 页，图版 25。

⑤ 菩萨北侧榜题框，框内题记残损，无法识读。

⑥ 佛陀北侧榜题框，框内题记残损，无法识读。

⑦ 菩萨北侧榜题框，框内题记残损，格伦威德尔在《新疆古佛寺》中记录："根据弗郎克（Franke）博士解释，此条题记是'南无十二面观世音菩萨'"。参见［德］A. 格伦威德尔：《新疆古佛寺——1905～1907 年考察成果》，第 56 页。

⑧ 佛陀南侧榜题框，框内题记残损，无法识读。

⑨ 菩萨南侧榜题框，框内题记残损，无法识读。

图2.16 库木吐喇窟群区第12窟后甬道外侧壁复原线描图（刘韬绘图）

格伦威德尔记录绘涅槃图①。后甬道顶部中心绘团花图案，团花四周绘云纹，两侧绘千佛，德国探险队揭取了此位置壁画，今编号为Ⅲ 8822（图2.17）。

（六）第12窟左甬道

库木吐喇第12窟左甬道根据格伦威德尔记录，内侧壁绘骑狮文殊菩萨，文殊菩萨周围有胁侍人物围绕。外侧壁绘三身人物立像，从外向内依次为右手持锡杖左手

---

① 图像参见［德］阿尔伯特·冯·勒柯克、恩斯特·瓦尔德施密特：《新疆佛教艺术》（第三卷），第250~251页，图版12。此幅涅槃图勒柯克在《新疆佛教艺术》第三卷的第220页错误的记录出自德国编号第14窟（中国编号第16窟），瓦尔德施密特在同书第七卷的第623页纠正为出自德国编号第33号涅槃窟。根据本书勘正，德国编号第33号涅槃窟不是中国编号第38窟，而是第12窟。根据格伦威德尔《新疆古佛寺》记录，此幅涅槃图宽1.9米、高1米与《新疆佛教艺术》第三卷图版12涅槃图尺寸相同，故笔者判断《新疆佛教艺术》第三卷图版12涅槃图就是出自库木吐喇第12窟后甬道内侧壁。此涅槃图壁画在1903年被德国第一支探险队揭取。笔者认为贾应逸在《德国吐鲁番探险队窃取库木吐喇石窟壁画位置的核对》中判断此幅涅槃图出自库木吐喇第45窟后甬道内侧壁是错误的。首先德国人命名第33号涅槃窟的主要依据就是这幅涅槃壁画，从格伦威德尔对涅槃窟整体的描述来看非常完整，均未出现错误，德国人在描述此窟主要命名依据的图像时不会涉及另外的库木吐喇第45窟。其次，格伦威德尔《新疆古佛寺》描述1906年德国第三支探险队考察成果时全书均未涉及库木吐喇第45窟（德国人命名为飞天窟，Apsaras-Höhle）。库木吐喇飞天窟（中国编号第45窟）是1913年由德国第四支探险队成员勒柯克进行描述、拍照、揭取壁画并进行研究。关于勒柯克对库木吐喇第45窟的记录参见［德］勒柯克：《中国新疆的土地和人民》，第118页。关于库木吐喇第45窟的较早研究可参见 Albert von Le Coq, "Peintures Chinoises Authentiques De L'Époque T'ang Provenant Du Turkestan Chinois", *Revue des arts asiatiques*, Musée Guimet（Paris, France）, Librairie des arts et voyages etc, Band 5, 1928, pp. 1-8. 所以此幅涅槃图既不是勒柯克记录的库木吐喇第14窟（中国编号第16窟），也不是贾应逸记录的中国编号第45窟，而是格伦威德尔与瓦尔德施密特记录的第33号涅槃窟，本书勘正是库木吐喇中国编号第12窟。

图 2.17   库木吐喇窟群区第 12 窟后甬道顶部团花、云纹与千佛图（照片由柏林亚洲艺术博
物馆提供，编号为Ⅲ 8822，Jürgen Liepe 摄影）

托钵的佛①、手持香炉的菩萨②与燃灯佛③。左甬道顶部与右甬道顶部均绘大团花，
团花周围绘云纹，拱顶与平面墙壁相交处绘装饰花纹边，装饰边与团花云纹间绘一
排坐佛。

（七）第 12 窟主室左侧壁

库木吐喇第 12 窟主室左侧壁开两小龛，龛前有一底座，长度与侧壁相等。根据
柏林亚洲艺术博物馆编号 B 0236 历史照片，东侧龛内头光内圈绘漩涡纹，外圈绘簇
叶状纹，身光分三圈，由内向外绘表现光芒的放射状波浪条纹、半团花纹以及簇叶
状纹样，每圈以直线条纹分隔。龛上绘华盖，龛外周围壁画绘供养菩萨。根据柏林
亚洲艺术博物馆编号 B 1992 历史照片，西侧龛内身光外圈绘簇叶状图案，龛外西侧
分三列，每列绘两身供养菩萨。

（八）第 12 窟主室前壁

根据柏林亚洲艺术博物馆编号 B 1993 照片资料，库木吐喇第 12 窟主室前壁窟门
入口北侧壁面以三条横线分隔上下两组画面，上面一组存两身供养人，南侧供养人

---

① 榜题框在西侧。
② 榜题框在西侧，图像参见〔德〕阿尔伯特·冯·勒柯克、恩斯特·瓦尔德施密特：《新疆佛教艺术》
（第六卷），第 546 页，图版 24。
③ 榜题框在佛东侧。

仅残存袍袖部分，其后一身供养人保存完整，着宽袍，手持香炉，头上披发至肩部，腰束革带，为回鹘装供养人像。下面一组壁面模糊，无法识别。

根据柏林亚洲艺术博物馆编号 B 1992 照片资料，库木吐喇第 12 窟窟门入口南侧壁面存上、下两组人物。两组人物用两条横线分隔，两条横线内有汉文题记，汉文题记北侧有回鹘文题记，汉文题记清晰可识读，回鹘文题记模糊不可识读。前壁南侧壁面上方绘两身立姿比丘像，两比丘面部相向，均作供养状手势，南侧比丘头后方有榜题框，框内题记不清。北侧比丘前方靠近腿部位置还残存有题记。前壁南侧

壁面下方残存两位世俗供养人头部，北侧男子头戴翼状帽，长长黑发披落至肩部，男子头后有一榜题框，框内题记模糊，无法识读。北侧男子北部还有一榜题框，框内汉文题记模糊，榜题框北侧应原还绘有一身供养人像。南侧女子头部插有木梳，头后有榜题框，框内题记模糊，无法识读（图 2.18）。

格伦威德尔在《新疆古佛寺》中写道："我们从门壁抄录下来的中文题记残迹，未能得到令人满意的结果。"① 根据德国柏林亚洲艺术博物馆编号 B 1992 照片资料②辨识库木吐喇第 12 窟主室前壁南侧门壁的三处题记。第一处汉文题记位于前壁南侧上下两处绘画中间的两行分界线内，从左至右书写，题记比较清晰，笔者识读题记为："癸亥之岁五月廿四日茗第惠整戳深两共到此志"。第二处汉文题记位于左前壁北侧僧侣前方靠近腿部位置，从上至下书写，残损严重，仅能识读为：

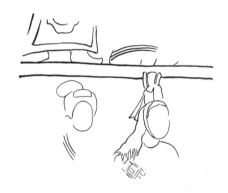

图 2.18　库木吐喇窟群区第 12 窟主室前壁窟门入口南侧壁面线描图（刘韬绘图）

---

① 　［德］A. 格伦威德尔：《新疆古佛寺——1905～1907 年考察成果》，第 56 页。

② 　此照片的局部已经发表在 Caren Dreyer（et al.），*Musueum für Indische Kunst*，*Dokumentation der Verluste*，*Band III*，*Berlin*：Museum für Indische Kunst，SMB，2002，p. 171，IB 8833.

"……□禅弱□"。第三处汉文题记位于下方男子供养人北侧的榜题框内,从上至下书写,残损严重,笔者识读为:"四□□□……"。

此外,根据德国已发表资料可知,德国第三支与第四支探险队还揭取了库木吐喇第12窟甬道中的花纹带壁画①。

通过综上记录、辨识与核对,复原后库木吐喇窟群区第12窟各壁面题材、内容与位置分布情况请参见下图(图2.19)。

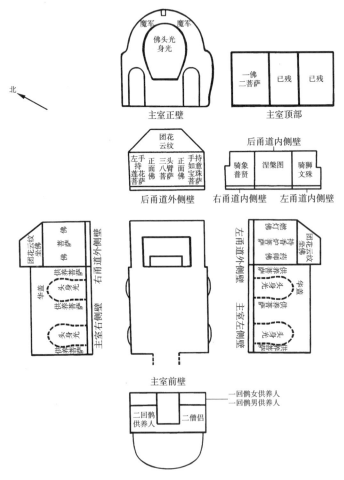

图2.19 库木吐喇窟群区第12窟洞窟平面示意图及各壁面内容展开示意图(刘韬制图)

---

① Caren Dreyer(et al.),*Museum für Indische Kunst*,*Dokumentation der Verluste*,*Band III*,*Berlin*:Museum für Indische Kunst,SMB,2002,p.171,IB 8832,p.204,IB 9205a,b.

第四节　库木吐喇窟群区第 45 窟壁画复原

由库木吐喇谷南区沿峡谷向东进入谷内区，被山洪冲刷后的道路起初蜿蜒宽阔，折向北方后变得狭窄崎岖，峡谷也显得异常高耸。谷内区分布的洞窟稀少且多不集中开凿，除开凿与谷南区、谷北区相似的中心柱礼拜洞窟之外还在较为隐蔽的峡谷深处开凿禅定窟与瘗窟。

库木吐喇窟群区第 45 窟位于谷内区峡谷南侧的崖壁上，与对面的第 46 附 1 窟遥相呼应。第 45 窟坐南向北，左右无洞窟开凿，是一处开凿规模较大的回鹘风洞窟。勒柯克在 20 世纪初年首先将此洞窟命名为飞天窟（Apsaras-Höhle）（图 2.20）。

图 2.20　库木吐喇窟群区第 45 窟外景

一、洞窟形制

库木吐喇窟群区第 45 窟为纵券顶中心柱窟，保存前室、主室与后室。主室正壁地坪存长方形两阶低台，无叠涩。

二、洞窟现状

根据实地考察，库木吐喇窟群区第 45 窟前室已无壁画。主室正壁中部开一浅龛，龛内塑像无存，上方半圆形壁面正中绘一具华盖，华盖两侧绘菩提树冠，华盖与菩提树冠两侧下方各绘一身跪姿飞天，下绘有云气纹。

主室右侧壁壁面中央绘一身较大坐佛，绘头光与身光，头光与身光内圈绘放射状彩条纹，外圈绘茶花纹图案，头光之上为汉式华盖，华盖两侧绘菩提树冠，佛像结跏趺坐于仰莲座上。佛像左右两侧各绘五列坐佛,每列绘四身,右壁下部与地面交接处的壁面绘边饰。

主室纵券顶中脊绘五朵团花纹图案带,每组以圆形莲花为中心,周围围绕椭圆形茶花和卷曲长叶,以土红色勾线,用石绿和紫灰两色叠晕涂色,两侧各绘一条莲花纹边饰。中脊左右各绘坐佛四列,每列六身。佛坐覆莲座,下有云纹承托,右侧残存十一身,左侧残存十五身。纵券顶下沿现存贴塑与浮塑的彩绘头光与身光痕迹,头光与背光内绘茶花与彩条纹样。

右甬道内侧壁绘两身立像,外端为一身立佛,残存立佛头部及右侧榜题,依据庄强华记录,墨书汉文题记为:"南无释迦牟尼佛"①。右甬道外侧壁绘立姿一佛二菩萨,立像右侧均有榜题,由外向内,第一身菩萨榜题题记为"南无大势至菩萨",第二身立佛榜题题记为"南无阿弥陀佛",第三身菩萨榜题题记为"南无观世音菩萨"②。右甬道上沿绘一列团花纹带,顶部绘团花,团花间饰云气纹。

后甬道外侧壁原为五身立像,以一佛一菩萨交替排列,现存四身,榜题残损。后甬道内侧壁残损已无壁画。

左甬道内侧壁仅保存两身立像的脚部与头光,由外向内第二身为立佛。左甬道外侧壁由外向内第一身为菩萨,第二身为立佛,第三身为菩萨,榜题皆残损。立像两侧绘供养天人。左甬道顶部绘团花,团花间饰云气纹。

主室左侧壁与右侧壁壁画在题材、内容上均相同且布局对称。中间绘一身较大佛像结跏趺坐于仰莲座上,佛像左右两侧各绘五列坐佛,每列绘四身,左侧壁下部与地面交接处绘边饰,内容为栅栏与花卉图案。

三、壁画复原

1913~1914 年德国皇家吐鲁番探险队第四支探险队揭取了库木吐喇窟群区第 45 窟的多处壁画,被揭取的壁画位置与壁画题材是:第一,库木吐喇窟群区第 45 窟主室前壁上方半圆形壁画无存,根据法国探险队拍摄吉美博物馆编号 AP 7048 历史照片

---

① 庄强华:《库木吐喇石窟总叙》,载《中国石窟·库木吐喇石窟》,第 268 页。
② 庄强华:《库木吐喇石窟总叙》,载《中国石窟·库木吐喇石窟》,第 268 页。

以及在《新疆佛教艺术》发表的德国第四支探险队揭取后重新拼合的照片资料①，库木吐喇第45窟主室前壁上方半圆形壁面原绘弥勒菩萨（Maitreya Bodhisattva）及胁侍菩萨（图2.21）。德国柏林亚洲艺术博物馆今只保存有弥勒菩萨身躯残片与胁侍菩萨壁画残片，编号为Ⅲ9021②。第二，库木吐喇第45窟窟顶中脊团花带与券顶中脊右侧佛像被德国探险队揭取，目录号为IB 8829和IB 8488③。第三，库木吐喇第45窟主室左或右侧壁底部绘有花坛前的栅栏壁画被德国探险队揭取，编号为Ⅲ9022④。第四，库木吐喇第45窟甬道中菩萨立像头部壁画被揭取⑤，目录号为IB 9032。第五，德国第四支探险队从库木吐喇第45窟不明位置揭取了飞天壁画残片⑥，编号为Ⅲ8489。

图2.21　库木吐喇窟群区第45窟主室前壁弥勒菩萨说法图（照片由柏林亚洲艺术
博物馆提供，编号为C20 Ⅲ9021）

---

① ［德］阿尔伯特·冯·勒柯克、恩斯特·瓦尔德施密特：《新疆佛教艺术》（第七卷），第661页，图版26a，目录号IB 9021。

② 柏林亚洲艺术博物馆的展厅中陈列着胁侍菩萨壁画残片，柏林亚洲艺术博物馆的库房中陈列着弥勒菩萨身躯残片，编号均为Ⅲ9021。柏林亚洲艺术博物馆编号C20 Ⅲ9021历史照片展示了第二次世界大战之前库木吐喇第45窟主室前壁上方半圆形壁画被揭取后并被重新拼合的完整图像。

③ ［德］阿尔伯特·冯·勒柯克、恩斯特·瓦尔德施密特：《新疆佛教艺术》（第五～六卷），第364、404页，图版18，目录号IB 8488；第518、548页，图版26，目录号IB 8829。根据柏林亚洲艺术博物馆提供的档案卡片资料，目录号IB 8829和IB 8488壁画已在第二次世界大战中损毁或丢失。

④ ［德］阿尔伯特·冯·勒柯克、恩斯特·瓦尔德施密特：《新疆佛教艺术》（第七卷），第627、664页，图版29b，目录号IB 9022。

⑤ Caren Dreyer（et al.），*Musueum für Indische Kunst*，*Dokumentation der Verluste*，*Band III*，Berlin：Museum für Indische Kunst，SMB，2002，p.180，IB 9032。根据柏林亚洲艺术博物馆提供的档案卡片资料，目录号IB 9032壁画已在第二次世界大战中损毁或丢失。

⑥ ［德］阿尔伯特·冯·勒柯克、恩斯特·瓦尔德施密特：《新疆佛教艺术》（第五卷），第364、365、405页，图版19，目录号IB 8489。

关于柏林亚洲艺术博物馆馆藏库木吐喇第 45 窟壁画残片位置复原情况请参见表 2.4；关于原藏柏林民族学博物馆（柏林亚洲艺术博物馆前身），今已丢失或损毁库木吐喇第 45 窟壁画位置复原情况请参见表 2.5。

表 2.4　德国柏林亚洲艺术博物馆今藏库木吐喇第 45 窟壁画复位表[①]

序号	壁画内容	德国编号	位置	尺寸 （宽×高）cm	资料来源
1	飞天	Ⅲ 8489	不详	63×51	柏林亚洲艺术博物馆提供
2	弥勒菩萨身体残片与胁侍菩萨	Ⅲ 9021	主室前壁半圆形壁面	弥勒菩萨身体残片：53×78 胁侍菩萨：111×63.5 胁侍菩萨：74×52	根据柏林亚洲艺术博物馆提供资料比对核实为《新疆佛教艺术》第七卷图版 26a 局部残片
3	花坛前的栅栏	Ⅲ 9022	主室左或右壁底部	78×49	柏林亚洲艺术博物馆提供

表 2.5　德国探险队揭取库木吐喇第 45 窟其他壁画复位表

序号	壁画内容	德藏目录号	位置	尺寸 （宽×高）cm	资料来源
1	坐佛像	IB 8488	主室券顶上佛像最下面一行	42×108	《新疆佛教艺术》第五卷，图版 18，第 364、404 页
2	团花带与佛像	IB 8829	主室中脊及券顶右部分	306×231	《新疆佛教艺术》第六卷，图版 26，第 518、548 页
3	弥勒菩萨与胁侍（部分）	IB 9021	主室前壁上方半圆形壁面	355×145	《新疆佛教艺术》第七卷，图版 26a，第 622、623、661 页
4	菩萨头部	IB 9032	甬道	72×38	*Musueum für Indische Kunst, Dokumentation der Verluste*, p. 180.

[①]　此表是根据柏林亚洲艺术博物馆提供的馆藏壁画资料整理而成并重新核对确定了壁画位置。

通过综上分析、辨识与核对，复原后库木吐喇窟群区第45窟各壁面题材、内容与位置分布情况请参见图2.22。

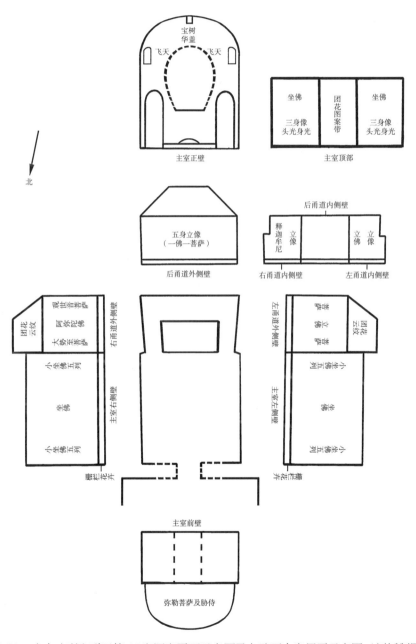

图2.22　库木吐喇窟群区第45窟洞窟平面示意图及各壁面内容展开示意图（刘韬制图）

第五节　森木塞姆第 40 窟壁画复原

一、洞窟形制

　　森木塞姆第 40 窟位于沟东崖壁以北，为纵券穹隆顶中心柱窟，存一阶叠涩，主室正壁开一龛，后甬道外侧壁西侧开一龛（图 2.23）。

二、洞窟现状

　　根据实地考察，森木塞姆第 40 窟主室中心柱正壁壁画已基本无存，只保存正壁顶部上方一小部分壁画，壁画被熏黑内容无法辨识。

图 2.23　森木塞姆第 40 窟主室正壁

　　主室左、右侧壁壁画被揭取

　　右甬道内侧壁绘一身立佛，外侧壁绘三身立佛，两侧壁上部与券顶交接处绘一列筒形纹和一列菱形纹。

　　后甬道外侧壁西侧开一龛，龛两侧各绘一身立佛，龛顶部绘莲花。后甬道外侧壁绘四身立佛，后甬道内侧壁绘佛涅槃像，后甬道内外侧壁的上部与券顶交接处绘一列筒形纹和一列菱形纹，顶部绘三身天人。

　　左甬道外侧壁绘两身立佛，内侧壁绘一身立佛，两侧壁上部与券顶交接处绘一列筒形纹和一列菱形纹。

　　主室纵券顶前后两端分别绘日天和月天，纵券顶其余壁面绘菱格纹，菱格内绘坐在水池中升出莲花的佛，水池中还绘有对称升出的两株宝树。纵券顶嵌入穹隆顶，穹隆顶上壁画分为八个条幅，每个条幅内绘以一身立像为中心的佛传因缘故事，德国慕尼黑大学莫妮卡·茨茵（Monika Zin）教授辨识出其中一则故事为龙王问偈（Nāgarāja Elapatra）①。八个条幅中有两个条幅中心立像可以辨识为立佛，立佛下部两侧绘比丘、天人、摩尼宝珠、龙与花朵等。

主室前壁中部开门道，壁画被熏黑，只能辨识出前壁上部半圆形壁面绘数排坐佛，前壁左侧中部绘比丘，比丘上方有梵语题记②，其上绘一身跪姿回鹘装女性供养人像，前部右侧中部绘比丘像，比丘上方亦有梵语题记③。

三、壁画复原

格伦威德尔将森木塞姆第 40 窟命名为骑士洞（Ritter Höhle）并记录详细。首先，格伦威德尔记录了森木塞姆第 40 窟主室中心柱正壁的壁画题材与分布情况："中心柱正壁龛内主尊塑像是位于山景中的乔达摩佛，佛龛周围的壁画由两行画面组成，靠下部分是较大型佛像，而靠上部分为佛殿拱顶壁画的延续。"④ 其次格伦威德尔记录："侧壁上还保存着两幅壁画，画面上方有一条白色狭窄的题记条，写有婆罗谜文题记……这两幅画很吸引人，其比例得体，风格稳重，但却被烟熏得一片漆黑，使我在现场一筹莫展。我们把它剥了下来，现在已在博物馆。"⑤ 德国皇家吐鲁番探

---

① Monika Zin，"The Identification of Kizil Paintings V（9. The Painted Dome from Simsim and its Narrative Programm，10. Elapatra）"，*Indo-Asiatische Zeitschrif*，15. 2011，pp. 57 – 69.

② 关于森木塞姆第 40 窟现存龟兹语及其他婆罗谜文字题记内容参见新疆龟兹研究院、中国人民大学国学院西域历史语言研究所、北京大学中国古代史研究中心：《玛扎伯哈与森木塞姆石窟现存龟兹语及其他婆罗谜文字题记内容简报》，载《西域历史语言研究集刊》（第七辑），第 57 ~ 60 页。

③ 新疆龟兹研究院、中国人民大学国学院西域历史语言研究所、北京大学中国古代史研究中心：《玛扎伯哈与森木塞姆石窟现存龟兹语及其他婆罗谜文字题记内容简报》，载《西域历史语言研究集刊》（第七辑），第 57 ~ 60 页。

④ 关于森木塞姆第 40 窟主室中心柱正壁壁画题材与分布参见［德］A. 格伦威德尔：《新疆古佛寺——1905 ~ 1907 年考察成果》，第 324 ~ 325 页。

⑤ ［德］A. 格伦威德尔：《新疆古佛寺——1905 ~ 1907 年考察成果》，第 324 页。

险队揭取的上述侧壁上的两幅壁画部分图像资料已经公布①，德国人辨识出其中的壁画题材为大光明王始发道心本生（Mahaprabhasa-Avadava）②。今德国柏林亚洲艺术博物馆编号Ⅲ 8917 壁画就是格伦威德尔记录上述剥走的部分壁画（图 2.24），本书将编号Ⅲ 8917 壁画残片比对已经发表的图像资料，可以看出德国探险队在森木塞姆第40 窟主室右侧壁③揭取的这部分壁画分为两层，上层绘大光明王始发道心本生故事，画面表现象师请王观视白象与国王乘象抓住树枝等情节，画幅上方有白色带，

图 2.24   森木塞姆第 40 窟主室右侧壁大光明王本生及说法图（照片由柏林亚洲艺术博物馆提供，编号为Ⅲ 8917，Jürgen Liepe 摄影）

---

① 其中一幅壁画图像参见［德］阿尔伯特·冯·勒柯克、恩斯特·瓦尔德施密特：《新疆佛教艺术》（第六卷），第431 页，图 C，目录号：IB 8917。另可参见 Herbert Härtel（ed.）, *Along the Ancient Silk Routes. Central Asian Art from the West Berlin State Museum*, *Exhibition Catalogue*, New York, 1982, p. 105. 另一幅壁画图像参见 Toralf Gabsch（ed.）, *Auf Grünwedels Spuren：Restaurierung und Forschung an zentralasiatischen Wandmalereien*, Leipzig: Köhler & Amelang, 2012, pp. 160 – 161, Fig. 3.

② 德国人西格凌（Wilham Siegling）根据此幅壁画上边缘题记 "Brhadyuti" 辨识壁画题材为大光明王本生。参见［德］阿尔伯特·冯·勒柯克、恩斯特·瓦尔德施密特：《新疆佛教艺术》（第六卷），第441 ~ 442 页。Klaus T. Schmidt, "Westtocharische Überschriften zu den Pranidhibildern der Ritterhöhle in Kiriś", in：Brigitte Huber et al.（eds.）*Chomolangma*, *Demawend und Kesbek. Festschrift für Ronald Bielmeier zu seinem 65. Geburtstag*, Halle, 2008, pp. 513 – 524.

③ 德人记录 "大光明王始发道心本生" 壁画位于主室右壁，参见［德］阿尔伯特·冯·勒柯克、恩斯特·瓦尔德施密特：《新疆佛教艺术》（第六卷），第420 页。

内为婆罗谜字母书写的龟兹语题记①；下层绘佛说法图，佛为坐像，周围绘听法四众，说法图之间不以方格分界，画幅上方有白色带，内为婆罗谜字母书写的龟兹语题记②。而根据柏林亚洲艺术博物馆提供的图像资料，本书辨识柏林亚洲艺术博物馆编号Ⅲ 8919 壁画残片是编号Ⅲ 8917 壁画下层说法图中的部分壁画。

根据在德国柏林亚洲艺术博物馆库房中的调查，该博物馆还藏有一整幅出自森木塞姆第 40 窟主室左侧壁的说法图壁画残片，编号为Ⅲ 438③。此壁画残片表面熏黑严重，目前只能初步辨识出画面为三组故事情节，中间一组以一身立佛为中心围绕四众，左右两组分别以一身坐佛为中心围绕四众，画面顶部有白色条框，内有婆罗谜字母书写的龟兹语题记，根据题记释读壁画题材与授记故事有关④。由于编号Ⅲ 438 画面宽度为 2 米余，故判断此幅壁画残片应揭取自森木塞姆第 40 窟主室左侧壁。此外，德国探险队还揭取了第 40 窟主室正壁包括左甬道上部的壁画，德藏目录号为 IB 9184（a，b）。

通过综上分析、辨识与核对，复原后森木塞姆第 40 窟各壁面题材、内容与位置分布情况请参见图 2.25。

关于德国柏林亚洲艺术博物馆馆藏森木塞姆第 40 窟壁画残片信息情况请见表 2.6。

---

① 施密特对柏林亚洲艺术博物馆编号Ⅲ 8917 上下两半部三段与四段榜题可识读部分与编号Ⅲ 8919 四段榜题可识读部分转写与翻译。参见 Klaus T. Schmidt，Westtocharische Überschriften zu den Pranidhibildern der Ritterhöhle inKiri ś，in：*Chomolangma，Demawend und Kasbek，Festschrift für Roland Bielmeier zum 65. Geburtstag. Band II：Demawend und Kasbek*，ed. B. Huber/M. Volkart/P. Widmer，Halle（Saale）：IITBS-International Institute for Tibetan and Buddhist Studies GmbH 12，2008，pp. 513 – 524.

② Klaus T. Schmidt，Westtocharische Überschriften zu den Pranidhibildern der Ritterhöhle inKiri ś，in：*Chomo-langma，Demawend und Kasbek，Festschrift für Roland Bielmeier zum 65. Geburtstag. Band II：Demawend und Kasbek*，ed. B. Huber/M. Volkart/P. Widmer，Halle（Saale）：IITBS-International Institute for Tibetan and Buddhist Studies GmbH 12，2008，pp. 513 – 524.

③ 图片参见 Toralf Gabsch（ed.），*Auf Grünwedels Spuren：Restaurierung und Forschung an zentralasiatischen Wandmalereien*，Leipzig：Köhler & Amelang，2012，pp. 160 – 161，Fig. 3.

④ 施密特对柏林亚洲艺术博物馆编号Ⅲ 438 三段榜题可识读部分转写与翻译。参见 Klaus T. Schmidt，"Westtocharische Überschriften zu den Pranidhibildern der Ritterhöhle in Kiri ś"，in：Brigitte Huber et al.（eds.）*Chomolangma，Demawend und Kesbek. Festschrift für Ronald Bielmeier zu seinem 65. Geburtstag*，Halle，2008，pp. 513 – 524.

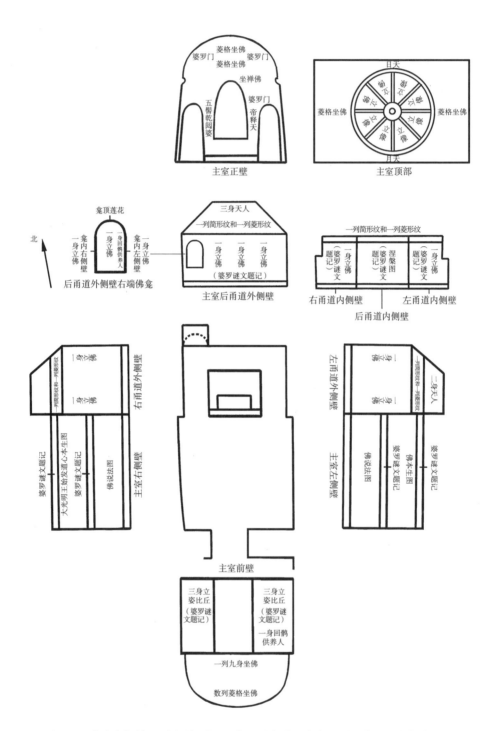

图 2.25　森木塞姆第 40 窟洞窟平面示意图及各壁面内容展开示意图（刘韬制图）

表2.6　柏林亚洲艺术博物馆馆藏森木塞姆第40窟壁画残片资料列表①

序号	壁画内容	德国库藏编号	位置	尺寸（宽×高）cm	备注
1	大光明王本生及说法图	Ⅲ 8917	主室右侧壁	230.5×156	Ⅲ 8917 壁画分为上下两层，每层壁画上部在白色条框内有婆罗谜文题记
2	佛说法图	Ⅲ 8919	主室右侧壁	324×74	Ⅲ 8919 壁画实为Ⅲ 8917 壁画的下层部分
3	佛说法图	Ⅲ 438	主室左侧壁	245.5×84	壁画中间为立佛及听法四众，两侧各为一组坐佛及听法四众，画面顶部有白色条框，内有婆罗谜字母题记

第六节　森木塞姆第44窟壁画复原

一、洞窟形制

森木塞姆第44窟位于沟东崖壁以南的一条小沟内，洞窟形制为大像窟，纵券顶，存一阶叠涩，主室正壁地坪上存有半圆形像台。

二、洞窟现状

根据实地考察，森木塞姆第44窟主室中心柱正壁台上塑像无存，正壁壁画几乎完全脱落。

主室顶部中脊绘天相图，残存部分为日天和四只大雁。券顶中脊两侧对称绘制菱形格，菱格内绘本生、因缘故事与动物图像。两侧券面下部对称绘一列栏台，每

---

① 根据笔者在柏林亚洲艺术博物馆库房中对陈列的壁画残片记录以及对该博物馆档案卡片中的资料信息整理而成。

列以界栏分组，每组内绘两身天宫伎乐，两侧伎乐上部各绘一列筒形纹，伎乐下部各绘一列纹饰。

主室右甬道内侧壁下部绘一列六身比丘，画幅上方绘白色带，上部绘一列六身比丘，画幅上方绘白色带，外侧壁绘一身立佛，立佛右侧绘五身飞天，左侧残存一身比丘与一身飞天，下部残存一身天人，券顶绘一身龙王（Nāgarāja）。

主室后甬道外侧壁绘涅槃图，内侧壁下部绘八王分舍利图，上壁绘焚棺图，券顶涂色带。

主室左甬道内侧壁下部绘一列五身回鹘供养人，外侧壁绘一身立佛，立佛左右两侧上部各绘一身天人，两侧壁下部各绘一列纹饰和一条白色带，券顶绘龙王，前端龙王脚下绘一头白骆驼。

主室右侧壁绘两身立佛，前端立佛两侧上方各绘一身天人，后端立佛右侧上方绘一身天人，应为两幅说法图。

主室左侧壁绘两身立佛，前端立佛左侧上部残存一身天人，右侧上方绘一身跪姿佛，后端立佛左侧上方绘一身天人，应为两幅说法图。

三、壁画复原

格伦威德尔将森木塞姆第 44 窟命名为衔环鸽子洞（Höle mit den kranztragenden Tauben）并对窟内壁画记录详细。他写道："在对面的长壁 d、d′（笔者按：即 44 窟左右甬道外侧壁）上，各绘一身大型说法佛以及几个礼佛者。从每个说法佛头顶上冒出一束束引人注目的光芒，其中有形形色色的装饰图形。佛像身光的边缘中，画满了飞翔的衔环鸽子。……我们已把这些值得重视的画面之一运回了博物馆。"[①] 笔者在柏林亚洲艺术博物馆库房中没有找到格氏记录揭取的这块壁画残片，其德藏目录号为 IB 8708，今已损毁或丢失。

通过综上记录与核对，森木塞姆第 44 窟各壁面题材、内容与位置分布情况请参见图 2.26。

---

① ［德］A. 格伦威德尔：《新疆古佛寺——1905～1907 年考察成果》，第 333 页。

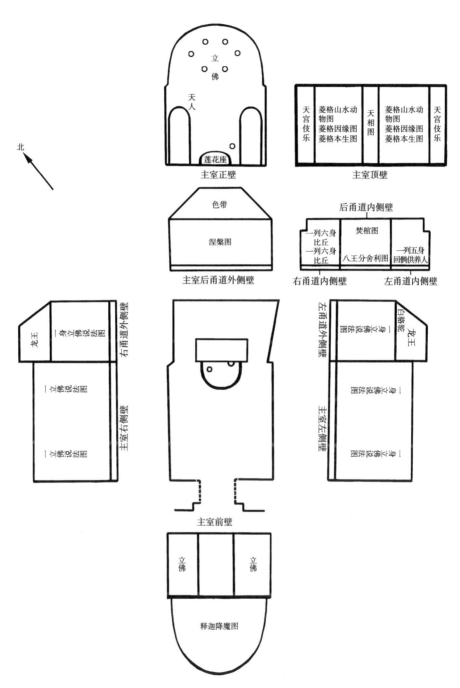

图 2.26　森木塞姆第 44 窟洞窟平面示意图及各壁面内容展开示意图（刘韬制图）

第七节　森木塞姆第 46 窟壁画复原

一、洞窟形制

森木塞姆第 46 窟位于沟东崖壁以南的一条小沟内，洞窟形制为穹隆顶方形窟，有三层叠涩，上下层为直角叠涩，上下转折处加断面为圆形横槫。

二、洞窟现状

根据实地考察，森木塞姆第 46 窟内壁画遗存有：主室枭混式叠涩上绘汉式团花纹、叶片纹与卷草纹组成的花纹图案。穹隆顶中心有凹窝，顶部中心部位绘制一朵大莲花，莲花周围绘制锯齿状纹饰，锯齿状纹饰下部绘立柱纹，立柱纹下方绘交替挂着的铃铛，间绘垂帐纹，这些图案共同组成了一具精致且繁复的汉式伞盖。穹隆顶内汉式伞盖以下四周壁面被全部揭取，下方平顶四角壁画也被全部揭取。

主室正壁上部存一身坐佛，佛左侧绘两身具有头光的人物和一身鬼怪，佛下方残存两身天人头部。左侧壁中部绘一身立佛，佛两侧绘天人。右侧壁中部绘一身立佛，佛两侧绘天人。

三、壁画复原

格伦威德尔将森木塞姆第 46 窟命名为饿鬼洞（Höhle mit dem Preta），格伦威德尔与勒柯克著述中曾详细记录了此洞窟各壁面的壁画题材与位置分布。根据他们的记录可知，原森木塞姆第 46 窟在主室正壁、左侧壁与右侧壁绘佛说法图题材，前壁绘比丘、供养人像与婆罗谜文题记等①。

根据笔者在柏林亚洲艺术博物馆库房内的调查记录，德国皇家吐鲁番探险队主要

---

① ［德］A. 格伦威德尔：《新疆古佛寺——1905～1907 年考察成果》，第 330～334 页。［德］阿尔伯特·冯·勒柯克、恩斯特·瓦尔德施密特：《新疆佛教艺术》（第六卷），第 487～490 页。

揭取了森木塞姆第 46 窟穹隆顶伞盖下方全部七身以立佛像为中心的因缘故事壁画①，
在柏林亚洲艺术博物馆的库房中放置着已经重新拼合的以这七身立佛为中心的因缘
故事壁画的窟顶，但重新拼合后壁画的位置出现错误②（图 2.27）。根据慕尼黑大学
莫妮卡·茨因教授的辨识，在图 2.27 中红、黑数字"1"为宝髻佛授记（Priyadarsana
Prediction）故事，红色数字"5"与黑色数字"3"为迦毗罗（Kapila）因缘故事③。

　　此外，德国探险队还揭取了森木塞姆第 46 窟窟顶三角形天井上的四身护法神，
其中两身护法神图像已经发表④，四身护法神壁画残片编号分别为Ⅲ 735、Ⅲ 736、
Ⅲ 737 与Ⅲ 738。

　　根据以上的记录与核对，笔者将森木塞姆第 46 窟窟顶壁画按照正确的位置重新
复位缀和并绘图（图 2.28）。

---

① 格伦威德尔对森木塞姆第 46 窟窟顶以七身立佛为中心的壁画作出细致的描述，但未能释读壁画内容。
　　根据图 2.27 中红色数字字代表壁画原先所在洞窟位置记录如下：1 为佛陀，其右边绘莲花，左边绘一位
　　身负三灯的比丘；2 为佛陀，其右边绘一只野猪，左边绘一只黑天鹅；3 为佛陀，其右边绘一朵莲花，
　　左边绘一位婆罗门；4 为佛陀，其右边绘一朵莲花，左边绘一条龙从一小湖泊里冒出来；5 为佛陀，
　　其左边绘一位长着翅膀和人的脑袋的鱼形生灵，从一个湖里冒出来；6 为佛陀，其右边跪着一位年轻
　　的婆罗门，他在用左手指着天空；7 为佛陀，其右边绘一朵莲花，左边绘一位跪在草庐中的婆罗门。
　　参见［德］A. 格伦威德尔：《新疆古佛寺——1905~1907 年考察成果》，第 335 页。森木塞姆第 46 窟
　　窟顶壁画是在 1913~1914 年被德国第四支探险队成员巴尔图斯（Theodor Bartus）揭取，参见［德］
　　阿尔伯特·冯·勒柯克：《中国新疆的土地和人民》，第 93 页。
② 德国慕尼黑大学莫妮卡·茨茵（Monika Zin）教授对森木塞姆第 46 窟窟顶以立佛为中心因缘故事内容
　　作出详细论述，她根据格伦威德尔的记录认为柏林亚洲艺术博物馆对揭取自森木塞姆第 46 窟窟顶壁画
　　并重新拼合后的图像位置出现错误，在 Monika Zin，"Identification of Kizil Paintings V（9. The Painted
　　Dome from Simsim and its Narrative Programm，10. Elapatra）"，*Indo-Asiatische Zeitschrift*，15. 2011，p. 58，
　　Fig. 1.（即图 2.27）中莫妮卡·茨因教授以红色数字字代表立佛原先所在洞窟窟顶位置，以黑色数字代
　　表柏林亚洲艺术博物馆重新拼合后的位置。
③ 宝髻佛授记（Priyadarsana Prediction）是根据克孜尔第 110 窟的题记确定的，在文本里没有完全一致的记
　　述。慕尼黑大学茵纳斯·孔扎克（Ines Konczak）博士找出的是其他文本里相关的内容，但并不能完全和
　　图像对应，宝髻佛授记故事在克孜尔第 110 窟与库木吐喇窟群区第 34 窟中出现过。迦毗罗（Kapila）
　　因缘出自《贤愚经》卷一三、《根本说一切有部毗奈耶》卷九、《摩诃僧祇律》卷一四与《大方便佛
　　报恩经》卷三。在克孜尔第 8、23、163、184 窟与克孜尔尕哈第 23 窟壁画中出现过。参见 Monika
　　Zin，"The Identification of Kizil Paintings IV（7. Kapila，8. The Promise of the Four Kings）"，*Indo-Asiatische
　　Zeitschrift*，14. 2010，pp. 22 – 30.
④ ［德］阿尔伯特·冯·勒柯克、恩斯特·瓦尔德施密特：《新疆佛教艺术》（第六卷），第 540 页，图
　　版 18c、18d。

图 2.27   森木塞姆第 46 窟窟顶壁画（柏林亚洲艺术博物馆编号为 III 734，采自 "Identification
of Kizil Paintings V"，*Indo-Asiatische Zeitschrift*，15. 2011， p. 58， Fig. 1。红色数字表示
壁画所在洞窟窟顶原初位置，黑色数字表示柏林亚洲艺术博物馆重新拼合后位置）

图 2.28   森木塞姆第 46 窟窟顶壁画复原线描图（刘韬绘图）

德国柏林亚洲艺术博物馆编号Ⅲ739壁画残片在该博物馆档案卡片中注明出自森木塞姆石窟，但档案卡片未注明出自森木塞姆具体洞窟编号。格伦威德尔记录，森木塞姆第46窟主室前壁窟门左侧墙壁上绘有一行比丘像，最后一身比丘为黑肤色，身穿黑色袈裟，里边穿黑色奇特内衣，上方有婆罗谜文题记，德国探险队将这身比丘连同题记一起剥下取走①。根据柏林亚洲艺术博物馆编号Ⅲ739壁画残片中比丘肤色、衣着、题记位置、画风因素与格伦威德尔的文字记录进行比对，本书认为编号Ⅲ739壁画残片与格伦威德尔文字记录是同一幅画

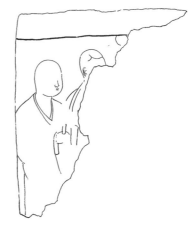

图2.29　森木塞姆第46窟主室前壁窟门左侧比丘线描图（刘韬绘图）

面，故而判断柏林亚洲艺术博物馆编号Ⅲ739壁画残片出自森木塞姆第46窟（图2.29）。在编号Ⅲ739壁画残片中比丘头部上方是以中亚婆罗谜字体书写的两行题记，根据慕尼黑大学博士候选人潘涛先生的解读，这两行题记为中亚婆罗谜字体书写的吐火罗语。第一行题记为"ci…lyi ki ññe si…te nau u trä p（a）da ma pa…bha"，第二行题记为"lyi hi rji hwā hko se…. r. pi ru…k（ra）…vā"，题记内容无法全部识读②。

此外，《森木塞姆石窟内容总录》曾发表公布了一块核对为出自森木塞姆第46窟主室侧壁的因缘佛传壁画残片③，笔者认为此核对有误。根据俄罗斯艾尔米塔什博物馆已发表资料，这幅壁画是出自库木吐喇石窟的壁画残片④。此壁画残片风格是瓦尔德施密特归类的

①　［德］A. 格伦威德尔：《新疆古佛寺——1905～1907年考察成果》，第335页。

②　潘涛先生识读编号Ⅲ739壁画残片题记为婆罗谜字体书写的吐火罗语，第一行题记为"ci…lyi ki ññe si…te nau u trä p（a）da ma pa…bha"，第二行题记为"lyi hi rji hwā hko se…. r. pi ru…k（ra）…vā"。上面一行题记中"te nau u"是吐火罗语B的"te nau u"，表示"过去的（东西、事情等）"；而"trä p（a）da ma"似乎是来自梵语的"tripad-ma"，表示"三莲花"。潘涛先生为笔者识读了龟兹回鹘风洞窟中的回鹘语题记与吐火罗语题记，在此表示感谢。

③　新疆龟兹石窟研究所编：《森木塞姆石窟内容总录》，第123页，图版28。

④　俄罗斯圣彼得堡国立艾尔米塔什博物馆编号Ky-614壁画残片是米哈伊尔·别列佐夫斯基（Mikhail Berezovsky）于1905～1907年揭取自库木吐喇石窟。参见Olga P. Deshpande（ed.），*The Caves of One Thousand Buddhas-Russian Expeditions on the Silk Route，On the Occation of 190 Years of the Asiatic Museum，Exhibition Catalogue*，St. Petersburg：The State Hermitage Publishers，2008，p. 129，Fig. 75. 另参见The State Hermitage Museum，*Expedition Silk Road：Journey to the West，Treasures from the Hermitage*，Amsterdam：Museumshop Hermitage Amsterdam，2014，p. 163，Fig. 90.

"印度－伊朗风格"之第二种风格，没有呈现龟兹回鹘风壁画风格特征，与上述森木塞姆第 46 窟壁画风格不相一致，故而应不是出自森木塞姆第 46 窟。

关于柏林亚洲艺术博物馆馆藏森木塞姆第 46 窟壁画残片情况见表 2.7。

表 2.7　柏林亚洲艺术博物馆馆藏森木塞姆第 46 窟壁画残片资料列表[①]

序号	壁画内容	德国库藏编号	位置	尺寸 （宽×高）cm	资料来源
1	拱顶中七身以立佛为中心的因缘故事画	Ⅲ 734	穹隆顶	165（直径）× 125（高）	柏林亚洲艺术博物馆提供
2	立佛因缘故事画 （迦毗罗因缘）	Ⅲ 734a	穹隆顶	约 46×100	
3	立佛因缘故事画	Ⅲ 734c	穹隆顶	约 46×100	
4	立佛因缘故事画	Ⅲ 734g	穹隆顶	约 46×100	
5	立佛因缘故事画	Ⅲ 734h	穹隆顶	约 46×100	
6	立佛因缘故事画	Ⅲ 734i	穹隆顶	约 46×100	
7	立佛因缘故事画	Ⅲ 734j	穹隆顶	约 46×100	
8	立佛因缘故事画 （宝髻佛授记）	Ⅲ 734k	穹隆顶	约 46×100	
9	护法神	Ⅲ 735	窟顶四沿	82×48	
10	护法神	Ⅲ 736	窟顶四沿	91.5×51	
11	护法神	Ⅲ 737	窟顶四沿	69×66	
12	护法神	Ⅲ 738	窟顶四沿	92×46.5	
13	比丘	Ⅲ 739	前壁入口左侧	56×67	

从德国探险队在森木塞姆第 46 窟揭取的编号Ⅲ 739 壁画残片比丘形象中表现出龟兹回鹘风格的人物造型与色彩，第 46 窟窟顶编号Ⅲ 734 佛像的绘画风格与森木塞姆第 40 窟窟顶佛像绘画风格相似，均为龟兹回鹘风格人物造型与画法。此外，森木塞姆第 46 窟窟顶伞盖图像与叠涩上的花卉卷草图像题材与画风明显来自中原汉地，

[①]　此列表是笔者根据在柏林亚洲艺术博物馆库房中陈列的壁画残片记录以及对该博物馆档案室中档案卡片资料信息整理而成。

因此本书判断森木塞姆第46窟应为龟兹回鹘风洞窟。

通过综上记录、辨识与核对，复原后森木塞姆第46窟各壁面题材、内容与位置分布情况请参见图2.30。

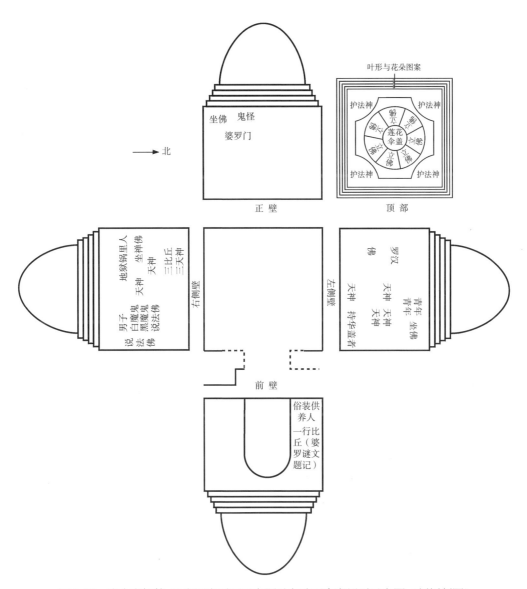

图2.30　森木塞姆第46窟洞窟平面示意图及各壁面内容展开示意图（刘韬制图）

第八节　夏哈吐尔佛寺与龟兹未知洞窟唐风与回鹘风壁画

库木吐喇遗址中的乌什吐尔（Wushituer）与夏哈吐尔（Xiahetuer）佛寺是重要的地面寺院遗址，与库木吐喇石窟互为补充①。在 1907 年伯希和探险队对夏哈吐尔佛寺发掘的壁画残片中呈现出典型的"印度—伊朗风格"之第一种风格、第二种风格和唐风、回鹘风壁画风格。在龟兹地面寺院少量的遗存中，这些幸存保留下来的唐风和回鹘风壁画残片可以与龟兹石窟同类风格壁画进行对应。

一、夏哈吐尔佛寺唐风与回鹘风壁画

1907 年 4～6 月，法国伯希和探险队在夏哈吐尔佛寺遗址进行系统发掘。在这些发掘品中可以发现龟兹唐风壁画残片与龟兹回鹘风壁画残片。这些壁画残片今藏于法国巴黎吉美博物馆，壁画的题材、风格可以与龟兹唐风洞窟、回鹘风洞窟壁画的题材、风格对应。

法国巴黎吉美博物馆编号 AP 7238 历史照片拍摄了夏哈吐尔佛寺遗址的四块壁画残片，均为龟兹唐风壁画，照片中右侧壁画为供养菩萨及孔雀残片，似为一辅大型经变画的局部（图 2.31）②。照片左侧三小块壁画为唐风人物局部（图 2.32）③。

图 2.31　夏哈吐尔佛寺唐风壁画残片（一）（法国巴黎吉美博物馆藏，采自 *Les arts de l´Asie centrale*，Fig. 166）

① 关于乌什吐尔、夏哈吐尔佛寺与库木吐喇石窟的关系参见 ［意］魏正中：《区段与组合——龟兹石窟寺院遗址的考古学探索》，第 68～89 页。

② Jacques Giès（ed.），*Les arts de l'Asie centrale：La collection Paul Pelliot du musée des arts asiatiques-Guimet II*，*Paris*：Réunion des Musées Nationaux，1996，Fig. 166.

③ Jacques Giès（ed.），*Les arts de l'Asie centrale：La collection Paul Pelliot du musée des arts asiatiques-Guimet II*，*Paris*：Réunion des Musées Nationaux，1996，Fig. 168.

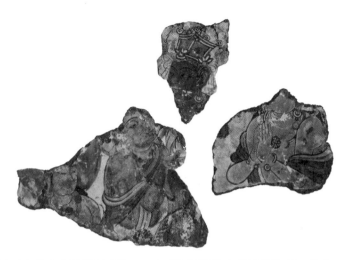

图 2.32　夏哈吐尔佛寺唐风壁画残片（二）（法国巴黎吉美博物馆藏，采自 *Les arts de l'Asie centrale*，Fig. 168）

　　法国巴黎吉美博物馆编号 AP 7240 历史照片拍摄了一块壁画残块，图像为树下的佛陀与菩萨，为唐代汉地绘画风格，似为一辅大型经变画的局部（图 2.33）[1]。

图 2.33　夏哈吐尔佛寺唐风壁画残片（三）（法国巴黎吉美博物馆藏，采自 *Douldour-Âquour et Soubachi. Mission Paul Pelliot*，Tomes III，P. XXIV，Fig. 45）

---

① Louis Hambis（et al.）（ed.），*Douldour-Âquour et Soubachi. Mission Paul Pelliot*，Tomes III，*Paris*：Adrien-Maisonneuve，1967. p. XXIV，Fig. 45.

法国巴黎吉美博物馆编号 **AP 7239** 历史照片左上部拍摄了一身飞天残片，为龟兹回鹘风格（图 2. 34）①。

图 2. 34　夏哈吐尔佛寺回鹘风壁画残片(法国巴黎吉美博物馆藏，采自 *Les arts de l'Asie centrale*，Fig. 167)

从法国巴黎吉美博物馆收藏的夏哈吐尔佛寺唐风壁画残片中可以找到与库木吐喇唐风洞窟相似的经变画题材，壁画风格也均一致，而夏哈吐尔佛寺的唐风壁画显得更为精彩；夏哈吐尔佛寺回鹘风格飞天壁画残块与库木吐喇窟群区第 10、38 窟后甬道飞天壁画龟兹回鹘风格一致。

二、龟兹未知洞窟唐风与回鹘风壁画

在德国柏林亚洲艺术博物馆、俄罗斯圣彼得堡国立艾尔米塔什博物馆与美国赛克勒博物馆馆藏龟兹唐风洞窟与回鹘风洞窟壁画残片资料中，还有一些壁画残片无法对应出自库木吐喇石窟、森木塞姆石窟或龟兹石窟的某处洞窟情况。

（一）德国柏林亚洲艺术博物馆馆藏库木吐喇与森木塞姆未知洞窟壁画残片

根据德国柏林亚洲艺术博物馆提供的壁画残片资料对应该博物馆档案卡片资料可知，德国柏林亚洲艺术博物馆编号 Ⅲ 8915 传说故事画、Ⅲ 8914 舞伎与乐伎、Ⅲ

---

528 骷髅、Ⅲ 8413 六边形花纹装饰带、Ⅲ 1146 云气纹、Ⅲ 1148 人物、Ⅲ 9074 持香炉人物、Ⅲ 1138 团花纹装饰带、Ⅲ 527 童子等唐风与回鹘风壁画残片出自库木吐喇未知洞窟中，这些壁画残片的具体情况请参见附表3。德国柏林亚洲艺术博物馆编号Ⅲ 745 佛陀壁画残片为龟兹回鹘风格且出自森木塞姆未知洞窟中，这幅壁画残片的具体情况请参见附表4。

（二）俄罗斯圣彼得堡国立艾尔米塔什博物馆馆藏龟兹未知洞窟壁画残片

根据已出版资料，俄罗斯圣彼得堡国立艾尔米塔什博物馆藏有一块龟兹石窟唐风壁画残片，编号为 Ky–824，这是被切割成两块残片的壁画（图2.35）。画面图像描绘一男子礼佛，佛坐莲花乘云气而来的场景。

此两块壁画残片题记识读并记录如下。左幅壁画题记为："……□因果/……□彼国"。右幅壁画题记为："……□□登□位足□路□□楼/……□碧云丽□/……□行□并攒里/……内祥鸟和鸣/……品□本□□□忠足凡夫□/……莫因……乃疑□彼身/……□□□□□□□月足/……□□□□百稳神通/……□□利□宝体而/……□而□□烟九品化生/……□□□观音大/……而□□潜形六道/……□□□南州/……□师□□□□/……"。

图2.35　三辈生观图（俄罗斯圣彼得堡国立艾尔米塔什博物馆藏，采自 *The Caves of One Thousand Buddhas*，p. 138，Fig. 83）

因壁画题记中明确记载"九品化生"，根据画面与题记内容判断此幅壁画残片应为观无量寿经变中十六观里的"三辈生观"题材。虽然俄罗斯圣彼得堡国立艾尔米塔什博物馆对这幅壁画的解释牌上写明出自克孜尔石窟，但因克孜尔石窟目前没有发现唐风观经变题材壁画，故而本书判断俄罗斯圣彼得堡国立艾尔米塔什博物馆馆藏的这幅壁画残片很可能出自库木吐喇第 16 窟主室左壁南侧观无量寿经变中十六观立轴部分①。

俄罗斯艾尔米塔什博物馆馆藏库车地区的壁画至今未得到完全公布，对这些壁画的整理研究工作只能期待今后的努力与合作。

（三）美国华盛顿国立亚洲艺术博物馆赛克勒美术馆馆藏龟兹未知洞窟壁画残片

美国华盛顿国立亚洲艺术博物馆赛克勒美术馆藏有一块绘有坐姿伎乐的壁画残片，编号为 S87.0265（图 2.36）②。此壁画残片传出自克孜尔石窟，原是德国第三支探险队（1905~1907 年）或第四支探险队（1913~1914 年）从库车地区带走。从壁画中人物造型、衣着与绘制技法风格来判断是典型的唐代风格壁画，这与克孜尔石窟壁画风格无法对应，或许出自库木吐喇石窟。

图 2.36　坐姿伎乐（美国华盛顿国立亚洲艺术博物馆赛克勒美术馆藏，采自 *Asian Art in the Arthur M. Sackler Gallery*，p. 282，Fig. 187）

---

① 俄罗斯圣彼得堡国立艾尔米塔什博物馆展览标识上记录编号 Ky‑824 壁画残片是俄国奥登堡第一次中国新疆探险队（1909~1910 年）带回俄国，壁画出自克孜尔石窟。博物馆对这幅壁画残片标题为 "The Appearance of Amitabha"。此幅壁画残片资料是根据俄罗斯圣彼得堡国立艾尔米塔什博物馆展览图录整理而成。参见 Olga P. Deshpande（ed.），*The Caves of One Thousand Buddhas-Russian Expeditions on the Silk Route*，On the Occation of 190 Years of the Asiatic Museum，*Exhibition Catalogue*，St. Petersburg：The State Hermitage Publishers，2008，p. 138，Fig. 83.

② Tomas Lawton（et al.），*Asian Art in the Arthur M. Sackler Gallery*，Washington，D. C.，1987，p. 282，Fig. 187.

小 结

透过今日满目疮痍甚至空空如也的洞窟原址，通过对壁画的复位缀和可以重现昔日唐与回鹘时期龟兹石窟的繁荣盛况。本章主要核对了德国柏林亚洲艺术博物馆、法国巴黎吉美博物馆、俄罗斯圣彼得堡国立艾尔米塔什博物馆、日本东京国立博物馆、韩国首尔国立中央博物馆与美国华盛顿国立亚洲艺术博物馆赛克勒美术馆馆藏龟兹地区唐风洞窟、回鹘风洞窟与夏哈吐尔佛寺壁画残片。根据德国学者格伦威德尔与勒柯克的记录，结合德国柏林亚洲艺术博物馆与法国巴黎吉美博物馆馆藏壁画、档案卡片与历史照片资料，核对并复原了库木吐喇窟群区第 12、13、15、16、17、45 窟与森木塞姆第 40、44、46 窟的壁画位置，纠正并补充了前贤在核对这些洞窟壁画位置工作中的问题，使上述龟兹唐风洞窟与回鹘风洞窟呈现出相对完整的壁画布局，为下编龟兹唐风洞窟与回鹘风洞窟壁画内容、布局、风格以及重构的塑像、信仰与年代等诸多问题的深入讨论奠定了基础。

下编　重构与探索

第三章　库木吐喇唐风与回鹘风洞窟壁画内容考释与塑像重构

本章主要根据库木吐喇石窟原址调查记录与柏林亚洲艺术博物馆、巴黎吉美博物馆馆藏德国、法国探险队 20 世纪初年在库木吐喇石窟拍摄历史照片资料对库木吐喇唐风洞窟与回鹘风洞窟中部分壁画题材内容展开进一步辨识，以此展开对部分唐风洞窟与回鹘风洞窟主尊塑像尊格的探索与重构，进而对当初建窟造像动机及意义作出合理的推测。

第一节　第 14 窟壁画内容考释

库木吐喇窟群区第 14 窟历史照片较早发表于日本渡边哲信撰写的《西域旅行日记》中，但文中错误的将库木吐喇第 14 窟记录为克孜尔石窟①。1907 年法国探险队拍摄了库木吐喇第 14 窟主室左、右侧壁壁画照片②。1913 年德国第四支探险队对库木吐喇第 14 窟外景进行拍摄（图 3.1）③。从目前发表的资料来看，日本、德国与法

---

① 渡邊哲信：《西域旅行日记》（卷三），载《新西域記》（上卷），第 322 ~ 323 页。
② 法国巴黎吉美博物馆编号 AP 7045、AP 7046 和 AP 7047 历史照片。
③ 德国柏林亚洲艺术博物馆编号 B 0867、B 1350 和 B 1236 历史照片。

图 3.1　库木吐喇窟群区第 14 窟外景（采自 *Gandhāra*，*Kutscha*，*Turfan*，Fig. 46）

国探险队并未对库木吐喇第 14 窟揭取壁画。20 世纪 50 年代以后，中国学界开始记录并讨论库木吐喇第 14 窟洞窟形制以及洞窟内壁画的题材与风格①。20 世纪 90 年代库木吐喇第 14 窟由于水淹破坏严重，主室正壁的经变图与左、右侧壁的佛传图被揭取、修复并保存（见附表 14）②。因库木吐喇第 14 窟内壁画过于残破模糊且大部分壁画已被揭取保存，故而对于壁画题材的识读以及进一步的研究工作自 20 世纪 90 年代以后停滞不前，尤其是第 14 窟主室正壁壁画题材的判断学界观点多不统一。准确地解读壁画题材，可以逐步重构唐代龟兹石窟流行的汉地佛教信仰以及梳理龟兹地区唐风洞窟壁画图本源流与风格演变等一系列问题。本书在前人研究工作基础上，重新识读库木吐喇第 14 窟主室正壁经变图题材，希望进一步还原龟兹地区唐风洞窟壁画图本来源以及反映的信仰等问题。

---

① 阎文儒：《新疆天山以南的石窟》，《文物》1962 年第 7、8 期合刊，第 52 页。阎文儒：《龟兹境内汉人开凿汉僧住持最多的一处石窟——库木吐拉——考察西北石窟工作散记之二》，《现代佛学》1962年第 4 期。另载《新疆考古三十年》，第 583 页。常书鸿：《新疆石窟艺术》，第 128 页。马世长：《库木吐喇的汉风洞窟》，载《中国石窟·库木吐喇石窟》，第 205～206 页。刘松柏：《库木吐拉石窟寺的净土变壁画》，《西域研究》1993 年第 2 期，第 81～89 页。庄强华：《库木吐喇石窟总叙》，载《中国石窟·库木吐喇石窟》，第 265 页。新疆龟兹石窟研究所编：《库木吐喇石窟内容总录》，第 102～103页。新疆龟兹石窟研究所：《库木吐喇石窟寺窟群区第 10～17 窟考古调查报告》，载《库木吐喇千佛洞保护修复工程报告》，第 227～232 页。

② 孙洪才：《新疆库车库木吐拉石窟壁画揭取保护技术》，《敦煌研究》2000 年第 1 期，第 150～152 页。吾机·艾合买提：《库木吐喇石窟揭取壁画原因及保存情况》，载《库木吐喇千佛洞保护修复工程报告》，第 457～459 页。

一、洞窟现状

　　库木吐喇窟群区第 14 窟为纵券顶长方形窟，主室地面靠后部残存有矩形坛基遗迹，推测其上原有塑像。主室券顶与左、右侧壁连接处形成单层弧形叠涩。

　　现保存在库木吐喇第 14 窟内的壁画有：主室券顶中脊绘莲花 7 朵，莲花四角饰云纹。券顶中脊左右两侧对称绘制千佛，每侧绘 12 列，每列约 37 身佛像，券顶左侧存 400 身佛像，券顶右侧存 417 身佛像，每列佛像间绘有在白色底上事先画出的土红色分隔线，千佛形象雷同，面部绘制粗糙，全部为正面结跏趺坐像，佛着双领下垂式袈裟，袈裟着土红色，每列佛像身光以青、绿、白色相间绘制，千佛袈裟内僧祇支以青、白二色相间绘出，佛坐蒲团以青、白二色相间绘出。叠涩水平面绘云纹。主室前壁窟门上方半圆形壁面残留有一幅说法图，壁画残破模糊，似为经变图。

　　根据德国与法国探险队 20 世纪初年拍摄的历史照片资料以及洞窟内的壁画调查，库木吐喇第 14 窟主室各壁面题材及分布情况请参见图 3.2。

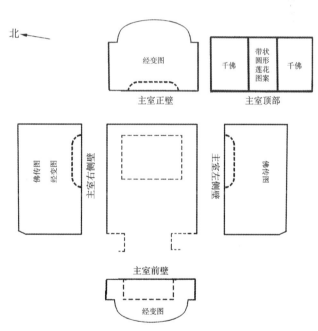

图 3.2　库木吐喇窟群区第 14 窟洞窟平面示意图及各壁面内容展开示意图（刘韬制图）

二、主室正壁经变图

　　关于库木吐喇窟群区第 14 窟主室正壁经变画图像内容，阎文儒与常书鸿认为是弥勒经变但未能给出识读依据①，马世长疑为药师经变②，刘松柏识读为西方（阿弥陀）净土变③，庄强华与新疆龟兹石窟研究所记录为西方净土变④。诸家出现辨识结果不同的主要原因在于第 14 窟主室正壁壁画图像残破，可参照的图像细节不清所致。根据德国柏林亚洲艺术博物馆编号 B 0867、B 1350 和 B 1236 历史照片、20 世纪 80 年代末库木吐喇第 14 窟壁画被水淹揭取前拍摄照片资料⑤与第 14 窟壁画揭取后已修复壁画资料⑥，本书重新识读此铺经变画图像内容。

　　库木吐喇第 14 窟主室正壁经变画中人物布局沿用前贤所作示意图编号⑦制图并绘制线描图如下（图 3.3、3.4）。

　　现根据以上编号示意图与线描图描述并辨识人物身份如下：

　　编号Ⅰ：主佛，正面像，交脚坐于莲花座上，佛像外着红色偏衫式袈裟，内着绿色通肩式僧祇支，衣边绘有莲花纹。佛左手残损，右手前伸，掌心朝上。莲花座前下方绘一方桌，桌上以沥粉法制供盘与碗碟，交脚坐主佛双脚置于中心盘内，盘前方以沥粉法制鼎式熏炉。

　　编号Ⅱ：主佛左胁侍菩萨像，头部侧向佛，头戴宝冠，有头光，戴耳饰，胸部、腰部饰璎珞与饰带。菩萨身披土红色双领下垂式外衣，内穿镶有黑边僧祇支，石绿色裙带结于腹前呈轮状圆形。菩萨左手残毁，右手屈置胸前，小指外出，大拇指与另外三指微屈欲触，腕戴手镯。

---

①　阎文儒：《新疆天山以南的石窟》，《文物》1962 年第 7、8 期合刊，第 52 页。另参见阎文儒：《龟兹境内汉人开凿汉僧住持最多的一处石窟——库木吐拉——考察西北石窟工作散记之二》，《现代佛学》1962 年第 4 期。另载《新疆考古三十年》，第 583 页。常书鸿：《新疆石窟艺术》，第 128 页。

②　马世长：《库木吐喇的汉风洞窟》，载《中国石窟·库木吐喇石窟》，第 205 页。

③　刘松柏：《库木吐拉石窟寺的净土变壁画》，《西域研究》1993 年第 2 期，第 85 页。

④　庄强华：《库木吐喇石窟总叙》，载《中国石窟·库木吐喇石窟》，第 265 页。新疆龟兹石窟研究所编：《库木吐喇石窟内容总录》，第 103 页。新疆龟兹石窟研究所：《库木吐喇石窟寺窟群区第 10～17 窟考古调查报告》，载《库木吐喇千佛洞保护修复工程报告》，第 227 页。

⑤　新疆维吾尔自治区文物管理委员会、库车县文物保管所、北京大学考古系编：《中国石窟·库木吐喇石窟》，图 23～29。新疆维吾尔自治区博物馆、新疆人民出版社编：《新疆石窟·库车库木吐拉石窟》，乌鲁木齐：新疆人民出版社、上海：上海人民美术出版社，1993 年，图 38～39。中国新疆壁画全集编辑委员会编：《中国新疆壁画全集 4·库木吐拉》，图 146～151。

⑥　库木吐喇第 14 窟壁画被揭取修复后资料根据笔者 2014 年在库木吐喇石窟工作站记录整理。

⑦　刘松柏：《库木吐拉石窟寺的净土变壁画》，《西域研究》1993 年第 2 期，第 82 页，图 1。

图 3.3　库木吐喇窟群区第 14 窟主室正壁经变画人物形象布局示意图（刘韬制图）

图 3.4　库木吐喇窟群区第 14 窟主室正壁经变画线描图（刘韬绘图）

编号Ⅲ：主佛右胁侍菩萨像，头部侧向佛，头戴宝冠，宝冠中心残存一着双领下垂式袈裟小坐佛。菩萨戴耳饰，胸部饰璎珞，已残损，身披土红色双领下垂式外衣，内穿镶有黑边僧祇支，下身着长裙，石绿色裙带结于腹前呈轮状圆形。菩萨左手于腹前，掌心朝上托蓝色宝珠，右手屈置于左肩前，掌心向外，拇指与食指相捻作安慰印，腕戴手镯。根据菩萨头冠中绘制的坐佛，此菩萨像应为观世音菩萨①。

编号a1～a6：围绕主佛周围两侧各绘三身菩萨像，对称排列，共6身。

编号b1：主佛左胁侍菩萨像旁胁侍人物。

编号b2～b8：上下两排胁侍立像，b2～b3、b7～b8为菩萨像。b4为天神像，戴冠，绘有头光，朱磲色皮肤，白色双目呈凸起状，饰项圈，外披红色大衣。b5立像头冠为蜷曲的蛇形，为摩睺罗伽（Mahoraga）像②。b6立像头戴宝冠，身着铠甲，为护法神武士像。

编号Db：龛内坐一身菩萨，右前方绘一长柄香炉。

编号r5～r7：比丘像，着袒右式土红色袈裟。

编号c1：胁侍菩萨。

编号c2～c8：两排胁侍立像。c2为菩萨像，c3面向观世音菩萨，头戴冠，朱磲色皮肤，有白色头光，三头面，正面像与二侧面像均双目圆睁、张口，面目狰狞，身着黑色披巾，双手分别擎一白一黑日月，为阿修罗（Asura）像③。c4头上盘旋一绿色龙，绘有头光，通体白色，面目狰狞，袒露上身，腰间系带，左手举至前上方，右手置于胸前，为龙王像。c5为护法神，黑色头发呈桃形向上扬起。c6为立像，绿色头光，朱磲色皮肤，头戴宝冠，身着铠甲，左手屈置，掌心朝上托一绿色宝珠，右手置胸前，手持长戟，为武士像。c7～c8为菩萨像。

编号Dc：帐幔龛内坐一身菩萨，左手持香炉伸向前方，右手漫漶。

编号r1～r3：侍女与侍从。

---

① 刘松柏：《库木吐拉石窟寺的净土变壁画》，《西域研究》1993年第2期，第84～85页。

② ［唐］澄观撰《大方广佛华严经疏》卷五记录摩睺罗伽的体貌特征："四摩睺罗迦者此云大腹行。即蟒之类。亦表菩萨遍行一切而无所行也。"参见《大正新修大藏经》第35册，第533页下。

③ ［唐］释道世《法苑珠林》卷五记录阿修罗的体貌特征："形容长大，恒弊饥虚。体貌粗鄙，每怀嗔毒。棱层可畏，拥耸惊人。并出三头，重安八臂。跨山踏海，把日擎云。"参见［唐］释道世著，周叔迦、苏晋仁校注：《法苑珠林校注》（第一册），北京：中华书局，2003年，第165页。

编号 X ~ X1：主佛身光两侧升起两团云气升至华盖两侧，每朵云气中绘三身坐于莲花座上佛像。

编号 K1 ~ K4：两朵云气之间虚空中绘四座以莲花为基座的亭台。

编号 L1 ~ L4：亭台两侧对称绘四组云中飞天。

飞天之下绘有日月，左侧日为黑色，右侧月为白色。

从以上图像细节具体的描述与分析中可以初步辨识库木吐喇窟群区第 14 窟主室正壁这铺经变画中一些人物的身份，如Ⅰ为交脚坐主佛，Ⅲ为观世音菩萨，b4 为天神像，b5 为摩睺罗伽像，b6 为武士像，c3 为阿修罗像，c4 为龙王像，c5 为护法神像，c6 为武士像，即 b4 ~ b6 与 c3 ~ c6 为天龙八部护法神像[1]。

通过详细识读上述人物图像细节，笔者判断库木吐喇第 14 窟主室正壁经变画为弥勒经变，理由如下：

（一）交脚坐姿佛像

根据德国与法国探险队 20 世纪初年拍摄照片资料、20 世纪 80 年代末拍摄照片资料与新疆龟兹研究院揭取壁画修复后的图像比对，第 14 窟主室正壁主尊坐佛为交脚坐姿。交脚坐姿一般认为是弥勒佛（Maitreya Buddha）或弥勒菩萨（Maitreya Bodhisattva）的坐姿。有关弥勒的经典没有具体描述弥勒的外形特点，因而弥勒的图像有多种样式，印度与中亚地区多流行立像与结跏趺坐像，传入中国后弥勒有交脚坐与善跏趺坐两种基本坐式，而通常弥勒菩萨多为交脚坐式，弥勒佛至唐代以后多以善跏趺坐式表现。弥勒佛以交脚坐式的实例如敦煌莫高窟北凉第 268 窟西壁龛内交脚佛像一般认为是弥勒佛[2]，山西太原天龙山第 10 窟左壁主尊为交脚弥勒佛像[3]，犍陀罗斯瓦特地区也出土过交脚坐佛造像等[4]。

---

[1]　天龙八部一般包括：天（Devas）、龙（Nāgas）、夜叉（Yakṣas）、乾闼婆（Gandharvas）、阿修罗（Asuras）、迦楼罗（Garuḍas）、紧那罗（Kinnaras）和摩睺罗迦（Mahoragas），是守护佛法的八部神祇。

[2]　敦煌文物研究所编：《中国石窟·敦煌莫高窟 一》，北京：文物出版社、东京：平凡社，1981 年，图 6、第 207 页。

[3]　李裕群：《天龙山石窟调查报告》，《文物》1991 年第 1 期，第 43 页，图 23，第 44 ~ 45 页。图片参见常盤大定、關野貞：《支那文化史蹟》（第八辑），京都：法藏館，1939 年，图ⅧⅢ - 23（1）。

[4]　[意]多米尼克·法切那、安娜·菲力真齐著，[意]魏正中、王姝婧、王倩译：《犍陀罗石刻术语分类汇编》，上海：上海古籍出版社，2014 年，第 117 页，图版 94。M. Taddei, "Harpocrates-Brahmâ-Maitreya: A Tentative Interpretation of a Gandharan Relief from Swât", *Dialoghi di Archeologia*, 3. 1969, Fig. 28.

而从敦煌与四川地区观察唐代西方净土变中主尊阿弥陀佛的坐姿几乎全为结跏趺坐式,故从主尊佛像的坐姿能够初步判断库木吐喇第 14 窟主室正壁图像中主尊佛像应不是西方净土变中的阿弥陀佛像。

库木吐喇第 14 窟主室正壁主尊交脚佛坐像在横向比较唐代内地石窟经变图中几乎不存,唐代内地弥勒经变图像中弥勒佛一般为善跏趺坐式,弥勒菩萨多为交脚坐式或善跏趺坐式,而在龟兹石窟壁画中交脚坐姿佛像大量出现①,这些佛像尊格目前虽未能完全确认,但可以推测库木吐喇第 14 窟主室正壁经变画来源除汉地中原地区东来之外,或许有龟兹本地图样参与其中。

(二) 天龙八部图像

库木吐喇第 14 窟主室正壁经变画中眷属位置绘有多身护法神祇像,为天龙八部形象,其中有龙王、阿修罗与武士像等。天龙八部图像中尤其是手托日月的阿修罗形象在唐代内地西方净土变图像中几乎从未出现过,而在释迦说法图②、药师经变图③、维摩诘经变图④、弥勒经变图中多有出现。根据上述库木吐喇第 14 窟主室正壁中心佛像交脚坐姿,排除释迦说法图可能;库木吐喇第 14 窟主室正壁画面中心佛像没有药师佛托钵与持锡杖的特征,也无药师经变中"十二神王"图像,所以也可排除药师经变的可能。

天龙八部图像经常出现于弥勒经变中,举例如下:

第一,敦煌莫高窟盛唐第 33 窟南壁弥勒经变,上层为弥勒上生经变,下层为弥勒下生经变。弥勒下生经变中弥勒佛善跏趺坐于画面中心,二菩萨为左右胁侍,手托日月的阿修罗与力士、神王围绕在二胁侍菩萨的周围,天龙八部的形象与整铺弥勒下生经变的图式类同于库木吐喇第 14 窟主室正壁 (图 3.5)。

第二,四川巴中石窟西龛初唐第 5 窟,洞窟形制为外方内圆拱形龛,内龛坛上

---

① 如克孜尔第 8、38 窟、库木吐喇第 46 窟主室券顶菱格坐佛。

② 如巴中北龛初唐第 29 龛右壁阿修罗形象,参见雷玉华、程崇勋:《巴中石窟内容总录》,北京:文物出版社,2009 年,第 261～262 页。

③ 如巴中北龛初唐第 14 龛右壁阿修罗形象,参见雷玉华、程崇勋:《巴中石窟内容总录》,第 254～255 页。

④ 如敦煌莫高窟第 335 窟北壁维摩诘经变中手托日月的阿修罗像,参见敦煌研究院编:《中国石窟·敦煌莫高窟 三》,北京:文物出版社、东京:平凡社,1987 年,图 61。

图 3.5　敦煌莫高窟第 33 窟南壁弥勒经变图　盛唐（采自《敦煌石窟全集 6 · 弥勒经画卷》，第 56 ~ 57 页，图 34）

雕弥勒说法题材。善跏趺坐的弥勒佛居中，弥勒佛两侧雕二弟子、二菩萨，左龛壁菩萨周围雕八部众，第一身位于弟子与菩萨间，头束髻，面方圆，着双领下垂衣，双手握于胸前；第二身位于力士上方，张嘴瞪眼，肩披帛，双手握于胸侧；第三身位于菩萨头光左侧，头束高髻，戴冠与项圈，披云肩，着交领衫，左手于胸前执一花蕾，右手抚胸前；第五身乾闼婆戴兽头帽，面方圆，肩围巾，双手握二兽足；第六身头束发，似着圆领衫，戴臂钏，左手握于胸前；第七身阿修罗三头四臂，上二手分托日、月，下左手拿矩，下右手抚于胸前；第八身似为迦楼罗，头戴冠，肩围巾，下围裙①。

　　第三，四川巴中石窟西龛盛唐第 73 龛，形制为外方内二重檐屋形龛。内龛雕二佛、二弟子、二菩萨与二天王。正壁为结跏趺坐毗卢遮那佛（Vairocana）与善跏趺坐弥勒佛（Maitreya Buddha）并坐，龛壁刻天龙八部，均为浅浮雕，其中二佛外侧各四身，二佛间一身。左起第一身，头长双角，鼓二目，怀抱一小儿，系夜叉；第二身戴攒尖冠，似为紧那罗；第三身头戴兽头冠，着交领衫，右手掌贴肩；第四身头

① 雷玉华、程崇勋：《巴中石窟内容总录》，第 187 ~ 189 页。

顶饰一龙，着明光甲；第五身阿修罗，三头，上二手举日、月，另二手置胸前；第六身似迦楼罗，头戴花冠；第七身乾闼婆，头戴虎头帽，身着明光甲；第八身摩睺罗迦，头束发①。

　　上述弥勒经变中的天龙八部眷属像应表现的是《佛说弥勒下生成佛经》："人天龙神等，乾闼阿修罗，罗刹及药叉，皆欢喜供养。"② 另《佛说弥勒大成佛经》："时，弥勒佛共穰佉王，与八万四千大臣、诸比丘等恭敬围绕，并与无数天龙八部，入翅头末城。……弥勒佛说四圣谛深妙法轮，度天人已，将诸声闻弟子、天龙八部一切大众，入城乞食，无量净居天众，恭敬从佛入翅头未城。"③故而弥勒经变中多塑绘天龙八部诸神形象作为弥勒佛的眷属胁侍。

（三）日与月图像

　　库木吐喇第 14 窟主室正壁经变画中的日与月图像多在弥勒经变图像中出现，而日与月图像在唐代内地西方净土变图像中几乎没有出现。如敦煌莫高窟盛唐第 116 窟北壁弥勒经变中左、右上方分别描绘日、月图像。表现《佛说弥勒大成佛经》："日月、星宿、水火珠光，皆悉不现，犹如埃尘。……日月星宿、真珠摩尼、七宝行树皆悉明耀，现于佛光，其余众光不复为用，佛身高显如黄金山，见者自然脱三恶趣。"④ 莫高窟盛唐第 116 窟北壁弥勒经变中日、月图像与图式的位置均类似于库木吐喇第 14 窟主室正壁经变图。

　　综合以上库木吐喇第 14 窟主室正壁画面的图式与图像细节，交脚坐佛、天龙八部与日、月图像均满足最为可能的壁画题材是弥勒经变。故而，本书判断库木吐喇第 14 窟主室正壁经变图应为弥勒经变。此外，从德国探险队拍摄的历史照片中可以看出 20 世纪初年库木吐喇第 14 窟主室正壁经变图仅保存上部近一半壁画，下部壁画完全脱落，根据敦煌石窟唐代完整的弥勒下生经变图式⑤推测，库木吐喇第 14 窟主室正壁脱落的下部壁画或许绘有弥勒三会说法与弥勒下生世界等图像内容。

――――――――――

① 雷玉华、程崇勋：《巴中石窟内容总录》，第 227～229 页。

② 《大正新修大藏经》第 14 册，第 426 页上。

③ 《大正新修大藏经》第 14 册，第 431 页中、432 页下。

④ 《大正新修大藏经》第 14 册，第 430 页上。

⑤ 如莫高窟第 33 窟南壁与榆林窟第 25 窟北壁弥勒经变。

库木吐喇窟群区第 11 窟壁画布局与第 14 窟极为相似，其中第 11 窟主室正壁经变壁画漶漫模糊，今已被揭取修复保存（见附表 14）。根据前贤记录此壁画中主佛为交脚坐姿①，这或许也同第 14 窟主室正壁经变图题材一致为弥勒经变。

值得注意的是，交脚坐姿多表现弥勒菩萨，而交脚坐姿弥勒佛形象则多不常见。可以认为库木吐喇第 14 窟主室正壁弥勒佛交脚坐姿形象应受到龟兹本地图样②或西来图样的影响③，安西都护府设立在龟兹时期建造的库木吐喇第 14 窟主室正壁弥勒经变壁画的图本来源在东来基础上加入了胡化风尚。

三、主室侧壁

库木吐喇第 14 窟主室左、右侧壁佛传故事经前贤马世长先生辨识，主室右侧壁绘有降魔成道与鹿野苑说法等内容，左侧壁东端绘释迦涅槃图像，佛传故事似乎是从右侧壁东端开始向西发展，再由右侧壁西端接左侧壁西端，最后至左侧壁东端结束④。根据法国巴黎吉美博物馆编号 AP 7045、AP 7046 与 AP 7047 历史照片可以看出第 14 窟主室左、右侧壁佛传故事下端还绘有建筑与人物等图像，因壁画模糊无法辨识具体内容，但可以判断这些图像应为经变故事题材，前贤阎文儒曾辨识第 14 窟主室右侧壁下端绘有法华经变中的大宅失火图⑤。

库木吐喇第 14 窟主室左、右侧壁壁画内容上部为佛传题材，下部为经变故事题材构成。第 14 窟洞窟形制的券顶、正壁经变画图式与洞窟壁画题材安排都表现出汉地图本在进入龟兹地区后的调整与融合。第 14 窟中心坛基上的塑像早在 20 世纪初年

---

① 刘松柏：《库木吐拉石窟寺的净土变壁画》，《西域研究》1993 年第 2 期，第 82 页。

② 如前所述，龟兹风洞窟壁画中经常出现交脚坐姿释迦牟尼图像，如克孜尔第 38 窟窟顶菱格内绘交脚坐佛，库木吐喇窟群区第 46 窟窟顶菱格内绘交脚坐佛等。龟兹本地图式或许影响了库木吐喇窟群区第 14 窟主室正壁弥勒佛的交脚坐姿样式，故与同时期汉地流行的善跏趺坐弥勒佛样式不同。

③ 如前所述，犍陀罗斯瓦特地区出土过交脚坐姿佛造像，此样式或许影响了库木吐喇窟群区第 14 窟主室正壁弥勒佛的交脚坐姿样式，而不同于汉地流行的善跏趺坐弥勒佛样式。

④ 马世长：《库木吐喇的汉风洞窟》，载《中国石窟·库木吐喇石窟》，第 205～206 页。

⑤ 阎文儒：《龟兹境内汉人开凿汉僧住持最多的一处石窟——库木吐拉——考察西北石窟工作散记之二》，《现代佛学》1962 年第 4 期。另载新疆社会科学院考古研究所编：《新疆考古三十年》，第 583 页。

不存，就现有资料无法推断主尊塑像尊格，洞窟各壁面题材与中心塑像的关系仍有待进一步探索。

第二节　第 15～17 窟壁画内容考释与塑像重构

库木吐喇石窟窟群区第 15～17 窟在洞窟废弃后经过自然与人为的破坏、20 世纪初年德国与日本探险队揭取壁画、20 世纪 70 年代至今壁画受潮脱落以及新疆龟兹研究院为了保护而揭取窟内部分壁画（见附表 14），今洞窟内大部分壁画已经不存。在本书第二章中已对库木吐喇第 15～17 窟壁画有详细的辑录与位置核对，并识读与复原了第 15～17 窟各壁画的题材与位置。库木吐喇第 16 窟内各壁画的题材经过德国格伦威德尔、日本渡边哲信与熊谷宣夫、中国马世长等学者的描述与研究已经基本清晰，而对库木吐喇第 16 窟左、右侧壁经变壁画图像与前壁上部涅槃图壁画图像的具体内容分析与识读仍然存在较大的研究空间。根据法国巴黎吉美博物馆与德国柏林亚洲艺术博物馆馆藏的百年前德、法探险队在库木吐喇第 15～17 窟拍摄的照片资料与格伦威德尔、勒柯克与瓦尔德施密特的记录，本书就库木吐喇第 16 窟两侧壁经变图像与前壁涅槃图像的具体内容作进一步识读与分析，并对第 15～17 窟的主尊塑像尊格进行重构。

1903 年日本人渡边哲信较早记录了库木吐喇第 16 窟关于韦提夫人（Vaidehi）主题的壁画以及主室左、右侧壁经变画的汉文题记[①]。1912 年德国人格伦威德尔为库木吐喇第 16 窟编号并命名为第 14 窟紧那罗女洞（Höhle 14，Kinnari-Höhle），格伦威德尔对紧那罗女洞（中国编号第 16 窟）以及两侧小佛堂（即第 15～17 窟）的洞窟形制、壁画内容与布局作了细致的记录与描述，并对洞窟中部分壁画图像作了初步辨识[②]，但格氏未能识读出第 16 窟主室左、右侧壁壁画的题材。此后经日本学者熊谷

---

① 渡邊哲信：《西域旅行日记》（卷四），载《新西域记》（上卷），第 336 页。

② Albert Grünwedel, *Altbuddhistische Kultstätten in Chinesisch-Turkistan*, *Königlich Preussische Turfan Expeditionen*, Berlin: Reimer, 1912, pp. 16 – 19. 中译本 ［德］A. 格伦威德尔：《新疆古佛寺——1905～1907 年考察成果》，第 32～37 页。

宣夫研究，库木吐喇第 16 窟北壁中央为药师净土图，东侧立轴绘九横死，西侧立轴绘十二大愿，药师经变中十二大愿与九横死的榜题源自《灌顶经》；南壁中央绘西方净土庄严相，东侧立轴绘未生怨，西侧立轴绘十六观①。马世长在此基础上对这两铺经变画图像与榜题作了进一步识读与比对，认为药师经变图榜题文字源自龟兹僧人帛尸梨蜜多罗译《佛说灌顶经》第十二卷《佛说灌顶拔除过罪生死得度经》②。前贤的研究主要根据当时壁画中榜题内残存的汉文题记对整铺画面题材作了初步的判断，在此基础上本书对此两铺经变画图像的部分内容作进一步识读。

一、第 16 窟主室侧壁的两辅经变图

（一）第 16 窟主室北壁药师经变图

1. 十二大愿立轴式条幅壁画图像

格伦威德尔记载库木吐喇第 16 窟主室北壁十二大愿画面内容是：

　　这两幅中心壁画的左边和右边，有约 60 厘米宽的长条画面，从上向下表现一个传说故事，其中的各个情节通过特别的题记榜作了更详细的说明。令人十分遗憾的是，这长条画受到了严重破坏，因为该画反映的是对一个著名圣徒的教育与任命的故事，该圣徒大概与首倡供奉观音菩萨有关。画面的开端在左侧边侧壁的长条画上，与入口墙壁相接。在整个长条画上保存下来的只有一幅有佛光的佛像，他前边有一些信徒在鞠躬礼拜。③

格伦威德尔描述的此幅画面今已出版④，根据巴黎吉美博物馆编号 AP 7051 照片资料进行比对，本书判断此幅图像位于第 16 窟主室北壁西侧条幅内顶上的右边位置。画面描绘一身着绿色袈裟的佛陀立于仰覆莲台上，右手作说法印，佛陀残存有头光，佛身及头光外沿用绿色与赭色直线交替勾出四射的光芒。佛陀下有五身戴幞

① 熊谷宣夫：《クムトラキンナラ洞将来の壁画について》，《佛教藝術》第 5 号，1949 年，第 58～67 页。
② 马世长：《库木吐喇的汉风洞窟》，载《中国石窟·库木吐喇石窟》，第 207～209 页。
③ ［德］A. 格伦威德尔：《新疆古佛寺——1905～1907 年考察成果》，第 34 页。
④ 中国壁画全集编辑委员会编：《中国新疆壁画全集 4·库木吐拉》，第 174 页，图 174。

头的世俗男子顶礼膜拜，佛左侧绘两身跪姿男子，前者着绿衣双手合十，抬头仰望佛陀；佛陀右侧绘两身作跪姿膜拜状男子，佛前有一身男子作五体投地状跪姿。佛陀右侧是榜题框，框内字迹无存。日本人渡边哲信对此榜题有过记录："第一愿者使我来世□□□自身□□□□三十二相八十种□□□□令一切众生知我"①。

根据东晋僧人帛尸梨蜜多罗译《佛说灌顶拔除过罪生死得度经》卷一二记载，此幅图像描绘的是药师佛前生为菩萨时所发的大愿，即十二大愿中的第一愿："第一愿者。使我来世得作佛时。自身光明普照十方。三十二相八十种好而自庄严。令一切众生如我无异。"②佛陀周身画的光芒正是表现"自身光明普照十方"，渡边哲信记录的榜题文字与经文基本对应。

此图右边为第二幅画面，佛陀披袒右袈裟立于莲台上，有头光，下有两身绿色夜叉鬼和一身棕色夜叉鬼跪拜，夜叉鬼身体周围有火焰，背景有山峦河流。佛陀左上部有榜题框，框内文字可识读为："第二愿者使我来世自身光明□□/琉璃内外明彻净无瑕秽妙□□大/功德巍巍安住十方如日临世幽冥/众生悉蒙开晓"。

根据东晋僧人帛尸梨蜜多罗译《佛说灌顶拔除过罪生死得度经》卷一二记载："第二愿者。使我来世自身犹如琉璃。内外明彻净无瑕秽。妙色广大功德巍巍。安住十方如日照世。幽冥众生悉蒙开晓。"③根据图像的位置以及榜题文字与经文对比，此图表现的是十二大愿中的第二大愿。

在第一大愿图像下方绘第三大愿，榜题在左侧，根据马世长对题记辨识，内容是："第三愿者……世……/……身……益/无饥……想……"④。榜题右侧似绘树冠和莲花，其下残破。

根据东晋僧人帛尸梨蜜多罗译《佛说灌顶拔除过罪生死得度经》卷一二记载："第三愿者。使我来世智慧广大。如海无穷，润泽枯涸，无量众生普使蒙益。悉令饱满无饥渴想。甘食美膳悉持施与。"⑤根据榜题与经文比对判断此图像表现的是十二

① 渡邊哲信：《西域旅行日记》（卷四），载《新西域记》（上卷），第336页。

② 《大正新修大藏经》第21册，第532页下。

③ 《大正新修大藏经》第21册，第532页下。

④ 马世长：《库木吐喇的汉风洞窟》，载《中国石窟·库木吐喇石窟》，第207页。

⑤ 《大正新修大藏经》第21册，第532页下。

大愿中第三大愿。

根据法国探险队 1907 年拍摄吉美博物馆编号 AP 7051 与 AP 7053 历史照片，第三大愿以下内容安排与第一大愿至第三大愿一致，都是每排绘两大愿内容，每大愿图像旁绘有榜题框。根据前三大愿图像安排，可知库木吐喇第 16 窟主室北壁西侧十二大愿图像的构图分布为每排从右至左，依次向下绘制，如表 3.1 所示。

表 3.1　库木吐喇第 16 窟主室北壁西侧十二大愿内容及布局示意表

第二大愿 第二愿者使我来世自身光明□□/琉璃内外明彻净无瑕秽妙□□大/功德巍巍安住十方如日临世幽冥/众生悉蒙开晓	第一大愿 第一愿者使我来世□□□自身□□□□三十二相八十种□□□□令一切众生知我
第三大愿 第三愿者……世……/……身……益/无饥……想……	
（榜题框）	（榜题框）
（榜题框）	（榜题框）
……	

将库木吐喇第 16 窟药师经变中的十二大愿图像与同时期敦煌石窟药师经变十二大愿比对。药师经汉译现存本有东晋帛尸梨蜜多罗译《佛说灌顶拔除过罪生死得度经》一卷，收入《佛说灌顶经》十二卷本中①、隋达摩笈多于公元 615 年译《佛说药师如来本愿经》一卷②、唐玄奘于公元 650 年译《药师琉璃光如来本愿功德经》一卷③以及唐义净于公元 707 年译《药师琉璃光七佛本愿功德经》二卷④。各种译本中十二大愿皆为药师佛尚为菩萨时的誓言，但无论是库木吐喇第 16 窟北壁十二大愿还是敦煌石窟药师经变中的十二大愿皆绘制成周围信众礼拜佛的图像，即表现经文中药师来世成佛后的情景。只是库木吐喇第 16 窟十二大愿残存的佛像为立佛，敦煌石

---

① 《大正新修大藏经》第 21 册。
② 《大正新修大藏经》第 14 册。
③ 《大正新修大藏经》第 14 册。
④ 《大正新修大藏经》第 14 册。

窟中多以跏趺坐佛像表现①。从与唐代敦煌石窟十二大愿壁画的比对中可以看出，虽然绘制库木吐喇第16窟药师经变与敦煌药师经变源自的经本不同，但十二大愿绘制的图像与布局基本一致，可以认为这一题材绘画图本源自中原汉地，随后在龟兹与敦煌等地区的流传。

2. 九横死立轴式条幅壁画图像

前贤马世长已经判断出库木吐喇第16窟北壁药师经变中九横死的榜题及内容出自东晋帛尸梨蜜多罗译《佛说灌顶拔除过罪生死得度经》卷一二②。以下本书将《佛说灌顶拔除过罪生死得度经》关于九横死的经文与日本渡边哲信记录库木吐喇第16窟北壁九横死题材的题记列表进行比对（表3.2）。

**表3.2　《佛说灌顶拔除过罪生死得度经》"九横死"经文
与日本渡边哲信记录"九横死"题记比对表**

《佛说灌顶拔除过罪生死得度经》"九横死"经文③	日本渡边哲信对库木吐喇第16窟"九横死"壁画榜题录文④
一者横病	一者横病
二者横有口舌	二者横有口舌
三者横遭县官	三者□□□
四者身羸无福，又持戒不完横为鬼神之所得便	四者□□□为鬼神
五者横为劫贼所剥	王者□□劫贼之剥脱
六者横为水火灾漂	（不详）
七者横为杂类禽兽所啖	（不详）
八者横为怨雠符书厌祷邪神牵引，未得其福但受其殃先亡牵引	（不详）
九者有病不治，又不修福汤药不顺针灸失度	（不详）

德国人格伦威德尔对库木吐喇第16窟主室北壁九横死画面内容进行描述："在

---

① 敦煌石窟药师经变十二大愿图像也绘有少量立佛像，如莫高窟第7窟主室南侧西壁药师经变十二大愿中绘有两身立佛像。
② 马世长：《库木吐喇的汉风洞窟》，载《中国石窟·库木吐喇石窟》，第208页。
③ 《大正新修大藏经》第21册，第535页中。
④ 渡邊哲信：《西域旅行日记》（卷四），载《新西域记》（上卷），第336页。

与后壁相接的长条画面上保存有如下场面：在以山峦风光为背景的树下，坐着一个黄色服饰的男子，他的轮廓线已不存在，由一个妇女搀扶着，另有一男子正把一个碗递给他。在他们前边是一条路，路上有两个穿长统靴的男子（画面严重损坏）正向这三个人走来。"（图3.6）①

图3.6　库木吐喇窟群区第16窟北壁东侧条幅内九横死之第二横死图（采自 *Altbuddhistiche Kultstätten in Chinesisch-Turkistan* p. 18，Fig. 34）

根据巴黎吉美博物馆编号 AP 7051 与 AP 7053 历史照片比对格伦威德尔描述的上述文字与格伦威德尔《新疆古佛寺》中给出的线描图可知，实际上格伦威德尔绘制的这幅线描图描绘的是九横死之第一横死与第二横死两个画面。画面左侧的榜题框空白处应是第一横死的题记。线描图下部中间的方框及方框内的"三"字是下一幅图像即第三横死的题记框与题记的第一个字。

格伦威德尔给出的线描图中左侧榜题框无款，但根据经文与渡边哲信的记录，应为"一者横病"，画面表现的是一男子正把一碗药递给中间男子，可能是表现玄奘译文中"授以非药，实不应死而便横死"②的内容。

第一横死右侧画面榜题框内题记渡边哲信记录为"二者横有口舌"，但通过巴黎吉美博物馆编号 AP 7051 与 AP 7053 历史照片，此榜题框旁还绘有一人与格伦威德尔线描图仅绘两人不符，画面表达的含义与题记不能完全对应。

---

① ［德］A. 格伦威德尔：《新疆古佛寺——1905~1907 年考察成果》，第 34、36 页。
② 《大正新修大藏经》第 14 册，第 407 页下。

画面往下格伦威德尔继续写道："他下边的画面是一座宫殿的庭院，有一些树木，一名君侯坐在一个敞开着的大厅里。"① 根据巴黎吉美博物馆编号 AP 7051 与 AP 7053 历史照片，此图位于第一横死与第二横死图像的下面，但这一排只绘第三横死内容，该图像绘一屋宇和一正立面式回廊，左侧屋宇内坐着一位戴幞头人物，下用界尺线表现屋宇与回廊台基。回廊中间台基上绘榜题框，榜题框上部高于回廊屋顶，榜题框下残破，回廊院前绘一株树。渡边哲信已记录榜题框内文字，即"三者□□□"。按照与经文顺序的比对以及榜题框内题记，本书认为此图像表现的是经文中的"三者横遭县官"。此部分图像已有发表②，可惜屋宇内的人物及榜题框均已不存。若此幅图像与题记对应的话，按照敦煌莫高窟常见的画法③，在屋宇内坐姿人物对应的院子内应绘有打杀人的图像，以此表示被县官王法所诛，但这部分画面内容在 1907 年法国探险队拍摄的历史照片中已经无存。

格伦威德尔继续往下描述："再下边是一幅后来画的画，在其残留的画面上只能辨认出一名转身的妇女，她后面跟随一个魔鬼。"④ 根据巴黎吉美博物馆编号 AP 7052 与 AP 7053 历史照片，此横排部分左右各绘一个榜题框，渡边哲信已记录榜题框内文字，即"四者□□□为鬼神"即经文九横死之"四者身羸无福。又持戒不完横为鬼神之所得便"；"王者□□劫贼之剥脱"即经文"五者横为劫贼所剥"。第四横死内容"四者身羸无福。又持戒不完横为鬼神之所得便"与隋代达摩笈多译本之第三横死"为诸非人害其魂魄"、唐玄奘译本之第三横死"横为非人夺其精气"相似，在敦煌石窟壁画中多表现为一鬼前来索命⑤，这一图像与格伦威德尔的描述相近。第五横死内容画面过于残毁，只识别出榜题框，无法识读画面内容。

根据巴黎吉美博物馆编号 AP 7052 与 AP 7053 历史照片，下面一排有两个榜题框，一榜题框在中间，一榜题框在右侧偏上，应为第六横死与第七横死内容，但画面与榜题框内题记过于残毁，无法识读。

① ［德］A. 格伦威德尔：《新疆古佛寺——1905～1907 年考察成果》，第 36 页。

② 中国壁画全集编辑委员会编：《中国新疆壁画全集 4·库木吐拉》，第 174 页，图 173。

③ 如敦煌莫高窟第 144 窟北壁药师经变中九横死图像，图片参见王惠民主编：《敦煌石窟全集 6·弥勒经画卷》，香港：商务印书馆，2002 年，第 232 页，图 199。

④ ［德］A. 格伦威德尔：《新疆古佛寺——1905～1907 年考察成果》，第 36 页。

⑤ 如莫高窟晚唐第 144 窟北壁九横死之第三横死内容。

综上，关于库木吐喇第 16 窟主室北壁九横死条幅布局参见表 3.3。

表 3.3　库木吐喇第 16 窟主室北壁东侧"九横死"内容及布局示意表

（1）一者横病	（2）二者横有口舌
（3）三者横遭县官	
（4）四者身羸无福，又持戒不完横为鬼神之所得便	（5）五者横为劫贼所剥
（6）（榜题框）	（7）（榜题框）
（8）……	

通过观察上表中"九横死"内容在立轴条幅中的布局可以看出，画面布局是由上而下安排故事情节的。

3. 中堂佛会壁画图像

库木吐喇第 16 窟主室北壁药师经变中的中堂佛会图像因残毁严重故只有部分图像发表①，今第 16 窟北壁药师经变壁画已经被新疆龟兹研究院全部揭取保存。幸而巴黎吉美博物馆编号 AP 7051 照片资料中记录了 1907 年库木吐喇第 16 窟北壁药师经变图像的全貌，根据编号 AP 7051 历史照片以及部分发表的图像局部，本书对库木吐喇第 16 窟药师经变中部佛会图像作进一步识读与分析。

根据巴黎吉美博物馆编号 AP 7051 历史照片，在残破的画面中央还可辨识出药师佛结跏趺坐于束腰莲台上，作说法印，有头光与身光，药师佛两侧各绘两排坐姿听法会众，人物成梯形排列。听法会众左侧可辨识出一身比丘，其余人物中有多位胁侍菩萨，皆有头光。药师佛头顶上部绘一具华盖，围绕华盖对称绘有多身飞天②。药师佛左右两侧各绘一身坐姿胁侍菩萨，仅存头光，右侧菩萨身后两侧绘有两株宝树，树冠中间有一具大华盖，华盖四周镶有莲瓣以及珠宝，珠宝上勾勒宝光，下垂璎珞、彩铃与垂帐③，华盖西侧有一身坐莲花座的僧人，有头光，下有云气纹。药师佛左侧

---

① 新疆维吾尔自治区文物管理委员会、库车县文物保管所、北京大学考古系编：《中国石窟·库木吐喇石窟》，图 46 ~ 47。另可参见中国壁画全集编辑委员会编：《中国新疆壁画全集 4·库木吐拉》，第 172 ~ 173 页，图 171 ~ 172。

② 其中华盖西侧一组飞天图像可参见新疆维吾尔自治区文物管理委员会、库车县文物保管所、北京大学考古系编：《中国石窟·库木吐喇石窟》，图 46。

③ 此华盖图像已经发表，参见中国壁画全集编辑委员会编：《中国新疆壁画全集 4·库木吐拉》，第 173 页，图 172。

胁侍菩萨右侧残有树冠，树冠前华盖损毁不存。这两身胁侍大菩萨应为经文中描述的药师琉璃光如来（Bhaiṣajya-guru-vaiḍūrya-prabhāṣa）国土中的日曜菩萨（Sūrya-prabhāsana）与月净菩萨（The Moonlight Bodhisattva）[①]。二菩萨华盖上部对称绘飞天、云纹与塔，塔中有一宝瓶，塔后绘有远山。

　　库木吐喇第16窟北壁药师经变画面虽然残破，但可以识读出此铺药师经变中堂的主要内容为药师佛说法场景。药师佛及其左右胁侍日曜菩萨与月净菩萨上为华盖，华盖两侧穿插飞天，下部不详。此铺药师经变中堂部分不同于敦煌盛唐以后出现的中堂立轴式药师经变构图。以敦煌莫高窟盛唐第148窟药师净土变中堂佛会图像为例，敦煌莫高窟自盛唐第148窟之后药师经变图像延续使用三段式构图，从上至下依次为天宫、佛会与乐舞。而库木吐喇第16窟北壁药师经变中佛与二菩萨的华盖上部没有足够的空间绘制天宫部分，故没有绘制莫高窟药师经变中此位置复杂的净琉璃世界中的殿堂楼阁，而只绘飞天、云纹与塔。佛会下部的空间也较莫高窟药师经变壁画同一位置空间扁平，敦煌莫高窟药师经变此位置绘乐舞、神王，但是这一位置在巴黎吉美博物馆编号AP 7051照片图像中已经无存，故不好作出判断。根据两侧条幅十二大愿与九横死内容位置推测，中堂药师经变的下部已没有足够空间绘制莫高窟药师经变中出现的乐舞场面。

　　总体来看，库木吐喇第16窟药师经变中堂图像较莫高窟盛、中唐时期药师经变图像空间更加扁平，绘制内容更为简略，略去天宫与乐舞场景，仅绘制了莫高窟盛唐以后药师经变图的中间药师佛说法内容，显示出龟兹与敦煌两地对于同一题材不同的图本样式选择。

（二）第16窟主室南壁观无量寿经变图

1. 未生怨立轴式条幅壁画图像

　　格伦威德尔记录库木吐喇第16窟主室南壁东约60厘米宽的条幅画面内容为："人们首先看到的是一幅写着中文榜题的特别画面：佛陀、目犍连和舍利弗面对一僧人。这旁边是一幅类似的画面。下边又是一座宫殿，两个身穿白衣的人跪在宫殿的院子里，向一个跨步出来的君侯报告有陌生人来访。君侯前边有一妇女急促走来，

―――――――――

① 《大正新修大藏经》第21册，第533页上。

而那个陌生人则站在长有一棵苹果树的庭院门前。陌生人是一名旅途中的僧人，他在双手合十致意。他骑在马上，一名陪伴者为他打着阳伞。残存的画面被坎土曼砍得面目全非，模糊不清了。"①

格伦威德尔描述的此条幅画面绘制的是观无量寿经变东侧立轴条幅内的未生怨题材。现根据巴黎吉美博物馆编号 AP 7052 历史照片，对未生怨题材的具体图像内容作进一步识读。

（1）画面最上部描绘的是佛陀乘莲花座及其两侧两位僧人，佛有头光及身光，顶有华盖，二胁侍人物有头光，下托云气。佛及二胁侍人物左下方残绘一着宽袍大袖衣裙人物，人物虽然残缺但可看出此人物为面朝佛陀作跪姿迎曳状。人物右侧为榜题框，榜题框上部绘五座山峰，表现层山叠峦（见图 2.9）。根据巴黎吉美博物馆编号 AP 7052 历史照片，辨识出此部分壁画内容就是今藏德国柏林亚洲艺术博物馆编号为 Ⅲ 9374 的壁画残片②。根据此壁画残片，笔者识读出壁画中榜题框内汉文题记为："佛从岐阇崛山中没王宫中见韦提夫人自武时"。日本人渡边哲信也曾记录库木吐喇第 16 窟南壁的榜题文字有 "佛从岐阇崛山中没王宫中见韦提夫人自武时"③。上图左侧榜题框内题记与渡边哲信记录的文字内容完全一致，应为同一块壁画。故马世长记载渡边哲信这段题记在十六观榜题中是有误的④，这段题记应是在未生怨条幅的第一幅壁画榜题中。

根据《佛说观无量寿经》记载：

> 时韦提希被幽闭已，愁忧憔悴；遥向耆阇崛山，为佛作礼，而作是言："如来世尊在昔之时，恒遣阿难来慰问我；我今愁忧，世尊威重，无由得见；愿遣目连、尊者阿难，与我相见。"作是语已，悲泣雨泪，遥向佛礼。未举头顷，尔时世尊在耆阇崛山，知韦提希心之所念，即勒大目犍连及以阿难，从空而来。

① ［德］A. 格伦威德尔：《新疆古佛寺——1905～1907 年考察成果》，第 36 页。

② 德国柏林亚洲艺术博物馆编号 Ⅲ 9374 壁画图像资料已经发表在 Caren Dreyer（et al.），*Musueum für Indische Kunst*，*Dokumentation der Verluste*，*Band III*，Berlin：Museum für Indische Kunst，SMB，2002，p. 211，Foto-Nr. B2334. 但该书未提及此壁画原出洞窟号及位置。

③ 渡邊哲信：《西域旅行日记》（卷四），载《新西域记》（上卷），第 336 页。

④ 马世长：《库木吐喇的汉风洞窟》，载《中国石窟·库木吐喇石窟》，第 209 页。

佛从耆阇崛山没，于王宫出。

时韦提希礼已举头，见世尊释迦牟尼佛，身紫金色坐百宝莲华。目连侍左，阿难在右，释梵护世诸天在虚空中，普雨天华，持用供养。时韦提希见佛世尊，自绝璎珞，举身投地，号泣向佛。①

画面忠实于经文描写，表现的是韦提夫人请佛场面。韦提夫人被幽闭以后，遥望岐阇崛山请佛派弟子与她相见，礼拜后即见释迦牟尼坐莲花，目犍连（Mahāmaudgalyāyana）侍左，阿难（Ānanda）侍右，在天空中出现。韦提夫人举身投地，号泣向佛，请教她恶子因缘。画面中佛陀为释迦牟尼，佛陀左侧为目犍连，右侧为阿难，左下方是韦提夫人。这一画面构图与人物安排类似于莫高窟盛唐第172窟北壁韦提夫人请佛画面。

（2）上图横向左侧另一画面的内容格伦威德尔记载简略："这旁边是一幅类似的画面。"② 根据巴黎吉美博物馆编号AP 7052照片资料，此画面有一榜题框，辨识其内汉文题记为："韦提夫人观□"。此图描绘佛结跏趺坐于束腰莲座上，有头光与身光，身光两侧绘有双树，树冠前有华盖，树冠上绘云纹。佛右侧残绘有一位僧人，榜题框旁绘一日，日下有云纹，背景空白处点缀六瓣草。根据画面情节与残存的榜题文字结合经文记载，推断这一部分画面内容表现的是韦提夫人请佛教她"观于清净业处"③。

（3）第一、二幅画面以下为第三幅画面，根据巴黎吉美博物馆编号AP 7052历史照片，此部分画面绘三层建筑物宫殿，中央绘一株树，两位身穿白衣的人跪在宫殿的院子里，左侧宫殿台阶上站立一人，着宽袍大袖，双臂张开。宫殿内屋檐下站立一人。画面最左侧为榜题框，框内字迹残毁。

格伦威德尔对此画面的描述是："下边又是一座宫殿，两个身穿白衣的人跪在宫殿的院子里，向一个跨步出来的君侯报告有陌生人来访。君侯前边有一妇女急促走来，而那个陌生人则站在长有一棵苹果树的庭院门前。"④

---

① 《大正新修大藏经》第12册，第341页中。
② ［德］A. 格伦威德尔：《新疆古佛寺——1905～1907年考察成果》，第36页。
③ 《大正新修大藏经》第12册，第341页中。
④ ［德］A. 格伦威德尔：《新疆古佛寺——1905～1907年考察成果》，第36页。

根据《佛说观无量寿经》记载："时阿阇世问守门人：'父王今者犹存在耶？'时守门者白言：'大王！国大夫人身涂麨蜜，璎珞盛浆，持用上王；沙门目连及富楼那，从空而来，为王说法，不可禁制。'时阿阇世闻此语已，怒其母曰：'我母是贼，与贼为伴；沙门恶人，幻惑咒术，令此恶王多日不死。即执利剑欲害其母。'"①

根据巴黎吉美博物馆编号 AP 7052 历史照片与格伦威德尔的描述，此部分壁画应表现太子询问守门人，守门人回报国王频婆娑罗王（Bimbisāra）多日不死的原因。富楼那来访为国王说法的内容。

（4）第三幅画面以下为第四幅画面，根据巴黎吉美博物馆编号 AP 7052 历史照片，此画面右侧绘榜题框，框内似有两竖行题记，上有划痕，无法识读。榜题框旁绘一层门墙，门墙中为宫门，宫门紧闭，前有台阶。右侧门墙前绘一骑马人物，着宽袍大袖，左手持缰绳，右手伸食指与中指。马后有一侍从右手举伞盖，左手握拳。

格伦威德尔记录此幅壁画："陌生人是一名旅途中的僧人，他在双手合十致意。他骑在马上，一名陪伴者为他打着阳伞。"②

此部分壁画图像已经发表③，但先前的解释存在错误④，故可以更加细致地重新识读（图 3.7）。根据经文，此幅图像应表现的是阿阇世（Ajātaśatru）王去巡查其父王的场面。此幅图像在敦煌石窟中均有描绘，例如莫高窟盛唐第 66 窟绘太子骑于马上，马后侍从的场面。

（5）第四部分以下为第五部分，根据巴黎吉美博物馆编号 AP 7052 历史照片，画面绘两层廊亭建筑，中部损毁，左侧廊亭内似有人物。最左端为榜题框，内部题

---

① 《大正新修大藏经》第 12 册，第 341 页上。

② ［德］A. 格伦威德尔：《新疆古佛寺——1905～1907 年考察成果》，第 36 页。

③ 新疆维吾尔自治区文物管理委员会、库车县文物保管所、北京大学考古系编：《中国石窟·库木吐喇石窟》，图 45。另可参见中国壁画全集编辑委员会编：《中国新疆壁画全集 4·库木吐拉》，第 176 页，图 177。

④ 中国壁画全集编辑委员会编：《中国新疆壁画全集 4·库木吐拉》，第 176 页，图 177，该书的第 71 页图版说明对此图像的解释存在错误。书中提供的图版 177 实际为两组画面的合一，因为上下两层画面各有一个题记，故为两个画面。此书却将两个情节混淆在一起。该书对此图像解释为将上一个画面宫墙内人物辨认为频婆娑罗王，按照法国巴黎吉美博物馆编号 AP 7052 历史照片与格伦威德尔的描述，实际上此人物应是侍从，他正在向左侧的阿阇世王报告频婆娑罗王不死的原因，上一个画面的频婆娑罗王并未出现。

图 3.7　库木吐喇窟群区第 16 窟主室南壁观无量寿经变之未生怨立轴条幅局部（采自《中国新疆壁画全集 4·库木吐拉》，第 176 页，图 177）

记模糊无法识读。

（6）第五部分以下为第六部分，根据巴黎吉美博物馆编号 AP 7052 历史照片，画面右侧为榜题框，框内文字无法识读。榜题框右侧绘三层建筑走廊，左侧建筑内似有人物。

（7）第六部分以下为第七部分，画面绘制两层建筑走廊，巴黎吉美博物馆编号 AP 7052 历史照片只拍摄到屋顶部分。

巴黎吉美博物馆编号 AP 7052 历史照片中第四、五、六部分因过于模糊残破无法识读画面内容，但比较第一、二、三部分内容，对应经文可知此幅画面未生怨故事情节是自下至上发展的。莫高窟盛唐第 172、320 窟与榆林窟中唐第 25 窟北壁未生怨图像均是自下至上安排故事情节，符合人们的观看习惯。

综和以上辨识的图像内容，库木吐喇第 16 窟南壁观无量寿经变西侧立轴式条幅未生怨题材内容及布局参见表 3.4。

表 3.4　库木吐喇第 16 窟南壁观无量寿经变西侧立轴式条幅未生怨题材内容及布局

（1）韦提夫人请佛	（2）韦提夫人请佛教她"观于清净业处"
（3）守门人回报国王多日不死原因	
（4）太子骑马，收执父王	
（5）（不详）	
（6）（不详）	
（7）（不详）	

库木吐喇第 16 窟观无量寿经变立轴式条幅未生怨画面内部采用建筑物分隔故事情节，这种构图方式在敦煌莫高窟第 45 窟北壁与 172 窟北壁未生怨壁画中均有采用，表现出两地相似的图本样式。

2. 十六观立轴式条幅壁画图像

关于库木吐喇第16窟观无量寿经变中十六观壁画内容，德国人格伦威德尔有比较详细的描述，现辑录如下：

（1）门壁上的长条装饰，这里我们看到上下层次的好几个画面。首先是一个祈祷的僧侣，头上有极其引人注目的头饰，他跪在山峦中祈祷。

（2）下面一个画面是同一个祈祷的僧侣，他旁边有一大型石雕底座。

（3）第三个画面上，我们看到同一个祈祷的比丘，他旁边是一池塘，分成八小块水面。

（4）在第四个画面上出现的，又是那同一祈祷的僧人，他面前是一个池塘，从池塘里升起七（或八？）把伞，每把伞上都有一幢房子。

（5）接着又是这同一个僧人跪在一张桌子前，桌子上有一朵蓝色的大莲花，从莲花中升起三朵祥云，有一君侯跪倒在这一场景前边。这些残存的画面都受到了破坏，模糊不清。这个长条上的每一个画面中，有一句受了破坏的中文题记。很显然，这些画表现的是一个接一个的奇迹，都是由于僧人的祈祷而产生的。①

以下根据巴黎吉美博物馆编号AP 7053照片资料结合格伦威德尔对此条幅图像的描述识读库木吐喇第16窟主室南壁西侧十六观的壁画内容，此立轴条幅壁画的布局参见表3.5。

表3.5　库木吐喇第16窟南壁西侧十六观壁画布局

（1）左上一	（2）右上一
（4）左上二	（3）右上二
（5）左上三	（6）右上三
（7）左上四	（8）右上四
……	

（1）左上一画面绘日想观：地面方形地毯上跪坐一合掌女子，面向西方，背

---

① ［德］A. 格伦威德尔：《新疆古佛寺——1905～1907年考察成果》，第36～37页。

图 3.8　库木吐喇窟群区第 16 窟主室南壁观无量寿经变之十六观之日想观（德国柏林亚洲艺术博物馆提供，编号为 Ⅲ 8843，Jürgen Liepe 摄影）

景为重层山峦，山间绘一红日与白云。女子西侧为榜题框。壁画描绘的是韦提夫人观想的姿态。此部分壁画今保存在德国柏林亚洲艺术博物馆，编号为 Ⅲ 8843（图 3.8）。

（2）右上一画面绘水想观：日想观东侧画面绘地面方形地毯上跪坐一位女子，应为韦提夫人。韦提夫人身体朝向观者，头转向西侧，西侧绘一池水，背景绘层山，山间绘一遮挡住的太阳，韦提夫人西侧有榜题框，榜题框内文字根据巴黎吉美博物馆编号 AP 7053 历史照片无法辨识，根据与敦煌莫高窟盛唐第 45 窟水想观壁画比对，本书认为这一画面表现的是水想观①。又据《佛说观无量寿佛经》云："初观成已，次作水想。想见西方一切皆是大水，见水澄清，亦令明了，无分散意。既见水已，当起冰想。见冰映彻，作琉璃想。"② 所以渡边哲信在《西域旅行日记》记录的题记："韦提夫人观见水变成冰时"③ 应是这一画面内容的榜题文字。此题记壁画残片今藏于韩国首尔国立中央博物馆④，而韦提夫人观想壁画残片今藏于俄罗斯艾尔米塔什博物馆（见附表 3）。

（3）右上二画面绘地想观：画一女子面向七宝地。《佛说观无量寿佛经》云："琉璃地上，以黄金绳，杂厕间错，以七宝界，分齐分明，一一宝中，有五百色光。"⑤ 此图以唐代花砖地面表现七宝地与敦煌莫高窟如第 431、217 窟壁画中地想观

---

① 敦煌莫高窟唐代观无量寿经变水想观壁画图像有很多种表现形式：有的绘三个水池，分别表现水想、冰想、琉璃想，如莫高窟盛唐第 171 窟；也有的绘一个水池，四角画金刚七宝金幢，如莫高窟第 431 窟；莫高窟第 45 窟观经变中水想观壁画仅绘一个水池，因此判断库木吐喇第 16 窟十六观条幅立轴右上一位置绘制的是水想观内容。

② 《大正新修大藏经》第 12 册，第 342 页上。

③ 渡邊哲信：《西域旅行日记》（卷四），载《新西域记》（上卷），第 336 页。

④ National Museum of Korea, *Central Asian Religious Paintings In The National Museum of Korea*, Seoul, 2013, p. 56, Fig. 04, No. bon 4089.

⑤ 《大正新修大藏经》第 12 册，第 342 页上。

中宝地画面绘制相同。宝地东侧为榜题框，框内题记无法辨识，渡边哲信在《西域旅行日记》记录的题记："次观首宝地""黄金岩刚""天""回向"① 应是这幅壁画内榜题框中文字。结合与敦煌壁画观无量寿经变中十六观图像的比对，此部分壁画描绘的是地想观。

（4）左上二画面绘八功德水想观：此观位于地想观西侧，韦提夫人跪坐于左下方方形毯上，围绕她绘制"7"形水池，内分作八个小水池，横向绘四个水池折向竖向又绘四个水池。画面西侧为榜题框，框内题记无法辨识。根据《佛说观无量寿佛经》云：

> 树想成已，次当想水。欲想水者，极乐国土有八池水。一一池水七宝所成；其宝柔软从如意珠王生，分为十四支；一一支作七宝色。黄金为渠，渠下皆以杂色金刚以为底沙。一一水中有六十亿七宝莲花，一一莲花团圆正等十二由旬。其摩尼水流注华间，寻树上下。其声微妙，演说苦、空、无常、无我、诸波罗蜜，复有赞叹诸佛相好者。从如意珠王踊出金色微妙光明，其光化为百宝色鸟，和鸣哀雅，常赞念佛、念法、念僧，是为八功德水想，名第五观。②

左上二画面与同时期敦煌莫高窟如第171窟是同一题材的描绘③，本书判断此幅壁画描绘的是八功德水想观。

（5）左上三画面绘树想观：韦提夫人面西跪坐在一张方形毯上，面前是一个池塘，从池塘里升起七株树，树冠上有一盖，每一盖上都承托绘有一幢房屋。《佛说观无量寿佛经》云：

> 观宝树者，一一观之，作七重行树想。一一树高八千由旬，其诸宝树，七宝花叶无不具足。一一华叶，作异宝色。琉璃色中出金色光；颇梨色中出红色光；玛瑙色中出车璩光；车璩色中出绿真珠光；珊瑚琥珀一切众宝以为映饰。妙真珠网弥覆树上，一一树上有七重网，一一网间有五百亿妙华宫殿，如梵王宫。诸天童子自然在中，一一童子有五百亿释迦毗楞伽摩尼宝以为璎珞；其摩尼光照百由旬，犹如和合百亿日月，不可具名，众宝间错色中上者。此诸宝树，

---

① 渡邊哲信：《西域旅行日记》（卷四），载《新西域记》（上卷），第336页。

② 《大正新修大藏经》第12册，第342页中。

③ 盛唐以后莫高窟中绘八功德水想观图像多以八个水池表现。

行行相当，叶叶相次，于众叶间生诸妙花，花上自然有七宝果。一一树叶，纵广正等二十五由旬；其叶千色有百种画，如天璎珞；有众妙华，作阎浮檀金色；如旋火轮，宛转叶间，踊生诸果，如帝释瓶；有大光明，化成幢幡无量宝盖。是宝盖中，映现三千大千世界一切佛事；十方佛国亦于中现。见此树已，亦当次第一一观之，观见树茎、枝叶、华果，皆令分明。是为树想，名第四观。①

此图所绘七重行树，树上承托大殿，表现经文"一一树上有七重网，一一网间有五百亿妙华宫殿，如梵王宫。"故本书识读此部分壁画表现的是树想观。

（6）右上三画面不明：只保留左侧榜题框，其旁绘韦提夫人面东跪坐，观想内容损毁。

（7）左上四画面为花座观：此观西侧为榜题框，旁绘有三朵祥云。格伦威德尔描述他见到的场面似乎更加完整，他说："接着又是这同一个僧人跪在一张桌子前，桌子上有一朵蓝色的大莲花，从莲花中升起三朵祥云，有一君侯跪倒在这一场景前边。"② 根据《佛说观无量寿佛经》云：

> 欲观彼佛者，当起想念，于七宝地上作莲花想，令其莲花一一叶作百宝色。有八万四千脉，犹如天画；一一脉有八万四千光，了了分明，皆令得见。华叶小者，纵广二百五十由旬；如是莲花有八万四千大叶，一一叶间，有百亿摩尼珠王以为映饰。一一摩尼珠放千光明，其光如盖，七宝合成，遍覆地上。释迦毗楞伽摩尼宝以为其台；此莲花台，八万金刚甄叔迦宝，梵摩尼宝，妙真珠网，以为交饰。于其台上，自然而有四柱宝幢，一一宝幢如百千万亿须弥山；幢上宝缦如夜摩天宫，复有五百亿微妙宝珠，以为映饰。一一宝珠有八万四千光，一一光作八万四千异种金色，一一金色遍其宝土，处处变化，各作异相；或为金刚台，或作真珠网，或作杂花云，于十方面随意变现，施作佛事，是为花座想，名第七观。③

可以看出，此观描绘的应是花座观，在莫高窟盛唐以后花座观图像多绘一大莲

---

① 《大正新修大藏经》第 12 册，第 342 页中。

② ［德］A. 格伦威德尔：《新疆古佛寺——1905～1907 年考察成果》，第 36 页。

③ 《大正新修大藏经》，第 12 册，第 342 页下。

台，例如莫高窟盛唐第45窟北壁十六观壁画中花座观图像表现为一大莲台，其上升出祥云，这与库木吐喇第16窟的此观画面描绘相同，因此判断此画面表现花座观。

（8）右上四画面残存云纹，大面积损毁，无法辨识画面内容。

根据吉美博物馆编号AP 7053历史照片，此照片左半部分图像为库木吐喇第16窟主室南壁西侧十六观画面的上半部分，每行绘制两观内容，每观画面左侧为榜题，每观均绘韦提夫人，而不是格伦威德尔记录的僧人。因壁画在百年前法国探险队拍摄时就已残破，故十六观中的三辈生观内容绘制及排列顺序不详。在俄罗斯圣彼得堡国立艾尔米塔什博物馆曾展出一幅壁画，题记中明确记载"九品化生"，画面描绘一男子礼佛，佛坐莲花乘云气而下（见图2.35）。根据画面内容与题记，本书判断这幅壁画残片很可能出自库木吐喇第16窟观经变十六观壁画中①。

结合巴黎吉美博物馆编号AP 7053历史照片与格伦威德尔的文字记录，本书判断库木吐喇第16窟南壁西侧十六观中的八种观想图像内容及排列顺序（表3.6）。

表3.6　库木吐喇第16窟南壁西侧十六观壁画内容及布局

（1）日想观（第一观）	（2）水想观（第二观）
（3）八功德水想观（第五观）	（4）地想观（第三观）
（5）树想观（第四观）	（6）（不详）
（7）花座观（第七观）	（8）（不详）
······	

从以上列表中可以看出库木吐喇第16窟观经变之十六观画面观想顺序与经文观想顺序并不完全对应，与敦煌盛唐时期观经变壁画图本样式类似。

3. 净土庄严相壁画

库木吐喇第16窟主室南壁观无量寿经变中堂净土庄严相壁画因残毁严重只有部分图像发表②，今第16窟南壁观无量寿经变壁画也已经被全部揭取保存。巴黎吉美博物馆编号AP 7052历史照片记录了1907年库木吐喇第16窟南壁观无量寿经变中堂

---

① 关于俄罗斯圣彼得堡国立艾尔米塔什博物馆展出的这幅壁画残片内容参见本书第二章第八节。

② 新疆维吾尔自治区文物管理委员会、库车县文物保管所、北京大学考古系编：《中国石窟·库木吐喇石窟》，图44。中国壁画全集编辑委员会编：《中国新疆壁画全集4·库木吐拉》，第175、177页，图175、178。

净土庄严相西侧的部分图像，本书即根据编号 AP 7052 历史照片以及部分发表的图像局部对库木吐喇第 16 窟的观无量寿经变中堂净土庄严相图像作进一步识读分析。

库木吐喇第 16 窟南壁观无量寿经变中堂净土庄严相西侧画面顶部绘建筑、菩萨乘象在云气中行进以及空中的悬浮乐器等图像。画面西侧中部绘一身大菩萨坐于莲座上，四周绘胁侍小菩萨听法。根据《佛说观无量寿佛经》中菩萨所居位置，此菩萨应为大势至菩萨（Mahāsthāma）①。大势至菩萨与胁侍菩萨均绘头光，大势至菩萨两侧绘双树，树冠上绘华盖，华盖已残。观经变中堂西侧下层残绘有一组一佛二菩萨图像，佛与菩萨均绘头光，菩萨身后有宫殿及栏杆。

根据编号 AP 7052 历史照片提供的观经变中堂净土庄严相西侧内容，可以推测库木吐喇第 16 窟整铺观经变中堂净土庄严相自上至下是采用传统的三段式构图，即天宫、佛会与乐舞三部分内容。库木吐喇第 16 窟观经变图像的中堂式布局与盛唐时期敦煌莫高窟观经变壁画图像布局有着极多的相似性，只是整体画面比例更加宽扁，压缩了天宫与乐舞场面的高度。敦煌观经变壁画中标志性的莲花化生图像因资料无法提供全貌而只能推测在库木吐喇第 16 窟观经变中堂净土庄严相中绘制。

总体来看，库木吐喇第 16 窟南壁观无量寿经变壁画的中堂式布局与敦煌唐代观经变壁画布局极为相似。

第一，库木吐喇第 16 窟观无量寿经变壁画中堂配立轴式构图与敦煌石窟唐代观无量寿经变壁画的构图极为相似。敦煌石窟观无量寿经变壁画中堂配立轴式构图从盛唐第 208 窟开始一直沿用，如第 45 窟北壁、第 148 窟东壁、第 172 窟南北壁、第 320 窟北壁等。这种中堂绘西方净土庄严相，两侧条幅立轴分别绘未生怨与十六观题材成为盛唐以来观无量寿经变壁画的主要构图形式。

第二，库木吐喇第 16 窟观无量寿经变中依照经文故事情节描绘未生怨内容为自下而上排列，十六观内容为自上而下排列的特点，在同时期敦煌莫高窟观经变壁画中也有多例，如莫高窟第 148 窟东壁、第 320 窟北壁和第 172 窟南北壁观经变壁画布局都是未生怨内容自下而上排列，十六观内容自上而下排列。库木吐喇第 16 窟未生怨立轴条幅壁画中每一画面用院墙作场景分隔，而库木吐喇第 16 窟十六观立轴条幅

---

① 《大正新修大藏经》第 12 册，第 343 页上。

壁画没有严格的分界。敦煌莫高窟盛唐第45与172窟北壁未生怨图像也采用相同的表现方式。可见，库木吐喇第16窟盛唐观经变与敦煌盛唐观经变中堂配立轴式壁画构图有着相似的图本来源。

第三，库木吐喇第16窟观无量寿经变中堂净土庄严相绘天宫、佛会、乐舞与莫高窟观经变中堂净土庄严相构图分布一致，但库木吐喇第16窟的观经变中堂净土庄严相构图也保持着一些自身的特点，因为绘于中心柱窟与敦煌方形窟洞窟形制不同，根据中心柱窟主室左、右壁面更为宽扁的特点，库木吐喇第16窟观无量寿经变中堂净土庄严相图像在具体内容上有所删减，尤其是将天宫部分的画面缩扁，这在库木吐喇第16窟南壁观经变与北壁药师经变壁画图像中都鲜明地反映出来。

可以看出，观无量寿经变中堂配立轴式图样在盛唐时期的流行，唐风所沐从中原汉地至龟兹保持一致性。盛唐时期安西政权的稳定要求其艺术面貌与中原地区保持一致，库木吐喇第16窟观无量寿经变壁画的图本样式与风格表现出盛唐时期中原地区宗教、文化与艺术在龟兹地区的传播与交融。

二、第16窟主室前壁涅槃图

（一）位置比对

库木吐喇第16窟主室前壁窟门上方半圆形壁面位置绘涅槃题材壁画。涅槃题材图像出现在龟兹中心柱窟主室前壁位置上几乎不见，仅在方形窟主室前壁位置上有过绘制①。龟兹石窟的涅槃图像一般绘制在中心柱窟主室后甬道外侧壁或内侧壁位置②。涅槃题材图像出现在中心柱窟主室前壁位置可以看作是龟兹唐风洞窟的独特位置布局。

克孜尔中心柱窟后甬道位置绘涅槃题材与主室佛传、因缘、本生等题材配合表现说一切有部"唯礼释迦"的思想。库木吐喇第16窟涅槃图像从传统的后甬道位置绘制变为在主室前壁位置绘制，考虑这一变化的原因可以从全窟的塑像与壁画位置关系来考虑，此将在本章后文重构的第16窟主尊塑像尊格中讨论。

① 如克孜尔第161窟主室前壁绘涅槃图。
② 如克孜尔第38窟后甬道外侧壁绘涅槃图，克孜尔第58窟与库木吐喇窟群区第12窟后甬道内侧壁绘涅槃图。

（二）内容释读

库木吐喇第16窟主室前壁涅槃图像于1906年被德国探险队揭取并带回柏林，这幅涅槃图像已经发表（图3.9）①。这是目前材料所知龟兹地区唯一一幅唐风涅槃图壁画。

图3.9   库木吐喇窟群区第16窟主室前壁涅槃图（照片由柏林亚洲艺术博物馆提供，编号为C22 Ⅲ 8912）

涅槃图中释迦着土红色袈裟，有白色衬里，内穿石绿色僧祇支，右手支颐，右胁卧于娑罗树（Shorea robusta）下的七宝床上，头枕汉式花枕，有头光与身光，身光分为三层，内层勾描牡丹团花纹，中间一层绘几何纹带，内绘花卉，外层绘扇形排列花卉纹。围绕佛陀的是举哀四众，其中前排绘有九身比丘像，作悲痛欲绝的神态，比丘身后穿插绘有九身菩萨，皆有头光，菩萨绘有头冠，佛足部上方的菩萨上唇绘胡须。比丘痛苦的表情与菩萨平静的表情形成鲜明对比。涅槃图的背景绘娑罗双树，树冠上方绘云气纹，上有六身跪姿飞天，飞天手持托盘，散花供养。佛陀左侧有一

---

① ［德］阿尔伯特·冯·勒柯克、恩斯特·瓦尔德施密特：《新疆佛教艺术》（第七卷），第627页。图片参见同书第七卷第568页图版Da，第665～666页，图版30～31。另参见Caren Dreyer（et al.），*Musueum für Indische Kunst, Dokumentation der Verluste, Band III*，Berlin：Museum für Indische Kunst, SMB, 2002，pp. 178－179，IB 8912.

位世俗老者手抚佛足（图 3.10）。抚足老者
前绘两身跪姿勇士，双手合十，为莫罗王子。
画面最右侧绘一身魔鬼头部形象，佛床右前
方绘四耳香炉。佛足下佛床前绘一位右手抚
额头作举哀状的坐姿比丘，他前方还绘有一
身跪姿人物，其头部残缺，身份不明。佛头
旁绘汉族供养人物，前面为跪姿武士。

　　此涅槃图像表现出一些不同于龟兹本地以
及同时期中原内地流行的涅槃图像特点。

　　库木吐喇第 16 窟涅槃图中抚摸佛足的人
物在前贤瓦尔德施密特与贾应逸、祁小山论
著中均解释为僧人迦叶（Kāśyapa）[1]。经笔者
识读，此人物不是经文中经常提到的僧人迦

图 3.10　库木吐喇窟群区第 16 窟主室
前壁涅槃图抚摸佛足世俗老
者线描图（刘韬绘图）

叶形象，而是一位戴头巾的世俗老者。这一形象与龟兹石窟中的涅槃图像明显不同。
例如克孜尔第 38 窟后甬道外侧壁涅槃图中抚摸佛足的是头顶微有肉髻的年轻比丘，
不是年老迦叶形象。而克孜尔其他洞窟涅槃图中抚摸释迦双足的人物形象为僧人
迦叶[2]。

　　《大般涅槃经》云：

　　　　尔时，有一贫穷优婆夷，年一百岁。见诸婆罗门，并及刹利长者居士、力
　　士、妻女、长幼、大小，以妙香华种种供养，自伤贫乏独绝此愿，心自思惟：
　　"如来出世极为难值，最后供养复为甚难，而今穷罄无以自表。"作此念已，倍
　　增悲恼，临佛足上心大懊恼，涕泣流连污如来足："愿我将来所生之处，常得见
　　佛。"诸比丘尼及优婆夷，供养毕已，即还本处[3]。

　　　　是时，迦叶与诸比丘，进鸠尸那城，到于宝冠支提之所，见如来棺，在香薪

---

① ［德］阿尔伯特·冯·勒柯克、恩斯特·瓦尔德施密特：《新疆佛教艺术》（第七卷），第 629 页。贾
　应逸、祁小山：《印度到中国新疆的佛教艺术》，第 328 页。

② 如克孜尔第 17、80、107、161 与 189 窟等。

③ 《大正新修大藏经》第 1 册，第 205 页下。

上，悲泣流泪围绕七匝，而登香薪。至宝棺所，在于足处号咷呜咽，头面作礼。

尔时，如来于宝棺内，而出双足，迦叶见此，倍增悲惊。①

根据以上所录经文，涅槃图中礼佛足者或为僧人迦叶（Kāśyapa）或为年老的优婆夷（Upāsikā）。但库木吐喇第16窟主室前壁涅槃图像中绘一世俗装男性老者。礼佛足位置绘世俗装老者形象在宋、辽、金与西夏时期涅槃图像中非常流行。如辽乾统五年（1105年）舍利石棺上的涅槃图，河北定州净众院舍利塔地宫辽代壁画涅槃图，瓜州东千佛洞西夏第2、7、5窟八塔变涅槃图，榆林窟西夏第3窟东壁中央上部涅槃图中佛陀脚后或跪或站世俗装男性老者，双手抚摸佛足，且均有头光。根据目前所见实物，涅槃图中礼佛足者为世俗老者形象在唐代图像中很少出现，而在宋、辽、金与西夏时期则较为常见。由此可以看出唐代库木吐喇石窟与敦煌石窟涅槃图像不同的图本来源。抚摸佛足者何以作世俗人物形貌尚且难以从经本记载中作出合理的解释。

涅槃图内大梵天、帝释天、莫罗贵族、礼佛者、僧众、菩萨等人物形象均为汉装，但礼佛者后持瓶老人形象为胡人形象。涅槃图背景绘云气纹，上有六身跪姿飞天，飞天手持托盘，散花供养。根据《大唐西域记》记录："时阿泥陀告言：'且止！诸天欲留七日供养。'于是天众持妙天华，游虚空，赞圣德，各竭诚心，共兴供养。"② 跪姿勇士为经文中记载的末罗③。

通过以上对涅槃图像初步地识读可以看出，库木吐喇窟群区第16窟主室前壁这铺涅槃图与敦煌石窟涅槃图有着不同的图本来源，人物造型与线描笔法的丰富已透露出浓郁的唐代内地绘画风格熏染。

三、第15～17窟主室中心柱正壁龛内塑像尊格重构

库木吐喇窟群区第15～17窟主室正壁主尊塑像虽然不存，但通过前揭壁画的复位

---

① 《大正新修大藏经》第1册，第206页下。

② 《大正新修大藏经》第51册，第904页上。

③ 末罗，梵文 Malla，意译作力士、壮士。参见［唐］玄奘、辩机原著，季羡林等校注：《大唐西域记校注》（下），第548～549页，注释4。

缀合，运用石窟中塑像与壁画间的配置关系，参照同时期内地石窟遗存所提供的组合样式，本书对库木吐喇第 15~17 窟的主尊塑像尊格进行重构。重构的塑像主要有库木吐喇窟群区第 16 窟主室中心柱正壁龛内主尊塑像、中心柱上方小龛内塑像以及正壁下方地坪像台上塑像，库木吐喇第 15 与 17 窟主室正壁龛内主尊塑像等。通过对塑像尊格的重构可以深入探讨这三个洞窟体现的佛教信仰以及当初建窟造像的动机及意义。

（一）第 15~17 窟主室中心柱正壁龛内塑像尊格重构

从格伦威德尔《新疆古佛寺》的记录与巴黎吉美博物馆馆藏编号 AP 7050 与 AP 7055 历史照片来观察，库木吐喇第 15~17 窟的主尊塑像在 20 世纪初年就已无存，但法国探险队的历史照片提供了第 15 与 16 窟中心柱正壁龛内绘有佛头光与身光图像，且笔者从第 15 与 16 窟龛型高度上判断原龛内应塑有坐佛像。第 17 窟虽然已经基本塌毁，但第 15 与 17 窟对称建造，故判断其主室中心柱正壁龛内也应为坐佛像。从库木吐喇第 15、16 与 17 窟组合关系以及壁画的样式与风格判断，三窟应为同一时期开凿绘制，故而可以认为库木吐喇第 15、16 与 17 窟的主尊塑像之间有着内在的联系。本书将这三尊坐佛像放入一个整体组合环境来判断其尊格及造像组合关系：第 16 窟位于中间，中心柱正壁主尊塑像高度高于两侧的第 15 与 17 窟中心柱正壁主尊塑像高度，显然其位置更加重要。联系中原内地三佛并坐样式，本书判断库木吐喇第 15、16 与 17 窟主尊塑像也应是塑有内地三佛并坐的组合样式，并且极有可能采用武周时期流行的三佛并坐新样式，即第 16 窟主尊塑善跏趺坐弥勒佛像，第 15 与 17 窟主尊塑结跏趺坐的阿弥陀佛（或释迦牟尼佛）像与释迦牟尼佛（或阿弥陀佛）像。

中原腹地在东魏、北齐至隋代之际出现释迦牟尼佛（Śākyamuni）、阿弥陀佛（Amitābha）与弥勒佛（Maitreya Buddha）三佛并坐造像组合样式，以释迦牟尼佛为主尊，两侧配置阿弥陀佛与弥勒佛，造像实例如下：

第一，山西太原天龙山第 10 窟内三佛造像组合，学界一般认为是在北齐开凿[①]。天龙山第 10 窟为盝顶三壁三龛式，正壁为释迦与多宝二佛并坐像，左壁为主尊交脚弥勒与二弟子、二菩萨造像，右壁为主尊结跏趺坐阿弥陀佛与二弟子、二菩萨造像[②]（图 3.11）。

---

① 李裕群：《天龙山石窟分期研究》，《考古学报》1992 年第 1 期，第 55 页。
② 李裕群：《天龙山石窟调查报告》，《文物》1991 年第 1 期，第 43 页，图 23，第 44~45 页。

图 3.11　山西太原天龙山第 10 窟三佛造像组合示意图　北齐（据《天龙山石窟调查报告》，第 43 页，图 23 与《支那文化史蹟》第八辑，图 VⅢ−23 制图）

第二，河北邯郸南响堂山第 5 窟释迦洞与第 7 窟千佛洞均为三壁三龛式洞窟，二窟正壁主尊为结跏趺坐佛，水野清一（Seiichi Mizuno）与长广敏雄（Toshio Nagahiro）认为此佛造像尊格为释迦牟尼佛，第 5 窟释迦洞右壁龛内的主尊与第 7 窟千佛洞左壁龛内的主尊都是善跏趺坐佛，尽管方位不同，水野清一与长广敏雄根据唐代的样式都推定为弥勒佛，二窟其余一壁则为阿弥陀佛①。

第三，河南安阳小南海石窟中窟为北齐天保元年（550 年）灵山寺僧方法师、故云阳公子林等率诸邑人始创，天保六年（555 年）僧稠禅师重营修成，为僧稠的坐禅窟。洞窟平面呈方形，覆斗状窟顶，莲花凿井。正壁主尊为结跏趺坐释迦牟尼佛与二弟子立像，右壁为阿弥陀佛与二胁侍菩萨三身立像，左壁为弥勒佛与二胁侍菩萨三身立像（图 3.12）②。

第四，河南安阳灵泉寺石窟大留圣窟俗称道凭石堂，于东魏武定四年（546 年）开凿，窟内三壁三龛上原置佛像是北齐时期雕成后移入窟内的。正壁为结跏趺坐卢舍那佛，右壁为结跏趺坐阿弥陀佛，左壁为结跏趺坐弥勒佛（图 3.13）③。

第五，河南安阳灵泉寺石窟大住圣窟为隋开皇九年（589 年）灵裕法师主持建造，洞窟平面呈方形，覆斗状窟顶，窟内为三壁三龛式，正壁主尊为结跏趺坐卢舍

---

①　水野清一、長廣敏雄：《響堂山石窟》第一編《南響堂山石窟》，京都：東方文化學院京都研究所，1937 年，第 31～32、43 页。

②　河南省古代建筑保护研究所：《河南安阳灵泉寺石窟及小南海石窟》，《文物》1988 年第 4 期，第 12～14 页。

③　河南省古代建筑保护研究所：《河南安阳灵泉寺石窟及小南海石窟》，《文物》1988 年第 4 期，第 8～11 页。

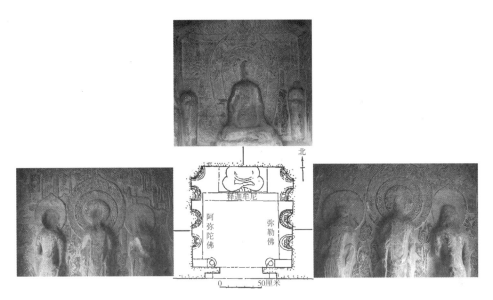

图 3.12　河南安阳小南海石窟中窟三佛并坐示意图　北齐（据《河南安阳灵泉寺石窟及
　　　　小南海石窟》，图 36 与刘韬摄影制图）

图 3.13　河南安阳灵泉寺石窟大留圣窟三佛并坐示意图　东魏—北齐（据《河南安阳灵泉寺石
　　　　窟及小南海石窟》，图 16 与《支那文化史蹟》第五辑，图 V 67 – V 68 制图）

那佛与二胁侍（一菩萨与一弟子）立像，右壁为结跏趺坐阿弥陀佛与二胁侍菩萨立像，左壁为结跏趺坐弥勒佛与二胁侍（一菩萨与一弟子）立像（图3.14）①。

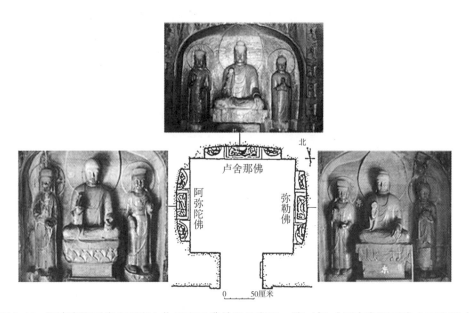

图3.14　河南安阳灵泉寺石窟大住圣窟三佛并坐示意图　隋（据《河南安阳灵泉寺石窟及小
　　　　南海石窟》，图11与刘韬摄影制图）

　　以上实例中东魏、北齐至隋代时期三佛并坐造像样式，正壁主尊为释迦牟尼佛（或卢舍那佛），左、右侧壁为结跏趺坐的阿弥陀佛和善跏趺坐（或交脚坐）的弥勒佛，这种造像格局不同于早期三世佛的组合，是新一轮三佛并坐样式②。东魏、北齐至隋代时期三佛并坐造像样式已经是相对稳定的配置，恰如水野清一、长广敏雄在《响堂山石窟》中所言："释迦、阿弥陀、弥勒的三壁三佛形制在齐、隋时期的石窟中已经成为较普遍的像式。"③ 这种形成于齐隋之际的三佛并坐样式入唐以后沿用下来，至唐武周时期发生了改变，唐武周时期将弥勒佛置于主尊，而两侧配置释迦牟

①　河南省古代建筑保护研究所：《河南安阳灵泉寺石窟及小南海石窟》，《文物》1988年第4期，第1～8
　　页。

②　中国三佛造像的组合格制初为过去、现在与未来三世佛，南北朝后期始见阿弥陀佛、释迦牟尼佛与弥
　　勒佛三佛的新组合。

③　水野清一、長廣敏雄：《響堂山石窟》第三編《響堂山北齊石窟論》，京都：東方文化學院京都研究
　　所，1937年，第94页。这种三佛并坐像或可能是南北朝后期形成的三世佛配置。

尼佛与阿弥陀佛，形成了三佛并坐的新样式，或可称为"武周新样"。此三佛并坐组合样式在唐武周时期两京地区首先创立，随后传播四方，唐武周时期以后在唐玄宗天宝年间又变回先前释迦牟尼佛为主尊两侧为阿弥陀佛与弥勒佛的三佛并坐组合样式[①]。

武周时期弥勒佛位居中尊，释迦牟尼佛与阿弥陀佛侧坐左右，三佛尊格未变，主次一变，造像语义则绝然不同。唐武周时期三佛并坐组合新样式的遗存较多，如东京洛阳的龙门石窟摩崖三佛龛、龙门石窟擂鼓台三洞；西京长安光宅寺七宝台石刻龛像；陪都太原天龙山第9窟弥勒大佛足下莲枝千佛浮雕；四川广元千佛崖莲花洞等都保存有以弥勒佛为主尊，两侧配置释迦牟尼佛与阿弥陀佛的造像遗存。

第一，龙门石窟摩崖三佛龛，位于宾阳洞南，为武则天前期造像[②]，是武周时期并未完工的造像龛（图3.15）。主尊为一身善跏趺坐弥勒佛，弥勒佛两侧各雕结跏趺坐佛一身，左侧为释迦牟尼佛，右侧为阿弥陀佛，弥勒佛像主体已经完成，释迦牟尼与阿弥陀佛也雕刻出了大体模样，造像的尊格与组合关系清楚。主尊弥勒佛

阿弥陀佛　　　　阿弥佛　　　释迦牟尼

图3.15　龙门石窟摩崖三佛龛　初唐（采自《中国石窟·龙门石窟 二》，图51）

像体量明显大于南北两侧坐佛像，突出了弥勒佛的重要地位。

第二，龙门石窟擂鼓台三洞。擂鼓台区有主要洞窟三所，俗称擂鼓台三洞，为

①　遗存实例如山西省五台山佛光寺东大殿唐会昌法难之后的彩塑，中间为释迦牟尼佛，两侧为阿弥陀佛与弥勒佛，参见张映莹、李彦主编：《五台山佛光寺》，北京：文物出版社，2010年，第87～122页。

②　温玉成：《龙门石窟排年》，载龙门文物保管所、北京大学考古系编：《中国石窟·龙门石窟 二》，北京：文物出版社，1992年，第172～216页。

唐武周时期先后开凿的一组洞窟①。其中，大万伍千佛龛（又名擂鼓台中洞）洞内正壁主尊为弥勒佛及二胁侍菩萨像，高浮雕，弥勒佛善跏趺坐于靠背椅上，椅侧浮雕六挐具。擂鼓台北洞内有菩提瑞像②，即着菩萨装的释迦牟尼降魔成道像，擂鼓台南洞原为阿弥陀佛像③。这是东京洛阳保留下以弥勒佛为主尊的三佛并坐造像组合的又一遗存实例。

　　第三，太原天龙山第 9 窟弥勒大佛足下存有两方莲枝千佛浮雕，原可能是作为弥勒大佛前十一面观音（The Eleven-faced Avalokitesvara）像的背景而雕刻的，在位于西侧与东侧偏下的位置，各有并列刻出的三个莲枝形小龛，龛内各雕刻一身坐佛，中间龛雕善跏趺坐弥勒佛，左为结跏趺坐偏袒右肩的释迦牟尼降魔成道像，右为结跏趺坐的阿弥陀佛像，三佛的身形，中尊弥勒明显大于左右二佛（图 3.16），这与

阿弥陀佛　　　弥勒佛　　　释迦牟尼

图 3.16　太原天龙山第 9 窟十一面观音像后东侧莲枝千佛浮雕　初唐

① 根据温玉成研究，擂鼓台南洞完工于武则天天授年间（690～692 年），擂鼓台北洞完工早于天宝六年（718 年），擂鼓台中洞建于唐武周时期（690～704 年）。参见温玉成：《龙门石窟排年》，载《中国石窟·龙门石窟 二》，第 172～216、273 页。

② 罗世平考证擂鼓台北洞戴花冠配臂钏的主尊为菩提瑞像。参见罗世平：《四川唐代佛教造像与长安样式》，《文物》2000 年第 4 期，第 46～57 页。罗世平：《巴中石窟三题》，《文物》1996 年第 3 期，第 58～64、95 页。

③ 擂鼓台南洞今洞内放置的主尊菩提瑞像是后来从洛阳周边的佛寺中移来，原塑像不存。擂鼓台南洞坛上原放置了多件从洛阳周边佛寺中收集的石佛像，后在擂鼓台石窟区建文物廊，将部分雕像移放至廊内，洞内仍留下一尊即今所见带花冠的菩提瑞像。移至文物廊的佛像中另有两尊菩提瑞像，还有多尊跏趺坐佛和立佛，而存放于文物廊内的佛像现已移出擂鼓台石窟区。通过背景雕刻莲花与菩萨图像题材判断原主尊应为阿弥陀佛像，主尊与背景共同表现阿弥陀五十菩萨像题材。参见罗世平：《四川唐代佛教造像与长安样式》，《文物》2000 年第 4 期，第 54 页。

龙门石窟武周时期开凿的
摩崖三佛龛取法相同。

　　第四，四川广元千佛崖第
535 号窟（莲花洞）内三壁三
龛造像（图 3.17），正壁主尊
为善跏趺坐弥勒佛，南壁主尊
佛像着双领下垂式袈裟，右手
上举施无畏印，左手残，结跏
趺坐。北壁主尊佛像亦结跏趺
坐，螺髻正中饰宝珠，颈部佩
七宝项饰，戴手镯，着偏袒右

释迦牟尼　　　　　弥勒佛　　　　　阿弥陀佛

图 3.17　四川广元千佛崖第 535 号窟（莲花洞）三
壁三龛造像　初唐（采自《广元石窟内
容总录·千佛崖卷》第 134 页）

肩袈裟，右手掌心向下抚右膝施降魔印，左手反置膝上①。根据以上佛像特征推断这
是一组三世佛题材，即正壁主尊为弥勒佛，南壁为阿弥陀佛，北壁为释迦牟尼佛
（菩提瑞像）。此窟中编号第 535 - 10 号龛内有"大周万岁通天□年"（696～697 年）
题记，可以肯定这是武周时期造像②。四川广元千佛崖莲花洞三壁三龛内主尊弥勒佛
两侧配置释迦牟尼佛与阿弥陀佛这一三佛并坐造像组合样式在两京地区首先确立，
随后流向地方，是武周时期"长安样式"在四川地区传播的遗存。

　　由以上造像遗存实例可知，弥勒佛是武周时期三佛并坐组合中变动的因子，这
种变动，表面上缘于唐代兴起并流行的净土信仰，它的深层寓意则直接与高宗武则
天时期武则天对弥勒倍加推崇密不可分。武则天曾命令两京及诸州各置大云寺各藏
《大云经》为其登基作政治宣传③。武周至玄宗开元年间正是安西都护府在龟兹实施

① 四川省文物管理局、成都文物考古研究所、北京大学中国考古学研究中心、广元千佛崖石刻艺术博物
馆编著：《广元石窟内容总录·千佛崖卷》（下卷），成都：巴蜀书社，2014 年，第 134～150 页。

② 四川省文物管理局、成都文物考古研究所、北京大学中国考古学研究中心、广元千佛崖石刻艺术博物
馆编著：《广元石窟内容总录·千佛崖卷》（下卷），第 141 页。

③ 武则天利用《大云经》为其登基作政治宣传："怀义与法明等造大云经，陈符命，言则天是弥勒下生，
作阎浮提主，唐氏称微。故则天革命称周，怀义与法明等九人并封县公，赐物有差，皆赐紫袈裟、银
龟袋。其伪《大云经》颁于天下，寺各藏一本，令升高座讲说。"参见［后晋］刘昫等撰：《旧唐书》
卷一八三，北京：中华书局，1975 年，第 4742 页。

行政管理的稳定时期，安西境内就文献与考古遗存可知曾建有大云寺。从新罗僧人慧超撰《往五天竺国传》记载来看唐玄宗开元十五年（727年）龟兹境内曾建有大云寺：

> 且于安西。有两所汉僧住持。行大乘法。不食肉也。大云寺主秀行善能讲说。先是。京中七宝台寺僧。大云寺都维那名义超，善解律藏。旧是京中庄严寺僧也。大云寺上座。名明恽。大有行业，亦是京中僧。此等僧。大好住持甚有道心。乐崇功德。①

由慧超记载可知，安西大云寺主秀行原为长安七宝台寺僧，大云寺都维那义超原为京中庄严寺僧，大云寺上座明恽亦原为京中僧人，这些京都地区的僧人进入龟兹管理安西四镇的汉僧事务，他们将京都宗教信仰与图本样式直接带入龟兹是当然之事。虽然慧超记载的年代是唐玄宗开元十五年（727年），但从大云寺的寺名记载可知，龟兹在唐玄宗开元初年还是一直延续武周时期崇奉的弥勒信仰。

此外，安西四镇中的疏勒（喀什，Kashgar）与碎叶（Suyab）从文献与考古遗存来看也曾建有大云寺②。大云寺的主要特征是供奉弥勒，为武则天政权服务。据此，本书推断安西都护府设立在龟兹时期建造的大云寺应当流行弥勒信仰，那么当时汉人在库木吐喇开凿唐风洞窟供奉的塑像和壁画内容与大云寺奉祀弥勒信仰应有密切的联系。在唐武周时期至安史之乱前唐朝大一统的政权下，安西移民的汉人、汉僧与将士在政策、思想、文化上均与中央保持一致，中央两京地区对弥勒信仰倍加推崇，安西地区使用从两京地区（尤以洛阳为先）创立的三佛并坐造像组合新样式，强调弥勒佛的中尊地位则是其合理的推断。

---

① ［唐］慧超原著，张毅笺释：《中外交通史籍丛刊·往五天竺国传笺释》，北京：中华书局，2000年，第176页。

② ［唐］慧超记："疏勒亦有汉大云寺。有一汉僧住持。即是岷州人士。"参见［唐］慧超原著，张毅笺释：《中外交通史籍丛刊·往五天竺国传笺释》，第176页。［唐］杜佑《通典》卷一九三《边防典》引杜环《经行记》碎叶条："天宝七载（748年），北庭节度使王正见薄伐，城壁摧毁，邑里零落。昔交河公主所居止之处建大云寺犹存。"1953～1954年和1955～1958年碎叶宫堡以南一百米处相继发掘了两座佛寺遗址，第一座佛寺正壁供奉释迦佛与倚坐弥勒，张广达认为此遗存与文献记述相合。参见张广达：《碎叶城今地考》，《北京大学学报》1979年第5期，第70～82页。另收录于林幹编：《突厥与回纥历史论文选集》（上册），北京：中华书局，1987年，第443～464页。

就目前遗存来看，内地三佛并坐造像组合并未开凿于中心柱窟组合中。库木吐喇窟群区第 15、16 与 17 窟设计者与建造者将汉地流行的三壁三龛或同一壁面三佛并坐造像组合样式安置在龟兹三个中心柱窟正壁龛内组合，这是武周至玄宗开元年间两京地区流行的三佛并坐组合样式在龟兹中心柱窟中的移植与流传，并表现出汉地图本样式在进入龟兹后与当地文化风尚的适应与调整。

（二）第 16 窟主室中心柱正壁上部小龛内塑像重构

根据本书第二章第二节所述，库木吐喇第 16 窟主室正壁壁面上部中间开一小拱形龛，龛内塑像不存，龛外两侧壁面对称绘制骑狮文殊菩萨与骑象普贤菩萨，骑象普贤菩萨位于龛右，骑狮文殊菩萨位于龛左，骑狮文殊菩萨与骑象普贤菩萨作为龛内主尊的胁侍菩萨对称配置左右。根据经本不同，这一组合主尊尊格有多种变化，骑狮文殊菩萨与骑象普贤菩萨的左右胁侍位置也不相同。下面列举骑狮文殊菩萨与骑象普贤菩萨作为主尊胁侍菩萨对称配置的多组造像实例并进行比对，以推断库木吐喇第 16 窟主室正壁上部小龛内主尊塑像尊格。

第一，释迦三尊像，即释迦牟尼佛（或释迦、多宝二佛）与骑狮文殊菩萨、骑象普贤菩萨组合，主要有三种配置样式：

（1）主尊为释迦牟尼佛，主尊右侧配置骑狮文殊菩萨，主尊左侧配置骑象普贤菩萨的图像组合。例如五台山南禅寺大殿塑像（图 3.18）与邯郸鼓山水浴寺石窟西窟东壁北侧造像等（图 3.19）。

文殊菩萨　　　　释迦牟尼　　　　普贤菩萨

图 3.18　山西五台山南禅寺大殿释迦三尊像　唐
（采自《山西国宝之旅》，第 46 页）

文殊菩萨　　　　释迦牟尼　　　　普贤菩萨

图 3.19　河北邯郸鼓山水浴寺石窟西窟东壁北侧
释迦三尊像　唐

（2）主尊为释迦牟尼佛，主尊左侧配置骑狮文殊菩萨，主尊右侧配置骑象普贤菩萨的图像组合，如敦煌莫高窟初唐第 220 窟西壁龛内塑一佛、二弟子、二菩萨，主尊佛陀从手印上判断应为释迦牟尼佛，西壁龛外北侧绘文殊变，西壁龛外南侧绘普贤变（图 3.20）。这种绘塑释迦三尊组合在初唐莫高窟第 68、202 与 340 窟中龛顶部还绘有见宝塔品，整龛塑绘内容表现主尊释迦牟尼佛在法华会上宣讲《法华经》，龛外两侧骑狮文殊菩萨与骑象普贤菩萨赴法华会，龛顶见宝塔品表现虚空会，以证实释迦牟尼佛在法华会上宣讲《法华经》"皆是真实"[①]。

普贤菩萨　　　　　　　　　释迦牟尼　　　　　　　　文殊菩萨

图 3.20　敦煌莫高窟第 220 窟西壁　初唐（在《敦煌石窟全集 1·再现敦煌》，第 143 页，图 156 基础上加工而成）

（3）法华经变图，即骑狮文殊菩萨、释迦与多宝二佛、骑象普贤菩萨组合。根据《妙法莲华经》所记，中央表现宝塔，塑绘释迦与多宝二佛，右侧多配置骑狮文殊菩萨，左侧多配置骑象普贤菩萨。例如：敦煌莫高窟第 331 窟法华经变图，东壁入口上部绘释迦与多宝二佛结跏趺坐，宝塔左右分别绘观世音菩萨与大势至菩萨，二菩萨右侧绘骑狮文殊菩萨，二菩萨左侧绘骑象普贤菩萨（图 3.21）。释迦、多宝二佛与文殊、普贤二菩萨的组合应是释迦三尊像的另一种表现形式。

第二，华严三圣像，主尊为毗卢遮那佛，主尊左侧配置文殊菩萨，主尊右侧配置普贤菩萨，华严三圣造像最晚于中唐时期就已出现[②]。造像实例如敦煌藏经洞出土

---

① 殷光明：《从释迦三尊到华严三圣的图像转变看大乘菩萨思想的发展》，《敦煌研究》2010 年第 3 期，第 6 页。

② 殷光明：《从释迦三尊到华严三圣的图像转变看大乘菩萨思想的发展》，《敦煌研究》2010 年第 3 期，第 8 页。

文殊菩萨　　　释迦多宝　　　普贤菩萨

图 3.21　敦煌莫高窟第 331 窟东壁上部法华经变图　初唐（采自《中国石窟·敦煌莫高窟
三》，图 75）

晚唐至五代时期绢画《华严经十地品变相图》，此图是根据《华严经》八十卷本描绘
的变相图所绘，全幅画面分为四段，每段三图，共计十二图，最下段画面中间主尊
为毗卢遮那佛，左右对称绘制两身胁侍菩萨，右段绘骑象普贤菩萨及胁侍，左段绘
骑狮文殊菩萨及胁侍，其余画面均以如来为中心表示"十地品"（图 3.22）。

普贤菩萨　　　　　毗卢遮那佛　　　　　文殊菩萨

图 3.22　华严经十地品变相图局部　晚唐～五代（法国巴黎吉美博物馆藏，采自《海外
藏中国历代名画 2·五代至北宋》，第 19 页，图 12)

　　第三，东方三圣像（三大士），即骑狮文殊菩萨、观世音菩萨与骑象普贤菩萨。
例如：山西太原天龙山第 9 窟下层造像，主尊为十一面观音立像，右侧配置骑狮文
殊菩萨像，左侧配置骑象普贤菩萨像（图 3.23）。
　　第四，弥勒三尊像，即骑象普贤菩萨、弥勒佛与骑狮文殊菩萨。主尊为善跏趺
坐弥勒佛，主尊右侧配置骑象普贤菩萨，主尊左侧配置骑狮文殊菩萨。例如：云南
剑川石钟山石钟寺第 4 号造像龛以善跏趺坐弥勒佛为主尊，弥勒佛左侧配置骑狮文
殊菩萨与弥勒佛右侧配置骑象普贤菩萨的弥勒三尊像组合（图 3.24）。

文殊菩萨 十一面观音 普贤菩萨　　　　　　　　　普贤菩萨　　弥勒佛　　文殊菩萨

图 3.23　山西太原天龙山第 9 窟　　　图 3.24　云南剑川石钟山石钟寺第 4 号造像龛
　　　　　东方三圣像 初唐（采自　　　　　　　　弥勒三尊像 大理国（罗世平提供）
　　　　　《天龍山石窟》，图 45）

　　第五，药师净土变相图，主尊药师如来佛左手持药钵，右手持禅杖，结跏趺坐于莲花座上，左右胁侍或为日曜菩萨与月净菩萨，或为观世音菩萨、大势至菩萨与八大菩萨。骑狮文殊菩萨与骑象普贤菩萨出现在药师净土变相图中，但并不是作为药师佛两侧的主要胁侍。例如敦煌莫高窟初唐第 220 窟北壁药师经变图中，画面以东方药师净土七佛和八身接引菩萨为主体，两侧绘眷属十二神王，左上方绘骑狮文殊菩萨，右上方绘骑象普贤菩萨（图 3.25）。

普贤菩萨　　药　　　　师　　　　七　　　　佛　文殊菩萨

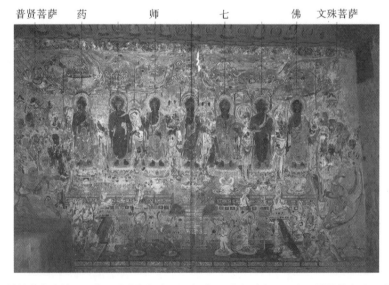

图 3.25　敦煌莫高窟第 220 窟北壁药师经变图　初唐（采自《中国石窟·敦煌莫高窟 三》，图 27）

第六，西方净土变相图，主尊阿弥陀佛，左右胁侍为观世音菩萨与大势至菩萨，文殊菩萨与普贤菩萨的图像虽出现于西方净土变相图中，但并不是作为主尊阿弥陀佛的主要胁侍菩萨出现。例如敦煌莫高窟初唐第341窟南壁无量寿经变图内"天宫"部分绘骑狮文殊菩萨、骑象普贤菩萨、十方诸佛与天乐飞天等（图3.26）。

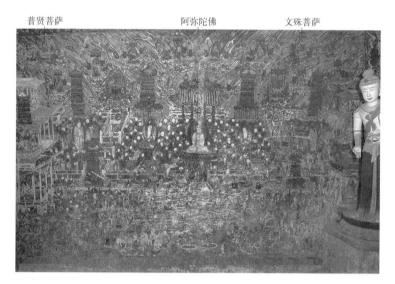

图3.26　敦煌莫高窟第341窟南壁无量寿经变图　初唐（采自《敦煌石窟全集5·阿弥陀经画卷》，第48~49页，图28）

第七，主尊阿弥陀佛、释迦牟尼佛与弥勒佛，三佛两侧右胁侍为骑狮文殊菩萨，左胁侍为骑象普贤菩萨。例如山西省五台山佛光寺东大殿佛台上的唐代彩塑（图3.27）。

图3.27　山西五台山佛光寺东大殿佛台彩塑　晚唐（杭州大视角文化传播有限公司提供）

以上列举的七组主尊、文殊菩萨、普贤菩萨位置组合关系与库木吐喇第 16 窟主室正壁上部小龛残迹与两侧文殊菩萨、普贤菩萨位置关系进行比对：根据德国与法国探险队拍摄的历史照片①，库木吐喇第 16 窟主室正壁小龛内存贴塑身光、身光后左右两侧绘双树及树冠、飞天、团花与仙鹤且文殊菩萨在主尊左侧，普贤菩萨在主尊右侧，文殊菩萨与普贤菩萨位置与第三组东方三圣像（三大士）位置不符，且从龛内身光与双树图像判断原主尊塑像尊格应不是菩萨，故排除库木吐喇第 16 窟主室正壁上部小龛内主尊为观世音菩萨的可能。第五组药师净土变相与第六组西方净土变相中文殊菩萨与普贤菩萨虽然出现但并未成为主尊两侧主要胁侍菩萨配置，故排除这两种造像组合的可能。第七组主尊为三佛，显然与库木吐喇第 16 窟主室正壁小龛内塑绘一头光与身光原有一佛不符。此外，从龛内主尊身光部位并未发现善跏趺坐凿塑痕迹，且本书已经推测出第 16 窟主室正壁大龛内为弥勒佛，故排除第 16 窟主室正壁上部小龛中塑善跏趺坐弥勒佛的可能。

根据以上所作的排除法，第一组释迦三尊像与第二组华严三圣像组合中骑狮文殊菩萨位于主尊左侧，骑象普贤菩萨位于主尊右侧，二菩萨位置与库木吐喇第 16 窟主室正壁文殊菩萨与普贤菩萨位置一致。从文殊菩萨与普贤菩萨布局位置来看，库木吐喇第 16 主室正壁上部小龛主尊与龛外文殊菩萨、普贤菩萨组合应与第一组释迦三尊像、第二组华严三圣像组合相似，故而本书推断库木吐喇第 16 窟主室正壁上部小龛内主尊塑像尊格原为一尊结跏趺坐释迦牟尼佛或毗卢遮那佛的可能性极大。

若主尊为释迦牟尼佛，那么释迦牟尼佛与文殊菩萨、普贤菩萨共同组成释迦三尊（图 3.28），表现释迦牟尼佛在法华会宣讲《法华经》，文殊、普贤二菩萨赴法华会的内容，呈现出法华信仰②。库车地区发现的唐人《妙法莲华经》写本可为本书这

---

① 法国探险队 1907 年拍摄，巴黎吉美博物馆编号 AP 7050 与 AP 7055 历史照片；德国探险队 1914 年拍摄，柏林亚洲艺术博物馆编号 B 1220 与 B 0086 历史照片。

② 释迦牟尼与文殊、普贤三尊造像的形成，并没有一定的造像经典仪轨依据，大乘法华与华严思想的流行为其提供了佛教义理，尤其是《法华经》及其图像对这一题材的形成具有重要作用。参见殷光明：《从释迦三尊到华严三圣的图像转变看大乘菩萨思想的发展》，《敦煌研究》2010 年第 3 期，第 1~10 页。

一重构观点提供又一例证①。

若主尊为毗卢遮那佛,那么文殊菩萨、普贤菩萨与毗卢遮那佛共同组成华严三圣(图 3.29)。唐开元年间长者李通玄首倡"三圣圆融"说,提出毗卢遮那佛、文殊菩萨与普贤菩萨三圣一体的崇拜对象格局,华严三圣之间有着四重圆融关系②,《华严经》表示的形象是以佛、文殊菩萨与普贤菩萨三圣为代表。继而中唐华严四祖澄观《三圣圆融观门》曰:"三圣者:本师毗卢遮那如来,普贤、文殊二大菩萨是也。……三圣之内,二圣为因,如来为果。果起言想,且说二因。若悟二因之玄微,则知果海之深妙。……二圣法门既相融者,则普贤因满,离相绝言,没因果海,是名毗卢遮那,光明遍照,唯证相应故。"③ 文殊菩萨与普贤菩萨代表修行过程为因,成就法身毗卢遮那佛为果。库木吐喇第 16 窟这组重构的毗卢遮那佛、骑狮文殊菩萨与骑象普贤菩萨造像共同表达了华严信仰。

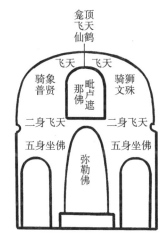 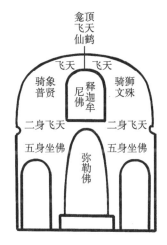

图 3.28 库木吐喇第 16 窟主室正壁重构示意图(一)(刘韬制图)　图 3.29 库木吐喇第 16 窟主室正壁重构示意图(二)(刘韬制图)

---

① 日本大谷探险队在库车地区发现并带走唐人《妙法莲华经》卷一、卷四、卷五与《添品妙法莲华经序》写本,参见 [日] 香川默识编:《西域考古图谱》,北京:学苑出版社(据日本国华社 1915 年版影印),1999 年,第 168 ~ 170、172 页。

② 李通玄认为,华严三圣之间存在着主伴、因果、体用与理智四重关系,这四重关系体现了三圣之间圆融无碍的特点。参见邱高兴:《李通玄佛学思想述评》,中国人民大学 1996 届博士学位论文,第 32 ~ 35 页。

③ 《大正藏》第四十五卷,第 671 页。

因目前无其他证据进一步推断，故而本书将库木吐喇第 16 窟主室正壁上部壁面三尊造像推测为释迦三尊像或华严三圣像。

（三）第 16 窟主室中心柱正壁地坪像台上塑像重构

库木吐喇第 16 窟主室中心柱正壁地坪上置像台且像台较长，台上原应有塑像，因已推断出第 16 窟中心柱正壁主尊为弥勒佛造像，本书推断其地坪像台最里端应为中心柱正壁龛内善跏趺坐弥勒佛双足放置位置，其外侧或放置供养菩萨造像与弥勒佛形成配置组合。

由此，本书重构出库木吐喇第 16 窟主室中心柱正壁龛内塑弥勒佛像，其上方小龛内塑释迦牟尼佛或毗卢遮那佛像，正壁下方地坪像台上塑供养菩萨像；库木吐喇第 15 与 17 窟主室正壁龛内塑阿弥陀佛（或释迦牟尼佛）像与释迦牟尼佛（或阿弥陀佛）像。

四、第 15～17 窟塑绘内容反映的宗教信仰讨论

通过上述重构工作可以看出，库木吐喇第 15、16 与 17 窟塑像与壁画布局体现出大乘佛教的多种信仰。

第一，库木吐喇第 15、16 与 17 窟主尊分别为阿弥陀佛、弥勒佛与释迦牟尼佛的三佛并坐组合样式，传达出对西方净土、弥勒净土与现世应身佛的三佛推崇。

第二，库木吐喇第 15 窟左、右与后甬道中的立佛与立菩萨绘有东方三圣（即药师三尊：日曜菩萨、药师佛、月净菩萨）以及燃灯佛像，传达出对东方净土的推崇。库木吐喇第 16 窟后甬道外侧壁绘一佛与左、右甬道外侧壁各绘一佛，也是三世佛的组合形式。左、右与后甬道中的立佛与立菩萨虽然题记残破，但仍可判断出大乘佛教多佛与多菩萨崇奉的信仰。

第三，库木吐喇第 16 窟主室正壁因主尊推断为释迦牟尼佛或毗卢遮那佛两种可能，故而塑绘内容呈现的思想也不尽相同。若主尊为释迦牟尼佛，则表现主尊释迦牟尼佛在法华会宣讲《法华经》，文殊菩萨与普贤菩萨共赴法华会内容，共同传达《法华经》"开除三乘教法的方便权巧，显示一乘妙法（会三归一）"的法华思想。而另外一种可能是正壁小龛内主尊为华严教主毗卢遮那佛造像与对称绘制的文殊菩萨、普贤菩萨代表菩萨行形成的组合，表现《华严经》宣扬释迦开悟以毗卢遮那如

来言法界身，住华严藏世界，与文殊菩萨、普贤菩萨对说华严教义的内容，从而构成达成法身的思想。

第四，库木吐喇第16窟主室窟顶绘制千佛与左、右侧壁分别绘制东方净土变与西方净土变用意在于往生净土世界。

第五，库木吐喇第16窟主室前壁上方半圆形壁面绘制涅槃佛题材，从目前发表的材料来看这一题材绘制于中心柱窟主室前壁上部半圆形壁面位置在龟兹石窟中仅此一例。涅槃图像从龟兹石窟中心柱窟后甬道位置变动到主室前壁新的位置上，从重构出库木吐喇第16窟主室正壁塑像尊格来看，可以初步解释涅槃图像这一新位置改动的原因。中心柱正壁塑弥勒佛代表未来佛与前壁释迦牟尼佛涅槃可以形成一种时间上的对应关系，即现在佛涅槃之后未来佛弥勒下生。库木吐喇第16窟主室中心柱正壁上部小龛中或为毗卢遮那佛或为释迦牟尼佛代表法身佛与前壁涅槃题材中的应身佛释迦牟尼相呼应，可以表达应身佛释迦牟尼虽已涅槃但法身常在且法大于佛的大乘佛教思想。

"长安样式"在龟兹石窟的传播，汉人将两京地区流行的佛教塑绘题材在龟兹地区中心柱窟中重新布局，库木吐喇第16窟主室中心柱正壁塑弥勒佛，弥勒佛上龛内塑释迦牟尼佛或毗卢遮那佛，与两侧绘制的文殊菩萨、普贤菩萨组成释迦三尊或华严三圣，库木吐喇第15与17窟主室中心柱正壁主尊塑阿弥陀佛（或释迦牟尼佛）与释迦牟尼佛（或阿弥陀佛），结合第15与16窟绘制的千佛、观无量寿经变、药师经变等壁画题材，库木吐喇第15、16与17窟塑像与壁画反映的主体建窟思想是崇奉弥勒净土、西方阿弥陀净土、东方药师净土与法华或华严信仰。这与当时武周至唐玄宗开元年间京都地区的佛教信仰是保持一致的。库木吐喇第15、16与17窟从建筑、塑像与壁画上表现出武周至唐玄宗开元年间政治、宗教、文化、艺术、图本与样式在龟兹地区的传播与交融。

第三节　第12窟壁画内容考释与塑像重构

本书第二章根据格伦威德尔的文字记录以及柏林亚洲艺术博物馆与巴黎吉美博物馆馆藏历史照片资料，基本上识读与复原了库木吐喇窟群区第12窟窟内各壁面壁画的题材及位置分布。在此基础上，本节对库木吐喇第 12 窟部分壁画图像内容作进一步分析并根据塑绘关系对第 12 窟主室正壁塑像尊格进行重构。

一、主室正壁魔军袭佛图

库木吐喇第 12 窟主室正壁绘制魔军袭佛题材壁画（见图 2.15），这一题材的位置就目前龟兹石窟遗存与发表的资料来看在龟兹石窟中心柱窟主室正壁绘制降魔题材仅为孤例。龟兹石窟中降魔成道题材多绘制于中心柱窟主室的前壁、甬道侧壁和方形窟的正壁及侧壁上，其位置并不固定。例如：降魔图绘于方形窟内的有克孜尔第 110 窟主室正壁上方券顶半圆形壁面（图 3.30）与克孜尔第 76 窟主室右侧壁面等；降魔图绘于中心柱窟内的如克孜尔第 98 窟主室前壁券顶半圆形壁面（图 3.31）与克孜尔第 175 窟左甬道外侧壁面（图 3.32）等。

图 3.30　克孜尔第 110 窟主室正壁降魔成道图（采自《新疆佛教艺术》第三卷，第 245 页，图版 7a）

克孜尔第 98 与 110 窟均在半圆形壁面绘制降魔成道图，库木吐喇第 12 窟则在中心柱窟正壁开莲瓣形龛，周围绘制魔军袭佛图像，这些降魔图均在半圆形壁面处理魔军袭佛内容，可以看出库木吐喇第 12 窟降魔图对于龟兹本地降魔图图本的传承关系。但库木吐喇第 12 窟主室正壁莲瓣形龛内绘制的头光与身光是头光内绘漩涡纹外绘三圈同心圆花卉簇叶状图案，身光绘漩涡纹，外绘有两圈花卉簇叶状纹样，明显受到汉地画风的影响。而克孜尔石窟内的降魔图头光与身光则为常见的圆形光环叠加。库木吐喇第 12 窟的这幅降魔图在龟兹本地图本基础上加入了盛唐以后中原汉地流行的纹样，可以看作是回鹘民族在龟兹本土绘画传统基础上融入了汉地因素。

图 3.31　克孜尔第 98 窟主室前壁降魔成道图（采自《中国新疆壁画全集·克孜尔 3》，第 6 页，图 5）

图 3.32　克孜尔第 175 窟左甬道外侧壁释迦降魔成道图（采自 *Along the Ancient Silk Routes*，p. 99）

二、主室左右甬道内侧壁上文殊菩萨与普贤菩萨出行图

在格伦威德尔《新疆古佛寺》一书中记录了库木吐喇德国编号第 33 窟（中国编

号第12窟）右甬道内侧壁绘骑象普贤菩萨，左甬道内侧壁绘骑狮文殊菩萨①。骑象普贤菩萨及胁侍的图像已经发表②（图3.33），骑狮文殊菩萨及胁侍图像因残破严重未见发表，故而只能从格伦威德尔的文字记录得知文殊菩萨手持法器、骑狮并被许多眷属人物围绕③。从骑象普贤菩萨的壁画位置以及普贤菩萨面部的朝向判断普贤菩萨对面的文殊菩萨及胁侍也应遵循对称原则同样朝向西侧窟门。因此可以推断，库木吐喇第12窟右甬道内侧壁骑象普贤菩萨、左甬道内侧壁骑狮文殊菩萨与正壁龛内塑像共同组成一组三尊组合。本书据此推断库木吐喇第12窟龛内塑像尊格，进而进一步推断库木吐喇第12窟图像构成反映的佛教信仰。

图3.33　库木吐喇窟群区第12窟右甬道内侧壁骑象普贤菩萨与眷属图（采自《新疆佛教艺术》第六卷，第549页，图版27）

（一）主尊释迦牟尼构成释迦三尊可能

本书判断库木吐喇第12窟主室正壁龛内原塑像可能为释迦牟尼，塑像与正壁魔军袭佛壁画共同表现释迦降魔成道主题，重构的释迦牟尼佛塑像与两甬道

①　［德］A.格伦威德尔：《新疆古佛寺——1905～1907年考察成果》，第55页。

②　［德］阿尔伯特·冯·勒柯克、恩斯特·瓦尔德施密特：《新疆佛教艺术》（第六卷），第549页，图版27。Caren Dreyer（et al.），*Museuum für Indische Kunst, Dokumentation der Verluste, Band III*, Berlin: Museum für Indische Kunst, SMB, 2002, p.170, IB 8828.

③　［德］A.格伦威德尔：《新疆古佛寺——1905～1907年考察成果》，第55页。

内侧壁文殊菩萨、普贤菩萨共同组成释迦三尊。释迦牟尼降魔成道这一题材较为常见，表达释迦牟尼除去思想众魔，觉悟成道，成就金刚不坏法身的思想。释迦牟尼与文殊菩萨、普贤菩萨构成释迦三尊，一般表现主尊释迦牟尼在法华会上宣讲《法华经》，两侧骑狮文殊菩萨与骑象普贤菩萨赴法华会，以证实释迦牟尼佛在法华会上宣讲《法华经》"皆是真实"[①]。库木吐喇第 12 窟主室正壁释迦降魔与两甬道内侧壁文殊菩萨、普贤菩萨图像组合应是上述二者内容的结合。

（二）主尊弥勒佛构成弥勒三尊可能

本书判断库木吐喇第 12 窟主室正壁龛内原塑像还有一种可能，即弥勒佛与正壁魔军袭佛壁画共同表达弥勒降魔成道主题，另与两甬道内侧壁文殊菩萨、普贤菩萨组成弥勒三尊组合。弥勒降魔成道图像实例如敦煌莫高窟盛唐第 208 窟北壁弥勒经变中绘有弥勒降魔成道题材[②]。如果考虑到左、右甬道内侧壁的骑狮文殊菩萨与骑象普贤菩萨，正壁龛内主尊或为毗卢遮那佛组成华严三圣组合，或为弥勒佛组成弥勒三尊组合。本书认为左、右甬道骑狮文殊与骑象普贤与主尊毗卢遮那佛组成华严三圣的可能性极小。由于库木吐喇第 12 窟主室正壁为魔军袭佛题材，正壁龛内塑毗卢遮那佛基无可能，因为无论从经典到已存图像均未出现毗卢遮那佛降服魔军的记载与图像。

库木吐喇第 12 窟主尊塑像若为弥勒佛，可以与两甬道内侧壁文殊菩萨、普贤菩萨构成弥勒三尊。若库木吐喇第 12 窟主室正壁主尊塑弥勒佛，联系窟顶一佛二菩萨在佛国飞行的图像，这些图像共同表达弥勒净土信仰，但这仅仅是一种从理论上推测的可能。

以上对库木吐喇第 12 窟主室正壁塑像的推测有两种可能，一为释迦牟尼，一为弥勒佛。二佛尊格都可以和主室正壁周围的魔军图像以及两甬道内侧壁的文殊菩萨、普贤菩萨构成组合。但本书认为库木吐喇第 12 窟主室正壁塑像为释迦牟尼降魔成道题材的可能性更大。一则因为释迦牟尼降魔成道是更为常见的题材，二则从莫高窟

---

① 殷光明：《从释迦三尊到华严三圣的图像转变看大乘菩萨思想的发展》，《敦煌研究》2010 年第 3 期，第 6 页。

② 王惠民主编：《敦煌石窟全集 6·弥勒经画卷》，香港：商务印书馆，2002 年，第 101～102、115 页，图 99。

盛唐第 208 窟弥勒降魔成道图像来看，莫高窟第 208 窟北壁弥勒经变的主体是弥勒三会说法，弥勒降魔成道图像只是经变画的一个局部，但根据目前的资料尚看不到库木吐喇第 12 窟其他壁面关于弥勒题材的绘制，故而本书认为库木吐喇第 12 窟主室正壁为释迦牟尼降魔成道题材表达释迦牟尼成就金刚不坏法身的思想。如前所述，库木吐喇第 12 窟后甬道内侧壁绘释迦涅槃图，故库木吐喇第 12 窟中心柱前后壁塑绘释迦降魔与释迦涅槃题材均传达出大乘佛教强烈的法身观思想。

三、后甬道外侧壁三头八臂菩萨图

库木吐喇第 12 窟后甬道外侧壁中间绘制一身三头八臂立姿菩萨（图3.34）。格伦威德尔在《新疆古佛寺》中记录为"一个长着许多脑袋的六臂观音"且记录此菩萨题记为"南无十二面观世音菩萨"①，《中国新疆壁画全集 4·库木吐拉》中记录为"菩萨现存三头四臂"②，马世长《库木吐喇的汉风洞窟》③ 与《库木吐喇石窟内容总录》④ 均记录为三头八臂菩萨，庄强华《库木吐喇石窟总叙》⑤ 与刘松柏《库车古代佛教的观世音菩萨》⑥ 均记录为三头八臂菩萨，且庄强华与刘松柏进一步判断为三头八臂观世音菩萨。

图 3.34　库木吐喇窟群区第 12 窟后甬道外侧壁中部三头八臂菩萨线描图（刘韬绘图）

①　［德］A. 格伦威德尔：《新疆古佛寺——1905～1907 年考察成果》，第 55～56 页。

②　中国壁画全集编辑委员会编：《中国新疆壁画全集 4·库木吐拉》，第 84 页，第 200 页，图 202。

③　马世长：《库木吐喇的汉风洞窟》，载《中国石窟·库木吐喇石窟》，第 206 页。

④　新疆龟兹石窟研究所编：《库木吐喇石窟内容总录》，第 100 页。

⑤　庄强华：《库木吐喇石窟总叙》，载《中国石窟·库木吐喇石窟》，第 264 页。

⑥　刘松柏：《库车古代佛教的观世音菩萨》，《敦煌研究》1993 年第 3 期，第 36～38 页。

根据壁画揭取前的摹本以及刘松柏的描述，本书判断此菩萨为三头八臂菩萨，不是六臂或四臂菩萨。格伦威德尔在《新疆古佛寺》记录的题记为"南无十二面观世音菩萨"，但在图像中却并未表现出菩萨的十二面特征。

观世音菩萨图像的种类与形象有百余种，多头多臂观世音菩萨属于密教观世音菩萨图像谱系。密教崇奉有"六观音"① 和"七观音"②，但库木吐喇第12窟后甬道三面八臂观音图像从头部、手臂数量、面部表情、持物、头冠等特征上与密教中的"六观音"和"七观音"的各类观音图像均不尽相同。例如"六观音"中马头观音常见三面八臂形象，但马头观音三面皆成忿怒像且头顶有白马头，而库木吐喇第12窟三头八臂菩萨正面面部为慈悲相，头梳发髻，这些特征与马头观音特征不相符合。"六观音"中十一面观音的十一头面多分两层或多层排列，有的十一面观音绘手托日月，例如俄罗斯圣彼得堡国立艾尔米塔什博物馆藏敦煌五代（956年）麻布彩绘观世音菩萨胸像③、莫高窟宋代第76窟北壁中央十一面观音变相④等。库木吐喇第12窟三头八臂菩萨虽然手托日月但从残留的发髻来看并未绘制十一头面，故也不是十一面观音形象。三头八臂特征的观世音菩萨并不见于佛经记载，目前见到的三头八臂观音图像实物较晚，如安西东千佛洞西夏第2窟东壁门北侧绘三面八臂观音变⑤，而八臂观音菩萨图像遗存较多，且有一、三、九、十一头等多头之分，三面八臂观世音菩萨则是八臂观音菩萨的一类⑥。如果《新疆古佛寺》记录弗朗克（Franke）辨识的"南无十二面观世音菩萨"题记⑦无误，那么库木吐喇第12窟后甬道外侧壁这身三头八臂菩萨图像与题记并不吻合，本书认为这身密教观世音菩萨图像特征在龟兹地区偏于民间化而不一定与经典记载完全对应。

---

① 密教"六观音"包括：圣观音、千手千眼观音、十一面观音、准提观音、马头观音与如意轮观音。
② 密教"七观音"是密教"六观音"加上不空羂索观音组成。
③ 林宝尧编：《敦煌艺术图典》，台北：艺术家出版社，1995年，扉页3。
④ 敦煌文物研究所编：《中国石窟·敦煌莫高窟 五》，北京：文物出版社，1987年，图105。
⑤ 敦煌研究院编：《敦煌石窟内容总录》，北京：文物出版社，1996年，第222页。张宝玺：《瓜州东千佛洞西夏石窟艺术》，北京：学苑出版社，2012年，第201~202页，图版44~44（1-1）。
⑥ 刘松柏：《库车古代佛教的观世音菩萨》，《敦煌研究》1993年第3期，第37页。
⑦ ［德］A. 格伦威德尔：《新疆古佛寺——1905~1907年考察成果》，第56页。

四、左甬道外侧壁西起第一身佛像

库木吐喇第 12 窟左甬道外侧壁西起第一身立佛形象（图 3.35），格伦威德尔在《新疆古佛寺》中记录此形象是地藏菩萨（Kṣitigarbha）的立像或手持锡杖的不空羂索观音（Amoghapāśa）形象①。根据柏林亚洲艺术博物馆编号 B 0236 历史照片②本书判断此形象不是地藏菩萨或不空羂索观音形象而应为药师佛（Bhaiṣajya-guru-vaiḍūrya-prabhāṣa）。

药师佛

图 3.35　库木吐喇窟群区第 12 窟左甬道外侧壁西起第一身药师佛（采自《新疆佛教艺术》第
　　　　六卷，第 517 页，插图 232）

首先，地藏的形象常见为沙门形地藏与披帽地藏两种。盛唐以后沙门形地藏典型样式为立于莲台，身着袈裟，项饰璎珞，双手执珠的沙门形地藏形象。披帽地藏像典型样式为结跏趺坐于莲台，右手执锡杖，左手或捧珠、或结印，头戴风帽，身

---

① ［德］A. 格伦威德尔：《新疆古佛寺——1905～1907 年考察成果》，第 55 页。

② 柏林亚洲艺术博物馆编号 B 0236 历史照片是德国探险队在 1906 年拍摄，此照片发表于［德］阿尔伯
　特·冯·勒柯克、恩斯特·瓦尔德施密特：《新疆佛教艺术》（第六卷），第 517 页。

着袈裟，项饰璎珞的形象①。根据柏林亚洲艺术博物馆编号 B 0236 历史照片资料，本书辨识库木吐喇第 12 窟左甬道外侧壁西起第一身立像顶有肉髻并未披帽，故应不是地藏菩萨的形象。

其次，不空羂索观音是密教所奉"七观音"和天台宗所奉"六观音"之一。以手持象征慈悲之羂索接引众生而得名，常见三面四臂形象，全身菩萨装束，左边两手持莲花与羂索，右边两手持军持与数珠。根据柏林亚洲艺术博物馆编号 B 0236 历史照片资料，此形象为立佛像非多臂菩萨像，故也不应判断为不空羂索观音形象。

以上排除了格氏对库木吐喇第 12 窟左甬道外侧壁西起第一身立像为地藏菩萨或不空羂索观音形象的判断。根据柏林亚洲艺术博物馆编号 B 0236 历史照片资料，此立佛像右手持锡杖、左手托钵，持物与药师佛常见持物一致。药师佛的具体形象在药师经中并未提及，而见于药师佛相关经轨中。如唐不空译《药师如来念诵仪轨》记："安中心一药师如来像，如来左手令执药器，亦名无价珠。右手令作结三界印，一着袈裟结跏趺坐，令安莲华台，台下十二神将。"② 日本的佛教资料对药师佛形象有详细记载，如日本龙谷大学藏本《图像抄》图像第二佛顶部"药师如来"条记："世留布，像有二样。一者扬右手，垂左手，是东寺金堂并南京药师寺像也……二者左手持药壶，以右手作施无畏或右手曲水指或火空相捻。又有唐本持钵锡杖，或左手持钵，其钵十二角，右手作施无畏云云印。"③ 这里记载唐代药师佛的持物特征是持钵与持锡杖，说明唐代流行持钵与持锡杖的药师佛形象。唐代药师佛图像在敦煌莫高窟中保存多例，壁画中药师佛图像的主要特征是持钵与持锡杖，如敦煌莫高窟初唐第 322 窟东壁门南侧绘一身药师佛立像，左手托药钵，右手持锡杖；莫高窟盛唐第 199 窟龛顶南壁绘四身药师佛立像均左手托钵，右手持锡杖；莫高窟中唐第 245 窟西壁南北两侧分别绘两身药师佛立像，均持锡杖与托钵。库木吐喇第 12 窟左甬道外侧壁西起第一身立佛像右手持锡杖、左手托钵，立佛东侧为持香炉观世音立像与燃灯佛立像，故此壁面形象均应作为单尊立像供养绘制。综上分析，库木吐喇第 12 窟

---

① 关于沙门形地藏与披帽地藏图像的遗存与分析参见罗世平：《地藏十王图像的遗存及其信仰》，载荣新江主编：《唐研究》（第四卷），北京：北京大学出版社，1998 年，第 373～385 页。

② 《大正新修大藏经》第 19 册，第 29 页中。

③ 阙名：《图像抄》，原禄十五年抄本，京都：日本龙谷大学藏本。

左甬道外侧壁西起第一身立佛像应辨识为药师佛形象。

　　库木吐喇第 12 窟壁画因图像资料的局限，笔者目前只能就现有资料作出合乎常理的辨识与重构。根据德国与法国探险队的资料本书重构了库木吐喇第 12 窟主室正壁画塑题材，进而观察第 12 窟主要的建窟思想。库木吐喇第 12 窟主室正壁画塑释迦牟尼降魔成道题材，正壁龛内释迦牟尼造像又与两甬道内侧壁的文殊菩萨、普贤菩萨组成释迦三尊像呈现出法华思想。库木吐喇第 12 窟主室正壁释迦牟尼降魔成道与后甬道内侧壁释迦涅槃题材均表达佛教释迦牟尼悟道之本质的法身观思想。库木吐喇第 12 窟左、右、后甬道绘制的多尊立像则又表明此窟崇尚大乘佛教的多佛与多菩萨信仰，现仅能辨识出燃灯佛、药师佛与观世音菩萨的崇奉。而后甬道外侧壁的三头八臂观音菩萨图像则表现出除崇奉显教思想之外，库木吐喇第 12 窟已融入对密教思想的崇奉。

第四节　第 45 窟壁画内容辨识

一、第 45 窟壁画研究状况与问题

　　库木吐喇窟群区第 45 窟被德国探险队在 20 世纪初年命名为飞天窟（Apsaras-Höhle）。本节根据目前掌握的资料梳理与讨论关于此窟壁画的研究状况与问题。

（一）法国与德国探险队及日本学者的考察与研究

　　1907 年 3~5 月法国探险队在库木吐喇第 45 窟拍摄过照片，今巴黎吉美博物馆编号 AP 7048 与 AP 7049 历史照片就拍摄于库木吐喇第 45 窟。1913 年德国第四支探险队成员勒柯克与巴尔图斯在库木吐喇第 45 窟进行拍照并揭取壁画。15 年后，勒柯克发表了《中国新疆的土地和人民》，书中记录了德国第四支探险队当时在库木吐喇第 45 窟的工作情况，简要描述了第 45 窟的部分壁画并判断第 45 窟的年代为 9 世纪①。经过本书核对，勒柯克在《中国新疆的土地和人民》书中出现壁画位置描述错误，把本属于库木吐喇第 12 窟（德国人编号并命名为 33 号

---

① ［德］勒柯克：《中国新疆的土地和人民》，第 118~119 页。

涅槃窟）的该书图 32 右下、图 33 上、中三幅图的壁画残片记录为库木吐喇第 45 窟①。勒柯克在 1928 年还同时发表了《中国新疆典型的唐代绘画》一文，详细阐释了他关于库木吐喇第 45 窟壁画的记录与识读②。文中详细描述了库木吐喇第 45 窟主室窟顶、正壁及前壁的壁画。勒柯克认为库木吐喇第 45 窟壁画主体是汉风格，但在主室左、右侧壁下部花卉栅栏壁画中呈现西突厥元素，这与波斯细密画风格接近，第 45 窟主室前壁壁画主体呈现汉式风格但其中也呈现出被印度伊朗改造后的希腊元素。文中同时刊布了库木吐喇第 45 窟主室窟顶、前壁、左侧壁或右侧壁下侧壁画③。在 1922～1933 年勒柯克著《新疆佛教艺术》第五卷和勒柯克与瓦尔德施密特合著《新疆佛教艺术》第七卷中对德国第四支探险队从库木吐喇第 45 窟揭取下的壁画进行描述④。

日本学者中野照男在《二十世纪初德国考察队对库木吐喇石窟的考察及尔后的研究》文中曾简要梳理过 20 世纪末之前关于库木吐喇第 45 窟的学术史⑤。中野照男另分析了出自库木吐喇窟群区第 45 窟主室券顶右侧四横排之一跏趺坐佛的壁画残片，从材料、位置、制作年代与样式等方面认为库木吐喇石窟壁画在 7～8 世纪从因缘说法题材向千佛题材转换，库木吐喇第 45 窟窟顶保留佛与个别供养人配置而故事情节简化甚至消失⑥。

（二）中国学者的考察与研究

1928 年中国学者黄文弼考察了库木吐喇石窟，在其《塔里木盆地考古记》一书

---

① ［德］勒柯克：《中国新疆的土地和人民》，第 187 页，图 32 右下，第 188 页，图 33 上和中。这三幅图属于德国人编号并命名的库木吐喇第 33 号涅槃窟，经本书核对对应于中国编号库木吐喇窟群区第 12 窟，参见本书第二章对库木吐喇第 12 窟的论述。

② Albert von Le Coq，"Peintures Chinoises Authentiques De L'Époque T'ang Provenant Du Turkestan Chinois"，*Revue des arts asiatiques*，Musée Guimet（Paris，France），Librairie des arts et voyages etc，Band 5，1928，pp. 1 – 8.

③ Albert von Le Coq，"Peintures Chinoises Authentiques De L'Époque T'ang Provenant Du Turkestan Chinois"，*Revue des arts asiatiques*，Musée Guimet（Paris，France），Librairie des arts et voyages etc，Band 5，1928，Fig. 1 – 2，Planche Ⅲ.

④ ［德］阿尔伯特·冯·勒柯克、恩斯特·瓦尔德施密特：《新疆佛教艺术》（第五卷），第 364、404 页，图版 18；第六卷，第 518 页、548 页，图版 26；第 7 卷，第 572、661 页，图版 26a，第 662 页，图版 27，第 664 页，图版 29b。

⑤ ［日］中野照男：《二十世纪初德国考察队对库木吐喇石窟的考察及而后的研究》，载《中国石窟·库木吐喇石窟》，第 239 页。

⑥ ［日］中野照男：《東京国立博物館保管壁画仏坐像を通して見たクムトラ石窟第 45 窟壁画の諸問題》，载《库木吐喇千佛洞保护修复工程报告》，第 372～386 页。

中发表了五幅跏趺坐说法佛图片①，从图像内容与风格来看极似出自库木吐喇第 45 窟券顶右侧壁面，黄文弼描述并推测此壁画年代在 8 世纪末至 9 世纪②。

此后，阎文儒撰文列举了库木吐喇第 45 窟右甬道外侧壁汉文榜题及壁画内容③。马世长、庄强华以及新疆龟兹石窟研究所对库木吐喇第 45 窟的各壁面内容情况作了具体说明④。刘增琪认为库木吐喇第 45 窟是公元 790 年以后在吐蕃控制期开凿，壁画来自中原的画家所绘，是以汉风为主体的佛教艺术⑤。贾应逸在《德国吐鲁番探险队窃取库木吐喇石窟壁画的位置核对》中判断德藏目录号 IB 4448 涅槃图壁画残片出自第 45 窟中心柱后壁⑥，贾应逸另在《库木吐喇回鹘窟及其反映的历史问题》⑦ 以及《印度到中国新疆的佛教艺术》⑧ 中延续着这种判断，她认为库木吐喇第 45 窟是龟兹回鹘发展繁荣期的代表洞窟。本书认为贾应逸判断德藏目录号 IB 4448 涅槃图出自第 45 窟的这一结论出现错误⑨，并且这一结论直接误导了以后的研究⑩。

由于库木吐喇第 45 窟塑像与壁画破损严重且缺乏直接断代依据，纵观以上各国

---

① 黄文弼：《塔里木盆地考古记》，图 28～32。

② 黄文弼称此五幅佛像均出自"河灞洞一壁"，由于黄氏当时并未对库木吐喇石窟进行编号，故与今石窟编号无法对应。笔者从第 45 窟券顶右侧壁面位置以及题材、风格判断黄文弼称其"河灞洞"应是今编号第 45 窟，此五幅图片应出自 45 窟券顶右侧。关于此五幅跏趺坐说法佛陀图片的描述与讨论参见黄文弼：《塔里木盆地考古记》，第 71～72 页。

③ 阎文儒：《龟兹境内汉人开凿汉僧住持最多的一处石窟——库木吐拉》，《现代佛学》1962 年第 4 期，第 26 页。另载《新疆考古三十年》，第 584 页。

④ 马世长：《库木吐喇的汉风洞窟》，载《中国石窟·库木吐喇石窟》，第 209～210 页。庄强华：《库木吐喇石窟总叙》，载《中国石窟·库木吐喇石窟》，第 268 页。新疆龟兹石窟研究所编：《库木吐喇石窟内容总录》，第 169～173 页。

⑤ 刘增琪：《库木吐拉 45 窟壁画浅析》，《新疆社会科学》1988 年第 1 期，第 95～102 页。

⑥ 贾应逸：《德国吐鲁番探险队窃取库木吐喇石窟壁画的位置核对》，载《新疆佛教壁画的历史学研究》，第 239 页。

⑦ 贾应逸：《库木吐喇回鹘窟及其反映的历史问题》，载《新疆佛教壁画的历史学研究》，第 210～213 页。

⑧ 贾应逸、祁小山：《印度到中国新疆的佛教艺术》，第 335～339 页。

⑨ 参见本书第二章关于库木吐喇第 12 窟与德国探险队编号第 33 号涅槃窟的比对，德藏目录号 IB 4448 涅槃图应出自第 12 窟，第 45 窟后甬道内侧壁壁画内容不明。

⑩ 2014 年苗利辉发表了《库木吐喇第 45 窟造像内容考证》，文中采用贾应逸观点将目录号 IB 4448 涅槃图认定出自第 45 窟，并由此谈论第 45 窟左、右、后甬道反映了大乘涅槃观信仰问题，此文对于库木吐喇第 45 窟前壁上方圆拱壁面壁画识读为弥勒龙华说法图，这些识读结论均出现错误。参见苗利辉：《库木吐喇第 45 窟造像内容考证》，《敦煌研究》2014 年第 2 期，第 38 页。

各家的研究，关于第 45 窟的建窟年代、壁画风格、图像辨识以及反映的建窟思想等一列问题大家各持己见，有待进一步考证与讨论。

二、壁画图像辨识

（一）主室前壁弥勒菩萨说法图

法国巴黎吉美博物馆编号 AP 7048 历史照片呈现了德国人未揭取库木吐喇第 45 窟壁画前主室前壁壁画的情况①，柏林亚洲艺术博物馆提供给笔者德国探险队揭取第 45 窟主室前壁壁画并重新拼合后在第二次世界大战博物馆被炸毁前的历史照片②（见图 2.21）。本书首先根据这两份图像资料对库木吐喇第 45 窟主室前壁壁画图像内容进行辨识。

库木吐喇第 45 窟主室前壁半圆形壁面中央绘一身交脚坐姿人物，右手作说法印，左手残。头结顶髻，戴一顶头冠，头冠由两边各一小装饰片和中间一大装饰片圆环组成，人物头发上还绘有花朵装饰，佩戴耳饰。右前臂配双手镯。主尊着白色袈裟，露胸部，白色袈裟上装饰有云纹。主尊绘有头光与身光，内圈绘波浪状纹样，外圈绘叶状纹，头光与身光后绘树冠（图 3.36）。主尊两侧各绘三身供养菩萨，均绘有头光。胁侍供养菩萨头部装饰与主尊头部装饰相似，他们或持花供养或双手合十供养。左右

图 3.36 库木吐喇窟群区第 45 窟主室前壁弥勒菩萨线描图（刘韬绘图）

---

① 法国巴黎吉美博物馆编号 AP 7048 历史照片资料由佛罗伦萨马克斯·普朗克艺术史研究所与柏林亚洲艺术博物馆博士后桧山智美女士提供。

② 德国柏林亚洲艺术博物馆编号 B 85 Ⅲ 9021（1）与 C 20 Ⅲ 9021 历史照片资料由柏林亚洲艺术博物馆档案管理员卡伦·德雷尔女士提供。

胁侍菩萨身后绘树木，树木上绘图案形叶片，叶片间绘悬挂着葡萄。主尊与供养菩萨间绘飘动的花卉及叶片纹饰。

此幅图像的主尊被德国学者瓦尔德施密特曾辨识为弥勒菩萨①，苗利辉辨识为弥勒佛②，本书认同瓦尔德施密特的判断。从上述主尊交脚坐姿、头饰、耳饰以及佩戴臂钏上可以肯定这是一身菩萨装造像而非佛陀造像，整幅画面表现的是在兜率天宫待机的弥勒菩萨说法内容，反映的是弥勒上生经本内容③。而此弥勒菩萨也表现出一些新的图像特征，如着白衣与白衣上的云纹，这一图像特征含义及图本来源目前暂时无法解读。

库木吐喇第 45 窟主室前壁弥勒菩萨说法图弥勒身光内圈纹样、库木吐喇第 12 窟涅槃图佛陀身光、主室正壁身光与柏孜克里克第 8 窟右壁上佛陀身光一致，明显反映出回鹘时期身光采用浪状纹样特征。

通过现阶段对库木吐喇第 45 窟部分壁画图像的识读，呈现出西方三圣、千佛与弥勒菩萨组合，反映了净土观、十方佛观与往生兜率天净土的信仰。

小　结

本章根据德国与法国探险队早年相对全面完整的文字记录与照片资料对库木吐喇窟群区第 12、14、15、16、17 与 45 窟中部分壁画图像作出进一步的辨识，并根据核对出相对准确的壁画间位置关系重构了库木吐喇窟群区第 15、16、17 与 12 窟主室

---

① ［德］阿尔伯特·冯·勒柯克、恩斯特·瓦尔德施密特：《新疆佛教艺术》（第七卷），第 622～623 页。

② 苗利辉未作出图像细部辨识以及图像比对，参见苗利辉：《库木吐喇第 45 窟造像内容考证》，《敦煌研究》2014 年第 2 期，第 38 页。他根据《佛说观弥勒菩萨下生经》判断此图像为弥勒龙华说法图，他的判断从图像到经典没有直接的联系，显然出现了错误。理由如下：龙华会是弥勒下生成佛时在龙华树下的三次说法会，分别度 96 亿、94 亿与 92 亿人，简称"龙华三会"。在图像上常用三身倚坐佛说法来表示弥勒三会。如莫高窟初唐第 334 窟南壁、盛唐第 148 窟南壁、中唐第 231 窟北壁及中唐第 202 窟南壁等都以三身佛表现弥勒三会。而库木吐喇第 45 窟主室前壁仅绘一身交脚菩萨，所以此幅图像应为弥勒菩萨兜率天说法图而非弥勒龙华说法图。

③ ［刘宋］沮渠京声译：《佛说观弥勒菩萨上生兜率天经》，《大正新修大藏经》第 14 册，第 419 页下。

中心柱正壁主尊塑像尊格，在此基础上探讨了重构后龟兹石窟部分唐风洞窟与回鹘风洞窟塑像与壁画呈现的信仰。根据目前考释与重构后的结果来看，唐代安西都护府设立在龟兹时期建造的库木吐喇唐风洞窟曾与中原内地保持一致，一度盛行对弥勒信仰的崇奉，同时也流行东方净土、西方净土、法华或华严信仰。

　　龟兹地区唐风洞窟与回鹘风洞窟塑像与壁画残缺严重，早年国外探险队关于唐风洞窟与回鹘风洞窟的相对完整资料只限于少数洞窟，目前只能就这些洞窟展开进一步深入的探索与研究，对于龟兹地区唐风与回鹘风洞窟壁画与塑像的全面解读工作目前还无法全面展开，对整个龟兹地区唐风洞窟与回鹘风洞窟壁画题材的释读以及塑像的重构仍是一个艰辛探索的领域。

第四章 龟兹地区唐风与回鹘风洞窟画塑组合与题材布局

一般而言，一个完整的佛教石窟是经过统一设计的特定宗教与礼仪的建筑实体，在不同壁面塑绘特定的题材内容，从而传达某种或多种佛教宗派思想。美术史学研究佛教石窟的视角之一，即研究石窟内的"建筑和图像程序"（Architectural and pictorial program），目的是解释石窟这个建筑空间的构成以及雕塑与壁画布局的内在逻辑①。笔者认为"建筑和图像程序"是一种有效解读石窟美术的观察视角与研究方法，但在具体使用过程中有其应用的局限性。一般而言，这种方法适用的前提是一个石窟经过统一设计，塑像与绘画为同一时期完成。但石窟中的礼拜窟由于是一个

---

① "建筑和图像程序"（Architectural and pictorial program）是美术史学科研究的一种观察方法，早先普遍应用于西方基督教美术作品的解读中，此后美国学者巫鸿（Wu Hung）将这一方法普遍应用于墓葬美术研究，并尝试运用到石窟美术研究中。"建筑和图像程序"这种观察方法被巫鸿称为"中层研究"，目的是揭示一个石窟寺（或墓葬、享堂以及其他礼仪建筑）所饰画像和雕塑的象征结构、叙事模式、设计意图及"主顾"（patron）的文化背景和动机。关于"建筑和图像程序"这一方法目的和手段的讨论，参见［美］巫鸿著，柳扬、岑河译：《武梁祠——中国古代画像艺术的思想性》，北京：生活·读书·新知 三联书店，2006年，第81~82页；［美］巫鸿：《汉画读法》，载北京大学中国传统文化研究中心编：《文化的馈赠——汉学研究国际会议论文集》（考古学卷），北京：北京大学出版社，2000年，第188~191页。关于"建筑和图像程序"这一方法在石窟美术研究中的运用，参见［美］巫鸿：《敦煌323窟与道宣》，载［美］巫鸿著，郑岩、王睿编，郑岩等译：《礼仪中的美术——巫鸿中国古代美术史文编》（下卷），北京：生活·读书·新知 三联书店，2005年，第418~430页。

开放的礼仪空间，石窟内保存下的建筑、塑像与绘画有的为同一时期完成，有的被后代多次改造与重绘，所以要建立在充分把握石窟内各壁面与塑像的时代关系前提下灵活使用"建筑和图像程序"方法，以期有效地解读石窟内的画塑组合与题材布局及其背后的含义。

龟兹石窟礼拜窟的开凿一直延续使用中心柱窟与方形窟两类主要洞窟形制。由于唐与回鹘时期建窟民族的改变、佛教信仰的延续与变化，在龟兹地区的龟兹风洞窟、唐风洞窟与回鹘风洞窟相似的建筑空间内，塑绘题材与空间布局产生了相应的变化，同时此三类洞窟内的"建筑和图像程序"又相互联系。龟兹唐风洞窟基本上以唐代中原地区佛教题材重新安排塑绘空间，龟兹回鹘风洞窟的塑绘空间布局与先前龟兹风洞窟、唐风洞窟关系密切，表现出龟兹、汉与回鹘三个不同民族间的交流与互动。

先前的研究较少涉及龟兹地区唐风洞窟与回鹘风洞窟内的"建筑和图像程序"，原因在于现有洞窟遗址内的塑像与壁画残破不全，对国外探险队揭取龟兹石窟壁画残片复位不准以及很多壁画图像题材无法识读等多种原因。本章在复原相对完整的洞窟壁画位置与辨识、重构洞窟塑绘题材基础上分析龟兹地区唐风洞窟与回鹘风洞窟塑绘空间布局的几个案例，以此进一步探索龟兹唐风洞窟与回鹘风洞窟内的"建筑和图像程序"。

第一节　中心柱窟画塑组合与题材布局

中心柱窟是龟兹石窟礼拜窟中最具代表性的洞窟形制，在龟兹石窟遗址中从龟兹风洞窟至唐风洞窟再至回鹘风洞窟一直沿用，但由于不同时期内建窟民族与信仰的变化，中心柱窟内的各壁面壁画题材与布局均发生了相应的改变。

一、龟兹风中心柱窟画塑组合与题材布局

克孜尔中心柱窟主室正壁龛内塑像不存，学界根据龛外残存影塑山峦与龛

外壁画推测克孜尔中心柱窟部分洞窟主室正壁表现帝释窟（Indraśīlāguhā）说法题材①，这是龟兹风中心柱窟主室正壁最为典型的主题。根据姚士宏统计，克孜尔第14、58、63、80、85、92、97、99、100、123、126、159、175、178、179、184、186、192、193、206 窟，库木吐喇窟群区第24、31、46、58 窟，克孜尔尕哈第11、46 窟，森木塞姆第26、40、41、45、47、48 窟，托乎拉克艾肯第2 窟等窟主室正壁中部开一圆拱形龛，龛内原塑一身坐佛像，龛外两侧分别绘释提桓因（Indra）② 和般遮翼（Pañcasikha）③，表现佛为帝释宣说正法④，可见这一题材曾在龟兹石窟中心柱窟中分布广泛且长期存在。

一般而言，龟兹石窟以帝释窟说法为中心展开的中心柱窟"建筑和图像程序"为：

第一，中心柱窟主室正壁塑绘"帝释窟"场景，龛内塑释迦牟尼佛（均已无存），龛外两侧绘释提桓因与般遮翼及其他诸天，其周围塑绘山峦。

第二，中心柱窟主室两侧壁各壁面通常分栏分段，每栏绘三或四铺，左、右侧壁对称绘制因缘佛传图（俗称佛说法图）。克孜尔石窟现存中心柱窟中有34 个洞窟主室侧壁壁画表现因缘佛传图⑤。现已考订出的侧壁佛传图题材主要有：梵志燃灯（第163 窟）、燃灯佛授记（第63、69、114 窟）、树下诞生（第205 窟）、参诣天祠

---

① 讨论龟兹石窟部分中心柱窟主室正壁题材为"帝释窟说法"的学者主要有：德国学者格伦威德尔（Albert Grünwedel）、美国学者索伯（A. C. Soper）、中国学者姚世宏与李崇峰等。格伦威德尔认为克孜尔第4、38、63、80、92、123、193、206、207、219 与224 窟主室正壁是帝释窟，窟内正壁塑佛像，周围影塑山峦之间塑有神像、禅定像和各种禽兽，现已脱落不见。参见 Albert Grünwedel, *Altbuddhistische Kultstätten in Chinesisch-Turkistan: Bericht über archäologische Arbeiten von 1906 bis 1907 bei Kuca, Qarasahr und in der Oase Turfan*, Berlin: Reimer, 1912, pp. 37 – 181. ［德］A. 格伦威德尔：《新疆古佛寺——1905 ~ 1907 年考察成果》，第69 ~ 317 页. A. C. Soper, "Aspects of Light Symbolism in Gandhāran Sculpture", *Artibus Asiae*, 1949, xii (3): pp. 252 – 283; (4): pp. 314 – 330; 1950, xii (1/2): pp. 63 – 85. 姚士宏：《克孜尔石窟部分洞窟主室正壁塑绘题材》，载新疆维吾尔自治区文物管理委员会、拜城县克孜尔千佛洞文物保管所、北京大学考古系编：《中国石窟·克孜尔石窟 三》，北京：文物出版社，1997 年，第178 ~ 186 页。李崇峰：《克孜尔中心柱窟主室正壁画塑题材及有关问题》，载李崇峰：《佛教考古：从印度到中国 I》，上海：上海古籍出版社，2014 年，第107 ~ 130 页。
② 一译帝释、帝释天、天帝释等。
③ 一译天乐般遮、般遮迦、五髻乾闼婆等。
④ 姚士宏：《克孜尔石窟部分洞窟主室正壁塑绘题材》，载《中国石窟·克孜尔石窟 三》，第178、185 页。
⑤ 李崇峰：《克孜尔部分中心柱窟与〈长阿含经〉等佛典》，载《佛教考古：从印度到中国 I》，第200 页。

（第224窟）、树下观耕（第38、227窟）、乳女奉糜（第114窟）、吉祥施草（第80、163、171窟）、降魔成道（第163、171、198、205窟）、诸天朝贺（第224窟）、梵天劝请（第98窟）、初转法轮（第38、69、98、192、193、205、207、224窟）、龙王守护（第205、207、224窟）、尼拘陀树神（第207窟）、频婆娑罗王皈依（第207窟）、耶舍出家（第163、224窟）、富楼那出家（第38、224窟）、迦叶皈依（第4、8、98、114、171、193、207、224窟）、舞狮女皈依（第101、163、171、193、206窟）、布施竹园（第77、207窟）、降服六师外道（第192、207窟）、舍卫城神变（第123窟）、度旷野药叉（第163窟）、惟楼勒王率兵诛释种（第80、93窟）、罗怙罗命名（第8、17、163、192、206、207、224窟）、为净饭王说法（第227窟）、毗舍佉出家（第17、77、99、163、219、224窟）和婆提唎伽继位（第38、171、207）等①。

第三，中心柱窟主室顶部多为纵券式，纵券形窟顶中脊一般绘天相图，天相图内一般绘日天、月天、立佛、风神、蛇形龙及金翅鸟，其中日天、月天分居中脊两端，金翅鸟位于中脊中部，天相图内容组合完好的如克孜尔第8、34、38、97、98、126、171等窟。窟顶中脊内除绘天相图外有的洞窟绘因缘故事，如克孜尔第178、198、205与224窟中脊均绘须摩提女因缘故事画。此外，中脊处还绘有飞鸟，如克孜尔第196窟。中脊两侧对称绘菱形格为背景单元的本生或因缘故事，还有塔中坐佛与千佛题材等②。

中心柱窟主室窟顶有穹隆式，如克孜尔第123窟穹隆四角绘莲花，穹隆顶内以圆心发散分隔画面绘立佛与立姿菩萨③。此外，窟顶形式还有斗四套斗形顶、一面坡顶和平棊式顶等。

---

① 关于克孜尔中心柱窟主室侧壁因缘佛传题材的辨识参见丁明夷、马世长、熊西：《克孜尔石窟的佛传壁画》，载新疆维吾尔自治区文物管理委员会、拜城县克孜尔千佛洞文物保管所、北京大学考古系编：《中国石窟·克孜尔石窟 一》，北京：文物出版社，1989年，第186~207页。新疆龟兹石窟研究所编著：《克孜尔石窟内容总录》，第299~300页，附录3。

② 马世长：《克孜尔中心柱窟主室券顶与后室的壁画》，载新疆维吾尔自治区文物管理委员会、拜城县克孜尔千佛洞文物保管所、北京大学考古系编：《中国石窟·克孜尔石窟 二》，北京：文物出版社，1996年，第176~212页。

③ 德国柏林亚洲艺术博物馆编号Ⅲ 9063，参见《中国石窟·克孜尔石窟 三》，图202。

第四，中心柱窟主室后甬道主要表现以涅槃为主题展开的图像及相关内容，如涅槃、荼毗焚棺、八王分舍利、阿阇世王闻佛涅槃闷绝复苏、第一次集结、三道宝阶、度善爱犍闼婆王、降服火龙、提婆达多投石伤佛、降服恶牛、树下诞生、七步生莲、龙浴太子、出游四门、厌欲出走、舍利塔、三佛、立佛、列像、千佛、五趣轮回、本生与供养人像等题材①。

第五，中心柱窟主室前壁上方半圆形壁面绘制弥勒菩萨兜率天说法题材，前壁上方未来佛与正壁帝释窟现在佛释迦牟尼相应经营布局②。克孜尔石窟中禅定僧、山岳构图与弥勒信仰密切相关，决定着石窟的图像构成③。

龟兹石窟以帝释窟说法展开的"建筑和图像程序"主要采用"唯礼释迦"这一图像主题。宫治昭（Akira Miyaji）总结了克孜尔石窟第一期至第二期纵券顶中心柱窟内的壁画图像构成规律，他认为克孜尔石窟的图像构成是在犍陀罗后期强调佛陀超越性的"帝释窟禅定"或"大神变"浮雕构图基础上，将天空、山岳、洞窟、大海等宇宙论构造在石窟内部作立体的再构成，并把前述图像分区分段，从而开拓了克孜尔佛教美术的图像世界④。第一期克孜尔石窟主室正壁上部半圆形壁面区域内画"帝释窟禅定"，券顶画禅定僧、山岳构图、前壁上部半圆形壁面区域内画"兜率天上的弥勒菩萨"，这样的图像构成表现僧人效仿帝释窟中禅定的佛陀在山中励精修行，入禅定阿罗汉（Arhan）果到兜率天拜谒弥勒菩萨，这是克孜尔券顶窟壁画装饰的典型形式。第二期中心柱窟继承第一期图像构成，而第二期中心柱窟券顶的山岳构图中，修行或禅定僧不再出现，取而代之的是释迦本生图和因缘佛传图，后甬道绘与涅槃有关的图像，前壁上

---

① 马世长：《克孜尔中心柱窟主室券顶与后室的壁画》，载《中国石窟·克孜尔石窟 二》，第212～221页。

② 李崇峰：《克孜尔部分中心柱窟与〈长阿含经〉等佛典》，载《徐平芳先生纪念文集》编辑委员会编：《徐平芳先生纪念文集》，上海：上海古籍出版社，2012年，第419～465页。另收录于《佛教考古：从印度到中国 Ⅰ》，第199～240页。此外，另一种观点认为克孜尔中心柱窟主室前壁绘释迦菩萨而非弥勒菩萨，参见任平山：《克孜尔中心柱窟的图像构成——以兜率天说法图为中心》，博士学位论文，中央美术学院，2007年。

③ ［日］宫治昭著，李萍、张清涛译：《涅槃与弥勒的图像学》，北京：文物出版社，2009年，第386～389页。

④ ［日］宫治昭：《涅槃与弥勒的图像学》，第389页。

半部半圆形壁面区域绘
"兜率天上的弥勒"作为
结束。在克孜尔石窟与
"禅定的图像"有关形成
的"兜率天上的弥勒菩
萨"到第二期变成了与
涅槃图像相呼应的固定形
式①。综上，关于龟兹风
中心柱窟帝释窟造像组合
与题材布局如图所见（图
4.1）。

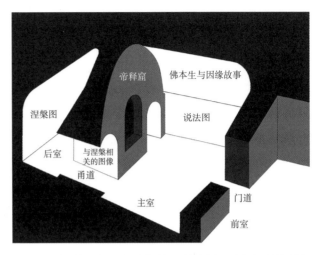

图 4.1　龟兹风中心柱窟塑绘题材布局示意图（刘韬制图）

二、龟兹唐风中心柱窟画塑组合与题材布局——以库木吐喇窟群区第 16 窟为中心

　　龟兹唐风中心柱窟遗址只存在于库木吐喇石窟中，具体为库木吐喇窟群区第 15、16、17 窟与窟群区"五联洞"中的第 68、70、71、72 窟。库木吐喇第 68 窟主室正壁存莲瓣形背光，原应塑有一身坐佛像，后室正壁开三个拱形龛，原应各塑一身坐佛像，后室前壁设置涅槃台，残存头光与身光。库木吐喇第 70、71 窟主室中心柱正壁各遗存一身坐佛塑像的石胎，主室的左、右侧壁和前壁下部有低台，其上原有塑像。第 70 窟主室左、右侧壁凿莲瓣形龛，第 70、72 窟后室正壁和左、右两侧壁下部凿有像台表明主室与后室原有塑像。"五联洞"内的这四个中心柱窟主室正壁皆不开龛，佛像全部为贴壁凿塑，佛像背后有莲瓣形背光，从石胎体量观察为典型的唐代佛教造像风格。库木吐喇第 68、70、71 与 72 窟壁画为多层绘制且多次被泥层覆盖或被熏黑，从第 68 窟主室券顶清洗出的部分壁画为系帛带的天乐（主要有排箫、拍板、笛、琵琶、筚篥、竖箜篌、古琴、笙与腰鼓等），天乐间绘有花朵，应是描绘净土世界中天乐不鼓自鸣的情景。第 71 窟券顶清洗出部分壁画绘有云气纹、团花与桃形背光等。虽

---

① ［日］宫治昭：《涅槃与弥勒的图像学》，第 396～397 页。

然"五联洞"中的第68、70、71、72窟塑像与壁画残缺不全,但从目前这些洞窟局部可以识读的壁画题材与布局来看与龟兹风洞窟塑绘题材、布局明显不同。

根据本书第二、三章复位重构的库木吐喇窟群区第15～17窟内较为完整的塑绘题材与布局,可以更为相对全面地比较龟兹风中心柱窟与唐风中心柱窟"建筑和图像程序"的不同,以此观察安西都护府设立在龟兹时期在同一类洞窟形制即中心柱窟建筑空间中"建筑和图像程序"的变化。

根据本书第一～三章的论述,库木吐喇窟群区第15～17窟三座洞窟是经过统一设计开凿的中心柱窟,共用一个前室成"品"字形布局,形成一组一主二辅的三佛堂洞窟组合。库木吐喇窟群区第16窟"建筑和图像程序"为主室正壁塑弥勒佛,弥勒佛上为释迦三尊(普贤菩萨、释迦牟尼佛、文殊菩萨)或华严三圣(普贤菩萨、

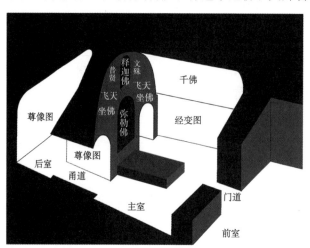

毗卢遮那佛与文殊菩萨)[1],主室两侧壁面通壁绘药师经变与观无量寿经变,窟顶中脊绘团花带,中脊两侧绘千佛,后甬道绘尊像图,前壁上方半圆形壁面绘佛涅槃图,前壁窟门两侧绘供养人像(图4.2)。库木吐喇窟群区第15与17窟"建筑和图像程序"为主室正壁塑阿弥

图4.2　库木吐喇窟群区第16窟唐风中心柱窟塑绘题材
　　　布局示意图(刘韬制图)

陀佛与释迦牟尼佛(或释迦牟尼佛与阿弥陀佛),两侧壁绘千佛,窟顶中脊绘团花带,中脊两侧绘千佛,后甬道绘尊像图。

可以看出,与前述龟兹风中心柱窟"建筑和图像程序"相比龟兹唐风中心柱窟内的塑像与壁画题材布局均发生了显著变化:

---

① 毗卢遮那佛与文殊菩萨、普贤菩萨组成华严三圣应为唐开元年间长者李通玄倡导"三圣圆融"说之后逐渐形成的造像组合。根据本书第六章对库木吐喇第16窟壁画年代推断为8世纪上半叶的观点,则16窟主室正壁上部小龛内原塑释迦牟尼佛的可能性更大。

第一，主室正壁以三佛并坐取代龟兹风中心柱窟主室正壁帝释窟说法题材。

第二，主室两侧壁以经变图取代龟兹风中心柱窟主室侧壁因缘佛传题材。

第三，主室左、右、后甬道以尊像图取代龟兹风中心柱窟左、右、后甬道涅槃图和与涅槃有关的题材。

第四，主室纵券顶中脊团花带取代龟兹风中心柱窟窟顶中脊天相图题材；中脊两侧以千佛图像取代龟兹风中心柱窟窟顶中脊两侧菱格本生或因缘故事题材。

第五，主室前壁以涅槃图取代龟兹风中心柱窟主室前壁弥勒菩萨兜率天说法（或释迦菩萨说法）题材。

龟兹地区唐风洞窟塑绘题材、布局与同时期中原内地石窟密切相关。唐代内地石窟（以莫高窟为例）多流行正壁开龛的方形窟形制，唐代内地流行的弥勒、释迦三尊、华严三圣、观无量寿经变、药师经变、千佛与尊像图等题材多绘制于覆斗顶方形窟内。弥勒佛、阿弥陀佛与释迦牟尼佛三佛并坐塑像组合布局，文殊菩萨与普贤菩萨对称组合布局、观无量寿经变与药师经变壁画对称组合布局在唐代内地石窟中都可以找到多处遗存。如敦煌莫高窟初唐第 220 窟为覆斗形顶窟，西壁开龛，龛外两侧分别绘文殊变与普贤变，南北壁面分别绘阿弥陀经变与药师经变，窟顶绘千佛，这一"建筑和图像程序"与库木吐喇窟群区第 16 窟"建筑和图像程序"类似。敦煌莫高窟第 133、134 与 135 窟，均为中唐开凿。三座洞窟窟型均为覆斗顶方形窟，每窟正壁均开一龛。第 133 窟居中，窟体较大，第 135 窟与 134 窟小于第 133 窟且对称开凿于第 133 窟前室的南北侧壁，三座洞窟共用一个前室，形成一主二辅三佛堂组合。敦煌莫高窟第 133 窟的北耳室即第 134 窟北壁开龛，龛外东侧绘文殊变，龛外西侧绘普贤变，东壁绘药师经变，西壁绘观无量寿经变，这些题材与布局同样在库木吐喇窟群区第 16 窟出现，可以看出龟兹地区唐风洞窟塑绘布局与内地唐代石窟塑绘布局的密切联系。上述这些塑像与壁画的题材布局从内地方形窟形制移植到龟兹中心柱窟形制后，建造者在新的建筑空间中作出合理的布局，突出了"武周新样"中弥勒佛的主尊地位。库木吐喇第 16 窟主室正壁塑未来佛（弥勒佛）、法身佛（释迦牟尼佛或毗卢遮那佛）与前壁应身佛释迦涅槃图题材相应经营安排，体现出在时间上与教义上的呼应，塑像与壁画体现出大乘佛教思想的多种净土信仰（弥勒净土、西方净土与东方净土）与法华或华严信仰。库木吐喇窟群区第 15～17 窟一主二辅洞窟组合的"建筑和图像程序"明显地反映出安西都护府设立在龟兹时期汉人将汉地石窟的塑绘布局在龟兹传统的中心柱窟中使用并作出适当的调整，表现出唐代汉地流行的图本样式与布局从两京地区进入龟兹后作出适当的调整与融合。

应该说在这一时期汉人将内地信仰、图本与样式在龟兹本土中心柱窟建筑空间中作出新的移植和安排。龟兹地区唐风中心柱窟"建筑和图像程序"与龟兹风中心柱窟流行的山岳禅定或帝释窟说法"建筑和图像程序"从图本来源到反映的信仰都呈现出明显的不同。龟兹风洞窟"建筑和图像程序"受到西来犍陀罗地区的影响，主要反映说一切有部的部派信仰，而龟兹唐风中心柱窟"建筑和图像程序"则多受东来汉地佛教美术的影响，但这并不表明在龟兹地区传统的"建筑和图像程序"的终结。根据慧超"此龟兹国。足寺足僧。行小乘法……汉僧行大乘法。"的记载①，本书认为龟兹唐风洞窟的"建筑和图像程序"与龟兹风洞窟内的"建筑和图像程序"或为并行存在与发展。龟兹唐风洞窟"建筑和图像程序"作为一种新的变化形式，与龟兹风洞窟"建筑和图像程序"一起，对此后的龟兹回鹘风洞窟"建筑和图像程序"均产生了影响。

三、龟兹回鹘风中心柱窟画塑组合与题材布局

由于龟兹地区回鹘风洞窟残毁严重，根据本书第二、三章关于龟兹回鹘风洞窟壁画复原工作，可以初步分析龟兹地区部分比较完整的回鹘风中心柱窟画塑组合与题材布局。

龟兹地区回鹘风中心柱窟画塑组合与题材布局表现出与龟兹风中心柱窟、唐风中心柱窟画塑组合与题材布局的延续与变化，呈现出复杂的情况，主要表现在以下几个方面：

第一，森木塞姆第40窟主室多处壁面延续龟兹风洞窟题材布局，正壁题材安排帝释窟说法题材；两侧壁绘佛本生图，可识读题材有大光明王本生（Jātaka tales on The Great-Light Ming-wang）②；窟顶穹隆顶条幅以立佛为中心绘佛传因缘故事，可识读的题材有龙王问偈（Nāgarāja Elapatra）等③，窟顶穹隆顶两端绘日天与月天；后甬

---

① ［唐］慧超原著，张毅笺释：《中外交通史籍丛刊·往五天竺国传笺释》，第159页。

② ［德］阿尔伯特·冯·勒柯克、恩斯特·瓦尔德施密特：《新疆佛教艺术》（第六卷），第441～442页。

③ Monika Zin, "The Identification of Kizil Paintings V (9. The Painted Dome from Simsim and its Narrative Programm, 10. Elapatra)", *Indo-Asiatische Zeitschrif*, 15. 2011, pp. 57–69.

道内侧壁绘涅槃图，这些塑绘题材布局与龟兹风中心柱窟"建筑和图像程序"极为相似。但森木塞姆第40窟主室左、右、后甬道内外侧壁绘立佛，此与龟兹唐风中心柱窟同一位置题材布局类似。森木塞姆第40窟中有回鹘供养人与多处婆罗谜文题记，可以看到森木塞姆第40窟回鹘风洞窟"建筑和图像程序"对于龟兹风中心柱窟与唐风中心柱窟"建筑和图像程序"的延续与融合。

第二，森木塞姆第44窟窟顶中脊绘天相图，中脊两侧菱格内绘本生、因缘、山水与动物画，后甬道内外侧壁分别绘涅槃、焚棺与八王分舍利题材，主室两侧壁绘说法图，此回鹘风洞窟壁画题材布局与龟兹风洞窟壁画题材布局基本一致。

第三，库木吐喇窟群区第12窟主室正壁出现新的题材——降魔变，从目前龟兹石窟遗址与本书核对的资料来看，降魔变出现在龟兹石窟中心柱窟主室正壁仅此一例。库木吐喇窟群区第12窟券顶绘一佛二菩萨单元组合，后甬道内侧壁绘涅槃图，而左、右、后甬道其他壁面上绘尊像图，表现出对龟兹风洞窟与唐风洞窟题材

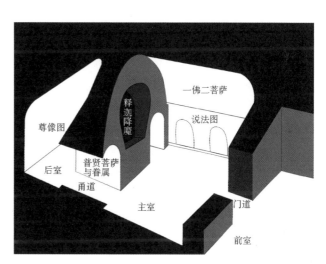

图4.3　库木吐喇窟群区第12窟回鹘风中心柱窟塑绘题材布局示意图（刘韬制图）

布局的延续与糅合（图4.3）。库木吐喇第12窟主室左、右侧壁各凿两龛，原塑佛像与正壁塑像形成组合，这样的题材布局为此前龟兹风洞窟塑绘题材与布局所不见。

第四，库木吐喇窟群区第42、43窟主室左、右侧壁绘千佛。第42窟后甬道绘尊像图，第43窟主室正壁与窟顶绘菱格坐佛与说法图，取消了中脊天相图的位置。第43窟主室前壁绘一身结跏趺坐作转法轮印佛像或菩萨像为中心的说法图。可以看出，这两处回鹘风洞窟题材布局是对龟兹风洞窟与唐风洞窟塑绘题材布局的延续与糅合。

第五，库木吐喇窟群区第45窟主室窟顶中脊绘团花云纹带，中脊两侧绘佛说法图，这是对唐风洞窟窟顶题材与布局的延续与改进。库木吐喇第45窟主室左、右、

后甬道绘尊像图与唐风洞窟同一位置壁画题材布局一致，主室前壁绘弥勒菩萨兜率天说法与龟兹风洞窟前壁所绘题材一致，主室左、右侧壁出现以一身坐佛为中心周围绘制小坐佛的新题材。

第六，库木吐喇窟群区第46附1窟主室左、右、后甬道绘立佛配以千佛题材，后甬道券顶绘团花图案，主室左、右侧壁绘千佛，主室券顶绘佛、菩萨与云气纹。库木吐喇窟群区第61窟主室券顶中脊绘团花带，中脊两侧绘千佛、天人与云气纹，后甬道外侧壁绘立佛，两窟均表现出对龟兹唐风洞窟"建筑和图像程序"的延续与发展。

第七，库木吐喇窟群区第9窟未绘制完成，无法呈现完整的"建筑和图像程序"，但该窟主室左、右、后甬道出现卢舍那佛与千佛题材布局与库木吐喇第46附1窟布局类似，区别龟兹风洞窟涅槃图与唐风洞窟尊像图，此为龟兹回鹘风洞窟此位置上题材布局的新发展。库木吐喇第10窟窟顶绘佛说法图，后甬道绘涅槃与荼毗焚棺题材，这是龟兹风洞窟与唐风洞窟题材布局的延续与发展。

尽管龟兹地区回鹘风洞窟塑像与壁画残毁严重，对于龟兹回鹘风洞窟的复位缀和仅限于少数洞窟，但从以上的分析中可以看出龟兹回鹘风洞窟"建筑和图像程序"表现出对龟兹风洞窟与唐风洞窟"建筑和图像程序"的延续与糅合并出现新的题材与布局。我们可以找到龟兹回鹘风中心柱窟后室绘与涅槃相关题材的图像，也可以找到龟兹回鹘风中心柱窟后室绘尊像图与涅槃题材；我们可以找到龟兹回鹘风中心柱窟主室正壁塑绘帝释窟说法题材，而主室左、右、后甬道绘尊像图与涅槃图题材；我们可以找到龟兹回鹘风中心柱窟主室正壁塑绘释迦牟尼降魔成道题材，而主室左、右、后甬道绘显教与密教的尊像图；我们可以找到龟兹回鹘风中心柱窟主室前壁绘弥勒菩萨兜率天说法题材，而主室左、右、后甬道绘尊像图等不同题材搭配的"建筑和图像程序"。从壁画题材上表现出龟兹回鹘风洞窟的信仰有龟兹风洞窟小乘"唯礼释迦"信仰与龟兹唐风洞窟大乘佛教多佛、多菩萨的崇奉甚至密教的融入，这些题材在龟兹回鹘风中心柱窟中被重新安排布局，形成龟兹回鹘风中心柱窟塑像与壁画新的"建筑和图像程序"。

第二节　方形窟画塑组合与题材布局

除中心柱礼拜窟之外，龟兹地区回鹘风洞窟继续沿用并发展龟兹风洞窟与唐风洞窟中的方形窟形制。龟兹石窟方形窟主室平面与窟顶形式呈现出多种型式，方形窟主室平面有正方形、横长方形或纵长方形；方形窟主室顶部有横券式、穹隆顶、覆斗顶、斗四套斗顶、纵券顶等多种型式。在龟兹石窟方形窟中有开龛、塑像、绘画和不造像、不绘画两种情况，表明两类洞窟的使用功能与性质不同。有塑像壁画的方形窟具有礼拜功能，无塑像、壁画的方形窟可能是用于传戒与说法的讲堂窟。本章的研究对象是有塑像与壁画方形窟内的"建筑和图像程序"。

一、龟兹风方形窟画塑组合与题材布局

龟兹地区龟兹风方形窟类型与塑像、壁画布局类型主要有：

（一）A 型

方形窟在正壁凿龛，龛内塑像。如克孜尔第 14 窟为纵券顶方形窟，正壁塑绘梵天劝请题材，左、右侧壁绘因缘佛传题材，前壁上方半圆形壁面绘弥勒菩萨兜率天说法题材，券顶中脊绘天相图，两侧券腹绘菱格本生题材。克孜尔第 14 窟"建筑和图像程序"类似龟兹风中心柱窟主室内的"建筑和图像程序"。

（二）B 型

方形窟不凿龛，在洞窟中心或后部设坛，坛上塑像。如克孜尔第 76、81、117 窟与库木吐喇 GK20 窟等。克孜尔第 76 窟为穹隆顶方形窟，洞窟中心设坛，坛上有塑像，主室四壁绘制佛传故事，西壁可识读的佛传故事题材有树下诞生、七步宣言、出游四门、山中苦行、魔女诱惑、降魔成道、迦叶皈依、涅槃、焚棺，佛传故事分栏，中心绘立佛，立佛两侧为伎乐天人。克孜尔第 76 窟穹隆顶内分若干条幅，每条幅内绘飞天，穹隆顶下沿绘佛、菩萨、天人等①。

（三）C 型

方形窟中心不设坛。如克孜尔第 67、110 窟与库木吐喇 GK21 窟等。克孜尔第 110 窟为纵券顶方形窟，主室北、东、西壁下部各绘一列本生故事，本生故事上方各绘三栏

---

① ［德］A. 格伦威德尔：《新疆古佛寺——1905～1907 年考察成果》，第 149～156 页。中川原育子：《キジル第 76 窟（孔雀窟）の復元の考察》，载名古屋大学文学部美学美術史学研究室編：《美学美術史研究論集》第 15 号，1997 年，第 71～94 页。

佛传故事。主室北壁可识别的佛传故事有：太子试艺、掷象出城、宫中娱乐、牧女奉糜。西壁佛传故事可识别的有：托胎灵梦、占梦、树下诞生、树下观耕、出家决定、夜半逾城、车匿辞别、降服火龙。主室东壁佛传故事可识别的有：吉祥施草、二商主供养、四天王捧钵、魔女诱惑、初转法轮与佛陀涅槃等。主室北壁上方半圆形壁面绘降魔成道题材，南壁上方半圆形壁面绘弥勒菩萨兜率天说法（或为释迦菩萨说法）题材。主室南壁中部为门道，南壁东侧壁下部绘一列本生故事，上部开龛，南壁西侧壁下绘龟兹供养人，上部开龛。主室纵券顶中脊绘天相图，中脊两侧绘菱格单元，菱格内主要为坐佛以及树木、动物与禅定比丘等题材（图4.4）①。

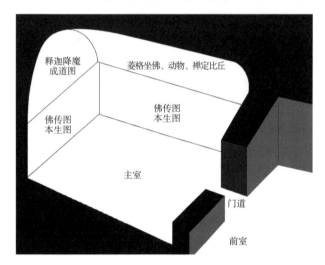

图4.4　克孜尔第110窟龟兹风方形窟塑绘题材布局示意图（刘韬制图）

综上可见，三种类型龟兹风方形窟内塑绘题材并不固定，佛传故事与本生故事成为龟兹风方形窟主室四壁较为主要的表现题材。

二、龟兹唐风方形窟画塑组合与题材布局

（一）A型：中心设坛纵券顶方形窟"建筑和图像程序"

1. Ⅰ式：中心后部设坛，坛上原塑佛像，无背屏。主室正壁与前壁绘经变图，主室左壁与右壁上部绘制佛传图、下部绘经变图，纵券顶中脊绘团花带，中脊两侧绘千佛。属于A型Ⅰ式的有库木吐喇窟群区第11与14窟。这是唐代内地中心佛坛窟洞窟形制在龟兹方形窟的移植。唐代内地中心佛坛窟多为覆斗顶，而龟兹唐风方

① ［德］A.格伦威德尔：《新疆古佛寺——1905～1907年考察成果》，第200～204页。

形窟与内地不同为纵券顶。
龟兹唐风方形窟纵券顶中
脊莲花带加千佛题材与唐
风中心柱窟纵券顶题材一
致（图4.5）。

　　2. Ⅱ式：中心后部设
坛，坛上塑佛像，主室两
侧壁绘制尊像图，主室前
壁绘经变题材，窟顶绘千
佛，如阿艾石窟。通过阿
艾石窟壁画题记可知阿艾
石窟由多位供养人出资建
造①，表现出多种信仰与诉
求的杂糅。因此 A 型Ⅱ式
"建筑和图像程序"与Ⅰ式
"建筑和图像程序"不同，
Ⅱ式洞窟内的壁画布局不
是统一安排，两侧壁绘制
的多身不同尊格的佛与菩
萨表现出多位赞助人各自
的信仰需求（图4.6）。

　　中心设佛坛方形窟在
中唐以后的敦煌石窟非常
流行且多为覆斗顶②，但库

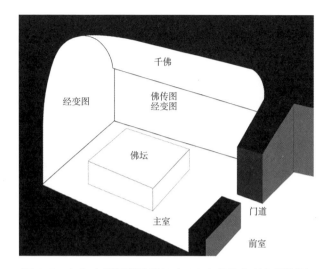

图4.5　库木吐喇窟群区第11与14窟唐风方形窟塑绘题
材布局示意图（刘韬制图）

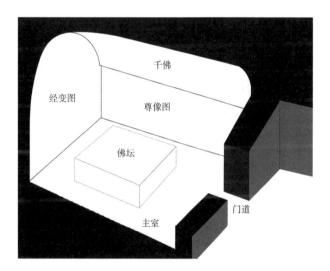

图4.6　阿艾石窟唐风方形窟塑绘题材布局示意图（刘
韬制图）

①　霍旭初：《阿艾石窟题记考识》，《西域研究》2004年第2期，第50～59、125页。

②　根据《敦煌石窟内容总录》统计，敦煌石窟唐代中心佛坛窟有莫高窟初唐第205窟、晚唐第16、85、
　　94、138、161、196窟；榆林窟中唐第15、25窟以及唐代第20、21、26、34、35、36、38窟等。参见
　　敦煌研究院编：《敦煌石窟内容总录》，北京：文物出版社，1996年。

木吐喇窟群区第 11 与 14 窟以及阿艾石窟的洞窟形制为平面纵长方形，顶部为纵券顶且有叠涩，这应当是借鉴唐代内地中心佛坛窟并结合龟兹石窟固有洞窟形制加以改造的结果。而敦煌中心佛坛窟与龟兹唐风方形窟的"建筑和图像程序"也不尽相同，敦煌中心佛坛窟以榆林窟中唐第 25 窟为例，四壁多绘经变题材，而库木吐喇第 11 与 14 窟正壁与前壁绘经变题材，在左、右侧壁则绘佛传故事题材与经变题材。

（二）B 型：三壁三龛式方形窟"建筑和图像程序"

库木吐喇窟群区第 30 窟为纵券顶方形小窟，在主室正壁与左、右侧壁残留造像背屏，右壁坐佛上绘有华盖，左壁残留佛头光、身光，其上有华盖，华盖顶端用宝珠装饰。前壁中部开拱形门道，门道上以土红线绘涅槃像，门道右侧绘坐佛。此窟形体较小，画工粗劣，在龟兹石窟中不具有代表性与规律性，但窟内三壁三龛原塑三佛并坐的"建筑和图像程序"来源于中原汉地。

库木吐喇窟群区第 69 窟由讲堂窟改建为方形窟①，改建后在第 69 ［1］窟正壁上增凿一方形纵券顶小室，室内正壁与侧壁凿低石台，上原安置塑像，正壁残存浮塑头光与身光，判断原为一身坐佛塑像。小室内左、右侧壁壁面有泥层，虽已熏黑但仍可辨识出绘制千佛题材，佛着双领下垂式袈裟，顶部与右壁交接处绘云纹。从库木吐喇窟群区第 69 窟残存痕迹来看也应是唐代内地三壁三龛式方形窟在龟兹地区的移植。

三、龟兹回鹘风方形窟画塑组合与题材布局

（一）A 型：中心设坛方形窟

龟兹回鹘风方形窟窟顶与四壁多绘"三世十方"千佛壁画，在窟室中央设置佛坛，坛上塑佛像加以含摄全窟造像题材，为中心坛场窟。

第一，库木吐喇窟群区第 37 窟为中心设坛方形窟，在主室正壁、左壁、右壁与前壁通壁绘千佛，券顶中脊绘团花带，中脊两侧绘千佛，体现出龟兹地区回鹘风方形窟"建筑和图像程序"的新变化（图 4.7）。

---

① ［意］魏正中：《区段与组合——龟兹石窟寺院遗址的考古学探索》，第 83 ~ 85 页。

第二，库木吐喇窟群区
第22窟为中心设坛方形窟，
根据魏正中判断第22窟是
从讲堂窟改建为中心设坛的
横券顶方形窟，佛坛以及两
侧壁石台上放置佛像，佛坛
背后原来有木质屏风成为中
心佛坛佛像的背屏①，这种
建筑形制类似于汉地背屏
式中心佛坛窟②，但内地中
心佛坛窟多为覆斗顶，而库
木吐喇窟群区第22窟为横券

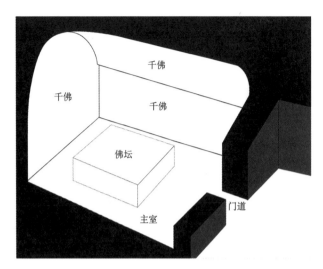

图4.7　库木吐喇窟群区第37窟回鹘风方形窟塑绘题材
　　　　布局示意图（刘韬制图）

顶。库木吐喇第22窟背屏后部即主室正壁开龛，龛左侧绘立佛像，上绘有网格纹华盖，
残存佛陀头光与背光，头光与背光内绘团花与卷草纹。从库木吐喇窟群区第22窟仅存的
壁画无法判断窟内"建筑和图像程序"。

第三，库木吐喇窟群区第79窟为中心设坛方形窟，坛上原塑佛像为结跏趺坐
式。第79窟壁画有多层壁画绘制现象，穹隆顶原分梯形条幅内绘立像，主室右侧壁
上部绘千佛，下部绘地狱变，主室前壁上部绘千佛、下部绘回鹘供养人像，坛基正
壁绘供养人像、侧壁绘本生故事。其中方格千佛为第一、二层绘制，右壁地狱变与
坛基回鹘供养人像、本生故事壁画是第三层绘制，尽管洞窟壁画残缺不全，但从现
有第三层壁画来看，仍体现出回鹘风洞窟塑绘题材布局的新发展。

（二）B型：中心未设坛方形窟

第一，库木吐喇窟群区第60窟为中心未设坛方形窟，正壁绘经变题材，券顶中脊
两侧绘千佛，这种题材布局是对龟兹唐风洞窟壁画布局的延续（图4.8）。

第二，森木塞姆第46窟窟顶中心绘以莲花为中心的伞盖，穹隆顶内围绕伞盖分
梯形格绘以七身立佛为中心的因缘故事，这些因缘故事题材经莫妮卡·茨茵教授辨

---

①　［意］魏正中：《区段与组合——龟兹石窟寺院遗址的考古学探索》，第85～86页。

②　可参见敦煌莫高窟晚唐第16与196窟背屏式中心佛坛窟。

识有宝髻佛授记与迦毗罗
因缘等①，这类故事题材在
克孜尔龟兹风洞窟壁画中
曾经出现②，属于小乘佛教
内容。龟兹风方形窟穹隆
顶以莲花为中心分梯形格
内绘人物的题材布局常
见，如克孜尔第 76、123、
135 窟，库木吐喇 GK20、
GK21、GK22、GK23、33、
34 窟；森木塞姆第 39、42
窟等。显然森木塞姆第 46

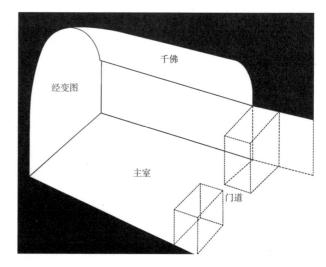

图 4.8　库木吐喇窟群区第 60 窟回鹘风方形窟塑绘题材
布局示意图（刘韬制图）

窟回鹘风洞窟窟顶内沿用了龟兹风方形窟穹隆顶壁画题材布局。

　　森木塞姆第 46 窟叠涩上绘汉式团花纹，正壁绘有佛说法图，从题材与布局上来
看，第 46 窟窟顶因缘故事与四壁佛说法图是对龟兹风洞窟壁画题材与布局的延续，
而森木塞姆第 46 窟窟顶中心与叠涩则分别换成汉地的莲花伞盖与卷草纹；从绘画风
格上来看，森木塞姆第 46 窟窟顶因缘故事与四壁说法图已是龟兹回鹘风格的变体，
窟顶伞盖与叠涩团花纹为汉式风格，此窟前壁的比丘像为龟兹回鹘风格，比丘像头
上方有婆罗谜字体书写的吐火罗语题记。综合壁画的题材、布局、风格与题记等因
素，森木塞姆第 46 窟窟型与壁画体现出龟兹、汉与回鹘三个民族的互动。

　　第三，库木吐喇窟群区第 24 窟券顶局部绘千佛，其他壁面因过于残破无法识读

①　Monika Zin ，"The Identification of Kizil Paintings V（9. The Painted Dome from Simsim and its Narrative Pro-
　　gramm, 10. Elapatra）"，*Indo-Asiatische Zeitschrif*, 15. 2011, pp. 57 – 69.

②　宝髻佛授记（Priyadarsana Prediction）故事是根据克孜尔第 110 窟的题记确定的，在文本里没有完全一
　　致的记述。慕尼黑大学茵娜斯·孔扎克（Ines Konczak）博士找出的是其他文本里相关的内容，但并不
　　能完全和图像对应，宝髻佛授记故事在克孜尔第 110 窟与库木吐喇第 34 窟中出现过。迦毗罗（Kapi-
　　la）因缘出自《贤愚经》卷一三、《根本说一切有部毗奈耶》卷九、《摩诃僧祇律》卷一四、《大方便
　　佛报恩经》卷三。在克孜尔第 8、23、163、184 窟与克孜尔尕哈第 23 窟壁画中出现过。参见 Monika
　　Zin, "The Identification of Kizil Paintings IV（7. Kapila, 8. The Promise of the Four Kings）"，*Indo-Asiatische
　　Zeitschrift* , 14. 2010, pp. 22 – 30.

窟内的"建筑和图像程序"。

　　龟兹地区回鹘风方形窟"建筑和图像程序"既表现出对汉地中心设坛方形窟"建筑和图像程序"的借鉴，同时又有龟兹风洞窟壁画图像的题材。这些大乘与小乘佛教故事题材在龟兹回鹘风洞窟中出现，表现出龟兹回鹘时期多种信仰的杂糅，同时婆罗谜文、回鹘文与汉文题记出现在回鹘风方形窟中也表明龟兹回鹘时期在修造洞窟时，汉、龟兹、回鹘三个民族与三种文化之间的互动。

第三节　龟兹风、唐风与回鹘风洞窟塑绘布局关系

　　尽管龟兹地区回鹘风洞窟壁画残缺，通过复原有限的几处回鹘风洞窟观察回鹘风洞窟目前存留的壁画图像及布局可以看出龟兹回鹘风洞窟"建筑和图像程序"与龟兹风洞窟、唐风洞窟"建筑和图像程序"的继承关系并表现出更加丰富的特点。

一、龟兹唐风洞窟与龟兹风洞窟塑绘布局关系

　　龟兹唐风中心柱窟与龟兹风中心柱窟"建筑和图像程序"表现出明显的不同，龟兹唐风洞窟新的塑绘题材如弥勒、释迦、阿弥陀塑像；壁画有尊像图、经变图、千佛、团花装饰带等题材被重新安排，甚至连涅槃图也绘制于主室前壁新的位置，这表现出龟兹唐风中心柱窟在原有建筑空间内部对中原汉地图像题材的重新布局。

　　龟兹地区唐风方形窟则表现出汉地图本布局与龟兹风壁画布局的影响。首先，龟兹唐风窟洞窟形制为纵券顶中心设坛方形窟，洞窟形制表现出汉地中心设坛方形窟与龟兹风方形窟的融合，券顶与叠涩成为龟兹唐风方形窟的特色。而龟兹唐风方形窟只在洞窟正壁与前壁绘制经变图，两侧壁却绘制内地中心佛坛窟不曾绘制的佛传题材，而佛传绘于主室左、右两侧壁面则是龟兹风方形窟内的题材布局，龟兹唐风窟券顶题材、布局与唐风中心柱窟题材布局相同，从洞窟形制到题材布局均反映出汉人在进入龟兹后对这两类"建筑和图像程序"的融合。

二、龟兹回鹘风洞窟与龟兹风洞窟、唐风洞窟塑绘布局关系

龟兹回鹘风洞窟"建筑和图像程序"表现出对龟兹风洞窟和龟兹唐风洞窟"建筑图像程序"的继承关系并表现出更加丰富的特点。

龟兹回鹘风中心柱窟后甬道大部分保留了龟兹唐风洞窟绘制尊像图的题材布局，而主室前壁却绘制龟兹风中心柱窟常见的弥勒菩萨兜率天说法题材（如库木吐喇窟群区第45窟）。龟兹回鹘风中心柱窟主室正壁塑像不存，但可以判断有的洞窟正壁继续塑绘龟兹风洞窟常见的帝释窟说法题材，主室两侧壁绘授记或本生故事等小乘佛教题材，这与龟兹风洞窟同一位置题材相近，而后甬道继续沿用唐风洞窟的尊像图题材（如森木塞姆第40窟）。龟兹回鹘风中心柱窟券顶绘制龟兹风洞窟同一位置常见的菱格图，前壁绘制与龟兹风洞窟同一位置相近的说法图，而两侧壁绘制回鹘风洞窟常见的千佛题材（如库木吐喇窟群区第43窟）。虽然洞窟壁画残破不全，根据现有以及复原后的壁画题材与布局，龟兹地区回鹘风中心柱窟"建筑和图像程序"表现出对龟兹风中心柱窟与唐风中心柱窟"建筑和图像程序"的借鉴，龟兹风洞窟"建筑和图像程序"与唐风洞窟"建筑和图像程序"往往混糅在一个回鹘风洞窟中。同时，回鹘风中心柱窟也出现一些新的题材及布局，如库木吐喇窟群区第12与38窟主室两侧壁分别凿二龛周围绘听法天人，库木吐喇窟群区第12窟后甬道绘密教三头八臂观音像，库木吐喇窟群区第38窟主室正壁佛龛前绘有石膏地坪送生图等①。

龟兹回鹘风方形窟壁画题材布局表现出对龟兹风洞窟与唐风洞窟的继承并发展出新的题材与布局。龟兹回鹘风方形窟中心设坛方形窟继续沿用龟兹唐风窟正壁绘经变图、券顶绘千佛布局（如库木吐喇窟群区第60窟）。龟兹回鹘风方形窟中心设坛方形窟继续沿用唐风方形窟形制而四壁绘制千佛，此为前期洞窟题材与布局所不见，券顶中脊继续沿用龟兹唐风洞窟同一位置的团花带，这与莫高窟宋代时期千佛图像主要绘于四壁一致（如库木吐喇窟群区第37窟）。龟兹回鹘风方形窟券顶绘龟兹风小乘本生故事，四壁绘龟兹风洞窟说法图，而

---

① 刘松柏：《库车古代佛教的观世音菩萨》，《敦煌研究》1993年第3期，第38~40页。

窟顶中心绘此前不见的汉式莲花伞盖，叠涩绘制唐代风格的卷草花纹等（如森木塞姆第 46 窟）。

总之，龟兹唐风洞窟"建筑和图像程序"与龟兹风洞窟"建筑和图像程序"有着明显的不同，基本上可以视为中原汉地佛教塑绘题材在龟兹唐风窟内的重新置换与调整；龟兹回鹘风洞窟"建筑和图像程序"与龟兹唐风洞窟、龟兹风洞窟"建筑和图像程序"有着紧密联系并出现新的发展。尤其是龟兹回鹘风洞窟"建筑和图像程序"已显示出龟兹、汉与回鹘三个民族之间的互动。

第五章　龟兹地区唐风与回鹘风洞窟壁画风格

　　绘画风格包括时代性、地域性与民族性三个互相交织且互相影响的重要因素，体现出艺术的传承与创新。龟兹地区唐风洞窟壁画风格基本可以视为中原汉地唐代壁画风格的移入，而龟兹地区回鹘风洞窟壁画风格有着延续性、混合性与地域性特点，呈现出丰富且复杂的面貌。本章主要针对龟兹地区唐风洞窟与回鹘风洞窟壁画风格以及之间的相互关系与形成背景等问题作深入探讨。

第一节　龟兹石窟壁画风格研究状况与问题

　　关于龟兹石窟壁画风格的探讨，历来中外学者多有著述。德国学者首先划分出龟兹石窟壁画风格并得到学界的认可，此后中国学界对德国学者壁画风格的划分提出质疑并详加讨论。

　　德国学者格伦威德尔是龟兹石窟壁画风格研究的开创者，格氏在《新疆古佛寺》中对龟兹石窟中的库木吐喇石窟、克孜尔石窟与森木塞姆石窟壁画划分出三种艺术风格①。

---

① ［德］A. 格伦威德尔：《新疆古佛寺——1905～1907 年考察成果》，第 10～12，77～79，322 页。

　　第一种艺术风格是与犍陀罗雕刻密切相关的画风，属于第一种风格的有库木吐喇第二沟第一穹顶窟（中国编号 GK23 窟）、第二穹顶窟（中国编号 GK25 窟）、第三穹顶窟（中国编号 GK27 窟）等洞窟。属于第一种艺术风格的克孜尔石窟有孔雀洞（中国编号第 76 窟）、母猴洞（中国编号第 92 窟）与画家洞（中国编号第 207 窟）等 9 个洞窟。

　　第二种艺术风格由第一种艺术风格发展而成，此风格按时间细分为两个阶段，a 画风更接近于第一种风格，属于第二种艺术风格 a 画风的有库木吐喇第一沟第 15 窟（中国编号 GK17 窟）、克孜尔红穹隆顶洞（中国编号第 67 窟）；b 画风更加完美，增加新的色彩（突出浅蓝色），属于第二种艺术风格 b 画风的有库木吐喇第 19 窟（中国编号第 23 窟）、第 42 窟龙王洞（中国编号第 58 窟）与克孜尔石窟龙王洞（中国编号第 193 窟）等洞窟。

　　第三种艺术风格的创立者是另一种完全不同的民族，此种艺术风格运用新的装潢模式，甚至宗教也是另外一种，尽管佛陀依然是主要崇拜人物，但同时也出现大乘佛教中常见的观世音菩萨、文殊菩萨与普贤菩萨形象以及彻底变了样子的佛殿。佛殿里有中文题记，而不是第二种艺术风格中的婆罗谜文题记，其中保留着从第二种艺术风格洞窟承袭下来的艺术结构，显著地反映在库木吐喇第 33 窟涅槃洞（中国编号第 12 窟①）的涅槃图像中。库木吐喇第 14 窟紧那罗洞（中国编号第 16 窟）壁画具有浓重的中国风格，属于第三种艺术风格。森木塞姆第 1 窟骑士洞（中国编号第 40 窟）与第 5 窟恶鬼洞（中国编号第 46 窟）壁画也属于第三种艺术风格，而在克孜尔石窟壁画中第三种艺术风格表现得很微弱。

　　综上，关于格伦威德尔对龟兹石窟壁画风格分期的阐述请参见表 5.1。

　　勒柯克根据格伦威德尔的观点对新疆佛教绘画划分出五种艺术风格：第一、犍陀罗风格；第二、佩戴长剑骑士风格；第三、早期突厥风格；第四、晚期突厥风格；第五、喇嘛教风格②。五种风格中涉及克孜尔石窟、库木吐喇石窟与森木塞姆石窟的

---

①　晁华山将德国探险队拟名库木吐喇第 33 号涅槃窟对应中国编号库木吐喇窟群区第 38 窟，本书考订为库木吐喇窟群区第 12 窟，参见本书第二章第三节内容的论述。

②　主要包括库车克孜尔（Qyzil）、库木吐喇（Qumtura）、森木塞姆（基利什，Kiriš）石窟寺；焉耆硕尔楚克—锡克沁（Shorchuq-Schiktschin），吐鲁番高昌（Chotscho）故城、胜金口（Sängim-Aghyz）、柏孜克里克（Bäzäklik）、木头沟（Murtuq）、土峪沟（Tuyoq）石窟寺及佛教寺院遗址。参见 Albert von Le Coq, *Die Buddhhistische Spätantikein Mittelasien III. Die wandmalereien*, Berlin: Dietrich Reimer (Ernst Vohsen), 1924, pp. 22 - 23. ［德］阿尔伯特·冯·勒柯克、恩斯特·瓦尔德施密特：《新疆佛教艺术》（第三卷），第 201 ~ 203 页。

表 5.1　格伦威德尔关于龟兹石窟壁画风格分期表①

风格		洞窟窟号②	特点
第一种风格		库木吐喇 GK23、GK25、GK27 窟	受犍陀罗风格影响，其中含有浓厚的印度因素
		克孜尔第 76、77、83、84、92、149 旁、167、207、212 窟	
第二种风格	a	库木吐喇 GK17 窟	由第一种风格发展而成，a 风格更接近第一种风格
		克孜尔第 67 窟	
	b	库木吐喇第 23、58 窟	b 风格更加完美，增加新的色彩
		森木塞姆第 1、41、42、44 窟	
		克孜尔第 4、7、8、17、34、38、58、63、80、114、193、205、206、219、224 窟	
第三种风格		库木吐喇第 12、16、68、69、70、71、72 窟	受中原画风影响
		森木塞姆第 40、46 窟	

只见到其中三种风格，即第一种犍陀罗风格、第二种配长剑骑士风格与第三种早期突厥风格③。勒柯克认为第三种早期突厥风格具有第一种艺术风格和第二种艺术风格的混合特征，同时表现出中国绘画风格的某些因素，表现在窟顶花卉装饰图案、供养人画像不同的样式、装饰以及供养人题记是汉文或中亚婆罗谜文。勒氏认为第三种艺术风格最好的例证出现在库木吐喇石窟和森木塞姆石窟，他列举了从库木吐喇

① 格伦威德尔关于龟兹石窟壁画风格分期表中，库木吐喇石窟部分根据格伦威德尔《新疆古佛寺——1905～1907 年考察成果》第 10～12 页与晁华山《库木吐喇石窟初探》，载《中国石窟·库木吐喇石窟》第 175 页内容列表；克孜尔石窟部分根据格伦威德尔《新疆古佛寺——1905～1907 年考察成果》第 77～79 页列表；森木塞姆石窟部分根据《新疆古佛寺——1905～1907 年考察成果》第 322 页列表。

② 此表中的窟号是中国现行编号，其中德国人命名的库木吐喇第 33 号涅槃窟对应中国编号库木吐喇窟群区第 12 窟，而非晁华山对应的库木吐喇窟群区第 38 窟，参见本书第二章第三节内容的论述。

③ ［德］阿尔伯特·冯·勒柯克、恩斯特·瓦尔德施密特：《新疆佛教艺术》（第三卷），第 200～203 页。

第 13 窟揭取的胁侍菩萨壁画①说明此壁画风格是典型的早期突厥风格壁画。勒柯克注意到库木吐喇石窟题跋上的文字有用汉文、婆罗谜文与回鹘文书写，在库木吐喇第 33 号涅槃窟（中国编号第 12 窟）供养人题记是用汉文与回鹘文同时书写。库木吐喇石窟中绘制回鹘装服饰供养人画像的石窟应在唐朝之后修建，库木吐喇带有回鹘文字碑文的寺院很可能是临近突厥民族的王公贵族修建的还愿寺，其艺术繁荣期在公元 7~9 世纪初②。勒柯克认为库木吐喇石窟最古老洞窟开凿于公元 7~8 世纪之间，其中最晚开凿的洞窟，即那些绘画风格已经由希腊古典艺术风格转变成中国汉族风格的洞窟不会早于公元 800 年③。可以看出，勒柯克是将库木吐喇的唐风洞窟与回鹘风洞窟壁画风格统称为早期突厥风格而论述。

　　勒柯克将第四种晚期突厥风格称为"回鹘风格"或"突厥-汉风格"，以吐鲁番地区尤其是木头沟的柏孜克里克石窟寺绘画为代表。第四种艺术风格最初源于第三种艺术风格，开始于公元 8 世纪初，繁荣阶段在公元 8~10 世纪④。

　　综上所述，勒柯克将龟兹回鹘时期壁画划入早期突厥风格，而高昌回鹘时期壁画划入晚期突厥风格。

　　瓦尔德施密特就柏林所藏的克孜尔石窟、库木吐喇石窟与森木塞姆石窟壁画艺术风格进行研究，称其为"印度-伊朗风格"（Indo-Iranian Style），瓦氏根据壁画颜色与形式具体论述了克孜尔石窟壁画并将其分为第一种风格（First Indo-Iranian Style）与第二种风格（Second Indo-Iranian Style）⑤。瓦氏判断在库木吐喇石窟壁画中两种风格均有发现，森木塞姆石窟只发现第二种风格绘画，森木塞姆骑士洞（中国编号第 40 窟）壁画已经明显受到中国绘画的影响。瓦尔德施密特对壁画风格进行分类后，根据写本和题记字体的分析，把第一种风格定在公元 500 年前后，第二种风格定为公

① ［德］阿尔伯特·冯·勒柯克、恩斯特·瓦尔德施密特：《新疆佛教艺术》（第三卷），第 249 页，图版 11，目录号 IB 8377。

② ［德］阿尔伯特·冯·勒柯克、恩斯特·瓦尔德施密特：《新疆佛教艺术》（第三卷），第 202 页。

③ ［德］阿尔伯特·冯·勒柯克、恩斯特·瓦尔德施密特：《新疆佛教艺术》（第三卷），第 192 页。

④ ［德］阿尔伯特·冯·勒柯克、恩斯特·瓦尔德施密特：《新疆佛教艺术》（第三卷），第 203 页。

⑤ Ernst Waldschmidt, *Die Buddhhistische Spätantikein Mittelasien* Ⅶ. *Neue Blidwerke Ⅲ*, Berlin：Dietrich Reimer （Ernst Vohsen），1933, pp. 24 – 30. ［德］阿尔伯特·冯·勒柯克、恩斯特·瓦尔德施密特：《新疆佛教艺术》（第七卷），第 573~580 页。

元 600~650 年。这一判断曾得到学界长期的认可并被引用①。瓦尔德施密特关于龟兹石窟壁画风格分期观点参见表 5.2。

表 5.2   瓦尔德施密特关于柏林藏龟兹石窟壁画风格分期、年代与特点一览表②

风格	年代	洞窟窟号③		特点
		a	b	在互相交替的色调对比情况下应用精细的、分层的、相同的色调，其颜色通常是由浅黄色经红色直到深棕色，唯一形成强烈对比颜色是鲜亮的绿色。色彩通过线条表现出来是这种绘画本质的表达方式。以洗炼的笔法描绘出流畅的衣纹，阴影的过渡没有明显的界限
第一种风格	约500年左右	库木吐喇 GK25 窟		
		克孜尔第 76、77、117、118、207、212 窟 特殊窟群第 83、84 窟		
第二种风格	约600年左右	库木吐喇 GK17、23 窟 森木塞姆泉旁寺院	克孜尔第 67、110、198、199 窟 特殊窟群第 129 窟	由第一种风格发展而成。出现了鲜明的色彩对比，新的对比颜色是那种夺目的带有光泽的蓝色，同时也强调明亮的绿色。人物形象肤色绘深灰、红、绿甚至蓝色。头发绘蓝色、绿色与红色成为通常的表现方式。线条硬化，失去自然意味，成为一种装饰。阴影和光线造型的附加物力求颜色的对比效果，阴影已失去画面过渡中的柔和性
	600~650 年	森木塞姆第 44 窟	克孜尔第 3/4、7、8、38、58、63、114、205、206、219、224 窟 特殊窟群 13、175、178、181 窟	
	650 年后	库木吐喇第 28、29 窟 森木塞姆第 40 窟	森木塞姆第 1 窟、婆罗门窟 克孜尔第 123、184、186、188 窟	

① Mario Bussagli, *Painting of Central Asia*, Geneva: Skira, 1963. Härtel Herbert (ed.), *Along the Ancient Silk Routes. Central Asian Art from the West Berlin State Museum*, Exhibition Catalogue, New York, 1982. 東京国立博物館ほか編：《西域美術展：ドイツ・トゥルファン探検隊》，東京：朝日新聞社，1991 年。

② 根据［德］阿尔伯特·冯·勒柯克、恩斯特·瓦尔德施密特：《新疆佛教艺术》（第七卷），第 574~576、579 页择录。

③ 此表所用窟号除森木塞姆"泉旁寺院"与"婆罗门窟"无法对应中国编号仍采用德人命名外，其余窟号为中国编号。

瓦尔德施密特在《新疆佛教艺术》第七卷导论中就库木吐喇窟群区第 16 与 45 窟的位置及构造给予描述①。在第七卷《库木吐喇的中国佛教艺术风格》中从人物形象、毛笔表现效果与颜色等方面谈及汉系画风洞窟壁画与第二种画风的区别，并提及汉化佛教艺术风格的洞窟主要有库木吐喇紧那罗窟（中国编号第 16 窟）、飞天窟（中国编号第 45 窟）与涅槃窟（中国编号第 12 窟），肯定了勒柯克将这三个洞窟绘画时代定为 8~9 世纪的观点②。

由此，从上述三位德国学者关于龟兹石窟壁画风格的划分结果来观察，第一种艺术风格与犍陀罗美术关系密切，但也不否认受到伊朗美术的影响；第二种艺术风格以第一种艺术风格为基础，在风格与图像上带有龟兹地区的本土色彩，两种艺术风格的创造者都是龟兹人，描绘的具体图像深受印度与伊朗美术的影响；第三种艺术风格受到唐代中原汉地佛教美术的影响，由于承担石窟建造任务的民族发生变化，第三种艺术风格与第一、二种艺术风格不同，在题材与画风上明显表现出汉族与回鹘民族的特征。德国学者关于龟兹石窟壁画风格的分类是根据壁画画风特点、题材、表现形式与石窟形制变化等因素作出，并依靠壁画风格与题记、写本字体类型进行年代分期，其结论在很长一段时间得到学界认可并长期使用。但他们的研究材料存在局限性，未能从壁画题材、风格与塑像和空间的位置关系、洞窟形制、洞窟组合与打破关系等洞窟整体情况等方面进行整体考虑，因而其研究结论遭到后来学者的质疑，并进一步得出更加相对合理的判断。

此后的学者注意到龟兹石窟壁画风格在演化发展过程中存在延续性与共存性的混合特征，进而在德国学者相对简单的壁画风格划分基础上作出更为深入的讨论。王征采用艺术风格学与考古类型学相结合的方法将龟兹石窟壁画风格进行全面细致的调查分析，进而划分出十种风格类型和各种类型中的变化形式，并进行年代分期③。王征具体讨论了他划分的前八种壁画风格类型（即龟兹本地画风），较为概括地描述与分析了龟兹石窟中龟兹风格与回鹘风格壁画相混合的洞窟④。魏正中采用编

①　［德］阿尔伯特·冯·勒柯克、恩斯特·瓦尔德施密特：《新疆佛教艺术》（第七卷），第 570~572 页。

②　［德］阿尔伯特·冯·勒柯克、恩斯特·瓦尔德施密特：《新疆佛教艺术》（第七卷），第 581~582 页。

③　王征：《龟兹佛教石窟美术风格与年代研究》，第 49~103 页。

④　王征：《龟兹佛教石窟美术风格与年代研究》，第 116~122 页。

号 A、B、C 分别指代格伦威德尔划分的三种壁画风格，以表明不采纳格氏三种绘画风格前后相继的观点及其年代含义①。任平山提出"后龟兹美术"概念泛指唐代安西都护府建立后传统龟兹美术与外来美术结合产生的混血壁画风格，试图淡化而非否认龟兹艺术、汉地艺术与回鹘艺术在龟兹石窟壁画中前后替代的关系②。

龟兹地区唐风洞窟与回鹘风洞窟壁画中呈现出德国学界划分的龟兹石窟壁画第三种艺术风格，属于"后龟兹美术"范畴，壁画绘制于唐代安西都护府设立在龟兹时期与回鹘民族西迁龟兹后的龟兹回鹘时期。此两期洞窟开窟时间有早晚，建窟民族有变化，虽然一般来讲，回鹘民族的佛教美术是受到汉地佛教美术影响与汉地佛教美术有着紧密联系，但在汉地佛教美术进入回鹘民族后便与回鹘民族的审美风尚以及回鹘民族所在的地域文化发生着紧密联系，逐渐演变为回鹘本民族的佛教美术。这在高昌回鹘、龟兹回鹘与沙洲回鹘佛教美术遗存比对中可以清晰地感受出他们与汉地佛教美术之间的异同，甚至回鹘民族区域间的壁画风格也有异同。德国学者与中国学者③将安西都护府设立在龟兹时期开凿的唐风洞窟壁画与龟兹回鹘时期开凿的回鹘风洞窟壁画笼统称为"具有浓重的中国风格"或"汉风壁画"，容易模糊龟兹地区唐风与回鹘风洞窟壁画自身演变形成的发展线索、壁画风格来源与壁画风格形成的原因等问题。细致地考察龟兹地区唐风洞窟与回鹘风洞窟壁画中汉地艺术、回鹘艺术与龟兹本地艺术的互动演变关系及风格来源是本章进一步研究的目标，笔者正是建立在前贤研究的基础上继而展开更为深入的探索。

第二节　龟兹唐风洞窟壁画风格

从本书上编复原后的库木吐喇第 13、14、15、16、17 窟以及阿艾石窟壁画来观察，龟兹唐风洞窟壁画的题材较龟兹风壁画出现了明显的变化，主要是：第一，经

---

① ［意］魏正中：《区段与组合——龟兹石窟寺院遗址的考古学探索》，第 i 页
② 任平山编著：《中国古代物质文化史·绘画·石窟寺壁画（龟兹）》，北京：开明出版社，2015 年，第 42 页。
③ 马世长：《库木吐喇的汉风洞窟》，载《中国石窟·库木吐喇石窟》，第 203～224 页。

变画出现；第二，尊像图出现；第三，汉式千佛出现；第四、汉地装饰纹样运用。这些内地常见的壁画题材被重新安排在具有龟兹地域特点的中心柱窟与方形窟中。龟兹唐风洞窟壁画风格，从人物造型上几乎是内地唐代人物造型的移入；在色彩上一般以白色作为画面底色，青色、绿色与赫色在画面中使用较多，画面整体色彩纤丽典雅；从线条用笔上，以中原"一波三折"式笔意入画[①]，画风中无不体现出汉地儒家思想下"中和"的审美观（图5.1）。

图 5.1　库木吐喇窟群区第 14 窟主室正壁、券顶及侧壁全景图（采自《中国石窟·库木吐喇石窟》，图 23）

　　库木吐喇窟群区第 16 窟主室前壁的涅槃图被全部揭取，根据早年德国人发表的图像资料观察与内地同时期壁画风格一致。壁画中人物造型比例适度，面相丰腴，菩萨形象作女性化处理，举哀僧人姿态丰富、面部表情较为强烈；佛与菩萨面部以较为平缓的线描绘出，佛的袈裟以提按更为明显的兰叶描绘制，举哀僧人面部则用吴道子"莼菜条"式笔法勾出，整幅画面用线主辅结合，虚实相生，将不同形象以更为成熟丰富的笔法呈现，体现出浓郁的盛唐风韵（图5.2）。

---

① 关于龟兹石窟龟兹风壁画"屈铁盘丝"式线条与汉地壁画"一波三折"式用笔的文化特征讨论，参见刘韬：《关于克孜尔石窟壁画"屈铁盘丝"式线条的研究》，载敦煌研究院编：《敦煌壁画艺术继承与创新国际学术研讨会论文集》，上海：上海辞书出版社，2008 年，第 272～280 页。

图 5.2　库木吐喇窟群区第 16 窟主室前壁涅槃图局部（采自《新疆佛教艺术》第七卷，
　　　　第 665 页，图版 30）

先前的研究主要关注到龟兹唐风洞窟壁画风格与盛、中唐时期中原汉地壁画风
格的一致性。当我们走进龟兹唐风洞窟中观察窟内壁画，从题材、人物造型、笔法、
色彩与晕染上几乎是唐代内地壁画的移植，但从洞窟形制以及壁画题材安排上可以
感受到龟兹地域的影响。由于唐风洞窟壁画过于残破，我们只能透过斑驳褪色的壁
画遥想昔日的繁荣，而从龟兹唐风洞窟壁画一些只鳞片爪的细节中我们可以发现龟
兹唐风壁画中存在的胡画风尚。

库木吐喇窟群区第 13 窟主室券顶北侧存壁画坐佛三列，坐佛两侧绘跪姿菩萨，
构成一佛二菩萨的单元组合。佛与菩萨的造型、用色与中原内地壁画无异，但佛与
菩萨面部的染法出现了唐代内地画风与龟兹画风的交织。

唐代内地壁画人物面部敷彩的基本画法是平涂与渲染结合，具体方式有：第一，
唐代中原传统晕染规律是脸颊上的高处晕染红色以表现面颊体块与血色，如莫高窟
第 57 窟南壁中央说法图中菩萨的面部染法即为此法。第二，另一种染法为在面颊低
处薄染，如上下眼睑低处、鼻底处、下颌低处、面部外轮廓线等，如莫高窟第 45 窟
南壁观世音菩萨面部所用的低染法以薄薄的赭石色晕染塑造出面部形体的空间起伏。

库木吐喇窟群区第 13 窟主室券顶的佛与菩萨面部晕染方式是紧贴鼻梁的两条线
开始沿颧骨转向用赭石色晕染，其晕染外端与脸部轮廓线周围的晕染色接到一起；
上下眼睑用赭石色晕染一圈；沿鼻翼外端与嘴角，再从嘴角至下唇底部晕染一圈；

沿嘴角向下颌部位用赭石色晕染开，中间空出下颌的位置（图5.3）。从鼻翼、嘴角至下颌的染色痕迹来观察，晕染用色较上述中原画法用色较深且晕染位置与龟兹风人物面部染法相似。可以看出安西都护府时期，唐代内地画风进入龟兹之后对于龟兹本地画法亦产生了回应。

图5.3　库木吐喇窟群区第13窟主室券顶南侧佛与胁侍局部（采自《中国石窟·库木吐喇石窟》，图22）

　　龟兹唐风洞窟画风与唐代中原内地画风保持紧密的一致性，这与安西都护府设立在龟兹时期，长安对龟兹实施有效的控制，大量进入龟兹的汉僧与画工直接将内地图本与画风带入龟兹并与龟兹本地画风产生了回应。龟兹唐风洞窟画风对于之后逐渐兴起的龟兹回鹘风洞窟画风亦产生了深远的影响。

第三节　龟兹回鹘风洞窟壁画风格特点

　　本节主要针对龟兹回鹘风洞窟壁画表现出的特点，概括为延续性、混合性与地域性三点并分别进行讨论。

一、龟兹回鹘风洞窟壁画风格的延续性

（一）龟兹回鹘风洞窟壁画风格表现出对汉地壁画风格的延续性

　　龟兹回鹘风洞窟壁画在壁画题材、位置与画法上均表现出与龟兹唐风洞窟壁画风格的相似性，若不是有些回鹘风洞窟壁画中绘有典型的回鹘供养人像，观者很难将这些壁画与龟兹唐风洞窟壁画区分。龟兹唐风洞窟壁画的风格特征在库木吐喇回

鹘风洞窟的部分壁画中得以延续。

1. 尊像图

库木吐喇唐风洞窟在中心柱窟的左、右两侧甬道以及后甬道多绘尊像图，多以佛与菩萨交替的形式出现，其榜题框内有汉文题记，如库木吐喇第15与16窟后甬道壁画。库木吐喇回鹘风洞窟中心柱窟左、右两侧甬道以及后甬道尊像图从壁画题材上继承库木吐喇唐风洞窟壁画题材及布局，例如库木吐喇第12与45窟左、右两侧甬道以及后甬道绘尊像图，以立佛与立姿菩萨交替出现，榜题框内用汉文书写。

库木吐喇回鹘风洞窟部分尊像图从绘画技法上明显延续了唐风洞窟的尊像图画法，但有了新的发展。立佛与立姿菩萨造型及衣冠服饰上为汉族式样。表现方式主要有两种类型：第一，用笔以单线勾勒为主，面部几乎不施晕染，衣着平涂颜色，整体上以赭石、石绿与白色为主，如库木吐喇窟群区第12与45窟的尊像图（图5.4）。第二，尊像图在勾勒与平涂基础上，面部及身体注重晕染，且为低染法，晕染的颜色以赭红色紧贴轮廓线向凸起处由深及浅过渡，衣纹线描勾勒也变得更为稠密，如库木吐喇窟群区第42窟后甬道尊像图。

图5.4　库木吐喇窟群区第12窟右甬道外侧壁尊像图（采自《中国新疆壁画全集4·库木吐拉》，第195页，图197）

2. 文殊菩萨与普贤菩萨图

德国与法国探险队在20世纪初年拍摄的历史照片清晰地显示库木吐喇窟群区唐风洞窟第16窟主室正壁对称绘文殊菩萨、普贤菩萨及胁侍图像[①]。库木吐喇窟群区

---

① 法国探险队拍摄，巴黎吉美博物馆编号AP 7050历史照片；德国探险队拍摄，柏林亚洲艺术博物馆编号B 0086与B 1220历史照片。

第 12 窟左、右甬道内侧壁绘文殊菩萨与普贤菩萨及胁侍图像，从已发表的普贤菩萨及胁侍图像[①]来看继承了库木吐喇唐风洞窟壁画的题材及风格。样式与内地唐代敦煌石窟（如榆林窟第 25 窟西壁南侧）普贤菩萨在造型、头饰、手印（左手向上展开，右手抬起，食指弯屈与拇指接在一起）等方面也极为相似。库木吐喇窟群区第 12 窟普贤菩萨图以圆润线描勾勒，几乎不施晕染，辅以平涂色彩，依然延续唐代画法。

3. 团花与云纹装饰带

（1）中心柱纵券顶中脊团花与云纹装饰带图案

库木吐喇唐风洞窟中心柱窟窟顶中脊以团花装饰纹样取代了龟兹风中心柱窟窟顶中脊的天相图。纵券顶中脊的宽度有宽窄变化，唐风洞窟窟顶中脊装饰纹带较宽的如库木吐喇窟群区第 15 与 16 窟，中脊装饰纹带较窄的如库木吐喇窟群区第 13 窟。唐风洞窟方形窟纵券顶中脊同样绘团花云纹装饰带，如库木吐喇窟群区第 11 与 14 窟券顶。

库木吐喇回鹘风洞窟部分中心柱窟纵券顶中脊依然延续了唐风洞窟窟顶中脊所绘题材，并且绘制的更加繁复，如库木吐喇窟群区第 45 窟窟顶中脊花纹带以带状汉式花卉组合图案绘制（图 5.5）。德国探险队曾经揭取第 45 窟窟顶部分壁画[②]，使得今窟顶壁画残缺不全。根据巴黎吉美博物馆编号 AP 7048 历史照片与目前保存在窟顶原址的壁画[③]，库木吐喇窟群区第 45

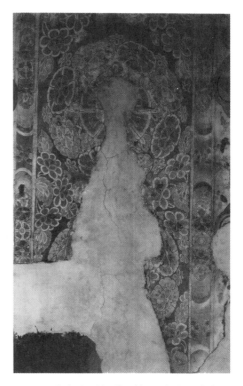

图 5.5　库木吐喇窟群区第 45 窟窟顶中脊团花图案（采自《中国新疆壁画全集 4·库木吐拉》，第 214 页，图 214）

① ［德］阿尔伯特·冯·勒柯克、恩斯特·瓦尔德施密特：《新疆佛教艺术》（第六卷），第 549 页，图版 27。

② ［德］阿尔伯特·冯·勒柯克、恩斯特·瓦尔德施密特：《新疆佛教艺术》（第六卷），第 548 页，图版 26。

③ 中国壁画全集编辑委员会编：《中国新疆壁画全集 4·库木吐拉》，第 214 页。

窟窟顶中脊中每朵团花以圆形莲花图案为中心，四周围绕一圈茶花纹图案，每两朵茶花纹间再绘一朵小茶花，团花纹之间四角填充茶花与叶纹，整条花纹带两侧以带状茶花纹绘制边饰，花卉以土红线复勾，施以青色与绿色，青色以调和复色使用，整体画面色彩较唐风洞窟花纹带更为热烈浓郁，显然是在唐风洞窟壁画风格基础上又融入回鹘民族的审美风尚。

（2）后甬道券顶团花云纹装饰带图案

库木吐喇唐风洞窟后甬道窟顶保存有团花与云纹图案，今在库木吐喇窟群区第15窟还能隐约可辨，以二重花瓣莲花为基本单元，每朵莲花间饰以云纹。

库木吐喇回鹘风洞窟在后甬道顶部依然延续有唐风洞窟内相似的题材，如库木吐喇窟群区第45窟后甬道顶部以二重圆形莲花为中心，周围四角饰以流云纹，券顶与甬道侧壁间绘较窄茶花纹边饰带，颜色以石绿与褐色为主，以勾填法绘制。此外，库木吐喇窟群区回鹘风洞窟第12窟后甬道拱顶装饰带[1]从题材与画法上均与库木吐喇窟群区第45窟相似，显然延续了唐风洞窟的题材与画法。库木吐喇窟群区第46附1窟后甬道券顶团花纹装饰带画法则简化为只以土红线勾勒外轮廓，画法更为简单，这似乎预示着回鹘画风的衰落。

（二）龟兹回鹘风洞窟壁画风格表现出与龟兹风壁画的延续性

库木吐喇窟群区第43窟主室正壁菱格坐佛与森木塞姆第44窟主室券顶菱格画面沿用龟兹风典型的菱形格单元构成壁面，颜色虽以白、土红与石绿为主，较龟兹风菱格色彩变暖，但菱格形式、题材与画法类似，显然是龟兹画风的延续。库木吐喇窟群区第10、12窟与森木塞姆第44窟后甬道绘涅槃图，这一题材位置也是龟兹画风的延续。

二、龟兹回鹘风洞窟壁画风格的混合性

德国学界对龟兹石窟壁画划分的第三种风格只是概括称受唐代风格影响，王征曾对龟兹石窟龟兹风格和回鹘风格壁画相混合洞窟作过论述亦较为概括[2]。从本书划分的

---

[1]　［德］阿尔伯特·冯·勒柯克、恩斯特·瓦尔德施密特：《新疆佛教艺术》（第六卷），第547页，图版25。瓦尔德施密特考订此壁画出自库木吐喇涅槃窟，本书对应库木吐喇窟群区中国编号第12窟。

[2]　王征：《龟兹佛教石窟美术风格与年代研究》，第116～122页。

回鹘风洞窟壁画中具体分析，其不仅体现出回鹘民族与唐代内地壁画风格的因素，同时也包含着明显的龟兹风因素，或者说是回鹘民族在龟兹风格与唐风格基础上融入自身审美风尚演化出龟兹回鹘风格。在库木吐喇窟群区第 12 窟供养人汉文与回鹘文题记与窟群区第 76、79 窟等洞窟中汉文与回鹘文题记上，也可作为辅证这一时期的回鹘风洞窟壁画是在汉、龟兹与回鹘三个民族风格交融演变中形成的，本书称其为龟兹回鹘风洞窟壁画风格的混合性特征。本书讨论龟兹回鹘风洞窟壁画的混合性包括两种情况。

图 5.6　森木塞姆第 46 窟窟顶立佛（照片由柏林亚洲艺术博物馆提供，编号为 Ⅲ 734k，Jürgen Liepe 摄影）

第一，在一个洞窟中同时出现回鹘风格、唐风格与龟兹风格相混合的情况。如森木塞姆第 46 窟窟顶立佛与正壁佛说法图以回鹘风格融入龟兹画风，叠涩绘制汉地风格团花图案，三种画风同时出现在一个洞窟中，风格差异明显（图 5.6～5.8）。叠涩花纹勾线提按用笔自然，以白、绿二色为主。窟顶立佛以赭红色为主的色调中，强调了佛陀青色肉髻，勾线用笔流畅、提按转折明显，线条组合稠密，系在龟兹人物造型基础上加入了汉地与回鹘民族的审美风尚。此窟壁画中还有吐火罗语题记①，壁画风格反映出龟兹、汉与回鹘三个民族绘画因素与审美风尚的混合。

第二，龟兹回鹘壁画风格是回鹘民族在吸收汉地与龟兹风格基础上混合形成的。人物造型呈现混合性特征，延续了龟兹圆形脸，短颈并简化其五官程式化结构，演变出龟兹回鹘风洞窟人物的造型特点。如库木吐喇窟群区第 12 窟主室后甬道涅槃图（图 5.9）、库木吐喇窟群区第 10 窟主室后甬道举哀天人（图 5.10）、库木吐喇窟群

① 参见本书第二章第七节内容论述。

区第 38 窟主室后甬道举哀天人
（图 5.11），造型上继承龟兹人物
圆脸、短颈，绘制技法中还用白色
线条在眉弓、眼睑、鼻梁与嘴唇凸
起位置复勾，增强五官的立体感，
显然沿用了龟兹风画法；库木吐喇
窟群区第 45 窟主室前壁弥勒说法
图中的供养菩萨（图 5.12）、后甬
道大势至菩萨造型圆脸短颈，但身
体姿态与用笔赋予形象韵律感，而
颜色多以朱红、褐与黄等暖色系为
主，很好地表现出龟兹造型、汉地
线条与回鹘用色画风的糅合。此
外，在夏哈吐尔佛寺也出土过相
似风格的壁画残片，圆脸、短颈、
五官造型简化，与龟兹回鹘风洞窟
壁画人物造型相近（见图 2.34）。

图 5.7　森木塞姆第 46 窟叠涩花纹带

图 5.8　森木塞姆第 46 窟正壁壁画局部

图 5.9　库木吐喇窟群区第 12 窟后甬道涅槃图（采自《新疆佛教艺术》第三卷，
　　　　第 250~251 页，图版 12）

图 5.10　库木吐喇窟群区第 10 窟后甬道举哀天人（采自《中国新疆壁画全集 4·库木吐拉》，第 207 页，图 208）

图 5.11　库木吐喇窟群区第 38 窟后甬道举哀天人（采自《中国新疆壁画全集 4·库木吐拉》，第 232 页，图 233）

图 5.12　库木吐喇窟群区第 45 窟主室前壁胁侍菩萨（照片由柏林亚洲艺术博物馆提供，编号为Ⅲ 9021，Jürgen Liepe 摄影）

库木吐喇窟群区第 46 附 1 窟主室券顶两侧绘佛陀、菩萨与云气纹，壁画虽然褪色严重，但从佛陀与菩萨面部晕染位置来看明显受到龟兹画风的影响。人物面部晕染技法具体为：沿面部轮廓线晕染一圈，紧贴鼻梁的两条线开始沿颧骨转向晕染，其晕染外端与脸部轮廓线周围的晕染色接到一起，上下眼睑晕染一圈，沿鼻翼外端与嘴角，再从嘴角至下唇底部晕染一圈，沿嘴角向下颌部位晕染开，中间空出下颌的位置，颈部横纹与胸部间以重色晕染强调。

虽然未可知库木吐喇窟群区第 46 附 1 窟壁画画面所呈现的黑色是否全部为变色所致，但从画面中可以判断原先使用的主要颜色已经是回鹘人喜爱的黑色与红色。云气纹蘑菇状云头与库木吐喇窟群区唐风洞窟第 15、16 窟云气纹形状类似，勾线流动如生，显然是受汉地题材与画风的影响（图 5.13）。整铺券顶壁画从画面题材、人物造型、绘制技法与用色等方面均呈现出回鹘民族审

图 5.13　库木吐喇窟群区第 46 附 1 窟券顶佛、菩萨与云气纹

美风尚与龟兹本土画风、汉地艺术的结合。

三、龟兹回鹘风洞窟壁画风格的地域性

　　龟兹回鹘风洞窟壁画风格的地域性，明显的表现出龟兹回鹘风洞窟壁画不仅深受汉地壁画风格的影响，而且对龟兹本地壁画风格的继承与改进。从龟兹回鹘风洞窟壁画与高昌回鹘洞窟壁画风格的比对中可以深刻感受到龟兹回鹘风壁画风格的地域性特征。

图 5.14　库木吐喇窟群区第 43 窟主室券顶与前壁半圆形壁面说法图（采自《中国石窟·库木吐喇石窟》，图 70）

图 5.15　库木吐喇窟群区第 12 窟涅槃图之龟兹回鹘画风举哀天人（采自《新疆佛教艺术》第三卷，第 250～251 页，图版 12）

　　库木吐喇窟群区第 43 窟主室前壁绘制龟兹风洞窟中同一位置常见的说法图，在龟兹风造型基础上变为稠密衣褶，色彩以黑、红二色为主。券顶以龟兹地区常见的菱格因缘本生故事布局，人物造型与暖色系用色已体现出回鹘民族的审美风尚（图 5.14）。

　　德国探险队揭取的库木吐喇窟群区第 12 窟涅槃图举哀天人头戴三花冠，保留了龟兹人物面部圆浑的特点，但人物双眉的眉心线几乎相接，鼻梁用线变龟兹风壁画常用的双线为单线等画法已呈现出典型的龟兹回鹘画风特点（图 5.15）。而高昌回鹘时期柏孜克里克石窟

涅槃图中举哀天人，面
部以长圆脸型为主，以
细劲线条勾勒，面部晕
染不似龟兹回鹘画风浓
重（图5.16）。显然龟
兹回鹘风壁画中呈现出
明显的龟兹本地绘画痕
迹，具有鲜明的地域
特色。

图5.16　柏孜克里克第33窟涅槃图之高昌回鹘画风举哀天
人（采自《中国新疆壁画全集6·土峪沟·柏孜
克里克》，第111页，图107）

第四节　龟兹回鹘风洞窟壁画风格划分

一、定义

国外学者曾经对回鹘艺术作出定义[1]，在分析龟兹回鹘风洞窟壁画风格特点之
后，本书试对龟兹回鹘风洞窟壁画风格进行具体定义。龟兹回鹘风洞窟壁画风格：
第一，造型上，人物脸形较龟兹风壁画人物脸形偏长圆，人物体形结实敦厚，但褪
去了龟兹人物几何化的程式处理；第二，用笔上，龟兹回鹘风洞窟壁画不同于龟兹
风典型的"屈铁盘丝"式线条[2]与唐风壁画流动如生的兰叶描，似对汉地兰叶描笔法
的模仿，出现用笔提按方式，却不似唐风壁画线描用笔纯熟，气韵流动也不如唐风

---

[1]　Lilla Russell-Smith, *Uygur Patronage In Dunhuang. Regional Art Centres On The North Silk Road In The Tenth And Eleven Centuries*, Leiden: Brill, 2005, pp. 11–13.

[2]　关于龟兹风洞窟壁画"屈铁盘丝"式线条特征以及形成原因与文化特征的讨论，参见刘韬：《关于克
孜尔石窟壁画"屈铁盘丝"式线条的研究》，载《敦煌壁画艺术继承与创新国际学术研讨会论文集》，
第272~280页。另参见刘韬：《关于龟兹石窟"屈铁盘丝"式线条相关问题的探讨》，《新美术》2009
年第5期，第56~57页。

壁画线描自然，而线条的排列更为密集，此为龟兹回鹘风用线最为典型的特点；第三，用色上，龟兹回鹘风洞窟壁画以赭石与红色为主调、黑色大量使用，较之前唐风石窟壁画青、绿二色主调褪去，晕染上似乎受到龟兹画风的影响，多以低染法表现形体。暖色系用色与稠密用线的绘画风格与高昌回鹘壁画风格一致（图5.17、5.18）。但从整体上观察，龟兹回鹘风壁画没有达到高昌回鹘壁画成熟的画风。

图5.17　森木塞姆第40窟右甬道立佛

图5.18　柏孜克里克第20窟佛本行经变图（采自 *Chotscho*，Fig.21）

二、风格划分

在分析龟兹回鹘风洞窟壁画风格延续性、混合性与地域性的特点并总结出龟兹回鹘风洞窟壁画风格定义后，本书尝试将龟兹回鹘风洞窟壁画风格划分出三种类型。

（一）A画风

A画风基本上是龟兹唐风洞窟壁画风格的延续，但在造型与绘画技法上表现出唐代壁画风格的式微。属于这一类型壁画风格的如库木吐喇窟群区第12窟右甬道内侧壁绘制的普贤菩萨与胁侍图像，人物造型几乎与唐代壁画人物造型一致，只是壁画勾线的气韵变得较唐风不足。

（二）B 画风

B 画风是在龟兹唐风洞窟壁画风格基础上融入了回鹘民族审美特点。属于这一类型壁画风格的有库木吐喇窟群区第 12 窟后甬道的立佛与立菩萨像、库木吐喇窟群区第 45 窟后甬道的立佛与立菩萨像等。人物造型几乎与唐代壁画人物造型一致，只是浓重饱满的用色转变为以赭石与石绿色为主，勾线的气韵变得较唐风壁画不足。

（三）C 画风

C 画风呈现出明显的龟兹回鹘风格混合性特点，造型与绘画技法的混合演化出一些新的表现形式。如库木吐喇窟群区第 9、10、22、24、37、38、41、42、43、46 附 1、53、56、60、61、62、75、79 窟；森木塞姆第 40、44、46 窟壁画风格。此外，库木吐喇窟群区第 45 窟主室券顶、两侧壁与前壁，库木吐喇窟群区第 12 窟主室两侧壁、前壁壁画风格也属于这一类型。

尽管龟兹回鹘风洞窟壁画残缺不全，但从现有资料判断，龟兹地区部分回鹘风洞窟壁画的工匠可能来自不同民族。如库木吐喇窟群区第 12 窟不同壁面绘画同时呈现出 A、B、C 三种类型画风，库木吐喇窟群区第 45 窟不同壁面绘画同时呈现出 A、B 两种类型画风，森木塞姆第 46 窟不同壁面绘画同时呈现出 A、C 两种类型画风等。

绘画风格的演变规律包含渐变与突变两大情况。一般情况下，每一种绘画风格从形成到衰落的过程中，新的风格出现时旧有风格不一定会立刻消失，还会延续一些时间。旧有风格的衰落会在壁画造型、用笔与用色等技法中表现出来，同时旧有绘画风格会再结合新的因素形成新风格，这是艺术发展的一般规律。从龟兹回鹘风洞窟壁画中表现的共生性特点呈现出艺术风格发展的这一基本规律。在龟兹回鹘风洞窟壁画风格中明显表现出龟兹、汉与回鹘三个民族绘画风格的交织、融合与演变。

第五节　龟兹回鹘风洞窟壁画风格形成背景

龟兹回鹘风洞窟壁画布局、题材与风格均表现出汉、龟兹与回鹘三个民族共同互动下丰富且复杂的关系。龟兹回鹘风洞窟壁画的地域性也反映出回鹘民族进入龟兹后经历过与龟兹当地民族的共存。从库木吐喇石窟与森木塞姆石窟壁画大量的吐火罗文、汉文与回鹘文共存的题记中辅证了这一情况。对于这些不同民族文字与壁画图像的解读有助于探讨龟兹回鹘风洞窟壁画题材与风格延续性、混合性与地域性特点背后形成的原因。

第一，库木吐喇窟群区第79窟主室前壁右端壁下方壁画由上至下绘方格坐佛，以下绘一排五身跪姿回鹘供养人，其中有四身成年供养人和一身儿童供养人，在四身成年供养人头部右侧为榜题框。五身供养人上部有一排横向婆罗谜字体书写的回鹘文题记，根据德国慕尼黑大学博士候选人潘涛的解读，这是用婆罗谜字体书写的回鹘语，因题记局部不清现只能解读中间文字部分："lïk，hku ncuy"即回鹘语"quncuy < Chin."，"lïk"即"里"。对应的汉文是"里公主"，这与五身供养人中左起第一身女性供养人榜题框内汉文榜题"新妇颉里公主"对应。左起第一身女性

图 5.19　库木吐喇窟群区第 79 窟主室前壁窟门
　　　　右侧供养人与题记（采自《中国新疆
　　　　壁画全集 4·库木吐拉》，第 183 页，
　　　　图 184）

供养人、第二身男性供养人、第三身女性供养人榜题框内有汉文题记"新妇颉里/公主""同生阿兄弥/荞鹦帝嘞"与"颉里思力公主"，在三处榜题框外与榜题框内分别书写竖排回鹘字体的回鹘语，经学者识读回鹘语题记与榜题框内汉文题记形成互译①（图 5.19）。

此组供养人中左起第一身女性供养人"新妇颉里公主"束发于顶，盘起发髻，发髻中间横插

---

①　关于库木吐喇窟群区第 79 窟壁画中回鹘语题记问题，笔者分别请教了敦煌研究院民族宗教文化研究所杨富学研究员与德国慕尼黑大学博士候选人潘涛先生，杨富学研究员识读了库木吐喇第 79 窟榜题框外竖行回鹘文题记，潘涛先生识读了库木吐喇第 79 窟横排婆罗谜字体回鹘文题记与竖行回鹘文题记，两位学者均提供给笔者他们各自识读的成果且均认为此幅壁画中竖排回鹘文题记与榜题框内汉文题记形成互译。

一把木梳，着交领上衣与宽博长裙，这种批帛襦裙是汉族女性装扮。左起第三身女性供养人"颉里思力公主"以红色织物包裹向上束起的发髻，丝巾垂于脑后，身穿交领长袍，着对开半圆形翻领衣，此装扮与文献记载的回鹘女性装扮吻合①。两位女性供养人身边的男性供养人均留络腮胡，长发披于后背，头顶扎起高冠，以帽带固定，身穿红色圆领长袍，此为典型的回鹘男性供养人装扮。李树辉将库木吐喇窟群区第79窟"新妇颉里公主"考定为贞元四年（788年）十月出嫁给回鹘天亲可汗的咸安公主，她身边的回鹘男性供养人即为怀信可汗骨咄禄②（Qutlug）③。库木吐喇第79窟这组供养人图像与题记均表现出此窟为汉与回鹘两个民族功德主出资建造的情况，表现出汉与回鹘两个民族在当时的互动。

库木吐喇窟群区第79窟主室中心方坛正面壁画中也出现回鹘语与汉语并存的题记（图5.20）。壁画中"法行律师"僧人头上部书写婆罗谜字体，根据慕尼黑大学博士候选人潘涛的识读，部分是"……hi puṇyeśi li hwy（i/e）.y. p e ……"④。壁画中竖排榜题框内

图5.20　库木吐喇窟群区第79窟主室方坛正壁供养人与题记（采自《中国新疆壁画全集4·库木吐拉》，第188页，图189）

---

① 《新五代史》卷七四："妇人总发为髻，高五六寸，以红绢囊之；既嫁，则加毡帽。"参见［宋］欧阳修撰、［宋］徐无党注：《新五代史》（第三册），北京：中华书局，1974年，第916页。

② 爱滕里逻羽录没蜜施合胡禄毗伽可汗（Ai täŋridä qut bulmïškülüg bilgä qaɣan，? ~805年），名骨咄禄，唐册封怀信可汗。

③ 李树辉：《库木吐喇石窟第75、79窟壁画绘制年代和功德主身份研究》，《敦煌研究》2008年第4期，第36~42页。

④ 潘涛认为可识读与转译部分为两组词组："puṇye"是"功德"，śili可能是人名"颉里"，可对应右起第一身僧人榜题框内汉文题记开头。因为"hwy –"这样的字母组合在吐火罗语里面不存在，所以判断题记语言是用婆罗谜字体书写的回鹘语。

有汉文题记："颉里阿斯□城中/识知俱罗和上""法行律师""老翁神生净土/受过慈父悟""□信一□□/□寺□□□□""童子搜阿迦"，榜题框外有竖排回鹘字体书写的回鹘文题记，具体内容因过于残破无法识读。

上述两幅壁画中均出现汉文与回鹘文题记。库木吐喇第79窟前壁门右侧壁画中汉文题记与回鹘文题记互译书写的情况表现出当时绘制壁画的几种可能性。一种可能性为库木吐喇第79窟壁画为熟悉汉文的回鹘族工匠按照汉地壁画与题记方式绘制并书写两种不同文字而成；另一种可能性是由画面中出现的回鹘供养人委派僧人督造绘制洞窟，督造建窟的僧人分别聘请汉族画工绘制壁画后再由回鹘人书写题记。总之，无论哪种可能性，库木吐喇窟群区第79窟壁画均反映出汉与回鹘两个民族在一定时期内同时并存于龟兹，二者的文化在此时期发生互动并逐步共同形成了龟兹回鹘风壁画。

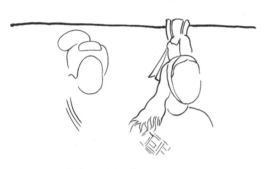

图5.21　库木吐喇窟群区第12窟主室前壁供养人线描图（刘韬绘图）

第二，龟兹回鹘风洞窟中汉装与回鹘装供养人同时绘制的还有库木吐喇第12窟。根据柏林亚洲艺术博物馆编号B 1992历史照片资料，库木吐喇第12窟前壁南侧壁面下边残存两位世俗供养人头部，北侧男子头戴翼状帽，帽带沿两腮系于颌下，头发披落至肩部，这是典型的回鹘男子头饰。南侧女子盘起发髻，上有一插着的木梳，为汉族女性头饰（图5.21）。此外，库木吐喇窟群区第46附1窟壁画呈现出明显的回鹘风格，而该窟主室正壁下方发现的壁画残块上绘四身女性供养人像，供养人头饰与库木吐喇窟群区第12窟主室前壁女性供养人、库木吐喇窟群区第79窟前壁右端壁下方左起第一身"新妇颉里公主"供养人头饰相同（图5.22），均束发于顶，结成发髻，上插木梳。供养人像旁汉文榜题中书"□□赵什四"[1]，显然为汉地供养人形象与名字。而库木吐喇窟群区第12窟主室前壁两个民族供养人图像可以解释在库木吐喇第12窟壁画中A、B、C三种画风并存的现象。两个民族供养

___

[1]　库木吐喇窟群区第46附1窟供养人壁画已不存于原洞窟中，具体情况参见马世长：《库木吐喇的汉风洞窟》，载《中国石窟·库木吐喇石窟》，第215页。

人共处一室可以说明汉与回鹘两个民族在一定时期内共
处龟兹地区，或者两个民族间有通婚的情况，而来自两
个民族的赞助人均可雇佣各自民族的工匠组织来绘制洞
窟。从画风判断库木吐喇窟群区第 12 窟右甬道普贤菩萨
壁画 A 风格或为汉族工匠绘制，后甬道外侧壁尊像图壁
画 B 风格或为汉族与回鹘工匠绘制，而后甬道涅槃图与
主室两侧壁 B、C 风格壁画或为龟兹与回鹘工匠绘制，在
三个民族画工共处一室绘制壁画过程中产生了画风的交
流。可见，龟兹回鹘风洞窟壁画的形成是汉、龟兹与回
鹘三个民族交流互动的结果。

图 5.22　库木吐喇窟群区
第 46 附 1 窟女供养人线描
图（采自《中国石窟·库
木吐喇石窟》，第 215 页，
插图 27）

　　第三，森木塞姆第 46 窟，根据本书第二章对该窟
壁画的复位缀合，笔者认为柏林亚洲艺术博物馆编号
Ⅲ 739 壁画残片比丘图像及题记原位于该窟主室前壁

窟门左侧墙壁上，在比丘头部上方是以中亚婆罗谜字体书写的两行吐火罗语题记[1]。
森木塞姆第 46 窟窟顶绘制了汉式莲花伞盖与龟兹风洞窟中流行的小乘佛教因缘故事
题材[2]，而窟顶中佛像造型、色彩与画法均为龟兹回鹘时期风格，这些信息均反映出
龟兹回鹘时期开凿的回鹘风洞窟中回鹘民族受到汉地佛教文化影响，而且龟兹本土
题材继续延续使用。我们可以称作龟兹本土佛教美术向龟兹回鹘美术的过渡期，或
者说这是龟兹、汉与回鹘三个民族文化间互动的结果。

　　关于回鹘民族在公元 790 年安西路绝后何时进入龟兹地区、回鹘人进入后如何
接受佛教以及他们在龟兹地区的活动、龟兹与回鹘民族间的关系等一系列问题由于
资料匮乏一直是学术盲点。关于此时期汉文文献记载不详，龟兹发掘的回鹘文残片
解读也非常有限[3]。从龟兹回鹘风洞窟壁画风格分析中我们可以看出回鹘人以自己的

---

[1]　题记为婆罗谜文字体书写的吐火罗语这一判断是慕尼黑大学博士候选人潘涛先生作出并提供给笔者。

[2]　目前已识读出宝髻佛授记故事与迦毗罗因缘故事，参见 Monika Zin，"The identification of Kizil Paintings
　　V（9. The Painted Dome from Simsim and its Narrative Programm, 10. Elapatra）"，*Indo-Asiatische Zeitschrift*，
　　15. 2011，pp. 57 – 69.

[3]　目前只见到龟兹地区出土的零星回鹘文题记被解读，如 [日] 梅村坦著，杨富学、黄建华译：《东京
　　国家博物馆藏回鹘文木简》，《敦煌研究》1990 年第 3 期，第 46 ~ 56 页。

审美风尚逐渐融入龟兹画风的过程，而在吐鲁番地区出土的回鹘语与吐火罗语残片相对较为丰富，学界解读了其中一些残片内容，很好地反映出吐火罗人与回鹘人共存的情况。例如发现于吐鲁番胜金口（Sengim）遗址柏林国家图书馆编号 THT 331 的写本残片属于晚期写本，断代约为公元 700～900 年。编号 THT 331 残片主体是用婆罗谜字体书写的吐火罗语文本，在吐火罗语下方有用婆罗谜字体书写的回鹘语注释（图 5.23），有多位学者讨论过编号 THT 331 写本残片①。这样的写本存在，说明吐火罗人与回鹘人在很长一段时间内共同生活在吐鲁番与龟兹地区，这也从一个侧面印证了龟兹回鹘风洞窟壁画风格背后龟兹、汉与回鹘三个民族审美互动的内因。

图 5.23　胜金口遗址出土编号 THT 331 写本残片（柏林国家图书馆藏，潘涛提供）

---

① 有多位学者讨论过编号 THT 331 写本残片，第一位是韦尔纳·温特（Werner Winter），他主要对 THT 331 写本残片吐火罗语部分进行了解读，参见 Werner Winter，"A new look at a Tocharian B text"，*Tocharian and Indo-European Studies* 10. 2003 pp. 105 – 124. 第二位是迪特尔·茅义（Dieter Maue），他对 THT 331 写本残片里的回鹘语部分进行了分析，即非回鹘语的婆罗谜字体写本（梵语和吐火罗语写本）中出现婆罗谜字体的回鹘语情况。另外他也提到，在回鹘字体书写的回鹘语文本中也有婆罗谜字体的文字，参见 Dieter Maue，"Uigurisches in Brāhmī in nicht-uigurischen Brāhmī-Handschriften"，*Acta Orientalia Academiae Scientiarum Hungaricae*，62. 2009，pp. 1 – 36. 第三位是慕尼黑大学博士候选人潘涛，他在其硕士毕业论文第一～四章对残片 THT 331 写本残片开头部分进行解读，这部分内容是关于吐火罗语律藏单堕部分中有关"掘地"的内容，他在论文里纠正了前面两位学者的一些错误，并给出了吐火罗语原文的翻译。潘涛认为编号 THT 331 写本残片反映出吐火罗人和回鹘人在很长一段时间内共同生活在吐鲁番与龟兹地区，两者发生融合，吐火罗语渐渐消亡。用回鹘语注释吐火罗语说明在这个时期（即晚期，8 世纪或 9 世纪以后），吐火罗语已经对一般的读者造成了一定的阅读障碍，而通晓吐火罗语的回鹘人用回鹘语给出注释。当然也可能是吐火罗人自己因为学习了回鹘语所以给出了回鹘语注释。两个民族间通婚与融合是不可避免的，父母分别是吐火罗人和回鹘人的情况肯定不少见。此外，回鹘人使用过至少五种不同的字体来书写回鹘语，即突厥卢恩字体、回鹘字体、粟特字体、摩尼教体与婆罗谜字体，婆罗谜字体应该属于较晚时期被使用。参见 Tao Pan，"Kommentar zu ausgewählten tocharischen Pātayantika-Dharma Fragmenten"，Masterarbeit，Universität München，2015，pp. 5 – 20.

小　结

从龟兹地区唐风洞窟与回鹘风洞窟壁画题材、布局与风格来观察，龟兹唐风洞窟壁画在内地画风植入的同时对于龟兹本地画风产生了回应。龟兹回鹘风洞窟壁画较龟兹唐风洞窟壁画显得更加丰富与复杂。龟兹回鹘风洞窟壁画风格表现出延续性、混合性与地域性的特点，有的龟兹回鹘风洞窟壁画甚至同时出现 A、B、C 三种画风共置一室，壁画中的题记出现龟兹、汉与回鹘三个民族文字或回鹘语、汉语或梵语、龟兹语同时书写的情况，洞窟中供养人图像出现汉与回鹘民族同时绘制的情况。这些现象至少反映出回鹘民族在进入龟兹地区并信仰佛教后曾在一段时期内与汉文化、龟兹本土文化发生互动。有的回鹘风洞窟壁画供养人就是来自汉与回鹘两个民族，甚至二者有通婚的现象，故而雇佣不同民族的画工共置一室开窟绘画当是可能，因此在绘画过程中产生了互动，呈现出三个民族的画风并逐渐融合。同时，在公元 790 年安西路绝之后，汉文化逐渐退出龟兹历史，而回鹘文化仍然与龟兹文化在一定时期内发生互动，而从壁画风格反映的情况来看，这一互动过程一直伴随龟兹回鹘风洞窟壁画风格形成并发展的始终。

第六章 龟兹地区唐风与回鹘风洞窟壁画年代探索

——以库木吐喇窟群区第 12、15～17 窟为中心

　　中原内地大量石窟寺遗址由于可以参鉴纪年题记与历史文献记载，多数石窟都可以基本准确断代，然而龟兹石窟因缺少此类资料，百年来学界对龟兹石窟的年代问题众说纷纭、莫衷一是，解决龟兹石窟的年代问题需要多学科、多角度长期的持续工作来共同推进。

　　学界一般认为龟兹地区唐风洞窟开凿于唐代龟兹设立安西都护府时期[①]，但由于缺乏明确的纪年题记与历史文献记载，龟兹唐风洞窟具体的开凿年代问题依然模糊。而探索龟兹地区回鹘风洞窟的建窟年代问题似乎比龟兹唐风洞窟年代问题更加困难。龟兹回鹘风洞窟中不仅没有明确的纪年题记，甚至汉文历史文献中也缺少从公元 791 年安西路绝至回鹘西迁之间关于龟兹的记载。公元 840 年回鹘西迁之后虽有文献记载，但也无法从中窥探龟兹回鹘风洞窟开凿活动的时间，从龟兹地区出土的回鹘语文本以及相关的解读与研究成果也极为稀少[②]，故而龟兹回鹘风洞窟的起止年代问题长期以来模糊不清，对龟兹回鹘风洞窟进行全面分期与断代的条件目前尚不具备。

[①]　晁华山：《库木吐喇石窟初探》，载《中国石窟·库木吐喇石窟》，第 198 页。马世长：《库木吐喇的汉风洞窟》，载《中国石窟·库木吐喇石窟》，第 221～223 页。

[②]　关于龟兹地区出土的回鹘语文本解读的研究成果较少，如〔日〕梅村坦著，杨富学、黄建华译：《东京国立博物馆藏回鹘文木简》，《敦煌研究》1990 年第 3 期，第 46～56、113～114 页。

艺术史的研究对象是石窟中的建筑、雕塑和壁画，龟兹地区唐风洞窟与回鹘风洞窟壁画除保存在洞窟原址以外，部分壁画残片分散藏于多国博物馆中，洞窟中的塑像基本无存。经过本书第二章对部分龟兹唐风洞窟与回鹘风洞窟壁画的核对与复位缀合，使这些洞窟壁画呈现出相对完整的壁画布局，进而在第三章对这些洞窟的壁画内容与塑像尊格作出释读与重构。这些研究工作为龟兹唐风洞窟与回鹘风洞窟壁画的年代探索积累了必要的研究基础。本章主要根据库木吐喇窟群区第 12、15、16 与 17 窟壁画的题材、样式与风格，结合第 12 窟内间接的汉文题记从美术史视角对库木吐喇窟群区第 12、15 ~ 17 窟壁画的年代问题作初步判断，并以此为中心展开对龟兹地区其他唐风洞窟与回鹘风洞窟壁画年代的探索。

第一节　龟兹唐风洞窟壁画年代探索

龟兹唐风洞窟修建于唐代安西都护府设立于龟兹时期的判断在学界几无分歧。在唐朝大一统时期设立安西都护府直接管理西域之事的背景下，可以利用"长安样式"为线索①，将库木吐喇石窟塑像与壁画的图本信息来源引向两京地区，并以两京地区的壁画样式与风格来推断库木吐喇部分唐风洞窟壁画的年代。

一、第 15 ~ 17 窟建窟年代

关于库木吐喇窟群区第 15 ~ 17 窟开凿的绝对年代，前贤曾经推测为 8 世纪下半叶②。在没有明确文献记载与纪年题记对应的情况下，根据洞窟中塑像与壁画的图本

---

① "长安样式"这一概念由罗世平提出，"长安样式"前提是在大一统的国家政权背景下在文化风貌上地方与中央保持一致性，以此建立佛教美术样式上可兹比较的线索。参见罗世平：《四川唐代佛教造像与长安样式》，《文物》2000 年第 4 期，第 46 ~ 57 页。

② 马世长将库木吐喇窟群区第 15 ~ 17 窟壁画的构图、风格与敦煌壁画进行比对，判断库木吐喇窟群区第 15 ~ 17 窟开凿于 8 世纪下半叶，参见马世长：《库木吐喇的汉风洞窟》，载《中国石窟·库木吐喇石窟》，第 222 页。此外，法国学者罗贝尔·热拉 - 贝扎尔和莫尼克·马雅尔指出库木吐喇第 16 窟约建造于天宝元年（742 年）至贞元六年（790 年），参见 Robert Jera-Bezard and Monique Maillard, "Le rôle des bannières et des peintures mobiles dans les rituels du bouddhisme d' Asie centrale", *Arts Asiatiques*, No. 44, 1989, p. 61.

样式以及塑像布局组合与"长安样式"的比对，本书认为库木吐喇窟群区第 15～17 窟的开窟与修造年代最为可能的时期是从初唐武周时期以后至唐玄宗开元年间，即 8 世纪上半叶，讨论如下：

（一）从文献记载推测第 15～17 窟开凿于初唐至盛唐时期

唐朝置安西都护府于龟兹是库木吐喇窟群区第 15～17 窟这组唐风洞窟建造的时代背景。从史料记载中可知，唐朝控制龟兹主要始自唐太宗贞观二十三年（649 年）将安西都护府西迁至龟兹，后几经战乱，至武则天长寿元年（692 年）唐将王孝杰率军收复安西四镇，征发汉兵三万人镇守安西地区[①]，至唐玄宗天宝十四年（755 年）西域唐军到内地平定"安史之乱"，四镇节度使仍镇守龟兹，最后至唐德宗贞元六年（790 年）龟兹再度被吐蕃占领[②]，唐朝在龟兹势力完全失去。从文献记载中分析，从武则天长寿元年（692 年）至唐玄宗天宝十四年（755 年）的六十余年中是唐朝置安西都护府于龟兹实施更为有效控制的时期，库木吐喇窟群区第 15～17 窟是典型的唐风洞窟，从文献记载中可以初步推断此三窟应在武则天长寿元年（692 年）至唐德宗贞元六年（790 年）期间建造，而更为可能建造的时间应是从武则天长寿元年（692 年）至唐玄宗天宝十四年（755 年）间唐朝控制龟兹相对稳定的政治环境中由中原内地迁入龟兹的汉人、汉僧与汉兵建造[③]。

（二）第 15～17 窟主尊三佛并坐样式以及第 16 窟弥勒佛两侧的胁侍佛样式推断三窟塑像沿用初唐武周时期造像样式

本书第三章讨论的以善跏趺坐弥勒佛为主尊两侧配置结跏趺坐的阿弥陀佛与释迦牟尼佛的三佛并坐组合样式，从目前内地遗存来看主要流行于初唐武周时期至盛唐玄

① "先是，太宗既破龟兹，移置安西都护府于其国城，以郭孝恪为都护，兼统于阗、疏勒、碎叶，为之'四镇'。高宗嗣位，不欲广地劳人，复命有司弃龟兹等四镇，移安西依旧于西州。其后吐蕃大人，焉耆已（笔者按：以）西四镇城堡，并为贼所陷。则天临朝，长寿元年，武威总管王孝杰、阿史那忠节大破吐蕃，克复龟兹、于阗等四镇，自此复于龟兹置安西都护府，用汉兵三万以镇之。"参见［后晋］刘昫等撰：《旧唐书》卷一九八，《旧唐书》第 16 册，北京：中华书局，1975 年，第 5304 页。

② "……吐蕃既侵河、陇，惟李元忠守北庭，郭昕守安西，与沙陀、回纥相依，吐蕃攻之久不下。建中二年，元忠、昕遣使间道入奏，诏各以为大都护，并为节度。贞元三年，吐蕃攻沙陀、回纥、北庭、安西无援，遂陷。"参见［宋］欧阳修、宋祁等撰：《新唐书》卷四〇，《新唐书》第 4 册，北京：中华书局，1975 年，第 1048 页。

③ 库木吐喇窟群区第 15～17 窟的建造或许有龟兹工匠参与其中。

宗开元年间。而弥勒佛两侧以佛为胁侍这一组合样式在内地只在初唐武周时期出现，龙门石窟摩崖三佛龛开凿于武则天长寿年间（692~694年），从造像组合样式中笔者推断库木吐喇窟群区第15~17窟的塑像尊格与布局沿用了初唐武周时期这一典型题材配置样式，与武周时期狂热尊崇弥勒这一政教行为关系密切，而造像样式在武周之后的唐中宗至唐玄宗开元年间仍然延续使用。故而，从重构的库木吐喇窟群区第15~17窟塑像尊格与塑像布局来推断，此三窟建凿的年代应在武周时期至唐玄宗开元年间。

（三）第16窟壁画为典型的盛唐样式与风格

库木吐喇窟群区第16窟壁画呈现出典型的盛唐壁画图本样式与时代风格。具体表现如下：

1. 第16窟主室正壁对称绘制骑狮文殊菩萨与骑象普贤菩萨图像推测出现于盛唐时期。

根据笔者以巴黎吉美博物馆编号 AP 7050 历史照片与柏林亚洲艺术博物馆编号 B 1220、B 0086 照片资料为底本绘制的库木吐喇第16窟主室正壁壁画线描复原图来识读文殊菩萨与普贤菩萨图像（图6.1）。此图特点有：（1）文殊菩萨与普贤菩萨对称绘制；（2）文殊菩萨骑狮；（3）普贤菩萨骑象；（4）文殊菩萨与普贤菩萨均为半侧面像；（5）文殊菩萨周围为胁侍菩萨；（6）驭狮者为昆仑奴。从以上文殊菩萨与普贤菩萨图本样式特点来分析，此种图本样式主要流行于初唐至盛唐时期，而不同于中唐时期文殊图像加入五台山化现图[1]或者唐至五代时期流传的"新样文殊"图式[2]。根据骑狮文殊图像的发展谱系，本书初步判断库木吐喇第16窟主室正壁骑狮文殊与骑象普贤壁画应绘于初唐至盛唐时期。

---

[1] 敦煌莫高窟骑狮文殊图像从中唐开始出现与五台山化现图的结合，如莫高窟中唐第159窟西壁北侧文殊变下方两条屏风画绘五台山图，图片参见敦煌研究院编：《中国石窟·敦煌莫高窟 四》，北京：文物出版社，1982年，图76。

[2] 敦煌文物研究所在清理莫高窟第220窟甬道北壁小龛下一铺壁画的报告中，将壁画中文殊菩萨出现的新样式命名为"新样文殊"，并指出"新样文殊"之"新"是文殊不按传统的方式与普贤菩萨并列出现，而作为主尊居中端坐，文殊为正面像，另外把牵狮的昆仑奴换成现实生活中的于阗王。参见敦煌文物研究所：《莫高窟第220窟新发现的复壁壁画》，《文物》1978年第12期，第11~46页。此外，敦煌五代时期出现"新样文殊"图像还有如莫高窟第72与100窟等。"新样文殊"图像产生的原点是在五台山地区流传的文殊菩萨化现与圣迹故事等内容发展而来的图像，敦煌莫高窟"新样文殊"图像是此图样传播后的遗存。

图 6.1　库木吐喇窟群区第 16 窟主室正壁文殊菩萨与普贤菩萨线描图（刘韬绘图）

　　唐代文殊图像根据《广清凉传》记载是长安相匠安生在五台山原创。《广清凉传》记载："大孚灵鹫寺之北，有小峰，顶平无林木，岿然高显，类西域之灵鹫焉。其上祥云屡兴，圣容频现，古谓之化文殊台也。唐景云中，有僧法云者，未详姓氏，住大华严寺。每惟大圣示化，方无尊像，俾四方游者，何所瞻仰？乃缮治堂宇，募工仪形。有处士安生者，不知从何而至。一日，应召为云塑像。云将厚酬其直，欲速疾工。生谓云曰：'若不目睹真像，终不能无疑。'乃焚香悬启。移时，大圣忽现于庭。生乃欣踊躄地祝曰：'愿留食顷，得尽模相好。'因即塑之。厥后，心有所疑。每一回顾，未尝不见文殊之在傍也。再暮功毕，经七十二现，真仪方备。自是，灵应肸蠁，暇迹归依，故以'真容'目院焉。"①

　　骑狮文殊菩萨与骑象普贤菩萨对称绘制的图像在晚唐张彦远《历代名画记》关于画家尹琳的记载中可以追溯至初唐时期②。从盛唐时期开始，敦煌骑狮文殊图像出

---

① ［宋］释延一《广清凉传》卷中《安生塑真容菩萨十》。参见［唐］释慧祥、［宋］释延一、［宋］张商英撰，陈扬炯、冯巧英校注：《古清凉传·广清凉传·续清凉传》，太原：山西人民出版社，1989年，第62～63页。

② "慈恩寺塔内面东西间，尹琳画，西面《菩萨骑狮子》，东面《骑象》。"另"尹琳，善佛事、神鬼、寺壁，高宗时得名，笔迹快利。今京师慈恩寺塔下南面《师利》、《普贤》极妙。"参见［唐］张彦远著，俞剑华注释：《历代名画记》卷三《记两京外州寺观画壁》与卷九《唐朝上一百二十八人》，上海：上海人民美术出版社，1964年，第60、185页。

现了专门为骑狮文殊牵狮子的驭者，如敦
煌莫高窟盛唐第148窟南壁龛外东侧绘骑
狮文殊图，北壁佛龛外东侧绘骑象普贤图，
图像中驭狮者与驭象者均为昆仑奴形象
（图6.2）。敦煌榆林窟中唐第25窟西壁北
侧文殊变与西壁南侧普贤变图像中驭狮者
与驭象者均为昆仑奴形象。敦煌莫高窟从
中唐时期开始骑狮文殊图像中又加入五台
山化现图，如莫高窟中唐第159窟西壁佛
龛两侧对称绘制文殊菩萨与普贤菩萨，驭
者均为昆仑奴形象，西壁北侧文殊变下方
以屏风形式绘制五台山化现图（图6.3）。
至莫高窟五代时期出现"新样文殊"图像
（图6.4），并发展有文殊三尊①、文殊五
尊②，乃至七尊像③等图式。与前期文殊图

图6.2　敦煌莫高窟第148窟南壁东侧
文殊菩萨与北壁东侧普贤菩萨
盛唐（采自《中国石窟·敦煌
莫高窟 四》，图34、35）

像相比，"新样文殊"图像最大区别在于驭者从昆仑奴变为于阗王，文殊菩萨周围又
加入佛陀波利（Buddhapāla）与文殊化老人身等形象，背景多加入五台山化现等新的
图像因素。

　　以上简要描述骑狮文殊菩萨图像的发展谱系后，我们可以将库木吐喇窟群区第
16窟文殊图像放入上文概言之图像谱系中来推断第16窟文殊图像的大致年代。库木
吐喇第16窟骑狮文殊菩萨与骑象普贤菩萨对称出现且驭者为昆仑奴并不是"新样文
殊"中的于阗王，背景也未出现敦煌石窟中唐时期以后文殊图像中的五台山化现图。
通过比较上述图像特征，本书判断库木吐喇第16窟文殊菩萨与普贤菩萨图像绘制的

---

①　文殊三尊一般由文殊菩萨、于阗王与善财童子形象组成，如山西五台山南禅寺须弥坛上文殊菩萨三尊
　　像等。
②　文殊五尊一般由文殊菩萨、于阗王、善财童子、佛陀波利与文殊化老人身形象组成，如山西五台山南
　　台佛光寺主殿配阁中文殊菩萨五尊像等。
③　七尊像是在文殊五尊像的基础上再加入两身胁侍菩萨像组成。参见孙修身：《中国新样文殊与日本文
　　殊三尊五尊像之比较研究》，《敦煌研究》1996年第1期，第49页。

图 6.3　敦煌莫高窟第 159 窟西壁文殊菩萨与普贤菩萨　中唐（采自《中国石窟·敦煌莫高窟 四》，图 75）

图 6.4　敦煌莫高窟第 220 窟甬道北壁"新样文殊"　五代（采自《中国石窟·敦煌莫高窟 五》，图 20）

时间应为盛唐时期。

2. 第 16 窟主室南壁观无量寿经变与北壁药师经变壁画构图推测出现于盛唐时期。

库木吐喇窟群区第 16 窟主室南壁观无量寿经变壁画构图与北壁药师经变壁画构图均为中间横长方形中堂式，两侧配以立轴式条幅。敦煌莫高窟观无量寿经变壁画中堂配二立轴式构图最早出现于莫高窟盛唐第 217 窟北壁，第 217 窟建于盛唐景云年间（710～712 年）[1]。敦煌莫高窟药师经变壁画中堂配二立轴式构图始见于盛唐第 148 窟东壁，此窟建于大历十一年（776 年）[2]。敦煌石窟中观无量

<hr>

① 敦煌研究院编：《敦煌石窟内容总录》，第 86 页。

② 敦煌研究院编：《敦煌石窟内容总录》，第 58 页。

寿经变与药师经变为中堂配二立轴式构图出现多例，请参见表 6.1。

表 6.1　敦煌石窟壁画观无量寿经变与药师经变题材中堂配二立轴式构图统计表①

题材	构图形式	盛唐	中唐	晚唐	五代、宋、西夏
观无量寿经变	中堂配二立轴式，中间净土庄严相，左右条幅分别绘十六观与未生怨	莫高窟第 45、91、116、122、148、172、176、194、208、215、208、217、218、320、446 窟	莫高窟第 44、92、117、126、129、154、155、160、180、188、191、197、199、201、236、258、379、473 窟	莫高窟第 15、19、132、177、337、343 窟	（五代）莫高窟第 22、334、468 窟。榆林窟第 35、38 窟；（宋）莫高窟第 55、76、454 窟
药师经变	中堂配二立轴式，中间净土庄严相，左右条幅分别绘九横死与十二大愿	莫高窟第 148 窟	莫高窟第 92、134、154、180、222、236、358、370 窟	莫高窟第 8、160、177、190、337、343 窟	（五代）莫高窟第 468 窟

从上表可以看出唐代敦煌石窟以中堂配二立轴式构图绘观无量寿经变在盛唐时期出现并流行至中晚唐时期，以中堂配二立轴式构图绘药师经变于盛唐时期出现并流行于中晚唐时期。所以比对敦煌石窟这两类经变画构图的发展，对应库木吐喇第 16 窟两铺经变画的构图，笔者推测库木吐喇第 16 窟主室南壁观无量寿经变壁画与北壁药师经变壁画绘制的时间在盛唐时期以后较为合适。

此外，从库木吐喇第 16 窟壁画风格中透露出典型的盛唐气息。第 16 窟主室北壁药师经变壁画中飞天造型华美端严，勾线流动如生，形成"天衣飞扬，满壁风动"②之感。第 16 窟主室前壁上方半圆形壁面涅槃图中，举哀弟子像以文献记载吴道子

---

① 此表中观无量寿经变内容参见施萍婷主编：《敦煌石窟全集 5·阿弥陀经画卷》，香港：商务印书馆，2002 年，第 261 页；表中药师经变内容是根据敦煌研究院编《敦煌石窟内容总录》的记录统计制表。

② ［唐］段成式《寺塔记》（卷上）记载吴道子画风："平康坊菩提寺……吴道玄画智度论色偈变，偈是吴自题。笔迹遒劲，如磔鬼神毛发。次堵画礼骨仙人，天衣飞扬，满壁风动。"参见［唐］段成式、［宋］黄休复、［元］佚名著，秦岭云点校：《寺塔记·益州名画录·元代画塑记》（中国美术论著丛刊），北京：人民美术出版社，1964 年，第 15 页。

"莼菜条"① 式运笔，提按顿挫富有节奏，刻画出每位弟子的形神，其人物造型与用笔特点均表现出盛唐时期的风貌。

至于库木吐喇第 16 窟中出现汉文与回鹘文题记②，笔者认为一则目前已见不到此汉文与回鹘文题记，不好根据题记推断年代；二则回鹘文题记或为后期题记，不能用其直接推断开窟年代。

综上所述，从库木吐喇窟群区第 15～17 窟塑像与内地塑像样式分析比对中已经明显透露出初唐武周时期的图本样式，而此三窟壁画样式与风格更接近敦煌莫高窟盛唐时期壁画。笔者推测库木吐喇窟群区第 15～17 窟是在盛唐时期修造而继续沿用初唐武周时期的塑像布局。据此，库木吐喇窟群区第 15、16 与 17 窟的开凿与塑绘年代应在初唐武周时期以后的唐中宗至唐玄宗开元年间，即 8 世纪上半叶。

二、第 11、13 与 14 窟建窟年代

库木吐喇窟群区第 11 与 14 窟从洞窟形制与壁画题材、风格、布局均保持一致，应为同一时期建造的洞窟。第 11 与 14 窟均为纵券顶中心设坛方形窟，这一洞窟形制类似于唐代内地中心佛坛窟。内地中心设坛方形窟（以敦煌石窟为例）在中唐以后开凿并流行，但窟顶多为覆斗顶，而库木吐喇唐风中心设坛方形窟为纵券顶，保留有龟兹本地开凿传统。库木吐喇第 11 与 14 窟窟内壁画风格接近于盛、中唐时期中原汉地佛教壁画风格。综合洞窟形制与壁画风格等因素，笔者初步判断库木吐喇窟群区第 11 与 14 窟年代晚于库木吐喇窟群区第 15～17 窟，约在 8 世纪中叶至 8 世纪末期开凿。北京大学考古系曾对库木吐喇窟群区第 14 窟主室墙泥中草样作碳十四测

---

① ［北宋］米芾《画史》记载吴道子线描特点："行笔磊落，挥霍如莼菜条"，见台湾商务印书馆影印《文渊阁四库全书》（子部·画史 五）。

② 格伦威德尔记录："主室前壁南侧墙面是本洞窟的供养人，身穿中国式服装，头戴小黑帽，手持一条白布。在这个供养人后边画一个头戴小黑帽的小男孩。供养人中文名字写在他旁边一块特殊条块上。在这条块旁边有一行回鹘文。"参见［德］A. 格伦威德尔：《新疆古佛寺——1905～1907 年考察成果》，第 33 页。马世长记录："前壁入口窟门北侧，为男供养人像。此像身着朱红色盘领襕衫，头戴幞头，腰束革带。唇上有髭须，双手拱于胸前。与中原供养人风格一致。像旁墨书汉文榜题。"参见马世长：《库木吐喇的汉风洞窟》，载《中国石窟·库木吐喇石窟》，第 206 页。

定，测定年代距今（1982 年）为 1210±35 年，即唐天宝年间（742～756 年）①。碳十四测定年代可以作为支撑本书年代推测的一个辅证。

　　库木吐喇窟群区第 13 窟为中心柱窟、第 14 窟为方形窟，根据柏林亚洲艺术博物馆编号 B 1236 历史照片可以看出，两窟开凿于同一水平位置且主室门墙上方壁面存留有安装窟前木构建筑的凹槽与凿孔（图 6.5），表明两窟曾共用一个前室，因此这是一个由中心柱窟与方形窟构成的洞窟组合②。这样的判断反映出两窟应为同一时期开凿，结合第 13 窟内壁画为唐代风格，因此初步判断库木吐喇第 13 窟也应与第 14 窟同时且建凿于 8 世纪中叶至 8 世纪末期。

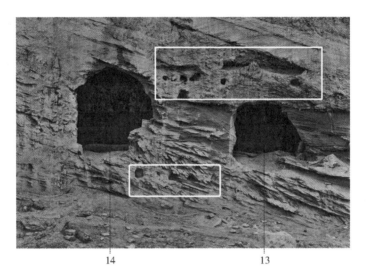

图 6.5　库木吐喇窟群区第 13、14 窟外景（照片由柏林亚洲艺术博物馆提供，编号为 B 1236）

三、第 68～72 窟建窟年代

　　库木吐喇"五联洞"（第 68～72 窟）开凿在窟群区内谷北区面朝木札提河的悬崖绝壁上。根据魏正中从考古学视角下对洞窟形制与洞窟组合的调查与判断，库木

_____

① 北京大学考古系碳十四实验室，陈铁梅、原思训、王良训、马力、蒙青平：《碳十四年代测定报告（六）》，《文物》1984 年第 4 期，第 95 页。

② 北京大学魏正中教授提醒笔者库木吐喇窟群区第 13、14 窟为一个洞窟组合，两窟曾共用一个前室。

吐喇“五联洞”开凿于前后两个阶段：第一阶段是由第68窟中心柱窟与第69［1］窟讲堂窟形成洞窟组合，两窟共用一个前室，通过第69窟前室木梯登临；第二阶段是增建第70、71与72窟各自带有前室的三个中心柱窟，将第69［1］僧房窟改建为69［2］方形窟，并增开入口于南面的长阶梯隧道。库木吐喇第69［2］窟的建造年代与第70、71、72三窟的增建年代相当①。

在“五联洞”入口于南面的长阶梯隧道中存有两方汉文纪年题刻。第一方题刻位于第67窟出口右折距离约3米的一段隧道右侧壁面上部，竖刻四行，右起竖读。根据现场录文记为：“郭十九文/姚希芝记/河东郡开仏堂/建中六年六月廿日”②。第二方题刻位于沿隧道再向右前行约5米的右侧壁面上，竖刻三行，在实地调查中笔者未能找到这方题刻，依据晁华山的录文记为：“祁于建中/六年二月廿/九日扣 完”③。根据晁华山与马世长的判断，题刻是开凿通道的工匠所作的记工刻字与洞窟开凿年代有关④。另根据魏正中的判断，“五联洞”入口于南面的长阶梯隧道与第二阶段增建的第70、71与72窟有关⑤，则隧道中“建中六年”（785年）题刻应与第70、71、72窟的开凿直接对应，而第68与69［1］窟应建于建中六年之前。

从库木吐喇“五联洞”的开凿规模、第70、71窟塑像石胎体量与第68、71窟现露出的壁画风格来看，“五联洞”或建于与库木吐喇第15～17窟较晚的中唐时期。

综合以上“五联洞”的洞窟形制、洞窟组合、洞窟改建、洞窟题刻、塑像与壁画风格等因素，本书认为库木吐喇“五联洞”或建于较库木吐喇第15～17窟更晚的中唐时期，而“五联洞”中被泥层覆盖或被烟熏黑的多层壁画似乎又暗示“五联洞”延续使用的年代或为更晚。

---

① ［意］魏正中：《区段与组合——龟兹石窟寺院遗址的考古学探索》，第83～85页。

② 晁华山记载这方题刻是由库车县文物保管所刘松柏在记录洞窟现况时发现并记为“郭十九/姚希之记/河东郡亻仙堂/建中六年六月廿日”。参见晁华山：《库木吐喇石窟初探》，载《中国石窟·库木吐喇石窟》，第199～200页。

③ 1984年11月晁华山发现此方凿刻文。参见晁华山：《库木吐喇石窟初探》，载《中国石窟·库木吐喇石窟》，第199页。

④ 晁华山：《库木吐喇石窟初探》、马世长：《库木吐喇的汉风洞窟》，载《中国石窟·库木吐喇石窟》，第200、222页。

⑤ ［意］魏正中：《区段与组合——龟兹石窟寺院遗址的考古学探索》，第83页。

第二节　龟兹回鹘风洞窟壁画年代探索

对于龟兹回鹘风洞窟分期与断代研究，本书认为目前的研究条件尚不具备。这是由于：第一，无直接文献与题记对应龟兹回鹘风洞窟的开凿年代；第二，由于大多数龟兹回鹘风洞窟壁画残破不全、塑像几乎全无，本书利用尽可能相对全面的国外探险队资料与流失海外壁画资料进行洞窟壁画复原工作只能集中于少数几个洞窟，因此目前只能就这几个少数洞窟进行讨论，无法展开全部龟兹回鹘风洞窟的分期与断代工作；第三，对于龟兹回鹘风洞窟壁画内容需要进一步释读；第四，利用龟兹回鹘风洞窟壁画与塑像题材、样式、风格很难与可资参照洞窟对应年代；第五，龟兹石窟中的题记，尤其是回鹘语与吐火罗语题记需要进一步整理与释读。上述问题的相互参鉴与推进，是今后龟兹回鹘风洞窟分期断代研究的基础与发展方向。本书主要利用部分龟兹回鹘风洞窟壁画风格与龟兹唐风洞窟壁画风格的承接关系结合洞窟内的汉文题记，试对部分龟兹回鹘风洞窟壁画的年代进行探索。

一、佛教初传回鹘与回鹘进入龟兹

关于佛教初传回鹘与回鹘进入龟兹的历史史家论述宏富①，本书择录其中一二以便交代并补充绪论中关于龟兹地区回鹘风洞窟开凿的历史背景。

唐朝自安史之乱始，西域唐军被调至内地平乱叛军，四镇节度使虽仍驻守龟兹，但自此唐朝对于西域的控制逐渐减弱。贞元六年（790 年）至贞元七年（791 年）吐

---

① 钱伯泉：《回鹘西迁与安西回鹘国》，载《西域史论丛》（第三辑），另载《龟兹文化研究》编辑委员会编：《龟兹文化研究 一》，乌鲁木齐：新疆人民出版社，2006 年，第 86～104 页。钱伯泉：《龟兹回鹘国始末》，《新疆社会科学》1987 年第 2 期，另载《龟兹文化研究 一》，第 105～115 页。杨富学：《回鹘之佛教》，第 17～47 页。杨富学：《回鹘与敦煌》，第 65～91 页。李树辉：《龟兹回鹘的历史发展》，《喀什师范学院学报》2004 年第 2、5 期，2005 年第 1 期，另载《龟兹文化研究 一》，第 46～85 页。吴涛：《龟兹佛教与区域文化变迁研究》，北京：中央民族大学出版社，2006 年，第 167～184 页等。

蕃分别攻陷北庭与龟兹，贞元七年回鹘与唐军联合收复北庭战败，至此"安西阻隔，莫知存亡"①。回鹘在北庭战役失败以后于贞元七年九月复派兵（791年）与葛逻禄（Qarluq）、吐蕃（Tibet）的联合势力在天山东部进行过数次战争并取得重大胜利，重新夺取对北庭的控制权②。据1889年鄂尔浑河上游哈喇巴剌沙衮（Kara-Balgas-soun）附近发现的《九姓回鹘可汗碑》③汉文碑铭记载，回鹘首先恢复北庭，此后回鹘再次出征击败围攻龟兹的吐蕃军队并攻取龟兹，至公元791年将吐蕃势力逐出天山④。回鹘崇德可汗在位期间，葛逻禄等部归顺回鹘。自此开始，天山南北两个战略要地北庭与龟兹均处于回鹘势力控制下。在漠北回鹘大批西迁之前，龟兹已在西域回鹘的势力范围之内，由于战争的原因已有一部分回鹘人迁居龟兹。

唐开成四年至开成五年（839～840年）漠北回鹘汗国发生灾荒与内乱并遭到黠戛斯（Kirghiz）人袭击，漠北回鹘汗国灭亡。大部分回鹘人西迁，其中的十五部回鹘在庞特勤率领下由漠北迁徙到东部天山地区。会昌二年（842年）黠戛斯⑤对西迁的回鹘进行第二次打击，迫使北庭地区回鹘部众躲入天山山区，安西地区回鹘部众则迁入焉耆（喀喇沙尔，Karashahr）、龟兹至若羌（Charkhlik）与且末（Cherchen）一带⑥。庞特勤率部众向西来到焉耆后势力逐渐强大，后从黠戛斯手中夺回焉耆与安

---

① ［后晋］刘昫等撰：《旧唐书》卷一九五《回纥传》，北京：中华书局，1975年，第5210页。

② "七年八月，回纥遣使献败吐蕃、葛禄于北庭所捷及其俘畜。"参见［后晋］刘昫等撰：《旧唐书》卷一九五《回纥传》，北京：中华书局，1975年，第5210页。"是岁，回鹘击吐蕃、葛禄于北庭，胜之，且献俘。"参见［宋］欧阳修、宋祁撰：《新唐书》卷二一七上《回鹘上》，北京：中华书局，1975年，第6125页。

③ 《九姓回鹘可汗碑》全称《九姓回鹘爱登里罗汩没蜜施合毗伽可汗圣文神武碑》，此碑立于唐元和九年（814年），原碑文以汉文、粟特文与突厥文三种文字镌刻，突厥文部分残损过甚，粟特文只保留一小部分内容，汉文部分保存有二十四行，内容相对完整。

④ 《九姓回鹘可汗碑》（第ⅩⅤ行）记："□北庭，半围半收之次，○○天可汗亲统大军，讨灭元凶，却复城邑。［率］土黎庶，含气之类，纯善者抚育，悖戾者屏除。遂［奔逐至狐］媚碛。凡诸行人及畜产□□□□□□□□□□□□□□□□□□"。《九姓回鹘可汗碑》（第ⅩⅥ行）记："□□□遗弃后，吐蕃大军围攻龟兹。○○天可汗领兵救援，吐蕃夷［灭］，奔入于术，四面合围，一时扑灭。尸骸臭秽，非人所堪，遂筑京观，败没余烬。□□□□□□□□□□□□□□□□□□□□□□□□"（注：○○表示空两字，［］内的字表示后补）。参见林梅村、陈陵、王海城：《九姓回鹘可汗碑研究》，载余太山主编：《欧亚学刊》第1辑，北京：中华书局，1999年，第161页。

⑤ 操突厥语的民族，是今柯尔克孜族、图瓦族、阿尔泰族和哈卡斯族的祖先。

⑥ 苏北海：《丝绸之路与龟兹历史文化》，乌鲁木齐：新疆人民出版社，1996年，第283页。

西，并以焉者为牙帐，建立安西回鹘政权①，领土包括龟兹。西迁的以焉者为中心庞特勒部回鹘与原先定居于此的西域回鹘归附会合，龟兹成为回鹘新的聚居中心，史称"龟兹回鹘"。9世纪60年代焉者被另外一支回鹘仆固俊部占据，庞特勒部及其后裔迁回龟兹，自此西州回鹘建立，统治中心由龟兹东移高昌（Kocho），建立起包括龟兹回鹘在内的高昌回鹘王国（848～1283年）②。

从以上史学材料背景分析，回鹘民族大规模集中进入龟兹地区大致可以分为两个时期，即贞元七年（791年）以后与会昌二年（842年）以后。关于佛教传入回鹘的时间，本书采用杨富学先生的观点即在漠北回鹘汗国时期回鹘便开始与佛教接触，回鹘在西迁之前的8世纪末至9世纪初年其势力已经进入龟兹、北庭与高昌等地，这部分回鹘人长期生活在佛教高度发达的西域之地，受到佛教的濡染是当然之事③。至10世纪的宋代，回鹘以高昌与龟兹为中心，佛教兴盛繁荣，此后至11世纪70年代，龟兹逐渐被伊斯兰教势力所占领④。

回鹘民族迁入龟兹后，开始了龟兹地区民族回鹘化进程。宋代或宋之前龟兹地区的民族已经逐渐回鹘化⑤。可以从上述史料背景判断，回鹘进入龟兹后与原先安西都护府时期迁入的汉人、龟兹本地人共存，而从先前对于龟兹地区回鹘风洞窟壁画的题材、布局、风格与题记分析中也可以佐证这三个民族在龟兹地区曾共存一段时期并逐渐回鹘化的进程。

二、龟兹回鹘风洞窟壁画年代探索

从龟兹地区回鹘风洞窟壁画的题材、样式、风格与现有可识读题记分析，龟兹回鹘风洞窟反映出汉、龟兹与回鹘三个民族的互动。从上述史料背景中分析，留守

① "及其破灭，有特庞勒居焉者城，称叶护，余部保金莎领，众至二十万。"参见［宋］欧阳修、宋祁撰：《新唐书》卷二一五下《突厥下》，北京：中华书局，1975年，第6069页。
② 关于龟兹回鹘与高昌回鹘之间的统属关系学界存在争议，此问题非本书讨论解决的问题。
③ 杨富学：《回鹘之佛教》，第19～21页。
④ 杨富学：《高昌回鹘王国的西部疆域问题》，《甘肃民族研究》1990年第3～4合期，第77～78页。
⑤ 吴涛根据《宋史》卷四九〇《龟兹传》："龟兹本回鹘别种。"判断龟兹居民回鹘化历程，参见吴涛：《龟兹佛教与区域文化变迁研究》，第171～172页。

在龟兹的汉人至多活动至唐末至五代时期。这或许可以将龟兹地区一些回鹘风洞窟壁画中保存有典型唐代壁画风格的年代考虑到 8 世纪末至 9 世纪初年。很难想象在贞元七年（791 年）安西路绝以后，留守在龟兹的汉人参与开窟造像活动能够延续至 9 世纪初年以后。

（一）库木吐喇窟群区第 12 窟

1. 壁画布局与风格

库木吐喇窟群区第 12 窟壁画呈现出本书划分的三种类型画风，反映出汉、龟兹与回鹘画风共存、融和与演变的特点。库木吐喇第 12 窟右甬道内侧壁直接绘有接近龟兹唐风洞窟壁画的普贤菩萨及眷属图，从壁画题材与风格判断，本书认为库木吐喇第 12 窟应为贞元七年（791 年）安西路绝至会昌二年（842 年）回鹘从漠北西迁之间开窟造像并绘制的。此窟中两侧壁听法四众与后甬道涅槃图壁画风格表现出龟兹回鹘风洞窟壁画的地域性（回鹘风格与龟兹风格的结合），这也表明龟兹回鹘风壁画的风格还在确立初期，库木吐喇第 12 窟全窟壁画表现出从唐风至回鹘风的过渡期又融入龟兹画风，汉地因素与龟兹因素来源应是龟兹本地未迁回中原的汉人以及当地的龟兹人。

2. 汉文题记

根据德国柏林亚洲艺术博物馆编号 B 1992 历史照片，本书第二章记述库木吐喇窟群区第 12 窟主室前壁南侧上下两处绘画中间的两行分界线内题有汉文题记，笔者识读为"癸亥之岁五月廿四日茗第惠整戳深两共到此志"。这则题记从书写位置以及题记内容来看应为建窟之后的游巡僧人题加。题记不属纪年只记干支，判断应写于唐朝失去对龟兹控制的贞元七年（791 年）之后。按照干支纪年推算，这则题记可能写于唐会昌三年（843 年）或者唐天复三年（903 年）甚至更晚。那么库木吐喇第 12 窟的开窟、造像与壁画年代当在"癸亥"年之前。

3. 供养人图像

库木吐喇窟群区第 12 窟主室前壁根据柏林亚洲艺术博物馆编号 B 1992 照片资料绘有汉人头饰与回鹘装供养人图像，表明此洞窟功德主为汉人与回鹘人共同开凿，回鹘人进入龟兹的时间如前所述，即贞元七年（791 年）之后与会昌二年（842 年）之后。

供养人同时为汉装与回鹘装的情况还有库木吐喇窟群区第 79 窟，李树辉已经根据壁画题记与史料判断库木吐喇第 79 窟建于唐贞元十一年（795 年）四月或稍后不久①，这或许也可为同样出现汉装与回鹘装供养人图像的第 12 窟提供佐证。由于河西路阻，留守在龟兹的汉人影响龟兹地区回鹘风洞窟壁画的趋势逐渐减弱，至晚汉人在龟兹留守至 9 世纪初年。此窟中除回鹘与汉地供养人图像外，窟顶壁画表现出浓郁的汉地因素与龟兹本地画风的结合，与库木吐喇窟群区唐风洞窟第 13 窟券顶壁画题材、风格十分接近。本书据此推测库木吐喇窟群区第 12 窟与先前开凿的唐风洞窟时间相隔不远，根据"癸亥"推测这则题记写于公元 843 年或 903 年，时间在石窟开凿之后，则库木吐喇第 12 窟建造年代当推测在 9 世纪中叶之前。

（二）库木吐喇其他回鹘风洞窟

库木吐喇窟群区第 42 窟壁画表现出汉地风格的佛、菩萨造型与回鹘画风明显的暖色系色调，同时从第 42 窟残留的后甬道佛与菩萨面部与小臂的晕染来看，又保留有典型的龟兹画风重体积表现的低染法。库木吐喇第 42 窟壁画表现出本书划分的龟兹回鹘时期 A、B、C 三种画风的融合，且表现出较第 12 窟壁画画风结合的更加自然与统一。从第 42 窟洞窟位置分布在谷内区以及壁画画风来推测，其建造年代应晚于谷南区的第 12 窟。日本大谷探险队成员渡边哲信曾记录库木吐喇第 42 窟原有汉文题记："□戌八年六月十八日"②，马世长认为该则题记应对应"大中八年"（854年)③，但该题记今已不存，无法知晓这则题记是直接题记或为间接题记并以此推测洞窟年代。从库木吐喇第 42 窟后甬道壁画汉地造型明显的佛与菩萨画风来推测，汉地画风存留明显且又与回鹘画风、龟兹画风结合自然。综上，笔者推测库木吐喇第 42 窟应属于龟兹回鹘风洞窟中早期建造的一批洞窟之一，大致应在 9 世纪上半叶至中叶间开凿，但较第 12 窟年代更晚。

库木吐喇窟群区第 45 窟较第 12 窟开窟位置偏后，而第 45 窟在后甬道尊像图中题有汉文榜题，绘画风格呈现出回鹘民族审美风尚融入汉地画风与龟兹画风的结合，故而笔者初步判断库木吐喇第 45 窟较第 12 窟为相对较晚时期建造的洞窟。

库木吐喇窟群区第 10 与 43 窟壁画汉地因素减弱，龟兹画风与回鹘画风逐渐融

---

① 李树辉：《库木吐喇石窟第 75、79 窟壁画绘制年代和功德主身份研究》，《敦煌研究》2008 年第 4 期，第 36 ~ 42 页。

② 渡邊哲信：《西域旅行日记》（卷四），载《新西域记》（上卷），第 336 页。

③ 马世长：《库木吐喇的汉风洞窟》，载《中国石窟·库木吐喇石窟》，第 222 ~ 223 页。

合，从壁画风格判断较库木吐喇第 12 窟或为更晚时期开凿的洞窟。库木吐喇窟群区第 9 窟未绘制完成，抑或为更晚时期开凿的洞窟。

唐与回鹘时期龟兹石窟壁画年代的探索，需要多种学科的介入与互相合作。需要美术史视角对壁画图像题材与风格的进一步研究；需要语言学视角对龟兹石窟题记尤其是回鹘语与吐火罗语题记的进一步整理与释读；需要考古学视角类型学与地层学方法对洞窟的分期断代与碳十四测定作为辅助手段判断石窟年代。多种学科与研究方法的相互参鉴与推进，可以为龟兹石窟壁画分期断代的继续探索提供方向。

结　语

　　以上笔者对唐与回鹘时期龟兹石窟壁画进行了综合研究，整体包括两个方面内容。首先，在尽可能全面调查与核对洞窟内壁画，新疆龟兹研究院揭取并已修复壁画残片，德国、法国、俄罗斯、日本、韩国与美国等国家博物馆馆藏龟兹石窟壁画残片，德国与法国探险队 20 世纪初年拍摄相对完整的历史照片、绘图、文字记录与档案资料的基础上，判断与划分龟兹地区具体的唐风洞窟与回鹘风洞窟；然后对流失海外零散的壁画残片进行复位缀合，构建洞窟为相对完整的有机整体。其次，在复原工作基础上，分析与释读洞窟壁画的题材、布局、样式与风格；根据壁画间的位置关系重构洞窟内塑像尊格，以此讨论宗派信仰、建窟造像动机及意义；以样式与风格为线索探讨壁画的年代。上编偏重前一方面的基础建构工作，下编则注重后一方面的深入探索。希望通过对壁画本体的解读阐释唐代以来多种文化背景下龟兹地区唐风洞窟与回鹘风洞窟壁画发展的丰富面貌以及形成的内因。

一、在上编洞窟划分与壁画复原研究中有几个值得注意的问题

　　第一，龟兹地区九处主要石窟寺遗址目前已编号的洞窟有 800 余个，约 239 个洞窟保存有壁画遗迹，这其中经本书划分的龟兹唐风洞窟有 15 个，龟兹回鹘风洞窟有 24 个。可以看出，唐风与回鹘风洞窟的数量在龟兹石窟已编号洞窟中只占有很少一部分。而从唐代安西都护府进驻龟兹至回鹘民族迁入龟兹并信仰佛教的历史至少有 400 余年。在这 400 余

年中，龟兹地区开凿的唐风洞窟与回鹘风洞窟数量如此之少，远不及龟兹风洞窟开凿的数量。这是一个值得思考的问题，这里应有政策、信仰与战争等多方面的原因。

　　龟兹石窟与地面寺院本是龟兹佛教文化的主要载体，共同反映龟兹佛教的发展历程，可至目前在龟兹地区保存下的地面寺院遗址只有夏哈吐尔佛寺、乌什吐尔佛寺与苏巴什佛寺等地面寺院遗址，它们的年代与延续时间并不十分清楚，而从文献、题记、题刻与出土实物中我们只能遥想当年在龟兹兴建的大云寺①、龙兴寺②、大宝寺③、庄严寺④与金沙（砂）寺⑤等佛教寺院。在安西都护府设立于龟兹的有效控制时期

----

① "且于安西。有两所汉僧住持。行大乘法。不食肉也。大云寺主秀行善能讲说。先是。京中七宝台寺僧。大云寺都维那名义超，善解律藏。旧是京中庄严寺僧也。大云寺上座。名明恽。大有行业，亦是京中僧。此等僧。大好住持甚有道心。乐崇功德。龙兴寺主。名法海。虽是汉儿生安西。学识人风。不殊华夏。"参见［唐］慧超原著，张毅笺释：《中外交通史籍丛刊·往五天竺国传笺释》，第 176 页。

② ［唐］慧超原著，张毅笺释：《中外交通史籍丛刊·往五天竺国传笺释》，第 176 页。

③ 沿库木吐喇窟群区第 45 窟向东，在南侧崖壁上存汉文题刻"大宝寺"。参见新疆龟兹石窟研究所编：《库木吐喇石窟内容总录》，第 173 页。

④ 香川默识《西域考古图谱》绘画类图 9 标题"唐壁画铭文（库木吐喇）"曾刊布过一块壁画残片，上有汉文题记："大唐□严寺上座/四镇都统律师□道"。荣新江根据慧超记载，判断题记中"□严寺"可能为"庄严寺"。参见荣新江：《慧超所记唐代西域的汉化佛寺系统》，载新疆龟兹学会编：《龟兹文化研究》（第一辑），香港：香港天马出版有限公司，2005 年，第 130～137 页。另载荣新江：《丝绸之路与东西文化交流》，北京：北京大学出版社，2015 年，第 153～160 页。

⑤ 根据笔者目前掌握的资料，"金沙（砂）寺"这一寺名在库木吐喇石窟题记、题刻与出土遗物中共出现五次：第一，库木吐喇 GK7 窟窟口以东壁面题记"……月二十四/……德……邬……/题记之耳廿一日画金砂寺新□……"，参见黄文弼：《塔里木盆地考古记》，第 16 页；新疆龟兹石窟研究所编：《库木吐喇石窟内容总录》，第 7 页。第二，库木吐喇窟群区第 49 窟主室北壁里端壁面题刻"金砂寺"，参见《库木吐喇石窟内容总录》，第 185 页。第三，1909 年 4 月 2 日日本大谷探险队野村荣三郎在库木吐喇石窟曾发掘出木盂，侧面有墨书汉字"金沙寺"，参见［日］野村荣三郎：《蒙古新疆旅行日记》，第 156 页。另韩国国立中央博物馆今藏有大谷探险队收集品之木盂，编号为 3977，木盂底部上刻有"金沙寺"，不知与野村荣三郎记录发掘品木盂是否为同一件。图片参见國立中央博物館编著：《國立中央博物館所藏中央아시아美術》，首尔：三和出版社，1986 年，圖版 108。第四，日本大谷探险队在夏哈吐尔佛寺曾掘到一件残纸，可能为唐代文书，大谷 1535《冯某等众人于金沙寺设斋文》："……敢□金沙寺设斋……"，此文字是庆昭蓉根据龙谷大学上载"国际敦煌项目"照片所录，参见庆昭蓉：《吐火罗语世俗文献与古代龟兹历史》，北京大学历史系博士后研究工作报告，2012 年，第 177 页。第五，日本大谷探险队曾携回一件标记为"库车出土品"的墨书回鹘文木片，经梅村坦识读其部分译文为"Totoq 一起往金沙寺僧院（KYMS' SY sngrmkä）信（心?）……///"，参见庆昭蓉：《库木吐喇周边诸遗址——以出土胡汉文书与早期探险队资料为中心》，载荣新江、朱玉麟主编：《西域考古·史地·语言研究新视野：黄文弼与中瑞西北科学考察团国际学术研讨会论文集》，北京：科学出版社，2014 年，第 543 页。

（692～790 年）与回鹘民族迁入龟兹后佛教繁荣的局面下或许地面寺院的兴建比石窟开凿更为重要，也或许大乘佛教的修行方式对石窟的开凿起到了限制作用。故而，本书讨论的龟兹地区唐风与回鹘风洞窟壁画只能呈现唐代以来龟兹佛教发展演变的一个很小局部。

第二，库木吐喇石窟寺遗址中绘制壁画的龟兹风洞窟有 20 余个，龟兹唐风洞窟有 10 余个，龟兹回鹘风洞窟有 20 余个。龟兹唐风洞窟在库木吐喇石窟寺整体发展过程中数量较少，龟兹回鹘风洞窟在库木吐喇石窟寺整体发展过程中与龟兹风洞窟数量基本持平。除库木吐喇石窟寺遗址外，龟兹地区其他石窟寺遗址中唐风洞窟与回鹘风洞窟数量极少，唐风洞窟只有阿艾石窟，回鹘风洞窟只在森木塞姆石窟遗址中保存有三个。除阿艾石窟之外，龟兹地区唐风洞窟与回鹘风洞窟均穿插在龟兹本地延续开凿的龟兹风石窟群中建造，此为龟兹地区唐风洞窟与回鹘风洞窟遗址分布的特点。

而在森木塞姆石窟、克孜尔尕哈石窟与克孜尔石窟中均出现利用早期洞窟局部绘制未经事先统一安排的回鹘风壁画，这类石窟壁画当时承载的宗教礼拜功能与龟兹回鹘风洞窟中完整设计而绘制壁画的宗教礼拜功能不同，可以视为龟兹石窟衰落期的表现。

第三，本书建立在尽可能全面搜集与核对德国、法国、日本与俄国等国家探险队关于龟兹石窟唐风与回鹘风壁画图像与文献资料基础上，对库木吐喇窟群区第 12、13、15、16、17、45 窟，森木塞姆第 40、44、46 窟壁画进行复位缀合，使上述洞窟呈现出相对完整的壁画布局，尤其是纠正了学界一直将德国探险队编号库木吐喇第 33 号涅槃窟对应中国编号第 38 窟的错误，并指出应为库木吐喇窟群区中国编号第 12 窟。在壁画复原工作基础上，建构起本书对唐与回鹘时期龟兹石窟壁画题材、内容、布局、样式、风格甚至年代问题的进一步探索。

龟兹地区唐风与回鹘风洞窟主要沿用了龟兹本地石窟形制即中心柱窟与方形窟，改建了少量的讲堂窟与禅定窟，目前没有发现僧房窟的开凿。在沿用龟兹传统的中心柱窟中重新安排汉地题材壁画与塑像；将汉地中心佛坛窟与龟兹本地方形窟进行融合并重新安排佛教壁画题材，这既表现出唐与回鹘时期龟兹石窟与中原内地石窟的紧密联系，又表现出汉地佛教艺术进入龟兹地区后作出适当地调整与改进。

二、下编通过壁画题材、布局、样式、风格与年代的探讨得出以下结论

（一）题材

龟兹地区唐风洞窟壁画题材较龟兹风洞窟壁画题材出现了明显的变化，主要是唐代汉地壁画题材的引入，如经变画、尊像图、汉式千佛、汉装供养人与汉式装饰纹样等题材。这些唐代内地流行的壁画题材被重新安排在具有龟兹地域特点的中心柱窟与方形窟中并重新经营布局壁画的位置。

从目前掌握的材料观察，龟兹地区回鹘风洞窟壁画题材较龟兹风洞窟与唐风洞窟壁画题材更为丰富，既有龟兹本地流行的帝释窟说法、弥勒菩萨兜率天说法（或释迦菩萨说法）、菱格因缘与菱格本生题材，也有龟兹唐风洞窟中尊像图与汉式茶花、云纹的延续，而汉装与回鹘装供养人的同时绘制可以初步解释龟兹地区回鹘风洞窟壁画题材多样性的选择。

（二）布局

龟兹地区唐风洞窟"建筑和图像程序"与龟兹风洞窟"建筑和图像程序"有着明显的不同。就目前对部分唐风洞窟壁画复原与题材释读（如库木吐喇窟群区第15～17窟）可知：

第一，在中心柱窟中主室正壁以三佛并坐取代龟兹风洞窟帝释窟说法题材；主室两侧壁以经变图取代龟兹风洞窟因缘佛传图题材；主室左、右、后甬道以尊像图取代龟兹风洞窟涅槃图和与涅槃有关的题材；主室券顶中脊团花带取代龟兹风洞窟天相图题材，中脊两侧以千佛图像取代龟兹风洞窟菱格本生或因缘故事题材；主室前壁以涅槃图取代龟兹风洞窟弥勒菩萨兜率天说法（或释迦菩萨说法）题材。简言之，是从以"唯礼释迦"安排图像位置发展为以多佛与多菩萨信仰经营布局。

尽管材料所限，但仍可以看出龟兹地区回鹘风洞窟"建筑和图像程序"与龟兹风洞窟、唐风洞窟"建筑和图像程序"有着密切联系并出现新的发展，小乘佛教"唯礼释迦"信仰与大乘佛教多佛、多菩萨的崇奉甚至密教信仰的题材壁画在龟兹回鹘风中心柱窟中被重新安排布局，形成龟兹回鹘风中心柱窟塑像与壁画新的"建筑和图像程序"。

第二，在方形窟中龟兹唐风中心设坛方形窟（如库木吐喇窟群区第 11 与 14 窟）主室正壁与前壁均绘经变图，窟顶绘千佛，这样的题材布局类似唐代中原内地中心设坛方形窟壁画布局，而龟兹唐风中心设坛方形窟在主室左、右侧壁除绘制经变图以外还加入佛传图，这与唐代内地中心设坛方形窟四壁基本均绘经变图布局不同，而龟兹风方形窟四壁经常绘制佛传图，可能是受到龟兹风壁画题材布局的影响。龟兹回鹘风方形窟除个别洞窟正壁绘有经变图（如库木吐喇窟群区第 60 窟），有的方形窟四壁及窟顶均绘制千佛（如库木吐喇窟群区第 37 窟），这是龟兹回鹘风方形窟题材布局的新发展。森木塞姆第 46 窟窟顶及四壁绘有龟兹风洞窟常见的佛说法题材，而叠涩上绘制汉地装饰花纹。从目前有限的壁画遗存来看，龟兹回鹘风洞窟塑绘布局呈现出龟兹、汉与回鹘三个民族之间的互动。

（三）信仰

从本书重构的几个龟兹唐风洞窟个案来看（主要是库木吐喇窟群区第 11、14 与 16 窟），弥勒信仰曾是流行于龟兹唐风洞窟的主流信仰，这与文献记载的地面佛寺安西大云寺信仰保持一致。此外，龟兹唐风洞窟也呈现出对西方净土、东方净土、法华或华严信仰等汉地大乘佛教多种信仰的推崇。从复原后部分龟兹回鹘风洞窟壁画个案来看，呈现出对小乘佛教、大乘佛教与密教信仰的杂糅，而主流信仰因材料所限暂时无法推断。

（四）风格

龟兹唐风洞窟壁画风格，从人物造型上来看几乎是唐代中原内地人物造型的移入；在色彩上一般以白色作为底色，青色、绿色与赭色在画面中使用较多，画面整体色彩纤丽典雅；从线条用笔上以中原"一波三折"式笔意入画，画风中无不体现出汉地儒家思想下"中和"的审美观。龟兹唐风洞窟壁画风格整体上可以视为中原内地画风的移入，但某些龟兹唐风洞窟壁画中人物的西域式晕染方法，又可以视为汉地画风与龟兹本地画风的结合。

龟兹回鹘风洞窟壁画风格，造型上人物脸形偏长圆、体形结实敦厚，褪去了龟兹人物几何化程式的处理；用笔上不同于龟兹风"屈铁盘丝"式线条与唐风壁画流动如生的兰叶描，似对汉地唐风笔法的模仿，出现提按顿挫的笔意，又不似唐风壁画线描用笔纯熟，气韵流动也不如唐风壁画线描的自然贯通。而龟兹回鹘风壁画线条的排列更为密集，此为龟兹回鹘风壁画在线条上最为典型的特点；用色上以赭石与红色为主调，黑色大量使用，较之前青、绿二色主调褪去，晕染上似乎受到龟兹画风的影响，多以低染法表现形体，暖色系用色与稠密用线的绘画风格与高昌回鹘时期的壁画风格一致。总之，龟兹回鹘壁画风格没有达到高昌回鹘壁画风格的成熟形态，更多地保留了龟兹本土的地域特色。

龟兹回鹘风洞窟壁画风格有着延续性、混合性与地域性特点，具体可以划分为三种画风，A 画风基本上是龟兹唐风洞窟壁画风格的延续；B 画风是在龟兹唐风洞窟壁画风格基础上融入了回鹘民族审美风尚；C 画风呈现明显的龟兹回鹘风格混合性特点，造型与绘画技法的混合演化成一些新的表现形式。两种甚至三种画风经常出现在一个洞窟壁画中，自此同样显示出龟兹、汉与回鹘三个民族之间的互动。

（五）背景

安西都护府设立于龟兹时期，中原内地的汉人将汉地图本与画风移入龟兹的同时对于龟兹本地的图样与画风产生了回应，创造了龟兹唐风洞窟壁画。此后，西迁龟兹的回鹘民族在选择性延续龟兹风洞窟与唐风洞窟壁画题材、布局、样式与风格过程中，将回鹘民族审美风尚融入其中，这与高昌回鹘、沙洲回鹘时期洞窟与寺院中回鹘风壁画不同，更多地体现出龟兹本土的地域性特征。或者可以说，龟兹回鹘风洞窟壁画呈现出回鹘民族进入龟兹地区并接受佛教信仰之后逐步开始民族融合的过程。本书从供养人图像与题记角度阐释了龟兹回鹘风洞窟壁画是龟兹、汉与回鹘三个民族互动的结果，有的回鹘风洞窟壁画甚至可能为汉、龟兹与回鹘三个民族的画工共同绘制。

（六）年代

关于龟兹地区唐风洞窟与回鹘风洞窟壁画的年代问题比较复杂。分别来看，龟兹唐风洞窟建立在安西都护府设立于龟兹的有效控制时期，重构的库木吐喇窟群区第 15～17 窟塑像已经明显透露出初唐武周时期的图本样式，而此三窟壁画样式与风格更接近敦煌莫高窟盛唐时期壁画，因而推断库木吐喇窟群区第 15～17 窟是在盛唐时期修凿而继续沿用初唐武周时期的塑像布局，开凿与塑绘年代应在初唐武周时期以后的唐中宗至唐玄宗开元年间，即 8 世纪上半叶。库木吐喇窟群区第 11 与 14 窟洞窟形制类似于内地中心佛坛窟，而内地此窟型的开凿流行于中唐时期及以后，两窟内壁画风格也接近内地中唐以后的壁画风格，因此判断库木吐喇窟群区第 11 与 14 窟壁画年代晚于库木吐喇窟群区第 15～17 窟，参鉴第 14 窟壁画碳十四测定年代，判断库木吐喇第 11 与 14 窟约为 8 世纪中叶至 8 世纪末期修建。库木吐喇窟群区第 13 与 14 窟是一个由中心柱窟与方形窟构成的洞窟组合，两窟内壁画均为唐代风格，因此初步判断库木吐喇第 13 与 14 窟同时，均建凿于 8 世纪中叶至 8 世纪末期。库木吐喇"五联洞"（窟群区第 68～72 窟）从开凿规模、塑像石胎体量与露出壁画的风格来看或建于与库木吐喇窟群区第 15～17 窟同时或稍晚的盛唐时期，但洞窟中多层熏黑的壁画与"建中六年"的题记又暗示"五联洞"延续使用的年代或为更晚。从上述几处唐风洞窟年代的判断推测，库木吐喇窟群区内谷南区与谷北区唐风洞窟的开凿次序应是从崖壁中间向两端开凿。

关于龟兹回鹘风洞窟壁画的分期断代工作目前的研究条件尚不具备，本书尝试从壁画的题材、风格结合题记判断部分龟兹回鹘风洞窟壁画反映出汉、龟兹与回鹘三个民族间的互动，这或许可以将一些龟兹回鹘风洞窟壁画的年代考虑为漠北回鹘汗国灭亡后大批回鹘人西迁之前。例如库木吐喇窟群区第 12 窟主室右甬道内侧壁直接绘有接近龟兹唐风洞窟壁画的普贤菩萨及侍从图，前壁中汉装与回鹘装供养人同时出现，从壁画题材与风格判断库木吐喇第 12 窟应为公元 790 年安西路绝至公元 840 年回鹘从漠北西迁之间开凿并绘制。供养人同时为汉装与回鹘装式样的还有库木吐喇窟群区第 79 窟，李树辉已经根据壁画题记与史料判断第 79 窟建于唐贞元十一年（795 年）四月或稍后不久，这或许也可为同样出现唐装与回鹘装供养人图像的第 12 窟提供佐证。结合第 12 窟内汉文题记，初步判断库木吐喇窟群区第 12 窟建造年代在 9 世纪中叶之前。库木吐喇窟群区第 42 窟壁画呈现出本书划分的 A、B、C 三种画风的融合，且较第 12 窟壁画画风结合得更加自然与统一，推测库木吐喇第 42 窟应属于龟兹回鹘风洞窟中早期建造的一批洞窟之一，大致应在 9 世纪上半叶至中叶间开凿，但较第 12 窟年代相对更晚。库木吐喇窟群区第 45 窟较第 12 窟开窟位置偏后，而第 45 窟在后甬道尊像图中题有汉文榜题，绘画风格呈现出回鹘民族审美风尚融入汉地画风与龟兹画风，故而初步判断库木吐喇第 45 窟较第 12 窟为相对较晚期建造的洞窟。此后由于河西路阻，留守在龟兹的汉人影响龟兹回鹘风洞窟壁画的趋势逐渐减弱，库木吐喇窟群区第 10 与 43 窟壁画汉地因素减弱，龟兹与回鹘画风逐渐融合，或为较库木吐喇窟群区第 12 窟更晚时期建造的洞窟。

　　从唐与回鹘时期龟兹石窟壁画的题材、内容、样式、布局与风格来看，安西都护府设立于龟兹时期，龟兹本地画风与汉地画风并行且互动。龟兹唐风洞窟壁画基本呈现唐代中原地区审美风尚，但却绘制于龟兹本地沿用的中心柱窟中，壁画布局相应发生了调整，即使是龟兹唐风洞窟中的中心设坛方形窟，洞窟券顶的形制与侧壁的佛传壁画题材依然沿用龟兹本地传统，可以视为汉地佛教艺术在胡地的调整，而龟兹风洞窟中绘制的汉地云纹图像显然可以视为龟兹画家对于汉地画风产生了回应。

　　贞元七年（791 年）之后的龟兹战乱频繁，龟兹人与留守在龟兹的汉人影响了西迁后的回鹘人并逐渐形成了龟兹回鹘时期壁画。我们从龟兹回鹘风洞窟壁画的题材、样式、布局与画风等细节中可以看出，龟兹地区回鹘风洞窟壁画布局继承了一部分唐风洞窟壁画布局，但又呈现出受龟兹风洞窟壁画布局的影响，而在壁画风格上呈现出龟兹、汉与回鹘三个民族糅合的特点，随着汉地画风的影响逐渐减弱，龟兹与回鹘画风逐渐融合，最终形成地域性明显的龟兹回鹘画风。

　　唐与回鹘时期龟兹石窟壁画的形成与发展表现出在地性文化主体与外来文化进入后的互动关系。安西都护府设立在龟兹时期，成熟的唐代中原佛教美术进入西域与同样发达的龟兹佛教美术并存且产生了回应，形成的龟兹唐风洞窟壁画主体可以视为"汉地风尚"，同时在龟兹本土传统影响下进行了改进，这是胡汉认同互融的结果；而之后龟兹回鹘风洞窟壁画的形成可以视为汉、龟兹与回鹘互动发展的过程，伴随"汉地风尚"逐渐减弱，回鹘民族在吸收龟兹与汉地佛教艺术过程中将本民族审美风尚融入其中并逐步形成。唐与回鹘时期龟兹石窟壁画构成了龟兹石窟壁画后期发展的余晖。

参考文献

（按第一作者姓名音序排列）

中文部分（包括外文论著汉译本）

一、古籍文献类

杜佑：《通典》，王文锦、王永兴、刘俊文、徐庭云、谢方点校，北京：中华书局，1988年。

段成式、黄休复、佚名：《寺塔记·益州名画录·元代画塑记》（中国美术论著丛刊），秦岭云点校，北京：人民美术出版社，1964年。

高楠顺次郎、渡邊海旭都监：《大正新脩大藏經》，東京：大正一切經刊行會，1924～1934年。（CBE-TA中华电子佛典协会 = Chinese Buddhist Electronic Text Association，http：//www.cbeta.org/）

—帛尸梨蜜多罗译：《佛说灌顶拔除过罪生死得度经》，《大正新修大藏经》第21册。

—不空译：《药师如来念诵仪轨》，《大正新修大藏经》第19册。

—澄观撰：《大方广佛华严经疏》，《大正新修大藏经》第35册。

—澄观述：《三圣圆融观门》，《大正新修大藏经》第45册。

—达摩笈多译：《佛说药师如来本愿经》，《大正新修大藏经》第14册。

—道宣撰：《续高僧传》，《大正新修大藏经》第50册。

—法显译：《大般涅槃经》，《大正新修大藏经》第1册。

—慧琳撰：《一切经音义》，《大正新修大藏经》第54册。

—伽梵达摩译：《千手千眼观世音菩萨广大圆满无碍大悲心陀罗尼经》，《大正新修大藏经》第20册。

—畺良耶舍译：《佛说观无量寿佛经》，《大正新修大藏经》第12册。

—鸠摩罗什译：《佛说弥勒下生成佛经》，《大正新修大藏经》第14册。

—鸠摩罗什译：《佛说弥勒大成佛经》，《大正新修大藏经》第14册。

—沮渠京声译：《佛说观弥勒菩萨上生兜率天经》，《大正新修大藏经》第14册。

—李通玄撰：《新华严经论》，《大正新修大藏经》第36册。

—李通玄撰：《略释新华严经修行次第决疑论》，《大正新修大藏经》第36册。

—菩提流志译：《佛说文殊师利法宝藏陀罗尼经》，《大正新修大藏经》第20册。

—实叉难陀译：《大方广佛华严经》，《大正新修大藏经》第10册。

—玄奘译：《药师琉璃光如来本愿功德经》，《大正新修大藏经》第14册。

—义净译：《药师琉璃光七佛本愿功德经》，《大正新修大藏经》第14册。

—智通译：《千眼千臂观世音菩萨陀罗尼神咒经》，《大正新修大藏经》第20册。

慧超：《中外交通史籍丛刊·往五天竺国传笺释》，张毅笺释，北京：中华书局，2000年。

慧立、彦悰著，孙毓棠、谢方点校：《中外交通史籍丛刊·大慈恩寺三藏法师传》，北京：中华书局，2000年。

李延寿：《北史》，北京：中华书局，1974年。

刘昫等：《旧唐书》，北京：中华书局，1975年。

米芾：《画史》，台湾商务印书馆影印《文渊阁四库全书》第813册。

欧阳修著，徐无党注：《新五代史》，北京：中华书局，1974年。

欧阳修、宋祁：《新唐书》，北京：中华书局，1975年。

释慧祥、释延一、张商英著，陈扬炯、冯巧英校注：《古清凉传·广清凉传·续清凉传》，太原：山西人民出版社，1989年。

释道世著，周叔迦、苏晋仁校注：《法苑珠林》，北京：中华书局，2003年。

司马光编著，胡三省音注，"标点资治通鉴小组"点校：《资治通鉴》，北京：中华书局，1956年。

吴平凡、朱英荣编辑：《龟兹史料》，乌鲁木齐：新疆大学出版社，1987年。

徐松著，朱玉麒整理：《中外交通史籍丛刊·西域水道记（外二种）》，北京：中华书局，2005年。

玄奘、辩机著，季羡林等校注：《中外交通史籍丛刊·大唐西域记校注》，北京：中华书局，2000年。

薛居正等：《旧五代史》，北京：中华书局，1976年。

俞浩：《西域考古录十八卷》（清道光二十七年刻海月堂杂著本），《四库未收书辑刊》史部第9辑第7册，北京：北京出版社，2000年。

赞宁著，范祥雍点校：《宋高僧传》，北京：中华书局，1987年。

张彦远著，俞剑华注释：《历代名画记》，上海：上海人民美术出版社，1964年。

二、研究论著类

巴菲尔德（Barfield, Thomas）著，袁剑译：《危险的边疆：游牧帝国与中国》，南京：凤凰出版传媒集团、江苏人民出版社，2011 年。

北京大学考古学系、克孜尔千佛洞文物保管所编著：《新疆克孜尔石窟考古报告》（第 1 卷）北京：文物出版社，1997 年。

伯希和（Pelliot, Paul）、列维（Lévi, Sylvain）著，冯承钧译：《吐火罗语考》，北京：中华书局，1957 年。

伯希和（Pelliot, Paul）等著，耿昇译：《伯希和西域探险记》，北京：人民出版社，2011 年。

布萨格里，玛里奥（Bussagli, Mario）、帕塔卡娅，查娅（Bhattacharya, Chhaya）、普里，B. N（Puri, B. N.）著，许建英、何汉民编译：《中亚佛教艺术》，乌鲁木齐：新疆美术摄影出版社，1992 年。

常书鸿：《新疆石窟艺术》，北京：中共中央党校出版社，1996 年。

晁华山：《佛陀之光——印度与中亚佛教胜迹》，北京：文物出版社，2001 年。

陈高华编：《隋唐画家史料》，北京：文物出版社，1987 年。

陈粟裕：《从于阗到敦煌——以唐宋时期图像的东传为中心》，北京：方志出版社，2014 年。

茨默（Zieme, Peter）著，桂林、杨富学译：《佛教与回鹘社会》，北京：民族出版社，2007 年。

大谷光瑞等著，章莹译：《丝路探险记》，乌鲁木齐：新疆人民出版社，1998 年。

敦煌文物研究所编：《中国石窟·敦煌莫高窟》（一～五卷），北京：文物出版社，1982～1987 年。

敦煌研究院编：《中国石窟·安西榆林窟》，北京：文物出版社，1989 年。

敦煌研究院编：《敦煌石窟内容总录》，北京：文物出版社，1996 年。

敦煌研究院主编：《敦煌石窟全集》（一～二十六卷），香港：商务印书馆，1999～2005 年。

法切那，多米尼克（Faccenna, Domenico）、菲力真齐，安娜（Filigenzi, Anna）著，魏正中（Vignato, Giuseppe）、王姝婧、王倩译：《犍陀罗石刻术语分类汇编》，上海：上海古籍出版社，2014 年。

冯斐编：《龟兹佛窟人体艺术》，乌鲁木齐：新疆美术摄影出版社、香港：香港文化教育出版社，1992 年。

高礼智、何培斌、杨春棠：《法相传真——古代佛教艺术》，香港：香港大学美术博物馆，1998 年。

宫治昭著，李萍、张清涛译：《涅槃与弥勒的图像学》，北京：文物出版社，2009 年。

宫治昭著，贺小萍译，新疆维吾尔自治区吐鲁番学研究院编：《土峪沟石窟壁画与禅观》（吐鲁番学研究丛书·丙种本之三），上海：上海古籍出版社，2009 年。

哈密顿（Hamilton, James Rusell）著，耿昇译：《五代回鹘史料》，乌鲁木齐：新疆人民出版社，1982 年。

韩翔、朱英荣著，新疆维吾尔自治区文化厅龟兹石窟研究所、新疆大学中亚文化研究所编：《龟兹石窟》，乌鲁木齐：新疆大学出版社，1990 年。

韩森，芮乐伟（Hansen，Valerie）著，张湛译：《丝绸之路新史》，北京：北京联合出版公司，2015 年。

黄文弼：《塔里木盆地考古记》（中国田野考古报告集·考古学专刊丁种第三号），北京：科学出版社，1958 年。

霍旭初：《龟兹艺术研究》，乌鲁木齐：新疆人民出版社，1994 年。

霍旭初、祁小山编著：《丝绸之路·新疆佛教艺术》，乌鲁木齐：新疆大学出版社，2006 年。

霍旭初：《西域佛教考论》，北京：宗教文化出版社，2009 年。

霍旭初：《龟兹石窟佛学研究》，北京：宗教文化出版社，2013 年。

霍旭初、赵莉、彭杰、苗利辉：《龟兹石窟与佛教历史》，乌鲁木齐：新疆人民出版社，2016 年。

季羡林：《敦煌吐鲁番吐火罗语研究导论》，台北：台北新文丰出版公司，1993 年。

季羡林：《季羡林文集》（第十一卷）《吐火罗文〈弥勒会见记〉译释》，南昌：江西教育出版社，1998 年。

佳科诺娃，娜塔丽娅·瓦西里耶夫娜（Dyakonova，Natalya Vasilevna）编著，俄罗斯国立艾尔米塔什博物馆、西北民族大学、上海古籍出版社编纂：《俄罗斯国立艾尔米塔什博物馆藏锡克沁艺术品》，上海：上海古籍出版社，2011 年。

贾应逸、祁小山：《印度到中国新疆的佛教艺术》（敦煌学研究丛书），兰州：甘肃教育出版社，2002 年。

贾应逸：《新疆佛教壁画的历史学研究》，北京：中国人民大学出版社，2010 年。

贾应逸：《丝绸之路流散国宝·吐鲁番壁画》，济南：山东美术出版社，2013 年。

金维诺、罗世平：《中国宗教美术史》，南昌：江西美术出版社，1995 年。

橘瑞超著，柳洪亮译：《中亚探险》，乌鲁木齐：新疆人民出版社，1994 年。

赖鹏举：《敦煌石窟造像思想研究》，北京：文物出版社，2009 年。

雷玉华、程崇勋：《巴中石窟内容总录》，北京：文物出版社，2009 年。

李崇峰：《中印佛教石窟寺比较研究：以塔庙窟为中心》，北京：北京大学出版社，2003 年。

李崇峰：《佛教考古：从印度到中国》（全二册），上海：上海古籍出版社，2014 年。

李树辉：《乌古斯和回鹘研究》，北京：民族出版社，2010 年。

李瑞哲：《龟兹石窟寺》，北京：中国社会科学出版社，2015 年。

联合国教科文组织驻华代表处、新疆维吾尔自治区文物局编著：《库木吐喇千佛洞保护修复工程报告》，北京：文物出版社，2011 年。

廖旸：《克孜尔石窟壁画年代学研究》，北京：社会科学文献出版社，2012 年。

林梅村：《汉唐西域与中国文明》，北京：文物出版社，1998 年。

刘锡淦、陈良伟：《龟兹古国史》，乌鲁木齐：新疆大学出版社，1996 年。

龙门文物保管所、北京大学考古系编：《中国石窟·龙门石窟》（一～二卷），北京：文物出版社，1988 年。

马世长、丁明夷：《中国佛教美术全集·17 中国佛教石窟考古概要》，北京：文物出版社，2009 年。

马雅尔，莫尼克（Maillard, Monique）著，耿昇译：《古代高昌王国物质文明史》，北京：中华书局，1995 年。

孟凡人编著：《新疆古代雕塑辑佚》，乌鲁木齐：新疆人民出版社，1987 年。

孟凡人等编绘：《高昌壁画辑佚》，乌鲁木齐：新疆人民出版社，1995 年。

孟凡人：《新疆考古与史地论集》，北京：科学出版社，2000 年。

庆昭蓉：《吐火罗语世俗文献与古代龟兹历史》，北京：北京大学出版社，2017 年。

龟兹石窟研究所、拜城县史志编纂委员会、阿克苏地区史志编纂委员会：《克孜尔石窟志》，上海：上海人民美术出版社，1993 年。

任继愈主编：《中国佛教史》（一～三卷），北京：中国社会科学出版社，1988 年。

任平山编著：《中国古代物质文化史·绘画·石窟寺壁画（龟兹）》，北京：开明出版社，2015 年。

荣新江：《海外敦煌吐鲁番文献见知录》，南昌：江西人民出版社，1996 年。

荣新江：《中古中国与外来文明》（三联·哈佛燕京学术丛书），北京：生活·读书·新知 三联书店，2001 年。

荣新江：《丝绸之路与东西文化交流》，北京：北京大学出版社，2015 年。

上海博物馆、香港中文大学文物馆：《敦煌吐鲁番文物》，上海：上海博物馆、香港：香港中文大学文物馆，1987 年。

上海艺术研究所、新疆艺术研究所、新疆维吾尔自治区博物馆、新疆龟兹研究院：《龟兹艺术研究》，上海：上海古籍出版社，2014 年。

沈爱凤：《从青金石之路到丝绸之路——西亚、中亚与亚欧草原古代艺术溯源》（上、下册），济南：山东美术出版社，2009 年。

沈雁主编：《中国北方古代少数民族服饰研究·回鹘卷 2》，上海：东华大学出版社，2013 年。

史晓明：《克孜尔石窟艺术论集》，乌鲁木齐：新疆美术摄影出版社，2008 年。

斯坦因，奥莱尔（Stein, Aurel）著，中国社会科学院考古研究所译：《西域考古图记》，桂林：广西师范大学出版社，2000 年。

斯坦因，奥莱尔（Stein, Aurel）著，向达译：《西域考古记》，北京：商务印书馆，2013 年。

四川省文物管理局、成都文物考古研究所、北京大学中国考古学研究中心、广元千佛崖石刻艺术博物馆编著：《广元石窟内容总录·千佛崖卷》（上、下卷），成都：巴蜀书社，2014 年。

苏北海：《丝绸之路与龟兹历史文化》，乌鲁木齐：新疆人民出版社，1996 年。

宿白主编：《中国美术全集·绘画编 16·新疆石窟壁画》，北京：文物出版社，1989 年。

宿白：《中国石窟寺研究》，北京：文物出版社，1996年。

孙大卫主编：《新疆石窟艺术》，乌鲁木齐：新疆摄影艺术出版社，1989年。

孙昌武：《中国佛教文化》，天津：南开大学出版社，2000年。

孙晓岗：《文殊菩萨图像学研究》，兰州：甘肃人民美术出版社，2007年。

汤用彤：《隋唐佛教史稿》，北京：中华书局，1982年。

田卫疆：《高昌回鹘史稿》，乌鲁木齐：新疆人民出版社，2006年。

吐鲁番地区文物保管所编：《吐鲁番柏孜克里克石窟壁画艺术》，乌鲁木齐：新疆人民出版社，1990年。

王征：《龟兹石窟美术风格与年代研究》，北京：中国书店出版社，2009年。

王中旭：《阴家政窟：敦煌吐蕃时期的家窟艺术与望族信仰》，北京：民族出版社，2014年。

王赞、徐永明主编：《新丝绸之路 丝路·思路 2015年克孜尔石窟壁画国际学术研讨会论文集》，石家庄：河北出版传媒集团、河北美术出版社，2015年。

魏正中（Vignato, Giuseppe）：《区段与组合——龟兹石窟寺院遗址的考古学探索》，上海：上海古籍出版社，2013年。

温玉成：《中国石窟与文化艺术》，上海：上海人民美术出版社，1993年。

巫鸿（Wu, Hung）主编：《汉唐之间的宗教艺术与考古》，北京：文物出版社，2000年。

巫鸿（Wu, Hung）著，郑岩、王睿编，郑岩等译：《礼仪中的美术——巫鸿中国古代美术史文编》（上、下卷），北京：生活·读书·新知 三联书店，2005年。

巫鸿（Wu, Hung）著，柳扬、岑河译：《武梁祠——中国古代画像艺术的思想性》，北京：生活·读书·新知 三联书店，2006年。

吴涛：《龟兹佛教与区域文化变迁研究》，北京：中央民族大学出版社，2006年。

向达：《唐代长安与西域文明》，北京：生活·读书·新知 三联书店，1957年。

新疆社会科学院考古研究所编：《新疆考古三十年》，乌鲁木齐：新疆人民出版社，1983年。

新疆维吾尔自治区文物管理委员会、拜城县文物保管所、北京大学考古系编：《中国石窟·克孜尔石窟》（一～三卷），北京：文物出版社，东京：平凡社，1989、1996、1997年。

新疆维吾尔自治区文物管理委员会、拜城县文物保管所、北京大学考古系编：《中国石窟·库木吐喇石窟》，北京：文物出版社，1992年。

新疆维吾尔自治区博物馆、新疆人民出版社编：《新疆石窟·吐鲁番伯孜克里克石窟》，乌鲁木齐：新疆人民出版社、上海：上海人民美术出版社，1989年。

新疆维吾尔自治区博物馆、新疆人民出版社编：《新疆石窟·库车库木吐拉石窟》，乌鲁木齐：新疆人民出版社、上海：上海人民美术出版社，1993年。

新疆龟兹石窟研究所编：《龟兹佛教文化论集》，乌鲁木齐：新疆美术摄影出版社，1993年。

新疆龟兹石窟研究所编著：《克孜尔石窟内容总录》，乌鲁木齐：新疆美术摄影出版社，2000 年。

新疆龟兹石窟研究所编：《库木吐喇石窟内容总录》，北京：文物出版社，2008 年。

新疆龟兹石窟研究所编：《森木塞姆石窟内容总录》，北京：文物出版社，2008 年。

新疆龟兹石窟研究所编：《中国新疆壁画：龟兹》，乌鲁木齐：新疆美术摄影出版社，2008 年。

新疆龟兹石窟研究所编：《克孜尔尕哈石窟内容总录》，北京：文物出版社，2009 年。

新疆龟兹学会编：《龟兹文化研究》（第一辑），香港：天马出版有限公司，2005 年。

新疆龟兹学会编：《龟兹学研究》（第一辑），乌鲁木齐：新疆大学出版社，2006 年。

新疆龟兹学会编：《龟兹学研究》（第二辑），乌鲁木齐：新疆大学出版社，2007 年。

新疆龟兹学会编：《龟兹学研究》（第三辑），乌鲁木齐：新疆大学出版社，2008 年。

新疆龟兹学会编：《龟兹学研究》（第四辑），乌鲁木齐：新疆人民出版社，2012 年。

新疆龟兹学会编：《龟兹学研究》（第五辑），乌鲁木齐：新疆大学出版社，2012 年。

新疆龟兹研究院编：《龟兹石窟保护与研究国际学术研讨会论文集》，北京：科学出版社，2016 年。

新疆文物考古研究所编：《新疆文物考古新收获（1979～1989）》，乌鲁木齐：新疆人民出版社，1995 年。

许里和（Zürcher, Erik）著，李四龙、裴勇等译：《佛教征服中国》，南京：江苏人民出版社，1998 年。

薛宗正：《安西与北庭——唐代两陲边政研究》，哈尔滨：黑龙江教育出版社，1998 年。

阎文儒：《中国石窟艺术总论》，天津：天津古籍出版社，1987 年。

杨富学：《回鹘之佛教》，乌鲁木齐：新疆人民出版社，1998 年。

杨富学：《回鹘与敦煌》，兰州：甘肃教育出版社，2013 年。

杨泓：《汉唐美术考古和佛教艺术》，北京：科学出版社，2000 年。

杨效俊：《武周时期的佛教造型——以长安光宅寺七宝台的浮雕石佛群像为中心》，北京：文物出版社，2013 年。

姚世宏：《克孜尔石窟探秘》，乌鲁木齐：新疆美术摄影出版社，1996 年。

野村荣三郎著，董炳月译：《蒙古新疆旅行日记》，乌鲁木齐：新疆人民出版社，2013 年。

羽溪了谛著，贺昌群译：《西域之佛教》，上海：商务印书馆，1933 年。北京商务印书馆 1956 年、1999 年重印。

羽田亨著，耿世民译：《西域文化史》，乌鲁木齐：新疆人民出版社，1981 年。

张广达：《西域史地丛稿初编》，上海：上海古籍出版社，1995 年。

张平：《龟兹历史文化探秘》，乌鲁木齐：新疆人民出版社，2004 年。

张国领、裴孝曾主编，《龟兹文化研究》编辑委员会编：《龟兹文化研究》（一～四），乌鲁木齐：新疆人民出版社，2006 年。

张平：《龟兹文明——龟兹史地考古研究》，北京：中国人民大学出版社，2010 年。

张映莹、李彦主编：《五台山佛光寺》，北京：文物出版社，2010 年。

郑岩：《魏晋南北朝壁画墓研究》，北京：文物出版社，2002 年，2016 年增订版。

郑炳林、高国祥主编：《敦煌莫高窟百年图录》，兰州：甘肃人民出版社，2008 年。

中国社会科学院考古研究所编著：《北庭高昌回鹘佛寺壁画》（考古学专刊乙种第二十七号），沈阳：辽宁美术出版社，1990 年。

中国社会科学院考古研究所编著：《北庭高昌回鹘佛寺遗址》（考古学专刊乙种第三十九号），沈阳：辽宁美术出版社，1991 年。

中国新疆壁画全集编辑委员会编：《中国新疆壁画全集 1～3·克孜尔》，天津：天津人民美术出版社、乌鲁木齐：新疆美术摄影出版社，1995 年。

中国新疆壁画全集编辑委员会编：《中国新疆壁画全集 4·库木吐拉》，乌鲁木齐：新疆美术摄影出版社、沈阳：辽宁美术出版社，1995 年。

中国新疆壁画全集编辑委员会编：《中国新疆壁画全集 5·森木塞姆·克孜尔尕哈》，沈阳：辽宁美术出版社、乌鲁木齐：新疆美术摄影出版社，1995 年。

中国新疆壁画全集编辑委员会编：《中国新疆壁画全集 6·土峪沟·柏孜克里克》，沈阳：辽宁美术出版社、乌鲁木齐：新疆美术摄影出版社，1995 年。

中国敦煌壁画全集编辑委员会编：《中国敦煌壁画全集》（一～十一卷），沈阳：辽宁美术出版社、天津：天津人民美术出版社，2006 年。

朱英荣：《龟兹石窟研究》，乌鲁木齐：新疆美术摄影出版社，1993 年。

三、研究论文类

艾合买提，吾机：《库木吐喇石窟揭取壁画原因及保存情况》，载联合国教科文组织驻华代表处、新疆维吾尔自治区文物局编著：《库木吐喇千佛洞保护修复工程报告》，北京：文物出版社，2011 年，第 457～459 页。

北京大学考古系碳十四实验室，陈铁梅、原思训、王良训、马力、蒙青平：《碳十四年代测定报告（六）》，《文物》1984 年第 4 期，第 92～96 页。

毕丽兰（Russell-Smith, Lilla）、桧山智美（Hiyama, Satomi）、德雷尔，卡伦（Dreyer, Caren）著，瞿炼译：《丝路异乡——柏林亚洲艺术博物馆的西域珍宝》，《华夏地理》2011 年第 11 期，第 104～113 页。

毕丽兰（Russell-Smith, Lilla）：《柏林亚洲艺术博物馆藏库木吐喇石窟汉风和回鹘风壁画残块》，载王赞、徐永明主编：《新丝绸之路 丝路·思路 2015 年克孜尔石窟壁画国际学术研讨会论文集》，石家庄：河北出版传媒集团、河北美术出版社，2015 年，第 112～127 页。

波波娃，伊琳娜·费奥多罗夫娜（Popova, Irina Fedorovna）著，杨军涛译：《19～20 世纪的中央亚细亚考察研究》，《龟兹研究》2015 年第 2 期，第 142～151 页。

柴剑虹：《俄国艾尔米塔什博物馆库藏原德藏新疆壁画简析》，载新疆龟兹学会编：《龟兹学研究》（第五辑），乌鲁木齐：新疆人民出版社，2012年，第581~586页。

长广敏雄著，邓惠伯译：《什么是美术样式》，《美术研究》1980年第4期，第61~63页。

晁华山：《库木吐喇石窟初探》，载新疆维吾尔自治区文物管理委员会、库车县文物保管所、北京大学考古系：《中国石窟·库木吐喇石窟》，北京：文物出版社，1992年，第170~202页。

晁华山：《清末民初日本考察克孜尔石窟及新疆文物在日本的流散》，《新疆文物》1992年第4期，第103~110页。

褚晓莉：《新疆库木吐拉石窟汉风格壁画的技法探析》，《新疆教育学院学报》2012年第3期，第108~110页。

德雷尔，卡伦（Dreyer, Caren）、尕普史，托福（Gabsch, Toralf）著，瞿炼译：《文物传奇 龟兹瑰宝在德国》，《华夏地理》2012年第11期，第94~101页。

第二届全国石窟考古专修班、新疆龟兹石窟研究所：《克孜尔石窟后山区220~229窟勘察报告》，《新疆文物》1997年第3期，第18~32页。

第二届全国石窟考古专修班、新疆龟兹石窟研究所：《新疆拜城县黑英山乡、亚吐乡石窟调查简报》，《新疆文物》1997年第3期，第33~51页。

丁明夷：《记两处典型的龟兹石窟——森木塞姆与克孜尔尕哈石窟》，载新疆龟兹石窟研究所编：《龟兹佛教文化论集》，乌鲁木齐：新疆美术摄影出版社，1993年，第356~378页。

敦煌文物研究所：《莫高窟第220窟新发现的复壁壁画》，《文物》1978年第12期，第41~46页。

耿昇：《伯希和西域探险与中国文物的外流》，《世界汉学》2005年第3期，第98~120页。

河南古代建筑保护研究所：《河南安阳灵泉寺石窟及小南海石窟》，《文物》1988年第4期，第1~20页。

胡佳科夫，尤·斯著，李琪译：《库木吐拉千佛洞之壁画》，《新疆文物》1990年第1期，132~135页。

霍旭初：《克孜尔石窟降魔图考》，载霍旭初：《龟兹艺术研究》，乌鲁木齐：新疆人民出版社，1994年，第145~162页。

霍旭初：《敦煌佛教艺术的西传——从新发现的新疆阿艾石窟谈起》，《敦煌研究》2002年第1期，第26~33、111页。

霍旭初：《阿艾石窟题记考识》，《西域研究》2004年第2期，第50~59、125页。

霍旭初：《阿艾石窟信仰探察》，载霍旭初：《龟兹石窟佛学研究》，北京：宗教文化出版社，2013年，第266~282页。

吉村怜著，贺小萍译：《卢舍那法界人中像的研究》，《敦煌研究》1986年第3期，第68~77页。

贾应逸：《初论克孜尔尕哈石窟中的吐蕃洞》，《新疆文物》1991年第2期，第91~96页。

贾应逸：《柏孜克里克石窟初探》，载新疆维吾尔自治区博物馆、新疆人民出版社编：《新疆石窟·吐鲁番柏孜克里克石窟》，乌鲁木齐：新疆人民出版社、上海：上海人民美术出版社，1992 年。另载贾应逸：《新疆佛教壁画的历史学研究》，北京：中国人民大学出版社，2010 年，第 402 ~ 433 页。

贾应逸：《克孜尔与莫高窟的涅槃经变比较研究》，载新疆龟兹石窟研究所编：《龟兹佛教文化论集》，乌鲁木齐：新疆美术摄影出版社，1993 年，第 229 ~ 240 页。

贾应逸、木沙，买买提：《历史画廊——库木吐喇石窟壁画研究》，载中国壁画全集编辑委员会编：《中国新疆壁画全集 4·库木吐喇》，乌鲁木齐：新疆美术摄影出版社、沈阳：辽宁美术出版社，1995 年，第 1 ~ 26 页。另载贾应逸：《新疆佛教壁画的历史学研究》，北京：中国人民大学出版社，2010 年，第 170 ~ 207 页。

贾应逸：《画壁虹桥——森木塞姆等石窟壁画研究》，载中国壁画全集编辑委员会编：《中国新疆壁画全集 5·森木塞姆·克孜尔尕哈》，沈阳：辽宁美术出版社、乌鲁木齐：新疆美术摄影出版社，1995 年，第 1 ~ 29 页。另载贾应逸：《新疆佛教壁画的历史学研究》，北京：中国人民大学出版社，2010 年，第 241 ~ 279 页。

贾应逸：《库木吐喇回鹘窟及其反映的历史问题》，载敦煌研究院编：《1994 年敦煌学国际研讨会文集·石窟考古卷》，兰州：甘肃民族出版社，2000 年。另载贾应逸：《新疆佛教壁画的历史学研究》，北京：中国人民大学出版社，2010 年，第 208 ~ 222 页。

贾应逸：《唐代新疆的佛教艺术》，载古正美主编：《唐代佛教与佛教艺术》，台湾觉风佛教艺术文化基金会，2006 年。另载贾应逸：《新疆佛教壁画的历史学研究》，北京：中国人民大学出版社，2010 年，第 57 ~ 72 页。

贾应逸：《德国吐鲁番探险队窃取库木吐喇石窟壁画的位置核对》，载新疆龟兹学会编：《龟兹学研究》（第二辑），乌鲁木齐：新疆大学出版社，2007 年，第 217 ~ 235 页。另载贾应逸：《新疆佛教壁画的历史学研究》，北京：中国人民大学出版社，2010 年，第 223 ~ 240 页。

贾应逸：《森木塞姆石窟概述》，载新疆龟兹石窟研究所编：《森木塞姆石窟内容总录》，北京：文物出版社，2008 年，第 8 ~ 25 页。另载贾应逸：《新疆佛教壁画的历史学研究》，北京：中国人民大学出版社，2010 年，第 280 ~ 299 页。

姜镇庆：《南朝鲜汉城博物馆藏大谷光瑞发掘品目录和旅顺博物馆藏大谷光瑞文书目录》，《中国吐鲁番学会研究通讯》1986 年第 2 期，第 20 ~ 21 页。

金维诺：《龟兹艺术的风格与成就》，《西域研究》1997 年第 3 期，第 1 ~ 9 页。

李裕群：《天龙山石窟调查报告》，《文物》1991 年第 1 期，第 32 ~ 55 页。

李裕群：《天龙山石窟分期研究》，《考古学报》1992 年第 1 期，第 35 ~ 62 页。

李崇峰：《克孜尔中心柱窟主室正壁画塑题材及有关问题》，载巫鸿主编：《汉唐之间的宗教艺术与考古》，北京：文物出版社，2000 年，第 209 ~ 233 页。

李静杰：《卢舍那法界图像研究简论》，《故宫博物院院刊》2000 年第 2、4 期，第 57 ~ 69、53 ~ 63 页。

李静杰：《敦煌莫高窟北朝隋代洞窟图像构成试论》，载云冈石窟研究院编：《2005 年云冈国际学术研讨会论文集·研究卷》，北京：文物出版社，2006 年，第 365 ~ 393 页。

李丽：《新疆龟兹地区中小型石窟调查》，载巫鸿主编：《汉唐之间的宗教艺术与考古》，北京：文物出版社，2000 年，第 163 ~ 182 页。

李丽：《库木吐喇石窟寺的龟兹风洞窟》，载云冈石窟研究院编：《2005 年云冈国际学术研讨会论文集·研究卷》，北京：文物出版社，2006 年，第 470 ~ 480 页。

李丽：《库木吐喇石窟概论》，载新疆龟兹石窟研究所编：《库木吐喇石窟内容总录》，北京：文物出版社，2008 年，第 11 ~ 28 页。

李树辉：《龟兹回鹘的历史发展》，《喀什师范学院学报》2004 年第 2、5 期，2005 年第 1 期，第 29 ~ 37、29 ~ 34、28 ~ 32 页。另载《龟兹文化研究》编辑委员会编：《龟兹文化研究》（一），乌鲁木齐：新疆人民出版社，2006 年，第 46 ~ 85 页。

李树辉：《库木吐喇石窟第 75、79 窟壁画绘制年代和功德主身份研究》，《敦煌研究》2008 年第 4 期，第 36 ~ 42 页。

李英亮、叶梅、王力丹、郭宏：《新疆龟兹库木吐喇石窟壁画制作工艺与材料分析》，《中国文物科学研究》2012 年第 4 期，第 78 ~ 81 页。

梁志祥、丁明夷：《新疆库木吐喇石窟新发现的几处洞窟》，《文物》1985 年第 5 期，第 1 ~ 6 页。

梁志祥、丁明夷：《记新发现的几处洞窟》，载新疆维吾尔自治区文物管理委员会、库车县文物保管所、北京大学考古系编：《中国石窟·库木吐喇石窟》，北京：文物出版社，1992 年，第 225 ~ 230 页。

林立：《夏哈吐尔和乌什吐尔地面佛寺遗址研究》，《西域研究》2005 年第 3 期，第 79 ~ 91、129 ~ 130 页。

刘松柏：《库木吐拉石窟寺的净土变壁画》，《西域研究》1993 年第 2 期，第 81 ~ 89 页。

刘松柏：《库车古代佛教的观世音菩萨》，《敦煌研究》1993 年第 3 期，第 35 ~ 45 页。

刘松柏：《龟兹毗卢遮那佛造像与大乘佛教》，载新疆龟兹学会编：《龟兹学研究》（第一辑），乌鲁木齐：新疆大学出版社，2006 年，第 226 ~ 247 页。

刘玉权：《关于沙洲回鹘洞窟的划分（摘要）》，《敦煌研究》1988 年第 2 期，第 2 ~ 4 页。

刘增祺：《库木吐拉 45 号窟壁画浅析》，《新疆社会科学》1988 年第 1 期。另载龟兹文化研究编辑委员会编：《龟兹文化研究》（三），乌鲁木齐：新疆人民出版社，2006 年，第 735 ~ 742 页。

刘迎胜：《唐宋之际龟兹地区的文化转型问题》，《西北民族研究》2001 年第 2 期，第 7 ~ 15 页。

刘志安、陈国灿：《唐代安西都护府对龟兹的治理》，《历史研究》2006 年第 1 期，第 34 ~ 48 页。另载刘志安：《敦煌吐鲁番文书与唐代西域史研究》，北京：商务印书馆，2011 年，第 278 ~ 318 页。

刘韬：《对克孜尔石窟壁画"屈铁盘丝"式线条的再认识》，《国画家》2006 年第 3 期，第 76 页。

刘韬：《关于克孜尔石窟壁画"屈铁盘丝"式线条的研究》，载敦煌研究院编：《敦煌壁画艺术继承与创新国际学术研讨会论文集》，上海：上海辞书出版社，2008 年，第 272～280 页。

刘韬：《关于龟兹石窟"屈铁盘丝"式线条相关问题的探讨》，《新美术》2009 年第 5 期，第 56～57 页。

刘韬、罗世平：《库木吐喇石窟第 15 至 17 窟壁画与塑像的重构》，载王赞、徐永明主编：《新丝绸之路 丝路·思路 2015 年克孜尔石窟壁画国际学术研讨会论文集》，石家庄：河北出版传媒集团、河北美术出版社，2015 年，第 128～149 页。

柳洪亮：《柏孜克里克石窟年代试探——根据回鹘供养人像对洞窟的断代分期》，《敦煌研究》1986 年第 3 期，第 58～67 页。

柳洪亮：《高昌石窟碳 14—测定数据试析》，《新疆文物》1993 年第 3 期，第 118～127 页。

罗世平：《巴中石窟三题》，《文物》1996 年第 3 期，第 58～64、95 页。

罗世平：《美术史学方法杂感》，《美术观察》1998 年第 2 期，第 6 页。

罗世平：《地藏十王图像遗存及其信仰》，载荣新江主编：《唐研究》（第四卷），北京：北京大学出版社，1998 年，第 373～414 页。

罗世平：《四川唐代佛教造像与长安样式》，《文物》2000 年第 4 期，第 46～57 页。

罗世平：《天山南北：艺术在丝路的对话》，《美术》2011 年第 12 期，第 101～112 页。

马世长：《克孜尔中心柱窟主室券顶与后室的壁画》，载新疆维吾尔自治区文物管理委员会、库车县文物保管所、北京大学考古系编：《中国石窟·克孜尔石窟 二》，北京：文物出版社，1984 年，第 174～226 页。

马世长：《库木吐喇的汉风洞窟》，载新疆维吾尔自治区文物管理委员会、库车县文物保管所、北京大学考古系编：《中国石窟·库木吐喇石窟》，北京：文物出版社，1992 年，第 203～224 页。

梅村坦著，杨富学、黄建华译：《东京国立博物馆藏回鹘文木简》，《敦煌研究》1990 年第 3 期，第 46～56、113～114 页。

孟凡人：《新疆柏孜克里克石窟寺流失域外壁画述略》，《考古与文物》1981 年第 4 期，第 43～61 页。

苗利辉：《阿艾石窟的壁画内容及历史背景》，《新疆文物》1999 年第 3、4 期合刊，第 136～142 页。

苗利辉：《库木吐喇第 45 窟造像内容考证》，《敦煌研究》2014 年第 2 期，第 34～39 页。

娜齐洛娃，H. H.（Nazilova, H. H.）著，林海萍等译：《С. Ф 奥登堡对中国新疆和西部地区的考察》，《新疆文物》2003 年第 3～4 期合刊，第 113～121 页。

帕塔卡娅，查娅（Bhattacharya-Haesner, Chhaya）：《德国柏林印度艺术博物馆藏 395 块克孜尔石窟壁画目录索引》，赵莉译，《新疆文物》2001 年第 3～4 期，第 104～121 页。

彭杰、殷弘承、王卫东、乌布力、泰莱提：《关于库木吐喇 41、42 和 43 号窟的特点及其年代》，《吐鲁番学研究》2004 年第 2 期，第 97～103 页。

彭杰：《日本大谷探险队所获汉文佛典与龟兹汉风壁画》，《西域研究》2008 年第 3 期，第 59～

133 页。

皮诺（Pinault, Georges-Jean）著，耿昇译：《西域的吐火罗语写本与佛教文献》，载《法国汉学》丛书编辑委员会编：《法国汉学》（敦煌学专号第五辑），北京：中华书局，2000 年。另载新疆龟兹学会编：《龟兹学研究》（第三辑），乌鲁木齐：新疆大学出版社，2008 年，第 20～44 页。

钱伯泉：《龟兹回鹘国始末》，《新疆社会科学》1987 年第 2 期。另载龟兹文化研究编辑委员会编：《龟兹文化研究》（一），乌鲁木齐：新疆人民出版社，2006 年，第 105～115 页。

钱伯泉：《回鹘西迁与安西回鹘国》，载《西域史论丛》（第三辑）。另载《龟兹文化研究》编辑委员会编：《龟兹文化研究》（一），乌鲁木齐：新疆人民出版社，2006 年，第 86～104 页。

庆昭蓉：《龟兹石窟现存题记中的龟兹国王》，载饶宗颐主编：《敦煌吐鲁番研究》（第十三卷），上海：上海古籍出版社，2013 年，第 387～418 页。

庆昭蓉：《库木吐喇周边诸遗址——以出土胡汉文书与早期探险队资料为中心》，载荣新江、朱玉麟主编：《西域考古·史地·语言研究新视野：黄文弼与中瑞西北科学考察团国际学术研讨会论文集》，北京：科学出版社，2014 年，第 537～560 页。

邱高兴：《李通玄佛学思想述评》，博士学位论文，中国人民大学，1996 年。

任平山：《克孜尔中心柱窟的图像构成——以兜率天说法图为中心》，博士学位论文，中央美术学院，2007 年。

任平山：《库木吐喇第 75 窟——敦煌写本 P.2649V 的龟兹图现》，《美术研究》2015 年第 5 期，第 12～19 页。

荣新江：《欧洲所藏西域出土文献闻见录》，《敦煌学辑刊》1986 年第 1 期，第 119～133 页。

荣新江：《德国"吐鲁番收集品"中的汉文典籍与文书》，载饶宗颐编：《华学》（第三辑），北京：紫禁城出版社，1998 年，第 309～325 页。

荣新江：《慧超所记唐代西域的汉化佛寺》，载王三庆主编：《冉云华先生八秩华诞寿庆论文集》，台北：法光出版社，2003 年，第 399～407 页。

荣新江：《唐代宗教信仰与社会——新问题与新探索》，载荣新江主编：《唐代宗教信仰与社会》（《北京大学盛唐研究丛书》），上海：上海辞书出版社，2003 年，第 1～12 页。

荣新江：《唐代西域的汉化佛寺系统》，载新疆龟兹学会编：《龟兹文化研究》（第一辑），香港：香港天马出版有限公司，2005 年，第 130～137 页。另载荣新江：《丝绸之路与东西文化交流》，北京：北京大学出版社，2015 年，第 153～160 页。

荣新江：《唐代龟兹地区流传的汉文典籍——以德藏"吐鲁番收集品"为中心》，《国学学刊》2010 年第 4 期，第 77～83 页。另载荣新江：《丝绸之路与东西文化交流》，北京：北京大学出版社，2015 年，第 161～172 页。

荣新江：《近年对龟兹石窟题记的调查与相关研究》，《龟兹研究》2015 年第 1 期，第 11～17 页。另载《西域研究》2015 年第 3 期，第 1～9 页。

森安孝夫著，广中智子、尹磊摘译：《〈往五天竺国传研究〉记载的西域史料研究》，《新疆师范大学学报（哲学社会科学版）》2006 年第 3 期，第 11～18 页。

史晓明、张爱红：《克孜尔石窟菱格画形式探源》，《敦煌研究》1991 年第 4 期，第 26～31、121～122 页。

史晓明、张爱红：《从第 43 窟看克孜尔石窟的衰落年代》，《西域研究》1993 年第 2 期，第 90～96 页。

宿白：《克孜尔部分洞窟阶段划分与年代等问题的初步探索》，载新疆维吾尔自治区文物管理委员会、拜城县克孜尔千佛洞文物保管所、北京大学考古系编：《中国石窟·克孜尔石窟 一》，北京：文物出版社，1989 年，第 10～23 页。

孙修身：《中国新样文殊与日本文殊三尊五尊像之比较研究》，《敦煌研究》1996 年第 1 期，第 44～52 页。

孙洪才：《新疆库车库木吐拉石窟壁画揭取保护技术》，《敦煌研究》2000 年第 1 期，第 150～152 页。

谭树桐：《丹青斑驳 尚存金碧——龟兹石窟壁画艺术欣赏》，载新疆龟兹石窟研究所编：《龟兹佛教文化论集》，乌鲁木齐：新疆美术摄影出版社，1993 年，第 101～125 页。

谭树桐：《古龟兹壁画的艺术特色》，载《龟兹文化研究》编辑委员会编：《龟兹文化研究》（二），乌鲁木齐：新疆人民出版社，2006 年，第 626～629 页。

谭树桐：《龟兹菱格画和汉博山炉——丝路艺术因缘的探索》，载《龟兹文化研究》编辑委员会编：《龟兹文化研究》（二），乌鲁木齐：新疆人民出版社，2006 年，第 746～760 页。

吐鲁番地区文物管理所：《柏孜克里克千佛洞遗址清理简记》，《文物》1985 年第 8 期，第 49～65 页。

瓦尔德施密特（Waldschmidt, Ernst）著，王钟承译：《有关新疆壁画研究的几个问题》，《新疆文物》2004 年第 4 期，第 68～108 页。

王征：《龟兹石窟菱格画形式与中原文化的关系》，《新疆文物》1997 年第 2 期，第 43～52 页。

王征：《龟兹石窟壁画风格研究》，《西域研究》2006 年第 4 期，第 54～62、118 页。

王征：《龟兹石窟壁画风格的划分》，《美术》2006 年第 4 期，第 101～105 页。

王征：《龟兹石窟中心柱窟和大像窟塑像布局与壁画风格类型的比较》，《敦煌研究》2007 年第 2 期，第 27～33、116 页。

王芳：《龟兹石窟本生因缘图像的形式与内涵分析》，载故宫博物院《故宫学刊》，北京：紫禁城出版社，2015 年，第 20～67 页。

魏正中（Vignato, Giuseppe）：《克孜尔洞窟组合调查与研究——对龟兹佛教的新探索》，博士学位论文，北京大学，2004 年。

魏道儒：《文殊信仰发展的主脉——从印度佛教到中国佛教》，《世界宗教文化》2016 年第 5 期，第 1～6 页。

巫新华：《德国吐鲁番探险队新疆探险考古综述》，《新疆文物》1999 年第 2 期，第 103 ~ 111 页。

乌布力，台来提：《新疆库木吐喇石窟的题记、题刻和榜题》，《西域研究》2015 年第 3 期，第 10 ~
15 页。

吴焯：《克孜尔石窟壁画画法综考——兼谈西域文化的性质》，《文物》1984 年第 12 期，第 14 ~
22 页。

吴焯：《库木吐喇石窟壁画风格演变与古代龟兹的历史兴衰》，载新疆龟兹石窟研究所编：《龟兹佛教
文化论集》，乌鲁木齐：新疆美术摄影出版社，1993 年，第 332 ~ 355 页。

吴涛：《略述森木塞姆石窟的洞窟形制、壁画题材与布局》，《西域研究》1993 年第 2 期，第 71 ~
80 页。

吴涛：《龟兹佛教艺术与阿艾石窟壁画》，《中央民族大学学报（哲学社会科学版）》2001 年第 6 期，
第 52 ~ 57 页。

吴丽红：《库木吐喇第 69 窟调查简报》，《龟兹研究》2015 年第 1 期，第 72 ~ 78 页。

吴丽红：《新疆龟兹研究院院藏彩绘泥塑的初步整理与认识》，《龟兹研究》2015 年第 2 期，第 88 ~
101 页。

武伯纶：《新疆天山南路的文物调查》，《文物参考资料》1954 年第 10 期，第 74 ~ 88 页。

新疆龟兹石窟研究所：《库车阿艾石窟第 1 号窟清理简报》，《新疆文物》1999 年第 3 ~ 4 期，第 67 ~
74 页。

新疆龟兹石窟研究所：《库木吐喇石窟题记、题刻和榜题的调查与初步整理》，《新疆文物》2005 年第
2 期，第 56 ~ 61 页。

新疆龟兹石窟研究所：《库木吐喇石窟 79 窟调查报告》，《新疆文物》2005 年 2 月，第 49 ~ 55 页。

新疆龟兹石窟研究所：《拜城温巴什石窟调查简报》，《新疆文物》2008 年第 1 ~ 2 期，第 1 ~ 9 页。

新疆龟兹石窟研究所：《库木吐喇石窟寺窟群区第 10 ~ 17 窟考古调查报告》，载联合国教科文组织驻
华代表处、新疆维吾尔自治区文物局编著：《库木吐喇千佛洞保护修复工程报告》，北京：文物出版社，
2011 年，第 208 ~ 249 页。

新疆龟兹研究院编：《库车玛扎伯哈石窟调查简报》，《吐鲁番学研究》2010 年第 1 期，第 21 ~ 36 页。

新疆龟兹研究院、北京大学中国古代史研究中心、中国人民大学国学院西域历史语言研究所：《克孜
尔尕哈石窟现存龟兹语及其他婆罗谜文字题记内容简报》，载朱玉麒主编：《西域文史》（第七辑），北京：
科学出版社，2012 年，第 2 ~ 4 页。

新疆龟兹研究院、中国人民大学国学院西域历史语言研究所、北京大学中国古代史研究中心：《玛扎
伯哈与森木塞姆石窟现存龟兹语及其他婆罗谜文字题记内容简报》，载沈卫荣主编：《西域历史语言研究所
集刊》（第七辑），北京：科学出版社，2014 年，第 45 ~ 61 页。

新疆龟兹研究院、北京大学中国古代史研究中心、中国人民大学国学院西域历史语言研究所：《库木

吐喇窟群区第 34 窟现存龟兹语壁画榜题简报》，载朱玉麒主编：《西域文史》（第九辑），北京：科学出版社，2014 年，第 1 ~ 32 页。

阎文儒：《龟兹境内汉人开凿汉僧住持最多的一处石窟——库木吐拉——考察西北石窟工作散记之二》，《现代佛学》1962 年第 4 期，第 24 ~ 29 页。转载于新疆社会科学院考古研究所编：《新疆考古三十年》，乌鲁木齐：新疆人民出版社，1983 年，第 582 ~ 588 页。

阎文儒：《新疆天山以南的石窟》，《文物》1962 年第 7、8 期合刊，第 41 ~ 59 页。

杨富学：《回鹘弥勒信仰考》，《中华佛学学报》2000 年第 13 期，第 21 ~ 32 页。

杨富学：《吐火罗与回鹘文化》，载新疆龟兹学会编：《龟兹学研究》（第二辑），乌鲁木齐：新疆大学出版社，2007 年，第 72 ~ 93 页。

杨波：《龟兹回鹘时期的净土信仰》，《新疆文物保护工程》2010 年第 4 期，第 22 ~ 25 页。

杨波：《龟兹石窟壁画中的辟支佛形象考辨》，《西域研究》2017 年第 1 期，第 76 ~ 86 页。

姚士宏：《克孜尔菱格画的象征意义及其源流》，《新疆艺术》1990 年第 1 期。另载《龟兹文化研究》编辑委员会编：《龟兹文化研究》（三），乌鲁木齐：新疆人民出版社，2006 年，第 484 ~ 487 页。

姚士宏：《克孜尔石窟部分洞窟主室正壁塑绘题材》，载新疆维吾尔自治区文物管理委员会、拜城县克孜尔千佛洞文物保管所、北京大学考古系编：《中国石窟·克孜尔石窟 三》，北京：文物出版社，1997 年，第 178 ~ 186 页。

姚律：《库木吐喇石窟五联洞修建年代刍议》，《新疆艺术学院学报》2012 年第 2 期，第 12 ~ 17 页。

袁廷鹤：《龟兹风壁画初探》，载新疆龟兹石窟研究所编：《龟兹佛教文化论集》，乌鲁木齐：新疆美术摄影出版社，1993 年，第 126 ~ 136 页。

袁廷鹤：《库木吐拉石窟的壁画风格》，载新疆维吾尔自治区博物馆、新疆人民出版社编：《新疆石窟·库车库木吐拉石窟》，乌鲁木齐：新疆人民出版社、上海：上海人民美术出版社，1993 年，第 254 ~ 262 页。

袁廷鹤：《从库木吐拉千佛洞看龟兹壁画的演变》，载《龟兹文化研究》编辑委员会编：《龟兹文化研究》（三），乌鲁木齐：新疆人民出版社，2006 年，第 624 ~ 628 页。

张惠明：《1896 至 1915 年俄国人在中国丝路探险与中国佛教艺术品的流失——圣彼得堡中国敦煌、新疆、黑城佛教藏品考察综述》，《敦煌研究》1993 年第 1 期，第 76 ~ 79 页。

张惠明：《1898 至 1909 年俄国考察队在吐鲁番的两次考察概述》，《敦煌研究》2010 年第 1 期，第 86 ~ 91 页。

张惠明：《俄藏柏孜克里克石窟的一幅高昌回鹘时期五台山文殊图壁画研究》，载中国敦煌吐鲁番协会、上海师范大学敦煌吐鲁番研究所、香港中华文化促进中心、香港大学饶宗颐学术馆、北京大学东方学研究院合办：《敦煌吐鲁番研究》（第十五卷），2015 年，上海：上海古籍出版社，第 157 ~ 179 页。

张惠明：《公元八至九世纪敦煌壁画"文殊及侍从图"中佛教节日主题元素》，《中华文史论丛》2016

年第 3 期，第 193～246 页。

赵莉：《德国柏林印度艺术博物馆馆藏部分克孜尔石窟壁画所出洞窟原位与内容》，《敦煌研究》2004 年第 6 期，第 56～61 页。

赵莉、Russell-Smith, Lilla、Dreyer, Caren、Buschmann, Ines、祁梅香：《德国柏林亚洲艺术博物馆藏克孜尔石窟壁画》，《龟兹研究》2015 年第 1 期，第 121～135 页。另载《文物》2015 年第 6 期，第 55～96 页。

中野照男：《二十世纪初德国考察队对库木吐喇石窟的考察及而后的研究》，载新疆维吾尔自治区文物管理委员会、库车县文物保管所编：《中国石窟·库木吐喇石窟》，北京：文物出版社，1992 年，第 231～242 页。

庄强华：《库木吐拉第 79 号窟初探》，《新疆文物》1986 年第 1 期，第 75～79 页。

庄强华：《库木吐喇石窟总叙》，载新疆维吾尔自治区文物管理委员会、库车县文物保管所编：《中国石窟·库木吐喇石窟》，北京：文物出版社，1992 年，第 259～272 页。

日韩部分

一、研究论著类

常盤大定、關野貞：《支那文化史蹟》，京都：法藏館，1939 年。

村上真完：《西域の仏教》，東京：第三文明社，1984 年。

大谷光瑞：《大谷探検隊 シルクロード探検》，東京：白水社，1978 年。

東京国立博物館ほか編：《西域美術展：ドイツ・トゥルファン探検隊》，東京：朝日新聞社，1991 年。

ジャック・ジエス 編，秋山光和ほか監修：《西域美術：ギメ美術館ペリオ・コレクション》，東京：講談社，1994 年。

関東局編：《旅順博物館圖録》，東京：座右寶刊行會，1943 年。

國立中央博物館編著：《國立中央博物館所藏中央아시아美術》，首尔：三和出版社，1986 年。

김영민외：《（국립중앙박물관소장)중앙아시아 종교 회화》，서울：국립중앙박물관，2013 년．（National Museum of Korea, *Central Asian Religious Paintings In The National Museum of Korea* , Seoul, 2013.）

국립중앙박물관편：《（국립중앙박물관소장)중앙아시아 종교 조각》，서울：국립중앙박물관，2013 년．（National Museum of Korea, *Central Asian Religious Sculptures In The National Museum of Korea*, Seoul, 2013.）

龍谷大学佛教文化研究所編，井ノ口泰淳責任編集：《龍谷大学善本叢書 1・西域出土佛典の研究——〈西域考古圖譜〉の漢文佛典》，京都：法藏館，1980 年。

龍谷大学佛教文化研究所編：《大谷文書集成》（一～三巻），京都：法藏館，1984～2003 年。

森安孝夫：《シルクロードと唐帝国》，東京：講談社，2007 年。

杉山二郎解説：《東京国立博物館図版目録・大谷探検隊将来品篇》，東京：東京国立博物館，1971 年。

上原芳太郎編：《新西域記》（上、下巻），東京：有光社，1937 年。

水野清一、長廣敏雄：《響堂山石窟》，京都：東方文化學院京都研究所，1937 年。

松本榮一：《燉煌畫の研究》，東京：東方文化學院東京研究所，1937 年。

外村太治郎：《天龍山石窟》，東京：金尾文渊堂，1922 年。

西域文化研究会編：《西域文化研究・中央アジア仏教美術》（第五巻），京都：法藏館，1962 年。

香川黙識編：《西域考古圖譜》（上～下巻），東京：国華社，1915 年。（东京：柏林社书店，1972 年重印；学苑出版社根据日本国华社 1915 年版影印，北京：学苑出版社，1999 年）。

二、研究论文类

宮治昭：《中国・新疆ウイグル自治区 キジル石窟－石窟構造・壁画様式・図像構成の関連》，《仏教芸術》179 号，東京：毎日新聞社，1988 年，第 1、10、43～69 頁。

宮治昭：《キジル第 1 様式のヴォールト天井窟壁画－上－禅定僧・山岳構図・弥勒の図像構成》，《仏教芸術》180 号，東京：毎日新聞社，1988 年，第 75～96 頁。

宮治昭：《キジル第 1 様式のヴォールト天井窟壁画－上－禅定僧・山岳構図・弥勒の図像構成》，《仏教芸術》180 号，東京：毎日新聞社，1989 年，第 29～60 頁。

森美智代：《クムトラ石窟第七五窟の壁画主題について：ウイグル期亀茲仏教の一側面》，《美術史研究》第 50 巻，東京：早稲田大学，2012 年，第 125～146 頁。

熊谷宣夫：《クムトラ・キンナラ洞将来の壁畫について》，《佛教藝術》第 5 号，1949 年，第 58～67 頁。

熊谷宣夫：《西域の美術》，載西域文化研究会編：《西域文化研究・中央アジア仏教美術》（第五巻），京都：法藏館，1962 年，第 31～170 頁。

羽溪了諦：《西域仏教美術序説》，載西域文化研究会編：《西域文化研究・中央アジア仏教美術》（第五巻），京都：法藏館，1962 年，第 1～30 頁。

中野照男：《クムトラ出土の塑像頭部》，《MUSEUM》第 333 巻，東京：東京国立博物館，1978 年 12 月，第 15～23 頁。

中野照男：《東京国立博物館西域美術展》，《月刊文化財》第 330 巻，東京：第一法規，1991 年，第 4～13 頁。

中野照男:《クチャ地方の中国様式絵画》,《美術研究》第 364 巻, 東京: 国立文化財機構東京文化財研究所, 1996 年, 第 311 ~ 323 頁。

中野照男:《西域北道の美術》, 載田辺勝美、前田耕作編:《世界美術大全集・東洋編第 15 巻・中央アジア》, 東京: 小学館, 1999 年, 第 286 ~ 298 頁。

中野照男:《東京国立博物館保管壁画佛坐像を通して見たクムトラ石窟第 45 窟壁画の諸問題》, 載联合国教科文组织驻华代表处、新疆维吾尔自治区文物局编著:《库木吐喇千佛洞保护修复工程报告》, 北京: 文物出版社, 2011 年, 第 372 ~ 386 頁。

中川原育子:《キジル石窟の〈降魔成道〉について》,《宮坂宥勝博士古稀記念論文集》, 京都: 法蔵館, 1993 年, 第 1315 ~ 1348 頁。

中川原育子:《キジル第 76 窟 (孔雀窟) の復元的考察》, 載名古屋大学文学部美学美術史学研究室编:《美学美術史研究論集》第 15 号, 1997 年, 第 71 ~ 94 頁。

中川原育子:《キジル第 110 窟 (階段窟) の仏伝資料について》, 載名古屋大学古川総合研究資料館编:《名古屋大学古川総合研究資料館報告》第 13 号, 1997 年, 第 91 ~ 103 頁。

中川原育子:《クムトラ GK 第一七窟の復元的研究》, 載《汎アジアの仏教美術》, 東京: 中央公論美術出版, 2007 年, 第 224 ~ 253 頁。

西文部分 (包括西文论著汉译本)

一、研究论著类

Bhattacharya-Haesner, Chhaya, *Art of Central Asia: With Special Reference to Wooden Objects from the Northern Silk Route*, Delhi: Agam Prakashan, 1977.

Bhattacharya-Haesner, Chhaya, *Central Asian Temple Banners in the Turfan Collection of the Museum für Indische Kunst, Berlin: Painted Textiles from the Northern Silk Route*, Berlin: Reimer, Monographien zur indischen Archäologie, Kunst und Philologie 15, 2003.

Deshpande, Olga P. (ed.), *The Caves of One Thousand Buddhas - Russian Expeditions on the Silk Route, On the Occation of* 190 *Years of the Asiatic Museum, Exhibition Catalogue*, St. Petersburg: The State Hermitage Publishers, 2008.

Dreyer, Caren (et al.), *Museum für Indische Kunst, Dokumentation der Verluste, Band III*, Berlin: Museum für Indische Kunst, SMB, 2002.

Dreyer, Caren, *Albert Grünwedel Zeichnungen und Bilder von der Seidenstraße im Museum für Asiatische Kunst,*

Berlin：EB-Verlag, 2011.

Dreyer, Caren, *Abenteuer Seidenstrasse. Die Berliner Turfan-Expeditionen* 1902 – 1914, Leipzig：E. A. Seemann verlag, 2015.

Gabain, Annemarie von, *Das Uigurische Königreich von Chotscho*（850 – 1250）, Berlin：Akademie Verlag, 1961.（中译本［德］葛玛丽著，耿世民译：《高昌回鹘王国（公元 850 年 ~ 1250 年）》,《新疆大学学报（哲学人文社会科学版）》1980 年第 2 期，第 47 ~ 65 页）.

Gabain, Annemarie von, *Das Leben im uigurischen Königreich von Qočo*（850 – 1250）, Wiesbaden：Harrassowitz, 1973.（中译本［德］葛玛丽著，邹如山译：《高昌回鹘王国的生活（850 ~ 1250 年》, 吐鲁番：吐鲁番市地方志编辑室，1989 年）.

Gabsch, Toralf（ed.）, *Auf Grünwedels Spuren：Restaurierung und Forschung an zentralasiatischen Wandmalereien*, Leipzig：Köhler & Amelang, 2012.

Giès, Jacques（ed.）, *Les arts de l'Asie centrale：La collection Paul Pelliot du musée national des arts asiatiques-Guimet I*, Paris：Réunion des Musées Nationaux, 1995.

Giès, Jacques（ed.）, *Les arts de l'Asie centrale：La collection Paul Pelliot du musée des arts asiatiques-Guimet II*, Paris：Réunion des Musées Nationaux , 1996.

Grünwedel, Albert, *Bericht über archäologische Arbeiten in Idikutschari und Umgebung im Winter* 1902 – 1903, München：Bayerische Akademie der Wissenschaft, 1905.（中译本［德］格伦威德尔，阿尔伯特著，管平译：《高昌故城及其周边地区的考古工作报告（1902 ~ 1903 年冬季）》, 新疆文物考古研究所、吐鲁番学研究院编著，北京：文物出版社，2015 年）.

Grünwedel, Albert, *Altbuddhistische Kultstätten in Chinesisch-Turkistan. Bericht über Archäologische Arbeiten von* 1906 *bis* 1907 *bei Kuca, Qarashar und in der Oase Turfan*, Berlin：Reimer, 1912.（京都：临川书店，1998 年重印；中译本［德］格伦威德尔，A. 著，赵崇民、巫新华译著：《新疆古佛寺——1905 ~ 1907 年考察成果》, 北京：中国人民大学出版社，2007 年）.

Grünwedel, Albert, *Alt-Kutscha, archäologische und religionsgeschichtliche Forschun gen an Tempera-Gemälden aus Buddhistischen Höhlen der ersten acht Jahrhunderte nach Christi Geburt*, Ver öffentli chun gen der Preussischen Turfan-Expeditionen, Berlin：Elsner, 1920.（京都：临川书店，1998 年重印）.

Hambis, Louis（et al.）（ed.）, *Toumchouq. Mission Paul Pelliot, Documents archéologiques*, Tomes I-II, Paris：Adrien-Maisonneuve, 1961 – 1964.

Hambis, Louis（et al.）（ed.）, *Douldour-Âquour et Soubachi. Mission Paul Pelliot*, Tomes III – IV, Paris：Adrien-Maisonneuve, 1967 – 1982.

Hambis, Louis, *L' Asie Centrale , histoire et eivilisation*, Paris, 1977.

Härtel, Herbert（et al.）, *Museum für Indische Kunst*［Katalog］, Berlin：Staatliche Museen Preuβischer Kulturbesitz, 1971.

Härtel, Herbert and Yaldiz, Marianne, *Along the Ancient Silk Routes：Central Asian Art from the West Berlin State Museums. An exhibition lent by the Museum of Indische Kunst, Staatliche Museen Preussischer Kulturbesitz, Berlin, Federal Republic of Germany, held at The Metropolitan Museum of Art, New York, April 3 － June 20, 1982*, New York：The Metropolitan Museum of Art, 1982.

Härtel, Herbert (et al.), *Museum für Indische Kunst* [Katalog], Berlin：Staatliche Museen Preuβischer Kulturbesitz, 1986.

Härtel, Herbert und Yaldiz, Marianne, *Die Seidenstrasse：Malereien und Plastiken aus buddhistischen Höhlentempeln*, Berlin：Staatliche Museen Preuβischer Kulturbesitz, 1987.

Howard, Angel . F. and Vignato, Giuseppe, *Archaelogical and Visual Sources of Meditation in the Ancient Monasteries of Kuča*, Leiden：Brill, 2014.

Lawton, Tomas (et al.), *Asian Art in the Arthur M. Sackler Gallery*, Washington, D. C., 1987.

Le Coq, Albert von, *Chotscho：Facsimile-Wiedergaben der wichtigeren Funde der Ersten Königlich Preussischen Expedition nach Turfan in Ost-turkistan*, Berlin：Reimer, 1913. (Reprint. Graz 1979；中译本 [德] 勒柯克, 阿尔伯特·冯著, 赵崇民译：《高昌——吐鲁番古代艺术珍品》, 乌鲁木齐：新疆人民出版社, 1998 年）。

Le Coq, Albert von und Waldschmidt, Ernst, *Die Buddhistische Spätantike in Mittelasien*, 7 vols. , Berlin：Dietrich Reimer (Ernst Vohsen), 1922 – 1933. (Reprint Graz 1973 – 1975；中译本 [德] 勒柯克, 阿尔伯特·冯、瓦尔德施密特, 恩斯特著, 管平、巫新华译：《新疆佛教艺术》, 乌鲁木齐：新疆教育出版社, 2006 年）。

Le Coq, Albert von, *Bilderatlas zur Kunst und Kulturgeschichte Mittel-Asiens*, Berlin：Dietrich Reimer (Ernst Vohsen), 1925. (Reprint Graz 1977；中译本 [德] 勒柯克, 阿尔伯特·冯著, 赵崇民、巫新华译：《中亚艺术与文化史图鉴》, 北京：中国人民大学出版社, 2005 年）。

Le Coq, Albert von, *Auf Hellas Spuren in Ostturkistan：Berichte und Abenteuer der II. Und III. Deutschen Turfan-Expedition*, Leipzig：Hinrichs, 1926. (英译本 Barwell, A. translate, *Buried Treasures of Chinese Turkestan, an Account of the Activities and Adventures of the Second and Third German Turfan Expeditions*, London：George Allen & Unwin Ltd. , 1928. 中译本 [德] 勒柯克, 阿尔伯特·冯著, 陈海涛译：《新疆地下文化宝藏》, 乌鲁木齐：新疆人民出版社, 2013 年）。

Le Coq, Albert von, *Von Land und Leuten in Ostturkistan：Berichte und Abenteuer der IV. Deutschen Turfan expedition*, Leipzig：Hinrichs. 1928. (中译本 [德] 勒柯克, 阿尔伯特·冯著, 齐树仁译, 耿世民校：《中国新疆的土地和人民》, 北京：中华书局, 2008 年）。

Ольденбург, С. Ф. , *Русская Туркестанская экспедиция*1909 – 1910, года, Санкт – Детербург, 1914. (Oldenburg, Sergey Fyodorovich, *Russkaja Turkestanskaja Èkspedicija 1909 – 1910 goda：Kratkijpredvaritel'nyj ot* Č et', Sanktpetersburg: Imperatorskoj Akadademii nauk, 1914.)

Russell-Smith, Lilla, *Uygur Patronage In Dunhuang. Regional Art Centres On The North Silk Road In The Tenth And Eleven Centuries*, Leiden: Brill, 2005.

Russell-Smith, Lilla and Konczak-Nagel, Ines, *The Ruins Of Kocho. Traces Of Wooden Architecture On the Ancient Silk Road*, Berlin: Museum für Asiatische Kunst Staatliche Museen zu Berlin, 2016.

Ryukoku University Research Center for Buddhist Cultures in Asia, *Buddhism and Art in Turfan: From the Perspective of Uyghur Buddhism*, *Buddhist Culture along the Silk Road: Gandhāra, Kucha, and Turfan Section II*, Kyoto: Ryukoku University Research Center for Buddhist Cultures in Asia, 2013.

The State Hermitage Museum, *Expedition Silk Road: Journey to the West*, *Treasures from the Hermitage*, Amsterdam: Museumshop Hermitage Amsterdam, 2014.

Waldschmidt, Ernst, *Gandhāra, Kutscha, Turfan: Eine Einführung in die frühmittelalterliche Kunst Zentralasiens*, Leipzig: Klinkhardt & Biermann, 1925.

Yaldiz, Marianne, *Archäologie und Kunstgeschichte Chinesisch-Zentralasiens (Xinjiang)* = *Handbuch der Orientalistik* 7.3, 2, Leiden: Brill, 1987.

Yaldiz, Marianne, *Magische Götterwelten: Werke aus dem Museum für Indische Kunst Berlin* [Katalog], Berlin: Staatliche Museen zu Berlin - Preußischer Kulturbesitz, Museum für Indische Kunst, 2000.

二、研究论文类

Hiyama, Satomi, "The Wall Paintings of the 'Painters' Cave' (Kizil Cave 207)", Freien Universität Berlin, Doktorarbeit, 2014.

Jera-Bezard, Robert and Maillard, Monique, "Le rôle des bannières et des peintures mobiles dans les rituels du bouddhisme d'Asie centrale", *Arts Asiatiques*, No. 44, 1989.

Le Coq, Albert von, "Peintures Chinoises Authentiques De L'Époque T'ang Provenant Du Turkestan Chinois", *Revue des arts asiatiques*, Musée Guimet (Paris, France), Librairie des arts et voyages etc, Band 5, 1928, pp. 1 - 8.

Lee, Sonya S., "Central Asia coming to the Museum: The display of Kucha mural fragments in interwar Germany and the United States", Journal of the History of Collections, vol. 28, 3. 2016, pp. 417 - 436.

Pan, Tao (潘涛), "Kommentar zu ausgewählten tocharischen Pātayantika-Dharma Fragmenten", Masterarbeit, Universität München, 2015.

Pelliot, Paul, "Kao-tchang, Qoco, Houo-tcheou et Qarakhodja", *Journal Asiatique I.* 1912, p. 579.

Vignato, Giuseppe, "Archaeological Survey of Kizil, Its Groups of Caves, Districts, Chronology and Buddhist Schools," *East and West*, 2006, Vol. 56, No. 4, pp. 359 - 416.

Vignato, Giuseppe, "The Interrelationship of Sites, Districts, Groups and Individual Caves in Kucha", *Journal of Inner Asian Art and Archaeology*, 5. 2013, Turnhout: Brespols, pp. 129 - 143.

Yaldiz, Marianne, "Die deutschen Turfan-Expeditionen nach Xinjiang (1902 – 1914): im Wettstreit auf der Suche nach einer! verlorenen Kulture", *Das große Spiel: Archäologie und Politik zur Zeit des Kolonialismus* (1860 – 1940), eds. by Trümpler, C. / Killisch-Horn, M., 2008, Köln: DuMont, pp. 188 – 201.

Zin, Monika, "The Identification of the Kizil Paintings I (1. Yaśa, 2. Mākandika)", *IndoAsiatische Zeitschrift*, 9. 2005, pp. 23 – 36.

Zin, Monika, "The Identification of the Kizil Paintings II (3. Sudāya, 4. Bṛhaddyuti)", *Indo-Asiatische Zeit schrift*, 11. 2007, pp. 43 – 52.

Zin, Monika, "The Identification of Kizil Paintings III (5. kalamacchedya, 6. Sundarika-Bhāradvāja)", *Indo-Asiatische Zeitschrift*, 12. 2008, pp. 50 – 61.

Zin, Monika, "The Identification of Kizil Paintings IV (7. Kapila, 8. The Promise of the Four Kings)", *Indo-Asiatische Zeitschrift*, 14. 2010, pp. 22 – 30.

Zin, Monika, "The Identification of Kizil Paintings V (9. The Painted Dome from Simsim and its Narrative Programm, 10. Elapatra)", *Indo-Asiatische Zeitschriftt*, 15. 2011, pp. 57 – 69.

三、网址类

Digital Silk Road Project (数字丝绸之路项目) = Digital Archive of Cultural Heritage, Digital Silk Road Project, National Institute of Informatics (http://dsr. nii. ac. jp/index. html. en).

IDP (国际敦煌项目) = The International Dunhuang Project: The Silk Road Online (http://idp. bl. uk/).

附 表

附表1　库木吐喇石窟洞窟现行编号与德国皇家吐鲁番探险队拟名对照表[①]

	中国编号	德人拟名与编号	中译名
谷口区		Ⅰ. Schlucht Höhle 13	第一沟第13洞
		Ⅰ. Schlucht Höhle 14	第一沟第14洞
	GK17	Ⅰ. Schlucht, Höhle 15	第一沟第15洞
	GK23	Ⅱ. Schlucht, Kleine Kuppelhöhle	第二沟第一小穹顶洞
	GK25	Ⅱ. Schlucht, Mittle Kuppelhöhle	第二沟第二中穹顶洞
	GK27	Ⅱ. Schlucht, Groβe, Kuppelhöhle	第二沟第三大穹顶洞
窟群区	12	Hauptgruppe am Fluβ, Höhle 33	临河主区第33洞
		Nirvāṇa-Höhle	涅槃洞
	16	Hauptgruppe am Fluβ, Höhle 14	临河主区第14洞
		Kinnarî-Höhle	紧那罗女洞
	22	Hauptgruppe am Fluβ, Höhle 18	临河主区第18洞

[①]　依据晁华山：《库木吐喇石窟初探》所附《库木吐喇洞窟现编号与德人所拟名对照表》，载《中国石窟·库木吐喇石窟》，第175页略有改动。晁华山将德人编号并拟名的临河主区第33号涅槃窟对应库木吐喇窟群区中国编号第38窟，根据本书考证，德人编号并拟名的第33号涅槃窟对应库木吐喇窟群区中国编号第12窟。德人拟名洞窟中仍有部分洞窟无法对应中国编号，有待进一步研究。

续表1

	中国编号	德人拟名与编号	中译名
窟群区	23	Hauptgruppe am Fluβ, Höhle 19	临河主区第19洞
	24	Hauptgruppe am Fluβ, Höhle 20	临河主区第20洞
		Hauptgruppe am Fluβ, Höhle 21	临河主区第21洞
	28	Hauptgruppe am Fluβ, Höhle 22	临河主区第22洞
	29	Hauptgruppe am Fluβ, Höhle 23	临河主区第23洞
	45	Apsaras-Höhle	飞天洞
	46	Höhle in der nördlichen Schlucht L. von der Schlucht (3) mit der Inschrift	题记峡谷（第三沟）北侧小沟洞
	58	Hauptgruppe am Fluβ, Höhle 42	临河主区第42洞
		Nāgarāja-Höhle	龙王洞
	68–72	Hauptgruppe am Fluβ, Höhle 49–53	临河主区第49–53洞

附表2　森木塞姆石窟洞窟现行编号与德国皇家吐鲁番探险队拟名对照表[①]

中国编号	德人编号	德人拟名	中译名
1	6	Höhle mit den Kinnarîs	紧那罗女洞
11		"Main Temple" of the southern complex	南区主洞
24		Tempelan der Quelle	泉旁寺院
40	1	Ritter-höhle	骑士洞
41	2	Höhle mit den zwei Vajrapāṇis	金刚洞
42	3	Halle mit dem Tierfries	动物缘饰洞
44	4	Höhle mit den kranztragenden Tauben	衔环鸽子洞
46	5	Höhle mit dem Preta	饿鬼洞
		Brahmana Höhle	婆罗门洞

---

① 依据 Albert Grünwedel, *Altbuddhistiche Kultstätten in Chinesisch-Turkistan: Bericht über archäologische Arbeiten von 1906 bis 1907 bei Kuca, Qarasahr und in der Oase Turfan*, Berlin: Reimer, 1912, pp. 181–191 与柏林亚洲艺术博物馆档案卡片整理而成。

附表 3　德国皇家吐鲁番探险队揭取唐与回鹘时期库木吐喇石窟壁画残片简目①

序号	题材内容	德国目录藏号与库房号	德人记录壁画出自窟号与洞窟拟名与窟号	中国编号	位置	尺寸（宽×高）cm	资料来源
1	佛陀涅槃图	IB 4448	14窟（勒柯克）；33号涅槃窟（瓦尔德施密特）	12窟	后甬道内侧壁	195×100	《新疆佛教艺术》第三卷，图版12，第221、250、251、627页
2	降魔成道图	IB 8835	33号涅槃窟（勒柯克）	12窟	主室正壁	435×283	《新疆佛教艺术》第六卷，图版23，第515、516、545页
		Ⅲ 8834				514×267.5	根据柏林亚洲艺术博物馆提供资料比对核实
	降魔成道魔军局部	Ⅲ 8835a	33号涅槃窟			53×74	根据柏林亚洲艺术博物馆提供资料比对核实
		Ⅲ 8835b				50×61	根据柏林亚洲艺术博物馆提供资料比对核实
		IB 8835c②				不详	根据柏林亚洲艺术博物馆提供资料比对核实

① 依据［德］阿尔伯特·冯·勒柯克、恩斯特·瓦尔德施密特著，管平、巫新华译：《新疆佛教艺术》，2006年；Caren Dreyer（et al.），Musueum für Indische Kunst，Dokumentation der Verluste，2002。新疆维吾尔自治区文物管理委员会、库车县文物保管所、北京大学考古系编：《中国石窟·库木吐喇石窟》，1992年发表的壁画资料结合柏林亚洲艺术博物馆提供的馆藏壁画档案卡片资料整理而成。简目中编号"IB＋数字"是第二次世界大战之前柏林民族学博物馆（Museum für Völkerkunde zu Berlin）的旧有编号；简目中编号"MIK＋Ⅲ＋数字"是柏林印度艺术博物馆（Museum für Indische Kunst zu Berlin）时期的编号，"MIK"是德文柏林印度艺术博物馆的缩写。2006年柏林印度艺术博物馆与柏林东亚艺术博物馆合并更名为柏林亚洲艺术博物馆（Museum für Asiatische Kunst Staatliche Museen zu Berlin），故馆藏编号中删除了"MIK"，壁画编号采用"Ⅲ＋数字"的形式。本简目中若仍有编号"IB＋数字"则表明该壁画编号可以相互对照。由于德国出版的《新疆佛教艺术》存在部分错误，俄藏资料未能全面整理与公布等情况，故而本简目只是笔者在目前掌握资料基础上的核对整理结果。

② 此壁画残片已在第二次世界大战中损毁或丢失。

续表 3

序号	题材内容	德国目录号与库藏号	德人记录壁画出自与窟号／洞窟拟名与窟号	中国编号	位置	尺寸（宽×高）cm	资料来源
3	持薰灯的菩萨	IB 8827	33 号涅槃窟（勒柯克）	12 窟	左甬道外侧壁中部	102×149	《新疆佛教艺术》第六卷，图版 24，第 516、517、546 页
4	团花带及佛像	IB 8822	33 号涅槃窟（勒柯克）	12 窟	甬道顶部	220×131	《新疆佛教艺术》第六卷，图版 25，第 517、518、547 页
5	骑象普贤菩萨与眷属	Ⅲ 8822	33 号涅槃窟			208×116	根据柏林亚洲艺术博物馆提供资料比对核实
		IB 8828	飞天窟（勒柯克）；33 号涅槃窟（瓦尔德施密特）	12 窟	右甬道内侧壁	175×150	《新疆佛教艺术》第六卷，图版 27，第 518、572、549 页
6	佛、菩萨与天人像	IB 8824～8826	飞天窟（勒柯克）；33 号涅槃窟（瓦尔德施密特）	12 窟	后甬道	a, b, c 每幅约 126×110，d 罗汉像 87×57	《新疆佛教艺术》第六卷，图版 28，第 518、519、550 页
	菩萨与云纹	Ⅲ 8824a	33 号涅槃窟		后甬道顶部	90.5×77.5	根据柏林亚洲艺术博物馆提供资料比对核实为《新疆佛教艺术》第六卷图版 28a
	佛、菩萨像	Ⅲ 8826	33 号涅槃窟		后甬道顶部	108×71	根据柏林亚洲艺术博物馆提供资料比对核实为《新疆佛教艺术》第六卷图版 28c
7	花纹带	IB 8832	33 号涅槃窟	12 窟	甬道	43×22	*Musueum für Indische Kunst, Dokumentation der Verluste, Band III*, 2002, p. 171

续表 3

序号	题材内容	德国目录号与库藏号	德人记录壁画出自洞窟拟名与窟号	中国编号	位置	尺寸（宽×高）cm	资料来源
8	莲花纹	IB 9205a	33 号涅槃窟	12 窟	甬道	36×41	*Mussueum für Indische Kunst, Dokumentation der Verluste, Band III*, 2002, p. 204
9	装饰带	IB 9205b	33 号涅槃窟	12 窟	甬道顶部	38×38	*Mussueum für Indische Kunst, Dokumentation der Verluste, Band III*, 2002, p. 204
10	胁侍菩萨礼佛图	IB 8377 Ⅲ 8377	12 窟（勒柯克） 12 窟	13 窟	主室前壁窟门入口北侧	30×62	《新疆佛教艺术》第三卷，图版 11，第 220、249 页 柏林亚洲艺术博物馆提供
11	日想观	IB 8893 Ⅲ 8843	14 窟（勒柯克） 14 窟	16 窟	主室左壁南侧观无量寿经变中十六观立轴部分	54×49	《新疆佛教艺术》第六卷，图版 20b，第 513、514、542 页 柏林亚洲艺术博物馆提供
12	迦陵频伽	IB 4444 Ⅲ 4444	14 窟（勒柯克） 14 窟	16 窟	主室左壁或右壁桌混线花卉中间某部	28×16.5	《新疆佛教艺术》第七卷，图版 26b，第 624、661 页 柏林亚洲艺术博物馆提供
13	装饰镶边①	IB 8715	14 窟（勒柯克）	16 窟	主室左壁桌混线上某部	52×12.5	《新疆佛教艺术》第七卷，图版 26c，第 624、661 页

① 根据柏林亚洲艺术博物馆馆提供的资料，此幅壁画残片今保存于俄罗斯圣彼得堡国立艾尔米塔什博物馆，编号 BД 726。

续表 3

序号	题材内容	德国目录号与库藏号	德人记录拟名与窟号 洞窟拟名与窟号	中国编号	位置	尺寸（宽×高）cm	资料来源
14	佛陀涅槃图	IB 8912	14 窟（勒柯克）	16 窟	主室前壁上方半圆形壁面	354×228	《新疆佛教艺术》第七卷，图版 Da，第 568 页
15	供养天人	MIK III 8913a	14 窟（勒柯克）	16 窟	主室正壁接近顶部右侧（普贤菩萨上方）	68×41	《中国石窟·库木吐喇石窟》图 194，第 253 页
		III 8913a	14 窟				根据柏林亚洲艺术博物馆提供资料比对核实
16	飞天	IB 8913b	14 窟（勒柯克）	16 窟	主室正壁小龛右上方	58×39	《新疆佛教艺术》第七卷，图版 29，第 626、664 页
		III 8913b	14 窟				根据柏林亚洲艺术博物馆提供资料比对核实
17	韦提夫人请佛	III 9374	14 窟	16 窟	主室左壁北侧观无量寿经变中未生怨立轴部分①	42×39	根据柏林亚洲艺术博物馆提供资料比对核实
18	千佛与云纹	III 9104	14 窟	16 窟	拱顶	66×51	根据柏林亚洲艺术博物馆提供资料比对核实
19	千佛与云纹	III 9104c	14 窟	16 窟	拱顶	71×44.5	根据柏林亚洲艺术博物馆提供资料比对核实

① 壁画中左侧榜题框内题记为："韦提夫人观口"；右侧榜题框题记为："佛从岐阖屈山中见韦提夫人自武时"，疑似渡边哲信记录的题记。参见渡边哲信：《西域旅行日记》（卷四），载上原芳太郎编：《新西域记》（上卷），東京：有光社，1937 年，第 336 页。因此，笔者判断此壁画残片可能出自库木吐喇窟群区第 16 窟主室左壁北侧观无量寿经变中未生怨立轴壁画中。

续表 3

序号	题材内容	德国目录号与库藏号	德人记录壁画出自洞窟拟名与窟号	中国编号	位置	尺寸（宽×高）cm	资料来源
20	千佛与云纹	IB 9104b	14窟	16窟	拱顶	74×55	*Musueeum für Indische Kunst, Dokumentation der Verluste, Band III*, 2002, p. 187
21	千佛与云纹	IB 9105	14窟	16窟	拱顶	52×78	*Musueeum für Indische Kunst, Dokumentation der Verluste, Band III*, 2002, p. 188
22	双手上举人物①	IB 9225	14窟	16窟	不详	15×20	*Musueeum für Indische Kunst, Dokumentation der Verluste, Band III*, 2002, p. 205
23	绿色背景上三只套在一起的圆环②	IB 9095	14窟	16窟	不详	20×19	*Musueeum für Indische Kunst, Dokumentation der Verluste, Band III*, 2002, p. 186
24	水想观③	IB 9165	14窟	16窟	主室左壁南侧观无量寿经变中十六观部分	15×19	*Musueeum für Indische Kunst, Dokumentation der Verluste, Band III*, 2002, p. 197
25	钵④	IB 9073	14窟	16窟	甬道侧壁	不详	*Musueeum für Indische Kunst, Dokumentation der Verluste, Band III*, 2002, p. 184

① 根据柏林亚洲艺术博物馆提供的资料，此幅壁画残片今保存于俄罗斯圣彼得堡国立艾尔米塔什博物馆，编号 BД 638。

② 根据柏林亚洲艺术博物馆提供的资料，此幅壁画残片今保存于俄罗斯圣彼得堡国立艾尔米塔什博物馆，编号 BД 634。

③ 根据柏林亚洲艺术博物馆提供的资料，此幅壁画残片今保存于俄罗斯圣彼得堡国立艾尔米塔什博物馆，编号 BД 635。

④ 根据柏林亚洲艺术博物馆提供的资料，此幅壁画残片今保存于俄罗斯圣彼得堡国立艾尔米塔什博物馆，编号 BД 636。

续表 3

序号	名称	德国目录号与库藏号	德人记录壁画出自窟名与窟号	中国编号	位置	尺寸（宽×高）cm	资料来源
26	两条饰带	IB 9090 (a, b)	14窟	16窟	不详	不详	*Musueum für Indische Kunst, Dokumentation der Verluste, Band III*, 2002, p. 186
27	左手托钵①	IB 9091	14窟	16窟	甬道侧壁	不详	*Musueum für Indische Kunst, Dokumentation der Verluste, Band III*, 2002, p. 186
28	六瓣花纹装饰带②	IB 9245	14窟	16窟	不详	20×12	*Musueum für Indische Kunst, Dokumentation der Verluste, Band III*, 2002, p. 206
29	传说故事画	IB 8915 III 8915	不详	42窟?	出土时埋藏在废墟瓦砾中	40×36 29×23	《新疆佛教艺术》第六卷，图版 21，第 514、543 页 柏林亚洲艺术博物馆提供
30	舞伎与乐伎	IB 8914 III 8914	不详	42窟?	出土时埋藏在废墟瓦砾中	46×60	《新疆佛教艺术》第六卷，图版 22，第 514、515、544 页 柏林亚洲艺术博物馆提供
31	说法图	MIK III 9024 III 9024	不详	43窟	主室券顶右侧	42×47	《中国石窟·库木吐喇石窟》图版 200，第 254 页 柏林亚洲艺术博物馆提供

① 根据柏林亚洲艺术博物馆提供的资料，此幅壁画残片今保存于俄罗斯圣彼得堡国立艾尔米塔什博物馆，编号 BД 637。

② 根据柏林亚洲艺术博物馆提供的资料，此幅壁画残片今保存于俄罗斯圣彼得堡国立艾尔米塔什博物馆，编号 BД 640。

续表3

序号	题材内容	德国目录号与库藏号	德人记录壁画出自窟号洞窟拟名与窟号	中国编号	位置	尺寸(宽×高)cm	资料来源
32	坐佛像、云纹饰与飞天	IB 8488	飞天窟（勒柯克）	45窟	主室券顶中佛像下面最下一行	42×108	《新疆佛教艺术》第五卷，图版18，第364、404页
33	飞天	IB 8489	飞天窟（勒柯克）	45窟	不详	63×51	《新疆佛教艺术》第五卷，图版19，第364、365、405页
		III 8489	飞天窟				柏林亚洲艺术博物馆提供
34	团花带与佛像	IB 8829	飞天窟（勒柯克）	45窟	主室券顶中脊及券顶右部	306×231	《新疆佛教艺术》第六卷，图版26，第518、548页
35	弥勒菩萨与胁侍	IB 9021	飞天窟（勒柯克）	45窟	主室前壁上方半圆形壁面	355×145	《新疆佛教艺术》第七卷，图版26a，第622、623、661页
	弥勒菩萨身体残片与胁侍菩萨	III 9021	飞天窟			弥勒菩萨身体残片：53×78；胁侍菩萨：111×63.5；胁侍菩萨：74×52	根据柏林亚洲艺术博物馆提供资料比对核实为《新疆佛教艺术》第七卷图版26a局部残片
36	花坛前的栅栏	IB 9022	飞天窟（勒柯克）	45窟	主室左或右侧壁底部	78×49	《新疆佛教艺术》第七卷图版29b，第627、664页
		III 9022	飞天窟				柏林亚洲艺术博物馆提供

续表 3

序号	题材内容	德国目录号与库藏号	德人记录壁画出自洞窟拟名与窟号	中国编号	位置	尺寸(宽×高)cm	资料来源
37	菩萨头冠部	IB 9032	飞天窟(勒柯克)	45 窟	甬道	72×38	*Musueum für Indische Kunst, Dokumentation der Verluste, Band III*, 2002, p. 180
38	骷髅	III 528	不详	不详	不详	16×22	柏林亚洲艺术博物馆提供
39	云气纹	III 1146	不详	不详	不详	6.2×11.9	柏林亚洲艺术博物馆提供
40	人物	III 1148	不详	不详	不详	14.2×15	柏林亚洲艺术博物馆提供
41	持香炉人物	III 9074	不详	不详	不详	31.5×14.5	柏林亚洲艺术博物馆提供
42	团花纹装饰带	III 1138	不详	不详	不详	78.2×18.8	柏林亚洲艺术博物馆提供
43	童子	III 527	不详	不详	不详	26×21	柏林亚洲艺术博物馆提供
44	花朵装饰带	IB 4446	不详	不详	不详	75×22	《新疆佛教艺术》第四卷,图版 15n,第 295~296、333 页

附表 4　德国柏林亚洲艺术博物馆馆藏森木塞姆石窟壁画残片简目①

序号	题材内容	德国库藏编号	德人记录壁画出自洞窟拟名与窟号	中国编号	位置	尺寸（宽×高）cm	资料来源
1	飞翔的阿罗汉或辟支佛、天人、比丘、风神与蛇②	Ⅲ 8916	泉旁洞	不详	甬道顶部	340×147	德国柏林亚洲艺术博物馆提供
2	大光明王本生及说法图	Ⅲ 8917	1窟骑士洞	40窟	主室右侧壁	230.5×156	
3	佛说法图	Ⅲ 8919	1窟骑士洞	40窟	主室右侧壁	324×74	
4	佛说法图	Ⅲ 438	1窟骑士洞	40窟	主室左侧壁	245.5×84	

① 依据笔者在柏林亚洲艺术博物馆（Museum für Asiatische Kunst Staatliche Museen zu Berlin）库房中记录核对的壁画内容与该博物馆档案室中保存的壁画档案卡片内容整理而成。此简目可以与前贾应逸女士所作《德国吐鲁番考察队劫取森木塞姆石窟壁画表》（仅见于公开发表者）进行对照，从中可以看出德藏森木塞姆石窟壁画在第二次世界大战之后损毁或丢失的情况。参见贾应逸：《森木塞姆石窟概述》，载《新疆佛教壁画的历史学研究》，第 282～283 页。贾应逸女士校对出自森木塞姆第 1 窟编号 IB 8666、IB 8417a，IB 8417b、IB 8406、IB 8670、IB 8669；第 30 窟编号 IB 9041；未知窟编号 IB 9227；第 40 窟编号 IB 8918a、IB 8918b；第 42 窟 IB 8486a、IB 8486b；第 44 窟编号 IB 8645a、IB 8645b、IB 8708、IB 8673、IB 8643；第 46 窟编号 IB 667a、667b、IB 8675a、IB 8675b 壁画残片今已不存于柏林亚洲艺术博物馆。

② 勒柯克与瓦尔德施密特在《新疆佛教艺术》第六卷图版 19 中给出了编号Ⅲ8916 壁画的一个局部即风神和蛇的图像并在图版解释中识读了编号Ⅲ8916 壁画的内容，该书第 512 页中解释为："这幅画面描绘了一个飞翔的佛陀的全身像，在中央条带中，我们发现了这里重新给出的风神形象和紧握它的内室中缠绕在云端上的两条绿色的蛇。"襄尼黑大学博士候选人王芳与笔者对天保存在柏林亚洲艺术博物馆库房中编号Ⅲ8916 壁画残片进行了重新识读：编号Ⅲ8916 壁画分为上下两部分，上部绘两身天人，左端绘风神与蛇，这四身飞翔的人物均有头光与顶髻并在肩部和腿部演示出水与火的双神变（佛陀应为头光与火身具足，故不是佛陀形象，人物尊格应高于一般比丘正像）。王芳与笔者均判断此四人四身飞翔的人物形象为已证果的阿罗汉（Arhan）或辟支佛（Apratyekabuddha）形象。编号Ⅲ8916 壁画下部的左右两端人物均无头光与顶髻，王芳与笔者判断，人物均为飞翔的比丘（Bhikṣu）形象。

续表 4

序号	题材内容	德国库藏编号	德人记录壁画出自洞窟拟名与窟号	中国编号	位置	尺寸（宽×高）cm	资料来源
5	拱顶中七身以立佛为中心的因缘故事画	Ⅲ 734	5窟俄兔洞	46窟	穹隆顶	165（直径）×125（高）	
6	立佛因缘故事画（迦眦罗因缘）	Ⅲ 734a	5窟俄兔洞	46窟	穹隆顶	约46×100	德国柏林亚洲艺术博物馆提供
7	立佛因缘故事画	Ⅲ 734c	5窟俄兔洞	46窟	穹隆顶	约46×100	
8	立佛因缘故事画	Ⅲ 734g	5窟俄兔洞	46窟	穹隆顶	约46×100	
9	立佛因缘故事画	Ⅲ 734h	5窟俄兔洞	46窟	穹隆顶	约46×100	
10	立佛因缘故事画	Ⅲ 734i	5窟俄兔洞	46窟	穹隆顶	约46×100	
11	立佛因缘故事画	Ⅲ 734j	5窟俄兔洞	46窟	穹隆顶	约46×100	
12	立佛因缘故事画（宝髻佛授记）	Ⅲ 734k	5窟俄兔洞	46窟	穹隆顶	约46×100	
13	护法神	Ⅲ 735	5窟俄兔洞	46窟	窟顶四沿	82×48	
14	护法神	Ⅲ 736	5窟俄兔洞	46窟	窟顶四沿	91.5×51	
15	护法神	Ⅲ 737	5窟俄兔洞	46窟	窟顶四沿	69×66	
16	护法神	Ⅲ 738	5窟俄兔洞	46窟	窟顶四沿	92×46.5	

续表 4

序号	题材内容	德国库藏编号	德人记录壁画出自洞窟拟名与窟号	中国编号	位置	尺寸（宽×高）cm	资料来源
17	比丘	III 739	5窟俄隆洞	46窟①	前壁入口左侧	56×67	
18	人物	III 740	不详	不详	不详	56×68	德国柏林亚洲艺术博物馆提供
19	天人	III 741	不详	不详	不详	62×51.5	
20	婆罗门	III 8667a	婆罗门门洞	不详	不详	24×53	
21	佛陀	III 9096a	第二峡谷洞	不详	不详	35×42	
22	佛陀	III 745	不详	不详	不详	73.5×54	
23	坐佛	III 750	不详	不详	不详	24×23	

① 柏林亚洲艺术博物馆编号 III 739 壁画残片在该博物馆档案卡片中注明出自森木塞姆石窟，但档案卡片未注明出自森木塞姆石窟具体洞窟编号。根据格伦威德尔记录，森木塞姆第46窟主室前壁窟门左边墙壁上绘有一行比丘像，最后一身比丘为黑肤色，身穿黑色袈裟，内穿黑色奇特内衣，上方有婆罗谜文题记。德国探险队将这身比丘连同题记一起剥下取走。参见［德］A. 格伦威德尔：《新疆古佛寺——1905～1907 年考察成果》，第335 页。根据柏林亚洲艺术博物馆编号 III 739 壁画残片对应格伦威德尔的文字记录，笔者认为二者应是同一幅壁画，故而判断柏林亚洲艺术博物馆编号 III 739 比丘壁画残片出自森木塞姆第46窟。

附表5 德国柏林亚洲艺术博物馆馆藏德国皇家吐鲁番探险队拍摄库木吐喇
石窟与森木塞姆石窟唐风与回鹘风洞窟照片资料列表①

序号	照片编号	拍摄内容
1	B 1553	库木吐喇窟群谷南区第 8 ~ 31 窟外景
2	B 0856	库木吐喇窟群区谷南区第 20 ~ 29 窟外景
3	B 0858	库木吐喇窟群区谷南区第 10 ~ 19 窟外景
4	B 0861	库木吐喇窟群区谷北区第 51 ~ 72 窟外景
5	B 1617	库木吐喇窟群区谷北区第 51 ~ 72 窟外景
6	T 118	库木吐喇窟群区谷北区第 51 ~ 72 窟外景
7	B 1236	库木吐喇窟群区第 12 ~ 17 窟外景
8	B 1095	库木吐喇窟群区第 15 ~ 17 窟外景
9	B 0236	库木吐喇窟群区第 12 窟主室左侧壁及左甬道
10	B 1183	库木吐喇窟群区第 12 窟主室右甬道
11	B 1852	库木吐喇窟群区第 12 窟主室右侧壁及右甬道
12	B 1992	库木吐喇窟群区第 12 窟主室前壁窟门左侧壁画
13	B 1993	库木吐喇窟群区第 12 窟主室前壁窟门右侧壁画
14	B 1223	库木吐喇窟群区第 13 窟主室正壁、左右侧壁及窟顶全景
15	B 0867	库木吐喇窟群区第 14 窟窟内正壁、左右侧壁及窟顶全景
16	B 1350	库木吐喇窟群区第 14 窟窟内正壁、左右侧壁及窟顶全景
17	B 0086	库木吐喇窟群区第 16 窟主室正壁左侧、左侧壁及窟顶左侧②
18	B 1220	库木吐喇窟群区第 16 窟主室正壁左侧、左侧壁及窟顶左侧③
19	B 2492	库木吐喇窟群区第 16 窟主室枭混线上迦陵频迦壁画
20	B 1120	库木吐喇窟群区第 41 ~ 43 窟外景
21	B 0866	库木吐喇窟群区第 45 窟外景（巴尔图斯在窟门）
22	B 0633	库木吐喇窟群区第 68 ~ 72 窟廊道南侧
23	B 1124	库木吐喇窟群区第 68 ~ 72 窟廊道

① 依据德国柏林亚洲艺术博物馆提供的馆藏历史照片整理而成，这些历史照片编号是柏林亚洲艺术博物
馆档案管理员卡伦·德雷尔（Caren Dreyer）女士的工作成果，笔者对照片拍摄内容作出了重新核对整
理。卡伦·德雷尔女士告知笔者德国探险队当年使用玻璃底片进行拍摄，在运回柏林的路途中损坏了
很多玻璃底片，保留至今的玻璃底片为我们展示了 20 世纪初年龟兹石窟的原貌。

② 此照片为反向倒置图像，拍摄内容记录是笔者反向倒置后的内容。

③ 此照片为反向倒置图像，拍摄内容记录是笔者反向倒置后的内容。

续表 5

序号	照片编号	拍摄内容
24	B 1014	库木吐喇窟群区第 68～72 窟廊道
25	B 1622	库木吐喇窟群区第 68 窟廊道南侧（勒柯克在龛前）
26	B 0862	库木吐喇窟群区第 69 窟题刻
27	B 0863	库木吐喇窟群区第 69 窟题刻
28	B 1052	库木吐喇窟群区第 69 窟题刻
29	B 1510	库木吐喇窟群区第 70 窟主室正壁塑像及左右甬道
30	B 1224	库木吐喇窟群区第 71 窟主室正壁塑像
31	B 1507	库木吐喇窟群区第 71 窟主室正壁塑像及左甬道
32	B 0840	森木塞姆石窟外景
33	B 0841	森木塞姆河谷西部石窟外景
34	B 1168	森木塞姆河谷西南部石窟外景
35	B 1753	森木塞姆第 44 窟窟顶及叠涩壁画
36	B 0676	森木塞姆第 46 窟窟顶壁画
37	B 0680	森木塞姆第 46 窟窟顶壁画

附表 6　法国巴黎吉美博物馆馆藏法国探险队拍摄龟兹夏哈吐尔佛寺唐风与回鹘风壁画照片资料列表①

序号	照片编号	拍摄内容	拍摄日期
1	AP 7238	左：人物；右：供养菩萨及孔雀②	1907. 4. 13～1907. 6. 5
2	AP 7239	飞天③	
3	AP 7240	佛陀与菩萨在树下④	

---

① 依据德国马克斯·普朗克学会驻佛罗伦萨美术史研究所与柏林亚洲艺术博物馆（Kunsthistorisches Institut in Florenz, Max-Planck-Institut and Asian Art Museum, National Museums in Berlin）博士后研究员桧山智美（Satomi Hiyama）女士提供的照片资料整理而成。

② 照片右部壁画为唐风经变画局部；照片左部三块壁画为唐风壁画残片。

③ 照片左上部残块编号 751 号为回鹘风壁画残片；右部与左下部壁画为龟兹风壁画残片。

④ 照片下部为唐风经变画局部；上部为两块龟兹风壁画残片。

附表 7　法国巴黎吉美博物馆馆藏法国探险队拍摄库木吐喇石窟
唐风洞窟与回鹘风洞窟照片资料列表①

序号	照片编号	拍摄内容	拍摄日期
1	AP 7044	库木吐喇窟群区第 12 窟主室正壁及窟顶	
2	AP 7045	库木吐喇窟群区第 14 窟主室右侧壁及叠涩	
3	AP 7046	库木吐喇窟群区第 14 窟主室左侧壁、叠涩及窟顶	
4	AP 7047	库木吐喇窟群区第 14 窟主室左侧壁、叠涩及窟顶	
5	AP 7055	库木吐喇窟群区第 15 窟主室正壁及窟顶	
6	AP 7050	库木吐喇窟群区第 16 窟主室正壁及窟顶	
7	AP 7051	库木吐喇窟群区第 16 窟主室左侧壁及窟顶	
8	AP 7052	库木吐喇窟群区第 16 窟主室右侧壁、叠涩及窟顶	
9	AP 7053	库木吐喇窟群区第 16 窟主室右侧壁	1907.4.13 ~ 1907.6.5
10	AP 7034	库木吐喇窟群区第 43 窟主室窟顶左侧及左侧壁	
11	AP 7048	库木吐喇窟群区第 45 窟主室前壁及窟顶	
12	AP 7049	库木吐喇窟群区第 45 窟主室右侧壁及窟顶	
13	AP 7082	库木吐喇窟群区第 70 窟主室正壁、左右侧壁及窟顶	
14	AP 7084	库木吐喇窟群区第 71 窟主室正壁、左右侧壁及窟顶	
15	AP 7025	库木吐喇未知洞窟（N 窟）身光及壁画②	
16	AP 7085	库木吐喇未知洞窟（R 窟）两壁面③	
17	AP 7086	库木吐喇未知洞窟主室正壁④	

① 依据德国马克斯·普朗克学会驻佛罗伦萨美术史研究所与柏林亚洲艺术博物馆（Kunsthistorisches Institut in Florenz, Max-Planck-Institut and Asian Art Museum, National Museums in Berlin）博士后研究员桧山智美（Satomi Hiyama）女士提供的照片资料整理而成。
② 身光为泥塑，壁画内容绘普贤菩萨骑象，象前有牵象奴，底有云气承托，样式为汉式。
③ 根据壁画中千佛题材及双领下垂式袈裟判断为受汉地样式影响。
④ 残留千手泥塑及头部。

附表8　韩国国立中央博物馆馆藏日本大谷探险队收集库木吐喇石窟
唐风壁画资料列表（仅见于公开发表者）①

序号	名称	目录号	出自洞窟	位置	尺寸（宽×高）cm	铭文	出处
1	观无量寿经变铭文残片	bon 4089	16窟	主室左侧壁西侧	9×21	"韦提夫人观见水变成冰时"	第56页，图04左上
2	药师净土变铭文残片	bon 4089	16窟	主室右侧壁东侧	9.5×16	"二者横有口舌"	第56页，图04右上
3	壁画残片	bon 4089	16窟	不详	13×9	"南"	第56页，图04左下
4	壁画残片	bon 4089	16窟	不详	7.5×7	无	第56页，图04右下
5	千佛图残片	bon 4067	16窟	主室窟顶	36×45	无	第59页，图05上
6	千佛图残片	bon 4067	16窟	主室窟顶	40×43	无	第59页，图05下
7	千佛图残片	bon 4069	16窟	主室窟顶	63.5×41	无	第61页，图06
8	千佛图残片	bon 4086	16窟	主室窟顶	26×31	无	第61页，图07左
9	千佛图残片	bon 4086	16窟	主室窟顶	24×23.5	无	第61页，图07右

---

① 依据韩国国立中央博物馆出版的图录内容整理而成，这些壁画残片原为日本大谷探险队在库木吐喇石窟的收集品，现藏于韩国国立中央博物馆。参见 National Museum of Korea, *Central Asian Religious Paintings In The National Museum of Korea*, Seoul, 2013, pp. 56–61.

附表 9 《西域考古图谱》收录日本大谷探险队收集库木吐喇石窟资料列表

序号	名称	内容或榜题	出处
1	唐壁画残片铭文	左：大唐□严寺上座四/镇都统律师□道 右：登□□/□	绘画类图 9
2	唐壁画残片	千佛	绘画类图 10
3	唐壁画残片	千佛	绘画类图 11
4	唐佛画残片（绢本）	手、宝珠与花卉	绘画类图 47（1）
5	唐画二种（木片）	立佛与花纹	绘画类图 50
6	唐陶制小像		雕刻类图 4
7	唐塑像头部		雕刻类图 5
8	唐塑像头部		雕刻类图 6（1、2）
9	唐塑像兽头		
10	唐塑像佛像		雕刻类图 7（1、2、3）
11	唐石制小像		
12	唐铜制佛像		
13	唐陶制比翼鸟像		雕刻类图 8（1）
14	木雕人物及木制诸品		杂品类图 4（2）
15	木板		杂品类图 7（1）
16	铜印		杂品类图 10（2、3、4）
17	铜印等		
18	木制印章		
19	六朝写律文残片		佛典类图 38（1、2）
20	六朝写佛典残片（序号 19 背面）		
21	唐大历十六年借钱文书		史料类图 11
22	唐大历十六年借钱文书		史料类图 12（1、2）
23	唐借钱文书残片		

序号	名称	内容或榜题	出处
24	唐借钱文书		史料类图 13
25	唐写本春秋左氏传残片（杜注成十七年）		经籍类图 2（2、3）
26	唐写本春秋左氏传残片背面		
27	史记仲尼弟子列传		经籍类图 5（1、2）
28	汉书张良传（序号 27 背面）		
29	突厥文文书残片		西域语文书类图 10（3）
30	梵文佛典残篇（经卷卷首部分）		西域语文书类图 19（2）

附表 10　《西域考古图谱》收录日本大谷探险队收集库车地区汉文佛经列表

序号	名称	发掘地点	出处
1	六朝写律文残片，六朝写佛典残片（背面）	库木吐喇	佛典类图 38
2	西凉建初七年写《妙法莲华经》卷一	库车	佛典类图 4、5
3	六朝写《妙法莲华经》卷二	库车	佛典类图 6
4	六朝写《妙法莲华经》卷五	库车	佛典类图 7
5	六朝写《般若经·四摄品》①	库车	佛典类图 13
6	六朝写《摩诃般若波罗蜜经》卷一	库车	佛典类图 14
7	六朝写《般若波罗蜜经·二谛品》	库车	佛典类图 15（1、2）
8	六朝写《大品般若波罗蜜经》卷二八	库车	佛典类图 16
9	六朝写《金光明经》卷二	库车	佛典类图 17
10	六朝写《摩诃般若波罗蜜优婆提舍中般若波罗蜜相品》第二十八	库车	佛典类图 20

---

① 《摩诃般若波罗蜜经》卷二四，参见龍谷大学佛教文化研究所编，井ノ口泰淳責任編集：《西域出土佛典の研究——〈西域考古圖譜〉の漢文佛典》，第 30~31 页。

续表 10

序号	名称	发掘地点	出处
11	六朝写《摩诃般若波罗蜜优婆提舍中赞般若波罗蜜品》第四十一	库车	佛典类图 21、22
12	六朝写《摩诃般若波罗蜜优婆提舍中赞般若波罗蜜品》第四十一	库车	佛典类图 23、24
13	六朝写《大智度论》卷七	库车	佛典类图 25、26、27
14	六朝写羯摩文残片	库车	佛典类图 30
15	六朝写经名不祥劝助品（？）第二	库车	佛典类图 33、34
16	六朝写佛典残片①	库车	佛典类图 35
17	六朝写佛典残片②	库车	佛典类图 36
18	六朝写佛典残片③	库车	佛典类图 41
19	六朝写佛典残片④	库车	佛典类图 42
20	隋唐间写《药师经》⑤	库车	佛典类图 46
21	隋唐间写《金刚经》	库车	佛典类图 47
22	隋唐间写《佛说五王经》	库车	佛典类图 49
23	隋唐间写《注维摩诘经》卷九	库车	佛典类图 50（1）
24	隋唐间写《法华经义记》卷一，隋唐间写戒律（背面）	库车	佛典类图 51、52
25	隋唐间写佛典残片⑥	库车	佛典类图 55（2）
26	唐写《妙法莲华经》卷一	库车	佛典类图 57

① 《贤愚经》卷六，参见龍谷大学佛教文化研究所编，井ノ口泰淳責任編集：《西域出土佛典の研究——〈西域考古圖譜〉の漢文佛典》，第 63 页。

② 《大智度論》卷三〇，参见龍谷大学佛教文化研究所编，井ノ口泰淳責任編集：《西域出土佛典の研究——〈西域考古圖譜〉の漢文佛典》，第 64 ~ 65 页。

③ 《四願經》，参见龍谷大学佛教文化研究所编，井ノ口泰淳責任編集：《西域出土佛典の研究——〈西域考古圖譜〉の漢文佛典》，第 71 ~ 72 页。

④ 《大方广佛华严經》卷二九，参见龍谷大学佛教文化研究所编，井ノ口泰淳責任編集：《西域出土佛典の研究——〈西域考古圖譜〉の漢文佛典》，第 72 ~ 73 页。

⑤ 《灌顶拔除过罪生死得度經》卷一二，参见龍谷大学佛教文化研究所编，井ノ口泰淳責任編集：《西域出土佛典の研究——〈西域考古圖譜〉の漢文佛典》，第 78 ~ 79 页。

⑥ 《注法华經》，参见龍谷大学佛教文化研究所编，井ノ口泰淳責任編集：《西域出土佛典の研究——〈西域考古圖譜〉の漢文佛典》，第 96 页。

续表 10

序号	名称	发掘地点	出处
27	唐写《妙法莲华经》卷五	库车	佛典类图 58
28	唐写《妙法莲华经》卷四	库车	佛典类图 59
29	唐写《添品妙法莲华经》序	库车	佛典类图 61
30	唐写《大般涅槃经》卷三〇	库车	佛典类图 62
31	唐写《注维摩经》①	库车	佛典类图 66
32	唐写法数残片	库车	佛典类图 68（1）
33	汉文佛典②	库车	西域语文书图 6（2）
34	六朝写《妙法莲华经》卷七《普贤菩萨劝发品》③	克孜尔石窟	佛典类图 8
35	六朝写《摩诃般若波罗蜜学品》④	克孜尔石窟	佛典类图 12
36	六朝写《大智度论》卷三	克孜尔石窟	佛典类图 28
37	六朝写佛典残片⑤	克孜尔石窟	佛典类图 39
38	六朝写佛典残片⑥	克孜尔石窟	佛典类图 40
39	六朝写佛典残片⑦	克孜尔	佛典类图 44

① 《维摩诘所说经》卷上，参见龍谷大学佛教文化研究所编，井ノ口泰淳責任編集：《西域出土佛典の研究——〈西域考古圖譜〉の漢文佛典》，第 111～112 页。

② 《佛说灌顶拔除过罪生死得度经》卷一二，参见龍谷大学佛教文化研究所编，井ノ口泰淳責任編集：《西域出土佛典の研究——〈西域考古圖譜〉の漢文佛典》，第 120～121 页。

③ 《妙法莲华经·妙庄严王品》第二十六和《妙法莲华经·普贤菩萨劝发品》第二十七，参见龍谷大学佛教文化研究所编，井ノ口泰淳責任編集：《西域出土佛典の研究——〈西域考古圖譜〉の漢文佛典》，第 16～17 页。

④ 《摩诃般若波罗蜜道行经·学品》第二十二，参见龍谷大学佛教文化研究所编，井ノ口泰淳責任編集：《西域出土佛典の研究——〈西域考古圖譜〉の漢文佛典》，第 28～29 页。

⑤ 《修行本起经》卷下，参见龍谷大学佛教文化研究所编，井ノ口泰淳責任編集：《西域出土佛典の研究——〈西域考古圖譜〉の漢文佛典》，第 68～69 页。

⑥ 《大般涅槃经·梵行品》，参见龍谷大学佛教文化研究所编，井ノ口泰淳責任編集：《西域出土佛典の研究——〈西域考古圖譜〉の漢文佛典》，第 70～71 页。

⑦ 《大方广佛华严经》卷四〇，参见龍谷大学佛教文化研究所编，井ノ口泰淳責任編集：《西域出土佛典の研究——〈西域考古圖譜〉の漢文佛典》，第 75～76 页。

附表 11 俄罗斯圣彼得堡国立艾尔米塔什博物馆馆藏龟兹石窟唐风壁画资料列表（仅见于公开发表者）①

序号	名称与题材内容	编号	出土地点	尺寸（宽×高）cm	题记	资料来源
1	俄罗斯国立艾尔米塔什博物馆展厅内壁画残片标题为"The Appearance of Amitabha"内容为"三辈生观"图像与题记	Ky－824	俄罗斯国立艾尔米塔什博物馆展牌标识这是一幅源自克孜尔石窟的唐风壁画残片，是俄国奥登堡第一次中国新疆探险队（1909~1910年）的收集品。笔者认为这幅壁画残片可能源自库木吐喇石窟	94×36	右： ……□因果 ……□彼国 左： ……□□登□位足□路□□楼 ……□碧云丽 ……□行□并摆里 ……内祥鸟和鸣 ……品□本□□□忠足凡夫□ ……莫因……乃疑□彼身 ……□□百稳神通 ……□而□宝体而 ……□利□□烟九品化生 ……□□□观音大 ……□而□□潜形六道 ……□□□南州 ……□师 ……□□□	O. P. Deshpande（ed.）, *The Caves of One Thousand Buddhas*, p. 138, Fig. 83.

① 俄罗斯圣彼得堡国立艾尔米塔什博物馆馆藏龟兹石窟壁画资料因未得到全部发表，故只能从该博物馆展览图录与展厅陈列品中搜集并整理资料。

附表 12　美国华盛顿国立亚洲艺术博物馆赛克勒美术馆馆藏龟兹石窟
唐风壁画资料列表（仅见于公开发表者）

序号	名称与题材内容	编号	出土地点	资料来源
1	坐姿伎乐	S 87.0265	不详	T. Lawton（et al.）, *Asian Art in the Arthur M. Sackler Gallery*, p. 282, Fig. 187.

附表 13　黄文弼公布库木吐喇石窟壁画资料列表①

序号	名称	出土地点	年代	尺寸（宽×高）cm	出处
1	千佛坐像残片	库木吐喇河壩洞	8 世纪后半期~9 世纪	36.9×46.6	第 71 页，图 28，图版 23
2	千佛坐像残片	库木吐喇河壩洞	8 世纪后半期~9 世纪	35.6×48.6	第 71 页，图 29，图版 23
3	千佛坐像残片	库木吐喇河壩洞	8 世纪后半期~9 世纪	32×50.5	第 71 页，图 30，图版 24
4	千佛坐像残片	库木吐喇河壩洞	8 世纪后半期~9 世纪	27.5×54.3	第 71 页，图 31，图版 24
5	千佛坐像残片	库木吐喇河壩洞	8 世纪后半期~9 世纪	36×26.7	第 71 页，图 32，图版 25

---

① 依据黄文弼《塔里木盆地考古记》发表的内容整理而成。黄文弼在书中记录此五幅壁画出自河壩洞同属一壁，但未具体标明此五幅壁画残片出自他命名编号的河壩洞具体洞窟编号，故无法对应今库木吐喇石窟编号，本书仍按照黄氏原说出自河壩洞。

附表 14 1991～2014 年库木吐喇石窟被揭取并修复壁画残片资料列表①

序号	新疆龟兹研究院编号	题材内容	揭取洞窟	位置
1	10 窟第 1 块	举哀弟子与天人	10 窟	后甬道内侧壁
2	10 窟第 2 块	举哀比丘与塔	10 窟	后甬道顶部
3	10 窟第 3 块	举哀比丘与塔	10 窟	后甬道顶部
4	10 窟第 4 块	焚棺火焰与云纹	10 窟	后甬道外侧壁
5	10 窟第 5 块	四身天人	10 窟	后甬道外侧壁北部
6	11 窟第 1 块	净土变局部	11 窟	主室正壁
7	11 窟第 2 块	净土变局部	11 窟	主室正壁
8	11 窟第 3 块	净土变局部	11 窟	主室正壁
9	11 窟第 4 块	不详	11 窟	不详
10	11 窟第 5 块	乐器与花瓣	11 窟	主室正壁北部
11	11 窟第 6 块	云纹、飞天与楼阁	11 窟	主室正壁
12	11 窟第 7 块	云纹、华盖与菩萨	11 窟	主室正壁
13	11 窟第 8 块	净土变局部	11 窟	主室正壁
14	11 窟第 9 块	云纹、华盖与菩萨	11 窟	主室正壁
15	11 窟第 10 块	云纹	11 窟	主室正壁
16	11 窟第 11 块	云纹与华盖	11 窟	主室正壁
17	11 窟第 12 块	净土变局部	11 窟	主室正壁
18	11 窟第 13 块	净土变局部	11 窟	主室正壁
19	12 窟第 1 块	不详	12 窟	不详
20	12 窟第 2 块	立姿菩萨	12 窟	右甬道外侧壁

① 20 世纪 80 年代末库木吐喇石窟发生严重水患，为了抢救保护文物，1991 年 7～9 月，敦煌研究院保护研究所与龟兹石窟研究所技术保护室揭取了库木吐喇窟群区下层的 10 余处洞窟壁画，具体为库木吐喇窟群区第 10、11、12、13、14、15、16、25、27、38 与 60 窟，壁画面积约为 112 平方米，参见孙洪才：《新疆库车库木吐拉石窟壁画揭取保护技术》，《敦煌研究》2000 年第 1 期，第 150～152 页。另参见吾机·艾合买提：《库木吐喇石窟揭取壁画原因及保存情况》，载《库木吐喇千佛洞保护修复工程报告》，第 457～459 页。此后中国文化遗产研究院与龟兹石窟研究所（今新疆龟兹研究院）共同修复了这批被揭取的壁画残片，至 2014 年底修复完成，现保存在新疆龟兹研究院库房中。根据 2014 年在库木吐喇石窟工作站的调查记录，笔者整理了被揭取并修复后壁画残片的出处及位置。

序号	新疆龟兹研究院编号	题材内容	揭取洞窟	位置
21	12 窟第 3 块	立佛	12 窟	右甬道外侧壁
22	12 窟第 4 块	立佛	12 窟	后甬道外侧壁
23	12 窟第 5 块	立姿菩萨	12 窟	后甬道外侧壁
24	12 窟第 6 块	立佛	12 窟	后甬道外侧壁
25	12 窟第 7 块	不详	12 窟	不详
26	12 窟第 8 块	立姿菩萨	12 窟	左甬道外侧壁
27	12 窟第 9 块	团花与朵云	12 窟	后甬道顶部
28	12 窟第 10 块	团花与朵云	12 窟	后甬道顶部
29	12 窟第 11 块	立佛	12 窟	后甬道外侧壁
30	12 窟第 12 块	立佛	12 窟	左甬道外侧壁
31	12 窟第 13 块	千佛与云纹	12 窟	左甬道顶部
32	12 窟第 14 块	回鹘供养人	12 窟	主室前壁门右端
33	无编号	三头八臂菩萨	12 窟	后甬道外侧壁
34	无编号	立佛	12 窟	右甬道外侧壁
35	14 窟第 1 块	不详	14 窟	不详
36	14 窟第 2 块	佛传局部	14 窟	主室左侧壁
37	14 窟第 3 块	佛传局部（临终遗教与涅槃）	14 窟	主室左侧壁
38	14 窟第 4 块	佛传局部（建筑）	14 窟	主室右侧壁
39	14 窟第 5 块	佛传局部（鹿野苑说法）	14 窟	主室右侧壁
40	14 窟第 6 块	佛传局部（降魔成道与未知故事）	14 窟	主室右侧壁
41	14 窟第 7 块	净土变局部	14 窟	主室正壁
42	14 窟第 8 块	净土变局部（胁侍菩萨与阿修罗）	14 窟	主室正壁右侧
43	14 窟第 9 块	净土变局部（坐佛）	14 窟	主室正壁中心
44	14 窟第 10 块	净土变局部（胁侍菩萨与四众）	14 窟	主室正壁左侧
45	14 窟第 11 块	净土变局部（天王）	14 窟	主室正壁左下部
46	14 窟第 12 块	净土变局部	14 窟	主室正壁左上部
47	14 窟第 13 块	净土变局部（华盖）	14 窟	主室正壁中部
48	14 窟第 14 块	净土变局部	14 窟	主室正壁右上部

序号	新疆龟兹研究院编号	题材内容	揭取洞窟	位置
49	15 窟第 1 块	千佛	15 窟	主室顶部
50	15 窟第 2 块	不详	15 窟	不详
51	15 窟第 3 块	千佛	15 窟	主室顶部
52	15 窟第 4 块	千佛与云纹	15 窟	主室顶部
53	15 窟第 5 块	千佛	15 窟	主室顶部
54	15 窟第 6 块	团花与云纹	15 窟	主室券顶中脊
55	15 窟第 7 块	千佛	15 窟	主室顶部
56	15 窟第 8 块	千佛与云纹	15 窟	主室顶部
57	15 窟第 9 块	飞天与云纹	15 窟	主室正壁右侧
58	15 窟第 10 块	华盖、云纹及飞天	15 窟	主室正壁
59	16 窟第 1 块	不详	16 窟	不详
60	16 窟第 2 块	药师经变局部（十二大愿局部）	16 窟	主室右侧壁南侧
61	16 窟第 3 块	华盖与云纹	16 窟	主室右侧壁
62	16 窟第 4 块	不详	16 窟	不详
63	16 窟第 5 块	不详	16 窟	不详
64	16 窟第 6 块	云纹	16 窟	不详
65	16 窟第 7 块	不详	16 窟	不详
66	16 窟第 8 块	胁侍佛	16 窟	主室正壁右侧
67	16 窟第 9 块	云纹	16 窟	不详
68	16 窟第 10 块	不详	16 窟	不详
69	16 窟第 11 块	云纹	16 窟	不详
70	16 窟第 12 块	胁侍佛	16 窟	主室正壁左侧
71	16 窟第 13 块	不详	16 窟	不详
72	16 窟第 14 块	不详	16 窟	不详
73	16 窟第 15 块	不详	16 窟	不详
74	16 窟第 16 块	建筑局部与云纹	16 窟	不详
75	16 窟第 17 块	不详	16 窟	不详
76	16 窟第 18 块	两身菩萨	16 窟	左或右甬道内侧壁

序号	新疆龟兹研究院编号	题材内容	揭取洞窟	位置
77	16 窟第 19 块	云纹	16 窟	不详
78	16 窟第 20 块	云纹	16 窟	不详
79	16 窟第 21 块	团花、云纹、千佛与菩萨	16 窟	左或右甬道顶部及外侧壁
80	16 窟第 22 块	不详	16 窟	不详
81	16 窟第 23 块	云纹与人物	16 窟	不详
82	38 窟第 1 块	不详	38 窟	不详
83	38 窟第 2 块	不详	38 窟	不详
84	38 窟第 3 块	不详	38 窟	不详
85	38 窟第 4 块	不详	38 窟	不详
86	38 窟第 5 块	不详	38 窟	不详
87	38 窟第 6 块	千佛	38 窟	右甬道内侧壁
88	38 窟第 7 块	千佛	38 窟	左或右甬道内侧壁
89	38 窟第 8 块	不详	38 窟	不详
90	38 窟第 9 块	涅槃佛足与弟子	38 窟	后甬道内侧壁
91	38 窟第 10 块	佛陀	38 窟	不详
92	38 窟第 11 块	举哀四众	38 窟	后甬道内侧壁
93	38 窟第 12 块	举哀人物	38 窟	后甬道内侧壁
94	38 窟第 13 块	千佛	38 窟	左或右甬道内侧壁
95	38 窟第 14 块	千佛	38 窟	左或右甬道内侧壁
96	38 窟第 15 块	千佛	38 窟	左或右甬道内侧壁
97	38 窟第 16 块	千佛	38 窟	左或右甬道内侧壁
98	38 窟第 17 块	不详	38 窟	不详
99	38 窟第 18 块	不详	38 窟	不详
100	38 窟第 19 块	立佛与胁侍菩萨	38 窟	左甬道外侧壁
101	38 窟第 20 块	立佛与菩萨	38 窟	左或右甬道外侧壁
102	38 窟第 21 块	飞天	38 窟	左或右甬道顶部
103	38 窟第 22 块	立佛	38 窟	甬道外侧壁
104	38 窟第 23 块	不详	38 窟	不详

序号	新疆龟兹研究院编号	题材内容	揭取洞窟	位置
105	38 窟第 24 块	立佛与纤夫	38 窟	后甬道外侧壁
106	38 窟第 25 块	不详	38 窟	不详
107	38 窟第 26 块	人物	38 窟	不详
108	38 窟第 27 块	千佛	38 窟	左或右甬道内侧壁
109	38 窟第 28 块	不详	38 窟	不详
110	38 窟第 29 块	千佛	38 窟	左或右甬道内侧壁
111	38 窟第 30 块	头光与身光	38 窟	不详
112	38 窟第 31 块	飞天	38 窟	甬道顶部
113	38 窟第 32 块	飞天	38 窟	甬道顶部
114	38 窟第 33 块	飞天与云纹	38 窟	甬道顶部
115	38 窟第 34 块	飞天与云纹	38 窟	甬道顶部
116	38 窟第 35 块	云纹与榜题框	38 窟	甬道顶部与甬道外侧壁交接处
117	38 窟第 36 块	飞天与云纹	38 窟	右甬道顶部
118	38 窟第 37 块	飞天	38 窟	甬道顶部
119	38 窟第 38 块	立佛与菩萨	38 窟	右甬道外侧壁
120	38 窟第 39 块	坐像	38 窟	不详
121	38 窟第 40 块	飞天、佛头光、菩萨与云纹	38 窟	左或右甬道外侧壁顶部
122	38 窟第 41 块	团花装饰带	38 窟	不详
		飞天与云纹		右甬道顶部
123	38 窟第 42 块	马头观音、比丘、鸭子、茶花与童子	38 窟	主室正壁前部地坪画
124	无编号	佛头	38 窟	后甬道左侧壁
125	61 窟第 1 块	经变图局部	61 窟	主室右侧壁
126	61 窟第 2 块	榜题框与花纹带	61 窟	主室侧壁
127	61 窟第 3 块	立佛	61 窟	甬道
128	61 窟第 4 块	立佛	61 窟	甬道
129	61 窟第 5 块	立佛	61 窟	甬道

序号	新疆龟兹研究院编号	题材内容	揭取洞窟	位置
130	61 窟第 6 块	立佛	61 窟	甬道
131	61 窟第 7 块	立佛	61 窟	甬道
132	61 窟第 8 块	立佛	61 窟	甬道
133	61 窟第 9 块	佛身光与天人	61 窟	后甬道内侧壁
134	61 窟第 10 块	菩萨	61 窟	甬道
135	61 窟第 11 块	头光与人物	61 窟	不详
136	61 窟第 12 块	立佛	61 窟	甬道
137	61 窟第 13 块	立佛	61 窟	甬道
138	61 窟第 14 块	千佛	61 窟	后甬道顶部
139	61 窟第 15 块	千佛	61 窟	后甬道顶部

后 记

　　本书是在我的博士学位论文基础上修改完成的。龟兹石窟是我学习经历中的一处圣地也是我学术研究道路起始的地方，按照佛家因缘和合即生的思想，与龟兹石窟的因缘和合促成我从硕士阶段、工作、博士阶段至博士后阶段的学习研究之路。怀着"龟兹情节"一路走来，最大的感受就是幸运，我由衷感谢在本书写作过程中所有帮助过我的人。

　　此书能够出版，首先感谢我的博士研究生导师罗世平教授。从 2005 年与罗先生初识至 2013 年开始跟随罗先生在中央美术学院三年的学习生涯至 2015 年罗先生带领我在新疆诸遗址考察并推荐我参加"丝路·思路——2015 年克孜尔石窟壁画国际学术研讨会"，罗先生帮助我从绘画专业逐步进入到美术史研究的领域，进而初窥美术史研究之堂奥。在本书写作期间，罗先生极富耐心，并一再对书稿予以提纲挈领的疏导，使我备受启发与感动，同时使我更深一层了解他渊博的学识与独特的见地，我相信这使我终生受益。感谢罗世平先生的不懈教导，感谢罗先生这一路对我的照拂、提携与信任。

　　感谢北京大学考古文博学院魏正中（Giuseppe Vignato）教授，魏老师与我亦师亦友，多次一同在龟兹石窟考察的经历是我一生中宝贵的记忆。在平时的交流中，魏老师给我诸多地指导，提供给我珍贵的研究资料，无所保留地分享他考古学视角下对于龟兹石窟研究的观点与方法，他追求真理的学术精神激励我不敢懈怠并且不断努力。

　　感谢中国人民大学哲学院与艺术学院诸位领导与同事们的帮助，使我得以在博士毕业之后有了继续从事佛教美术研究的平台。

　　原学位论文开题报告承中央美术学院罗世平教授、贺西林教授、郑岩教授与张鹏教授提出意见，学位论文完成后承答辩委员会罗世平教授、葛承雍教授、何劲松教授、崔勇教授、郑岩教授与张鹏教授提出修改意见。按照诸位老师的意见与建议完成了本书初稿，在此表示诚挚的感谢。

　　2015 年我荣幸地获得了德国柏林亚洲艺术博物馆的邀请赴德国搜集与研究流失海外新疆石窟壁画资料。德国柏林亚洲艺术博物馆为我的研究提供了相关的馆藏壁画照片、历史照片与档案卡片等诸多资料，使我补充并完善了库木吐喇石窟与森木塞姆石窟壁画的复位缀合问题，在本书出版之际又允许我出版该博物馆所藏部分图像资料，非常感谢德国柏林亚洲艺术博物馆馆长鲁克斯（Klaas Ruitenbeek）先生、中亚部主任毕丽兰（Lilla Russell-Smith）女士、档案管理员卡伦·德雷尔（Caren Dreyer）女士、馆员查娅·帕塔卡娅（Chhaya Bhattacharya-Haesner）女士、馆员罗拉·桑德（Lore Sander）女士、壁画修复员托福·尕普史（Toralf Gabsch）先生、文物库房管理员茵娜斯·布什曼（Ines Buschmann）女士与博士后研究员茵娜斯·孔扎克（Ines Konczak）女士，感谢德国马克斯·普朗克学会驻佛罗伦萨美术史研究所与柏林亚洲艺术博物馆博士后研究员桧山智美（Satomi Hiyama）女士等人的帮助与支持，感谢德国慕尼黑大学莫妮卡·茨茵（Monika Zin）教授的帮助，感谢美国新泽西州新不伦瑞克省罗格斯大学何恩之（Angela Falco Howard）教授的帮助，感谢慕尼黑大学博士候选人王芳女士、潘涛先生与孟瑜博士的诸多帮助。

　　感谢美国国家画廊赛克勒艺术博物馆古代中国部主任卫其志（J. Keith Wlison）先生、美国耶鲁大学艺术博物馆亚洲美术部主任江文苇（David Sensabaugh）先生、英国大英博物馆中国及中亚收藏部主任史明理（Clarissa von Spee）女士、台北故宫博物院研究员张文玲女士、中国社会科学院世界宗教研究所研究员张总先生、中国美术学院艺术人文学院教授毛建波先生、法国国家科学研究中心东亚文明研究组博士后研究员庆昭蓉女士在本书写作过程中提供的帮助与鼓励。

　　感谢南开大学文学院教授孙昌武先生、吴晓丁先生与陈聿东先生、清华大学美术学院教授李静杰先生、四川大学历史文化学院教授霍巍先生、中国人民大学国学院教授沈卫荣先生、敦煌研究院民族宗教文化研究所研究员杨富学先生、中国国家画院美术研究院研究员张惠明女士、南京艺术学院美术学院教授耿剑女士、中国国家博物馆研究馆员李翎女士、中国国家博物馆研究馆员朱万章先生、中国国家博物馆副研究馆员霍宏伟先生、四川美术学院大足学研究中心主任秦臻先生、西南交通大学艺术与传播学院副教授任平山先生、中国社会科学院民族学与人类学研究所研究员廖旸女士、新疆龟兹研究院郭峰先生与杨波先生、《敦煌研究》编辑部盛朝晖先生、《新美术》编辑部石炯女士、中央音乐学院副教授王征先生与南开大学滨海学院副教授郭早早女士给予本书的帮助。感谢中国社会科学院世界宗教研究所陈粟裕博士与中央美术学院人文学院郑弌博士对本书提供的意见、建议与帮助。

文物出版社编辑智朴女士与周燕林先生为本书的出版尽心尽力并付出了大量辛勤的劳动。我的学生谢禹帝、杨远、李冰与张武杰等同学在制图上倾力襄助。诸位的辛勤劳作使本书地出版得以顺利进行，在此表示诚挚的谢意。

最后，感谢我的父母，无论何时、无论是在绘画道路还是在学术研究道路上一如既往对我的全力支持。此书的完稿得益于太多人的帮助、支持和鼓励，在此向你们致以最衷心的谢意！

关于唐与回鹘时期龟兹石窟壁画研究是在前贤研究工作基础上的进一步探索，希望本书能够起到抛砖引玉的作用推动龟兹石窟更为深入广泛的研究，书中的文意不清以及不妥之处敬请批评指正。

刘韬　谨识

2017 年 6 月 15 日于中国人民大学图书馆

考古新视野

青年学人系列

2016 年

彭明浩：《云冈石窟的营造工程》

于　薇：《圣物制造与中古中国佛教舍利供养》

刘　韬：《唐与回鹘时期龟兹石窟壁画研究》

朱雪菲：《仰韶时代彩陶的考古学研究》